Oetinger

Kirsten Boie, 1950 in Hamburg geboren, studierte Deutsch und Englisch, promovierte in Literaturwissenschaft und war als Lehrerin tätig. Heute ist sie eine der renommiertesten deutschen Kinder- und Jugendbuchautorinnen, vielfach national und international ausgezeichnet und u. a. für den Deutschen Jugendliteraturpreis sowie bereits dreimal für den Hans-Christian-Andersen-Preis, die höchste internationale Auszeichnung auf dem Gebiet der Kinder- und Jugendliteratur, nominiert. Ihr Gesamtwerk besticht durch „literarische Qualität und eine beispiellose Vielseitigkeit" (JuLit).

Kirsten Boie

Die Medlevinger

Ein fantastischer Krimi in vier Teilen

Mit Vignetten von Volker Fredrich

Verlag Friedrich Oetinger · Hamburg

© Verlag Friedrich Oetinger GmbH, Hamburg 2004
Alle Rechte vorbehalten
Einband von Joachim Knappe
Vignetten von Volker Fredrich
Satz: UMP, Hamburg
Druck und Bindung: Clausen & Bosse, Leck
Printed in Germany 2004
ISBN 3-7891-3155-5

www.oetinger.de

Alle Bewohner und Freunde des Hamburger Hafens, der Altstadt und der Speicherstadt bitte ich um Nachsicht, sollten sie Unstimmigkeiten in der Geografie dieser Geschichte entdecken. Mögliche Irrtümer im Detail ändern jedoch nichts an der Wahrheit des Erzählten insgesamt.

Inhalt

Personenverzeichnis
8

1. Teil
Ankunft und Aufbruch
11

2. Teil
Die verlorene Fibel
125

3. Teil
Die Suche nach dem Kain
245

4. Teil
Der Name Kain
347

Nachbemerkung
432

Personenverzeichnis

In der Menschenwelt:

Johannes, zwölf Jahre alt, lebt mit seiner Mutter und seinem Meerschweinchen Pollily in einer Wohnung in der Nähe des Hamburger Hafens.

Britta, seine Mutter. Sie macht gerade eine Ausbildung, kellnert abends, um Geld zu verdienen, und kann ziemlich energisch sein.

Line, Johannes' beste Freundin seit der Kindergartenzeit.

Thomas, Lines Vater und alter Freund von Britta und Johannes, leider arbeitslos und ohne einen Cent.

Herr Idelung, ein neuer Nachbar, mit dem Britta sich schnell anfreundet.

Herr Pokaschinski, ein Nachbar, mit dem Britta sich wohl nie anfreunden wird – und vielleicht sogar ein Verbrecher.

Herr Kraidling, Englischlehrer, der Johannes ständig Schwierigkeiten macht.

Kevin, ein Neuntklässler aus Johannes' Schule, der mit seiner Bande jüngere Schüler terrorisiert.

Patrick und Sascha, seine Kumpel.

Matewka, ein Gangster, der in der Hamburger Speicherstadt sein Unwesen treibt.

Im Land der Medlevinger:

Nis, begreift an seinem dreizehnten Geburtstag, dass sein Vater ein Geheimnis hat.

Vedur, sein Vater, Erfinder, wird von den Medlevingern seit langem für verrückt gehalten.

Munna, seine Mutter, greift erst spät, aber entschieden ein.

Moa, elf Jahre alt, Freundin von Nis, will keine L-Fee werden, obwohl es ihr so bestimmt ist.

Antak, der Hüter der Geschichte.

Thoril, sein Sohn.

Der König, ein leidenschaftlicher Gärtner und Freund Vedurs.

Die Königin, muss ihrem Mann ständig seine Krone nachtragen.

Retjak, Ailiss und *Artabak,* werden bewusstlos in der Nähe des Anbetehains gefunden und können sich an nichts erinnern.

Kain sagte zu seinem Bruder Abel:
„Komm und sieh dir einmal meine Felder an!"
Als sie aber draußen waren,
fiel er über seinen Bruder her und schlug ihn tot.

(Genesis 4, Vers 8)

1. Teil

Ankunft und Aufbruch

1

Im grauen Dunst eines Hamburger Frühlingsnachmittags bog der Möbelwagen im Schritttempo in die schmale Einbahnstraße ein und streifte fast einen Golf, den sein Besitzer unvorsichtig nah an der Ecke geparkt hatte.

„Mist, verdammter", murmelte der Fahrer. „Und dann auch noch Kopfsteinpflaster! In der Großstadt! Warum kriegen immer wir solche Fuhren?"

„Mal ein richtig schöner Vorort, das wär's", sagte der Beifahrer und zündete sich eine Zigarette an. „Bungalow. Parken in der Auffahrt, keine Treppen."

„Wievielter Stock ist es diesmal?", fragte der Fahrer. „Fünfter?"

Der Beifahrer nahm seinen ersten Zug. „Nur zweiter", sagte er. „Aber trotzdem hoch, siehst du doch, alles Altbau. Bestimmt wieder Holztreppen. Schmal. Ausgetreten."

„Mist, verdammter", sagte der Fahrer wieder. „Wenigstens hat der nicht so viel Kram. Der ist Single, sieht man doch gleich."

„Aber der Schrank", sagte der Beifahrer.

Der Fahrer seufzte. „Du sagst es", sagte er. Er sah nach rechts, wo am Straßenrand dicht an dicht Autos parkten, und fuhr mit dem schweren Wagen so langsam, wie es gerade noch möglich war. Hinter ihm wurde gehupt. „Der hat keine Lücke für uns freigehalten, was ist das eigentlich für ein Idiot?"

„Musst du eben in der zweiten Reihe halten", sagte der Beifahrer. „Na, das wird heute wieder mal einer von den ganz lustigen Tagen."
„Du sagst es", sagte der Fahrer.
Die Haustür öffnete sich und ein Mann in Jeans kam an den Wagen.
„Da sind Sie ja endlich", sagte er unfreundlich.

Nis hockte auf der Lichtung im Gras und tunkte seinen Pinsel in die Farbe.
„Bitte, Vedur!", sagte er. „Warum willst du das unbedingt machen? Das hast du doch vorher auch noch nie!"
Sein Vater lachte. „Aber jetzt will ich eben", sagte er. „Jetzt krieg ich das hin mit der Strömekraft, Sohn. Ich hab den Durchmesser vom Windrad vergrößert, verstehst du, wir können so viel Strömekraft machen, wie wir wollen – na fast –, und jetzt kann ich endlich ..."
„Die lachen sowieso alle über dich", sagte Nis düster. „Und wenn wieder was schief geht ..."
„Da geht nichts schief", sagte Vedur. „Du bist doch ständig dabei, wenn ich den Sehkasten anschalte. Du weißt doch, dass es funktioniert."
„Manchmal", murmelte Nis und malte sorgfältig ein rotes „E" auf das raue bräunliche Papier.
„Nur weil ich nie wusste, wie ich die Strömekraft *speichern* muss", sagte Vedur ungeduldig. „Dass wir auch welche haben, wenn grad kein Wind geht. Das ist jetzt geklärt. Keine Probleme mehr. Tolle Sache, diese Strömekraft. Tolle Erfindung von mir."
„Aber du könntest es doch erst mal nur ein *paar* Leuten zeigen", sagte Nis bittend. „Nicht gleich so – öffentlich. Zeig es dem König und seiner Frau, und hinterher trinkt ihr Tee. Nur mal so zum Beispiel."
Vedur machte eine wegwerfende Bewegung und kam dabei mit dem Arm an

den Pinsel. „Wie lange bin ich jetzt schon Erfinder?", fragte er. Den leuchtend roten Punkt auf dem Ärmel schien er nicht einmal wahrzunehmen.
„Egal", sagte Nis unfreundlich. „Einladung!" stand jetzt in schreiendem Rot auf seinem Plakat.
„Seit fast drei Jahren", sagte Vedur. „Und ich habe den Wasserheißmacher erfunden und das Rühr-und-Quirl und natürlich den Sehkasten. Das Ding-für-Scheiben."
„Aber das geht doch überhaupt nicht ohne die Scheiben!", sagte Nis. „Und die schaffst du ja nicht zu erfinden!"
„Na, eine hab ich doch", sagte Vedur zufrieden. „‚Neunundneunzig Luftballons'. Ein wunderschönes neues Lied. Und damit könnten wir unsere Zuschauer auch begrüßen, was meinst du? Und danach ein bisschen Sehkasten. Dann werden sie aufhören zu lachen, glaub mir, mein Sohn."
„Mmmh", murmelte Nis. „Welche Zeit soll ich draufschreiben?"
„Dämmerzeit", sagte Vedur und rieb sich die Hände. „Dann können wir ihnen auch gleich die Tagmacher vorführen. Wie viele haben wir noch davon?"
„Zwei", sagte Nis.
Vielleicht würde es doch nicht so fürchterlich werden. Die Tagmacher waren ungeheuerlich. Wenn man einen Schalter umlegte, leuchtete eine kleine Glaskugel so hell auf, als wären darin die Flammen von mindestens zehn Kerzen eingefangen. Natürlich nur, wenn Vedur es schaffte, Strömekraft zu machen.
„Bau doch noch ein paar dazu", sagte Nis. „Dann könnten wir den ganzen Platz erleuchten. Das würde sie umhauen, Vedur. Dieses Rühr-und-Quirl ist ja vielleicht ganz lustig, aber wozu braucht man das? Aber die Tagmacher, du, die sind phänomenal!"
„Nein, ich glaube nicht", sagte Vedur träumerisch. „Nicht noch mehr Tagmacher. Zwei müssen uns für dieses Mal genügen, mein Sohn. Lieber sollen

sie *alles* kennen lernen, was ich erfunden habe. Die ganze Vielfalt! Die Hin-und-her-Sprechmaschinen ..."

„Die haben doch noch nie funktioniert", sagte Nis böse. Zwischen den beiden „m" von „Dämmerstunde" war ein Farbklecks auf das Papier getropft, und als Nis versuchte, ihn mit einem Büschel Gras wegzuwischen, wurde es nur noch schlimmer. „Richtig funktioniert hat überhaupt nie was lange, Vedur! Warum willst du denn bloß, dass dich alle auslachen!"

„Und natürlich der Selberredner", sagte Vedur. „Der läuft auch ohne Scheiben. Ja, ich glaube, wir können sie begeistern."

Nis biss die Zähne zusammen. Er wusste, wann Vedur nicht mehr umzustimmen war. Er machte sich Sorgen um ihn, seit langem schon. Manchmal fragte er sich, was mit seinem Vater passiert war. Von einem Tag auf den anderen hatte er die Tafelkreide hingeworfen und angefangen, Dinge zu erfinden; sie sahen so wunderbar aus, dass Nis sich fragte, wie Vedur sie in seiner kleinen, schäbigen Werkstatt weitab vom Dorf hatte herstellen können. Leider funktionierten sie fast nie.

„Schreib zehn von denen!", sagte Vedur und deutete auf das Plakat. „Aber möglichst ohne Klecks, mein Sohn. Und dann häng sie an all den Stellen auf, wo die Leute vorbeimüssen. Am Treffhaus, neben dem Anbetehain, vor der Waschhütte, an der Schule ..."

„Nicht an der Schule!", schrie Nis.

„Gerade an der Schule", sagte Vedur bestimmt.

Dann beugte er sich plötzlich über seinen Sohn und drückte ihn ganz fest. „Mach dir keine Sorgen, Nis", sagte er mit der Stimme, die Nis noch von früher kannte, aus der Zeit, als Vedur noch Vedur der Lehrer gewesen war, ein Vater wie alle Väter; und nicht ein Spinner, ein Träumer, über den sie lachten; wenn auch – Freundlichkeit war schließlich oberstes Gebot bei den Medlevingern – hinter vorgehaltener Hand. „Und hab einfach Vertrauen zu mir.

Es wird schon, Sohn. Sollst du mal sehen."
Er richtete sich auf, und plötzlich war er wieder der verrückte Erfinder, für den ein Sohn sich schämen musste.
„Zehn Plakate!", sagte Vedur. „Vielen Dank, mein Sohn. Ich kann dir leider nicht helfen, die Werkstatt ruft. Aber ich danke dir! Du wirst sehen, das wird unser großer Tag!" Und er verschwand mit wehendem Mantel zwischen den Buchen am Rande der Lichtung.
Nis schmiss den Pinsel in den Farbtopf. „Ich hasse das!", murmelte er. Lieber hätte er gesagt, ich hasse ihn, aber das wagte er noch nicht einmal zu denken.

„Ich fass es ja nicht!", sagte Britta und knallte die Wohnungstür wieder zu. „Hast du die Idioten da draußen gesehen?"
„Was?", rief Johannes. Er spülte in der Küche Pollilys Napf und holte das Körnerfutter aus der Speisekammer. Bald würde er wieder neues kaufen müssen. „Blöder Mist", murmelte er. „Immer der Stress mit dem Schwein."
„Johannes?", rief Britta. „Komm mal und guck dir das an! Völlig zugeparkt! So ein Riesenmöbelwagen! Was glauben die eigentlich, wer sie sind? Da komm ich im Leben nicht mehr raus!"
Sie war in die Küche gekommen und rubbelte mit einem Handtuch ihr frisch gewaschenes Haar. „Wenn die noch da sind, wenn ich losmuss, dann setzt es aber was. Wetten, das sind die Leute, die oben bei Drägers einziehen?"
„Nicht *bei* Drägers", sagte Johannes und halbierte eine Karotte. „Nur in ihre Wohnung."
Britta seufzte und rubbelte weiter. „Die Armen", sagte sie. „Aber ein bisschen verrückt waren sie am Ende schon, weißt du. Nur aus

so einer idiotischen Angst gleich ins Altenheim zu ziehen. Ich hab immer gefunden, dass die noch ganz gut allein zurechtgekommen sind, eigentlich."
„Klar", sagte Johannes. Er hatte sich nie sehr viel mit Drägers unterhalten, aber Britta hatte sich zuletzt richtig gekümmert. Seit sie wieder zur Schule ging, interessierte sie sich für solche Dinge.
„Machst du mir bitte mal die Tür auf, Mama?"
Britta nahm eine Hand von ihrem Kopf und öffnete die Tür zum Hof. „Bitte sehr, Chef", sagte sie. „Ich glaub es ja nicht! Du kümmerst dich um deine Meersau?"
„Tu ich doch immer", sagte Johannes und stieg die wenigen Stufen der Metalltreppe nach unten in den Hof. „Ich hab eben nicht so viel Zeit."
Der Hof war nicht mehr als ein winziges Viereck, umgeben von fünfstöckigen Häusern und vor vielen Jahren der Grund gewesen, warum Britta sich für die Wohnung entschieden hatte.
„Ein eigener Garten, nur für uns allein!", hatte sie zu Johannes gesagt und ihm durch die Haare gestrubbelt. „Da kannst du den ganzen Tag spielen, ohne dass wir Angst vor Autos haben müssen. Und deine Freunde kannst du auch mitbringen. Das ist nämlich unser, unser, *unser* Garten, mein Murkel-Johannes, und was wir da machen, geht keinen was an."
Ganz so war es dann aber doch nicht gewesen, das hatten sie schnell gemerkt. Die Küchenbalkons der Nachbarn zeigten alle zum Hof, und als es Sommer geworden war, hatte es immer wieder Beschwerden gegeben, wenn Johannes und seine Freunde beim Spielen ein bisschen zu viel Krach gemacht hatten. „Das hallt doch auf so engem Raum!", hatten die Mieter aus dem dritten Stock ge-

sagt, und einmal hatten Britta und Johannes in ihrem Briefkasten sogar eine Unterschriftenliste gegen das Spielen und Lärmen der Kinder im Hof gefunden. Und Herr Pokaschinski aus dem ersten Stock, der aussah, als wohne er schon im Haus, seit es gebaut worden war, und arbeite auch schon seit damals an seinem Bierbauch, stand eines Tages sogar vor ihrer Wohnungstür und erklärte, der Innenhof gehöre allen Mietern.

„Allen!", sagte er, und dabei vermischte sich der Geruch nach Alkohol, der ihn dauernd umwehte, mit dem Tabakdunst seiner Kleidung. „Nur weil du die Treppe nach draußen hast, Mädchen …"

„Nun ist es gut, ja?", hatte Britta wütend gesagt. „Sonst duze ich dich mal zurück, Onkel!"

Aber hinterher hatte sie Johannes erklärt, dass Herr Pokaschinski wahrscheinlich noch nicht einmal Unrecht hatte. Schließlich konnte jeder Hausbewohner durch den Keller in den Hof gelangen. Es hatte sich eben einfach so eingebürgert, dass die Erdgeschossmieter den Hof pflegten und als ihren Garten betrachteten.

Nur die alten Drägers hatten sich nie beklagt. Sie saßen bei fast jedem Wetter auf ihrem kleinen Balkon, und sobald Johannes auftauchte, warfen sie ihm Bonbons nach unten oder einen Schokoriegel oder ein Zwanzig-Cent-Stück, in Zeitungspapier gewickelt. Nicht mal wenn Britta an langen lauen Sommerabenden ihre Freunde zu einer kleinen fröhlichen Party in den Hof einlud, hatten sie sich beschwert.

„Lasst doch die Jugend das Leben genießen!", hatten sie gesagt und Brittas Freunden von oben zugeprostet, und Britta hatte geflüstert, dass in ihren Gläsern bestimmt Kamillentee war.

Und nun waren Drägers ausgezogen, und was für Leute von jetzt

an auf ihrem Balkon sitzen würden, musste sich erst noch zeigen.
„Komm, Pollily!", sagte Johannes und stieg über den niedrigen Drahtzaun in den Auslauf. „Futter für dich!"
Britta war ihm gefolgt und zupfte an den Blättern eines Riesenbambus. Drei Töpfe davon hatte sie im Hof stehen, und es war eigentlich ein Wunder, sagte sie, dass diese südlichen Sonnenpflanzen in ihrem schattigen Innenhof gediehen, als wären sie dafür gemacht.
Das winzige Stück Rasen, das sie gleich nach dem Einzug für Johannes ausgesät hatte, kümmerte noch immer in leblosem Wintergrün; aber die beiden zerrupften Rosensträucher ließen an kahlen Zweigen ihre allerersten Knospen sehen.
„Nein!", schrie Britta. „Hast du das Tier vorhin etwa frei laufen lassen?"
Johannes stellte den Napf auf den Boden des Auslaufs. „Komm, Pollily, komm!", sagte er und hielt dem Meerschwein eine Karotte hin. Pollily schnupperte.
„Heute noch nicht", sagte er dann. „Da muss ich ja immer aufpassen, so viel Zeit hab ich schließlich auch nicht! Sonntag war sie zuletzt draußen."
„Dann hat sie das hier am Sonntag gemacht!", sagte Britta wütend und kniete sich vor den Rosen ins feuchte Gras. „Guck dir das an!"
Johannes legte die Karotte vor Pollily auf den Boden und ging zu seiner Mutter. Zwischen den kahlen Sträuchern war die schwarze Erde aufgewühlt. Ein Erdhaufen, fast kniehoch, verdeckte beinahe ein großes Loch im Boden.
„Meine Rosen, Mensch!", sagte Britta. „Begreifst du denn nicht, dass die das nicht aushalten! Ich hab dir immer wieder gesagt, lass

das Vieh laufen, okay, Tiere wollen auch leben und so weiter, aber pass auf meine Rosen auf! Wer weiß, was da jetzt mit den Wurzeln los ist! Die hat sie doch jede Wette einfach durchgeknabbert, wenn sie ihr im Wege waren, wo sie schon mal am Buddeln war!"
Johannes schüttelte den Kopf. „Das war sie nicht", sagte er. „Echt jetzt, Mama. Meerschweinchen graben keine Gänge."
„Ach nein, tun sie das nicht?", fragte Britta und schaufelte die Erde mit bloßen Händen zurück in das Loch. „Dann bilde ich mir das hier wohl nur ein, oder wie?"
„Nee, das behaupte ich doch gar nicht!", sagte Johannes. „*Da* ist das Loch schon, das seh ich ja auch. Aber das muss ja nicht Pollily gewesen sein."
Britta schnaubte und stand auf. „Muss sie nicht?", fragte sie. „Und wer ist das denn dann deiner Meinung nach gewesen, wenn ich fragen darf? Die Leute aus dem Fünften mit einem extra angeschafften Plastikspaten? Oder Drägers, noch kurz bevor sie ausgezogen sind? Ist der Postbote nachts heimlich durch den Keller in den Hof geschlichen, um im Sand zu spielen? Was?"
„Wühlmäuse?", fragte Johannes vorsichtig. Er wusste, dass er jetzt aufpassen musste.
„Wühlmäuse!", sagte Britta und tippte sich an die Stirn. „Ich behaupte ja wirklich nicht, dass ich in der Schule früher in Bio immer ganz wunderbar aufgepasst habe, aber so viel weiß ich doch, dass Wühlmäuse ziemlich winzige Tiere sind und dieses Loch ziemlich groß! Oder irre ich mich?"
Johannes schüttelte den Kopf. „Nee", sagte er.
„Das Tier kommt nicht mehr raus aus dem Auslauf!", sagte Britta. „Zu meinen Lebzeiten nicht mehr! Ich stress mich doch da nicht ab

mit meinen Rosen und zupfe Unkraut und hol mir vom Land Pferdeäpfel als Dünger …"
„Maulwürfe?", schlug Johannes vor. „Guck mal, Mama, das würde doch genau hinkommen! Wir haben einen Maulwurf im Hof!"
Britta klopfte sich die Knie ab. „Mitten in der Stadt", sagte sie. „Na klar doch. Drum rum nur Asphalt und Kopfsteinpflaster und Gehwegplatten, unten der Fluss, aber wir haben einen Maulwurf. Von wo soll der sich denn wohl unterirdisch hierher gebuddelt haben, erklärst du mir das mal? Aus der Lüneburger Heide?"
Johannes guckte auf den Boden. Es hatte keinen Sinn, Britta würde sich nicht überzeugen lassen. Und dabei *musste* es ein Maulwurf sein. Pollily hatte noch nie gegraben, in ihrem ganzen Meerschweinleben nicht.
„Wenn ich das Tier noch einmal frei rumlaufen sehe, kommt es weg", sagte Britta. „Hast du mich verstanden, mein Sohn? Tierheim für Pollily, so Leid es mir tut. Du hast es in der Hand." Sie fuhr sich mit zwei Fingern unter das Handtuch auf dem Kopf. „Na bitte, trocken. Ich fahr jetzt los. Und iss vernünftig Abendbrot. Und lern deine Vokabeln. Du siehst ja an deiner Mutter, was für ein Mist es ist, wenn man den ganzen Kram erst als Halbgreis nachholen muss."
Johannes nickte. „Die Hälfte kann ich schon", sagte er.
Britta strubbelte ihm durchs Haar. „Weißt du was, Sohn? Ich begreif ja sowieso nicht, wie ich an so ein schlaues Kind gekommen bin."
„Tschüs, Mama", sagte Johannes.

In der milden Frühlingssonne war die Farbe auf dem Papier schnell getrocknet. Nis legte die Blätter übereinander und rollte sie zusammen. Dann straffte er die Schultern und atmete tief ein.

Natürlich hätte er auch einfach nein sagen können. Den Pinsel hinknallen und Vedur allein lassen mit seinen Plakaten. Niemand hätte ihn hindern können.

Aber er wusste genau, was dann passiert wäre. Vedur hätte sich selbst an die Arbeit gemacht, wäre durch den Ort gelaufen, hätte hier ein Plakat angebracht und da und dabei die ganze Zeit schwadroniert, aufgeregt jeden angesprochen, von seiner Erfindung erzählt, der größten, seit die Medlevinger im Land lebten, hätte nicht gemerkt, wie sie hinter ihrer Freundlichkeit über ihn lächelten, wenn auch vielleicht voller Kummer; denn früher einmal hatten sie alle Vedur geschätzt, war seine Stimme gehört worden im Land, und jeder wünschte, es könnte wieder so sein. Jedenfalls *fast* jeder, dachte Nis.

Nein, es war besser, wenn Vedur so lange wie möglich in seiner Werkstatt am Wald blieb. Nis würde die Plakate aufhängen, würde ein wenig mitlachen, wenn die anderen lachten, aber nicht zu sehr, nur gerade so viel, dass sie begriffen: Auch er fand diese Vorführung sonderbar und liebte Vedur doch trotzdem. Ein paar Plakate würde er zerreißen und hinter dem Dorf im See versenken. Nachzählen würde Vedur nicht.

Das erste am Anbetehain, dachte Nis. Da ist nie so viel los, wer geht da schon hin, nicht an einem Wochentag.

Aber als er zu den beiden schmalen, hohen Felssäulen kam, die das Tor bildeten, schlüpfte eine kleine Gestalt hinter den heiligen Zypressen hervor und lief ihm entgegen. Einen Augenblick lang sah es aus, als wollte sie an ihm vorbeirennen, so tun, als hätte sie ihn nicht bemerkt, und Nis wollte schon erleichtert aufatmen, da blickte sie doch noch auf.

„Na?", sagte Moa angriffslustig. „Was machst du denn hier?"

Nis sah auf sie hinunter. Sie war nur zwei Jahre jünger als er, elf, aber immer noch wirkte sie, als wäre sie sieben. Acht höchstens. Schwer vorzustellen, dass sie einmal eine vernünftige L-Fee werden würde. Wenn Nis an de-

ren feierlich schwebenden Gang auf dem Weg durchs Dorf dachte, an ihre königliche Haltung, ihre warmen vollen Stimmen im Anbetehain, dann zweifelte er manchmal daran, dass Moa eine echte Chance hatte.
„Geht dich gar nichts an, Moa-Belle, Knochengestell", sagte er.
„Das sagst du nicht noch mal zu mir!", sagte Moa wütend und warf ihren Kopf zurück „Das ist hier der Anbetehain. Falls du das vergessen hast."
Und ihre Haare, dachte Nis. Die sind auch viel zu strubbelig. Ihre Knie will ich mir lieber gar nicht angucken. Bei der ist irgendwas schief gelaufen. L-Fee, nee wirklich.
„Alles bestens", sagte er. „Ich bring hier nur ein Plakat an. Das ist ja wohl erlaubt."
Moa guckte misstrauisch. „Was steht drauf?", fragte sie.
Nis rollte das oberste Plakat aus und befestigte es am Felsen.
„Mein Vater führt seine Erfindungen vor", sagte er, als wäre das die normalste Sache der Welt. „Morgen. In der Dämmerstunde. Kann jeder kommen."
Moa trat einen Schritt näher und las. „Da lachen sich wieder alle tot", sagte sie. „Richte ihm das mal von mir aus. Absolut alle."
Nis zuckte zusammen. „Nicht, wenn die Sachen funktionieren", sagte er unsicher.
Moa tippte sich an die Stirn. „Ja, wenn", sagte sie. „Wenn Schweine fliegen könnten, wären sie Schmetterlinge."
Nis hatte keine Lust, über Schweine und Schmetterlinge zu reden. Über seinen Vater auch nicht. „Ich könnte dich schließlich auch fragen, was *du* hier machst", sagte er. „Mitten im Hain. Sogar bei den Zypressen. Das wäre doch auch mal interessant."
Er sah genau, dass Moa unruhig wurde, aber dann reckte sie sich, als versuchte sie zu wachsen. „Immerhin werde ich einmal eine L-Fee. Und dies

hier ist mein künftiger Arbeitsplatz! Ich mache mich vertraut, so ist das. Ich mache mich mit meinem künftigen Arbeitsplatz vertraut." Sie warf ihm einen schnellen Blick zu. „Aber rumerzählen musst du das trotzdem nicht überall!", sagte sie. „Also vor allem meiner Mutter nicht."
Nis hatte die Plakate wieder aufgerollt und ging langsam auf das Dorf zu. „Warum denn das nicht?", fragte er.
„Weil!", sagte Moa. „Weil, irgendwie – sie hat Angst, wenn ich so weit weggehe. Allein. Es ist schließlich einsam hier. Ziemlich einsam."
„Quatsch!", sagte Nis verblüfft. Niemand im Land hatte Angst, nicht vor solchen Dingen. Ja, sicher, früher, ganz früher hatte es einmal Zeiten gegeben, in denen man sich sorgen musste, wenn die Kinder zu lange von zu Hause fort waren; Zeiten, in denen die Leute sich Dinge antaten, die man sich heute nicht einmal mehr vorstellen konnte. Aber das war doch lange vorbei! Das gehörte zu den Geschichten, die ältere Geschwister mit düsterer Stimme den Kleinen erzählten, wenn sie in der Dämmerstunde vor ihren Häusern auf dem sandigen Boden hockten und hofften, dass ihre Mütter sie vergessen hatten und sie noch lange, lange nicht hereingerufen würden, damit sie Abendbrot aßen und schlafen gingen.
Niemand konnte sagen, woher diese Gerüchte kamen; und Nis wusste nicht einmal, ob sie nicht vielleicht von den Ganz Alten Zeiten handelten, als die Medlevinger noch nicht einmal im Land gelebt hatten. Wenn sie denn überhaupt stimmten und nicht überhaupt nur Sagen waren wie die Geschichten von Drachen und Hexen, von Zauberern und Riesen, von denen schließlich auch jeder wusste, dass sie ganz einfach erfunden waren.
„Quatsch!", sagte Nis noch einmal.
„Und Retjak? Und Ailiss?", sagte Moa trotzig. „Und Artabak?"
Nis zuckte die Achseln. Es stimmte, im letzten Herbst waren die drei außerhalb des Dorfes, nicht weit vom Anbetehain, gefunden worden. Dort hat-

ten sie gelegen, wie in einem tiefen Schlaf, und erwachten später ohne Erinnerung daran, was vorgefallen war. Sie waren auf dem Weg zu ihren Äckern gewesen, zum Palast oder zum Anbetehain, das war alles, woran sie sich nach dem Aufwachen erinnern konnten.
Keiner von ihnen war verletzt gewesen und die Denker der Medlevinger, die Weisen, auch die L-Feen, hatten den Fall untersucht und waren zu dem Schluss gekommen, dass es sich um eine ärgerliche, aber nicht weiter gefährliche Vergiftung handeln müsse, wodurch, würde man sicher noch feststellen.
Und dann war es ja auch nicht mehr passiert.
„Die hatten irgendwelche Herbstfrüchte gegessen", sagte Nis. „Pflaumen, was weiß ich. Jetzt haben wir Frühling."
„Und wenn nicht? Wenn es keine Früchte waren?", fragte Moa. „Meine Mutter findet jedenfalls ..."
„Außerdem waren die alle erwachsen", sagte Nis. „Und du bist nur ein kleiner Furz, Moa-Belle."
Moa warf ihm einen kurzen Blick zu. Sie sah aus, als kämpfte sie mit sich. „Sagst du es nicht weiter?", flüsterte sie.
Nis schüttelte den Kopf.
„Schwör!", sagte Moa und winkte ihn mit einer Kopfbewegung vom Weg zwischen die Bäume. „Bei deinem Leben!"
Nis zog die Plakate unter dem rechten Arm hervor und klemmte sie unter den linken. Dann hob er die rechte Hand. „Ich schwöre", sagte er. „Bei meinem Leben."
Moa nickte beruhigt. Dann ließ sie sich auf den federnden Teppich aus trockenem Laub fallen. „Ich hab so Angst!", flüsterte sie. „Ich will das nicht! Ich glaub nicht, dass ich das kann! Wieso muss ausgerechnet ich eine L-Fee werden?"

Nis guckte sie verblüfft an. „Weil du dazu geboren bist", sagte er. „Weil in deiner Familie alle erstgeborenen Töchter L-Feen werden, da kann man nichts machen. Schließlich ist es eine *Gabe*. Jemand anders kann es nicht, also musst du."

„Und wenn ich es auch nicht kann?", sagte Moa und starrte ihn an. „Wenn ich es einfach nicht *kann*?"

„Klar kannst du das!", sagte Nis und versuchte, überzeugt zu klingen. „Du bist erstgeboren. Du bist ein Mädchen. Du heißt Belle. Und in deiner Familie ..."

„Und wenn ich das vielleicht nicht *will*?", schrie Moa. „Wieso wird so was Wichtiges gleich bei meiner Geburt festgelegt? Wieso kann ich mir nicht aussuchen, was ich werden will? Jeder normale Medlevinger kann das, wieso muss ausgerechnet ich so eine blöde L-Fee werden und schweben und goldene Locken haben und säuseln und immerzu heilig lächeln? Würdest du das wollen? Das ist doch peinlich!"

Nis starrte sie an. Er überlegte, ob er die L-Feen jemals peinlich gefunden hatte. Seinen Vater, den ja, und dafür schämte er sich. Aber L-Feen waren, wie sie sein mussten. Er hatte niemals gehört, dass irgendwer sie merkwürdig fand.

„Peinlich ist was anderes", sagte er. „Also das – mit meinem Vater, zum Beispiel, da denk ich schon manchmal – aber der kann ja nichts dafür."

„Nee, aber ich auch nicht!", rief Moa. „Und ich hab mir das nicht ausgesucht mit dieser idiotischen Arbeit! Kannst du dir vorstellen, wie ich aussehe, wenn ich säusele und schwebe? Kannst du dir vorstellen, dass sich irgendwer vor mir verneigt? Hast du Ehrfurcht vor mir, wie es das Gesetz den L-Feen gegenüber gebietet? Wirklich!" Und sie hob ein paar braune Blätter vom Boden und schmiss sie mit einer wütenden Bewegung in die Luft.

„Das kommt schon noch", sagte Nis unsicher. „Du hast ja noch Zeit. Wenn du erst mal deine Fibel hast zu deinem Wort – dann kommt das schon noch alles, bestimmt."

„Peinlich", murmelte Moa und zerbröselte Blatt um Blatt. „So was von *peinlich.*"

Nis war still. Er wunderte sich, dass er niemals darüber nachgedacht hatte. Natürlich hatte Moa Recht. Warum war ihr vom ersten Tag an vorherbestimmt, was sie werden würde? Auch wenn natürlich die L-Feen höher geachtet wurden als jeder andere im Land, der König vielleicht ausgenommen. Aber wenn sie nun vielleicht etwas ganz anderes tun wollte? Bäckerin werden oder Müllerin, Tischlerin oder Bäuerin? So eine Gabe war ja schön und gut, aber wenn man sie vielleicht gar nicht wollte? Mitbestimmen wenigstens sollte man auch als L-Fee wohl noch dürfen.

Ich jedenfalls hätte das auch nicht gewollt, dachte Nis verblüfft. Nein danke. Obwohl es natürlich schon toll ist, wenn man das Korn wachsen lassen kann und die Erdbeeren und für die Erwachsenen Hopfen und Wein. Und langweilige Kartoffeln. Oder mit den Tieren reden. Und es muss auch ziemlich gut sein, wenn man weiß, man braucht nur das Wort zu sagen, und schon sprießt alles wie verrückt und alle haben zu essen und zu trinken und niemand ist da, der hungern muss.

Nicht, dass Nis sich so etwas hätte vorstellen können: Hunger. In den Geschichten aus den Ganz Alten Zeiten, in denen Wesen vorkamen, die sich „Menschen" nannten (das Wort schon allein!) und die, wenn er es richtig verstanden hatte, etwas Ähnliches sein sollten wie klein geratene Riesen ohne Zauberkraft, war oft von Hungersnöten die Rede. Aber das waren natürlich Märchen, jeder wusste, dass es so nicht gewesen sein konnte, und nicht nur, weil derartige Wesen ja vollkommen undenkbar waren. Wozu hätten sie schließlich gut sein sollen? Die Sagen von den Menschen waren

die düstersten von allen, weil es in ihnen immer nur um Trauriges ging, um Hunger und Krieg, Krankheit und Betrug; um Elend und Verzweiflung, Verrat und Kampf, und niemals um Zauberei oder Wunder. Darum wurden sie auch so selten erzählt, bald würden sie ganz in Vergessenheit geraten sein. Und warum auch nicht, dachte Nis. Die Märchen von Riesen und Zauberern waren viel spannender.

„Nis?", sagte Moa. „Du hast gar nicht zugehört."
Nis schreckte auf. „Hab ich wohl", sagte er. „Ich hab nur nachgedacht. Und ich finde, du solltest nicht so undankbar sein. Es ist schon eine tolle Gabe, wenn man die Pflanzen wachsen lassen kann. Nützlich."
„Meinetwegen kann das gern jemand anders machen!", sagte Moa trotzig. „Denk doch bloß an die weißen Gewänder!"
Nis nickte. „Du kannst es aber nun mal nicht ändern", sagte er. „Weil du damit geboren bist und Schluss. Du könntest nur vielleicht einfach später nicht schweben, wenn du das so peinlich findest. Und keine weißen Gewänder tragen. So irgendwie."
Moa schnaubte. „Glaubst *du*!", sagte sie böse.
Nis klopfte sich die Hände an seiner Jacke ab. „Ich muss die Plakate aufhängen", sagte er. „Mach dir mal keine Gedanken, Moa. Das wird schon alles."
Moa guckte auf den Boden. „Klar", murmelte sie.
Nis war schon fast wieder auf dem Weg, als es ihm einfiel. „Moa?", rief er. „Aber dann begreif ich erst recht nicht, warum du hierher gehst. Wenn es dich vor der Feensache doch so grault! Vergiss den Hain doch einfach. Jedenfalls, solange du da noch nicht arbeiten musst."
Moa sah nicht hoch. „Klar", murmelte sie wieder.

„Nee, nun reicht es aber!", sagte Britta. Vor der Haustür, haargenau so, dass sie mit ihrem kleinen, verbeulten Auto nicht den Hauch ei-

ner Chance hatte, aus der Parklücke zu fahren, stand immer noch der Möbelwagen. „Hast du so was schon mal erlebt? So eine Rücksichtslosigkeit!"
„Irgendwo müssen sie die Möbel ja ausladen", sagte Johannes bittend. Er stellte sich vor, wie Britta nach draußen stürmte und sich beschwerte. Danach würden ihnen die neuen Mieter in Drägers Wohnung bestimmt nicht vom Balkon aus zuprosten.
„Ich muss fahren!", sagte Britta wütend und schnappte sich ihre Jacke vom Garderobenhaken. „Wenn ich zu spät komme, bin ich den Job los! Du hast wohl keine Ahnung, wie viele Leute gern kellnern wollen! Glaubst du, ich will mir wieder eine neue Arbeit suchen? Und das schöne Trinkgeld?"
„Aber sei freundlich, Mama!", sagte Johannes beschwörend. „Bitte!"
Britta seufzte. „Freundlich zu Idioten sein", sagte sie, aber sie klang jetzt, als ob sie es doch zumindest versuchen würde. „Das muss ich bei meiner Arbeit sowieso schon immer den ganzen Abend."
Sie öffnete die Wohnungstür. Durch das Treppenhaus zog eine kalte Brise, die Haustür stand offen. Von draußen hörte man Schritte, und gleichzeitig sagte eine aufgeregte Stimme: „Aber vorsichtig, ich beschwöre Sie! Das ist ein Erbstück!"
Der erste der beiden Möbelpacker erschien rückwärts in der Haustür. „Den kriegen wir nicht durch!", schnaufte er. „Sehen Sie doch! Der muss auseinander!"
Die Stimme von der Straße klang jetzt fast hysterisch. „Nein, bitte warten Sie!", rief sie. „Das ist eine Antiquität, Sie haben vielleicht keine Vorstellung, was so ein belgischer Schrank wert ist! Das ist ein Erbstück!"

„Belgischer Schrank!", sagte Britta und tippte sich an die Stirn.
„Wenn Sie ihn bitte einfach noch ein wenig mehr kippen!", rief die Stimme. „Ja, so, vielen Dank, sehen Sie, es hat doch funktioniert! Wenn Sie jetzt nur noch ..."
„Da hat sich drinnen schon was gelöst", sagte der Packer und versuchte, in gebeugter Haltung das Kopfteil des Schranks durch die schmale Haustür zu manövrieren. „Nicht dass es nachher heißt, *wir* hätten den Schaden auf dem Gewissen! Wir könnten ihn immer noch ..."
„Danke schön!", rief die Stimme von draußen. „Ich habe gewusst, Sie finden eine Lösung!"
„Sie finden eine Lösung!", flüsterte Britta und rollte mit den Augen. „Wunderbar! Belgischer Schrank!"
„Sei freundlich!", flüsterte Johannes.
Der schwere Schrank schwankte rumpelnd zwischen den beiden Trägern an ihnen vorbei und die Treppe hoch.
„Vorsichtig in der Kurve, bitte!", rief wieder die Stimme, und jetzt tauchte auch der Mann selbst in der Haustür auf.
Na prächtig, dachte Johannes. Die netten alten Drägers sind weg und dieser Idiot zieht ein. Das sieht man doch auf den ersten Blick, was das für einer ist. Jede Wette Cabrio. Und wenn die Jeans nicht eine ganz teure Marke sind, übe ich jeden Tag freiwillig eine Stunde Englisch. Wieso zieht so einer überhaupt hier ein? So einer beschwert sich doch sofort, wenn wir das erste Mal im Hof frühstücken. Den stört wahrscheinlich sogar Pollily.
An Brittas Gesicht konnte er sehen, dass sie ungefähr dasselbe dachte.
„Ich möchte ja nicht stören, wo Sie grade so beschäftigt sind",

sagte sie und Johannes hoffte, dass der Mann nicht gleich begriff, wie das gemeint war. Schließlich kannte er Britta noch nicht. „Aber wäre es denkbar, dass Sie Ihren Möbelwagen ein kleines Stück zur Seite bewegen? Ich weiß, es war dumm von mir, aber ich hab mein Auto dahinter geparkt, und nun komme ich nicht raus."
„Mama!", flüsterte Johannes und zupfte sie am Ärmel.
„Sie wissen ja, Frauen und Einparken!", sagte Britta und eine Sekunde lang lächelte sie charmant. „Da ist mir leider dieser kleine Fehler unterlaufen", und jetzt starrte sie dem Mann, der verwirrt auf dem Absatz vor ihrer Tür stehen geblieben war, direkt in die Augen.
„Nein, da müssen Sie doch nicht", murmelte er. „Nein, das ist natürlich eigentlich unsere Schuld! Entschuldigen Sie sich nicht! Ich war ja selbst verärgert, dass die Packer den Wagen in der zweiten Reihe abgestellt haben."
„Ach", sagte Britta.
„Aber ich sorge dafür, dass sie sofort Platz machen!", sagte der Mann, während er gleichzeitig auf die Geräusche horchte, die von oben aus dem Treppenhaus kamen. „Entschuldigen Sie, ich muss nur zuerst – das ist ein wertvolles Stück, verstehen Sie …"
„Belgisch", sagte Britta und nickte ernsthaft. „Seh ich auf den ersten Blick."
Der Mann stutzte. „Sofort!", sagte er und sprang die Treppe hoch. Britta rollte mit den Augen. „Na herzlichen Dank", sagte sie. „Jetzt wohnen hier schon sonst nur lauter Luschen und dann auch noch der. Das sollten wir feiern."
„Belgisch!", sagte Johannes auch. „Wusstest du, dass es so was gibt?"
Aber auf der Treppe über ihnen tauchte schon wieder der Mann auf,

gefolgt von den beiden schwer atmenden Möbelpackern.
„Die Herren bewegen jetzt den Wagen", sagte er und lächelte Britta an. „Sie interessieren sich also auch für Antiquitäten?"
„Immer", sagte Britta und schnappte sich ihr Schlüsselbund. „Jetzt soll's also losgehen, ja? Dann komm ich mal. Johannes, Abendbrot und Hausis nicht vergessen."
Johannes schüttelte den Kopf und zog die Wohnungstür zu. Aus dem Wohnzimmerfenster sah er, wie der Möbelwagen zurückgesetzt wurde. Britta fuhr aus der Lücke, ohne ihm zuzuwinken.
Den hat sie gleich vergrault, dachte er. Nie schafft sie es, freundlich zu sein. Und dabei kommt gerade der Sommer, da ist es doch wichtig, wie oft wir im Hof sein können.

2

Nis hatte sich wirklich bemüht, seine Plakate nicht allzu auffällig anzubringen; trotzdem drängten die Medlevinger sich am folgenden Abend zur Dämmerstunde um den Großen Platz, auf dem sich, unter einem Tuch verborgen, ein Stapel aus Gegenständen türmte, bei denen es sich nur um Vedurs Erfindungen handeln konnte. Das ganze Dorf war gekommen, um zu sehen, was Vedur der Erfinder (der verrückte Erfinder, flüsterten sie, aber nur, wenn niemand sie hörte, denn kränken wollten sie ihn nicht) ihnen zeigen würde. Ein Bäckerjunge mit weißer Mütze lief mit einem Korb voller warm duftender Brezeln herum, und der Wirt und seine Frau zogen auf einem hölzernen Wagen Krüge mit Getränken hinter sich her.

„Berauschend oder nicht?", fragte der Wirt, als Nis seine Hand ausstreckte.

„Na, wohl eher nicht berauschend, wenn ich dich so angucke."

Nis nickte. „Nicht berauschend", sagte er.

Vedur hatte ihn gefragt, ob er ihm helfen würde bei seiner Vorführung, aber Nis hatte wild den Kopf geschüttelt. Dann hatte er erklärt, er wisse ja gar nicht, wie die Erfindungen funktionierten, wie solle er da denn wohl helfen; und nun stand er also am Rand, so weit abseits von seinen Freunden, wie es nur ging, und spürte, wie sein Herz schlug.

Der Lichteranzünder ging mit seinem Fidibus um den Platz und zündete die Fackeln an, die an jedem Haus in schweren metallenen Haltern zu beiden Seiten der Eingangstür für Licht sorgten. Jetzt erkannte Nis auch die Nachbarn, zwei seiner Freunde aus der Schule, den Bäcker. Eine L-Fee schwebte lächelnd vorüber und summte geheimnisvoll.

Vielleicht geht es ja doch gut, dachte Nis und knüllte den Saum seiner Jacke in der rechten Hand.
Wenn die Tagmacher funktionierten, dann würde niemand mehr lachen. Nur die Tagmacher; oder vielleicht der Sehkasten, der größte Zauber von allen: Hinter einer viereckigen Glasscheibe an der Vorderseite des Kastens erschienen an glücklichen Tagen unter Rauschen und Knistern Bilder, Gestalten aus nichts als Licht, die sich bewegten und, durch das Rauschen verzerrt, Töne von sich gaben, die niemand verstehen konnte. Wenn Vedur den Sehkasten in Gang setzen könnte, wenigstens für einen winzigen Augenblick, dann würde niemand mehr lachen.
Ein kleines Stück entfernt drängte Thoril sich von hinten zwischen den Zuschauern hindurch in die vorderste Reihe. Sein rötliches Haar glänzte im Fackelschein wie Kupfer, und an seinem Gürtel hing schwer und silbern die Fibel, die jedem zeigte, dass er seit dem Herbst aufgenommen war in den Kreis der Erwachsenen.
Nicht auch noch Thoril, dachte Nis. Dieser Idiot, der sowieso immer grinst, wenn von Vedur die Rede ist. Dem hätte ich mal ordentlich eins auf die Nase geben sollen, als er mich in der Schule das letzte Mal gefragt hat, wie es denn meinem armen Vater geht, ganz mitfühlend. Und natürlich, als alle anderen zuhören konnten. Dem geb ich das nächste Mal eins auf die Nase, besser spät als nie.
An einer Stelle teilte sich die Gruppe der Zuschauer. Wenigstens das blödsinnige Rühr-und-Quirl soll funktionieren, alle heiligen Geister!, dachte Nis und kreuzte zwei Finger. Oder der Wasserheißmacher oder irgendwas! Jetzt lässt sich nichts mehr ändern, jetzt fängt es an.
Zwischen den Medlevingern, die freundlich und respektvoll eine Gasse bildeten, trat ein kleiner Mann auf den Platz, der sich über seiner Jacke ein Wolfsfell über die Schulter geworfen hatte. Ständig drohte es nach hinten

abzurutschen, weil es von der Last des ausgestopften Wolfskopfes mit Glasaugen und gefährlich gefletschten Zähnen nach unten gezogen wurde.
„Ja, meine lieben – Medlevinger!", sagte der Mann, und auf einen Schlag wurde es still in der Runde. Der kleine Mann zog mit beiden Händen fahrig am Fell und hielt es dann mit der Linken vor der Brust fest. „Ich muss mich ... Ich entschuldige mich also erst einmal bei euch, weil ich hier so ... Weil ich ein wenig in Eile, nicht wahr ... Wo meine Krone war, konnte ich also wirklich nicht mehr ... Weil ich also nicht mit der dem Anlass gebührenden Feierlichkeit ..."
„Hoch!", rief eine Stimme aus der Menge fröhlich. „Hoch, Majestät!"
„Hoch!", riefen jetzt auch noch andere Stimmen. „Hoch, Majestät!"
Der kleine Mann winkte verlegen ab und vergaß dabei, das Fell festzuhalten. Es rutschte hinter ihm auf den Boden, und mit einem winzigen Schreckensschrei bückte er sich und hob es wieder auf.
„Ja, danke, danke, meine lieben Medlevinger, danke, wenn ich auch ... Ihr seht ja, ich bin in großer Eile ... Ich hatte in meinem Garten gerade mein Frühlingsbeet, nicht wahr, Hyazinthen, Tulpen, Narzissen, ganz wunderbar, und um die Stauden muss ich mich ja auch langsam kümmern, wenn sie dann ... Aber ich habe überlegt ..."
Eine kleine, dicke Frau in der ersten Reihe räusperte sich, und der Redner fuhr zusammen.
„Oh, ich entschuldige mich!", rief er. „Meine Frau gibt mir gerade ein Zeichen, dass ... Hier soll es heute ja nicht um meinen königlichen Garten gehen, nicht wahr, obwohl ich euch verspreche, dass wir auch dort demnächst einmal alle wieder zusammenkommen werden, damit ihr dann nach dem langen Winter auch alle Freude an meinem Frühlingsbeet haben könnt, wenn die Maiglöckchen erst einmal ..."
Dieses Mal war das Räuspern schon lauter.

„Ja", sagte der kleine Mann, und nun straffte er die Schultern und versuchte, eine Haltung anzunehmen, wie man sie von Standbildern großer Feldherren kennt. Der Wolfskopf schlug ihm hinten gegen die Kniekehlen. „Nun wollen wir also wirklich endlich zur Sache kommen, meine lieben Medlevinger. Und die Sache ist heute ... Natürlich kann man da nicht wirklich von einer Sache sprechen, nicht wahr, unser lieber Vedur hier ist also heute – die Sache, wenn ich das einfach einmal so ..."
Das Räuspern unterbrach ihn, und er holte tief Luft.
„Wir wissen ja alle, dass unser lieber Vedur vor einiger Zeit beschlossen hat, nicht mehr als Lehrer unseren Kindern zur Seite zu stehen", sagte der kleine Mann eilig. „Obwohl er ja ein sehr guter Lehrer, nicht wahr ... Ich bin sicher, wir haben damals alle sehr bedauert, dass er ..."
„König!", flüsterte die kleine Frau in der ersten Reihe streng.
„Nun, aber jeder hat ja vielleicht so sein ... Jeder träumt ja vielleicht von einem ... Und anders als die meisten von uns, nicht wahr, hat sich Vedur also seinen Traum erfüllt und steht uns nun seitdem nicht mehr als Lehrer, sondern als Erfinder zur Seite."
Der König machte eine Pause. Es dauerte einen Augenblick, bis wieder die ersten Hochrufe ertönten, und diesmal klangen sie eher zaghaft und nicht sehr überzeugt. Der König seufzte.
„Als Erfinder zur Seite", sagte er. „Und heute will uns Vedur nun also endlich die Früchte seiner Arbeit ... Er hat mir verraten, dass wir viele interessante ... Also begrüßt ganz herzlich mit mir, nicht wahr, Vedur, unseren Erfinder!"
Und bevor noch irgendeiner der Zuschauer seiner Aufforderung Folge leisten konnte, hatte der König selbst, mitten auf dem Großen Platz, schon begonnen, heftig in die Hände zu klatschen. Langsam, ganz langsam rutschte das Wolfsfell, von keiner Hand mehr gehalten, wieder von seiner Schulter, aber der König achtete nicht darauf. Er schlug seine kleinen Hände gegeneinan-

der, bis auch die ersten Zuschauer mit einfielen und der Applaus, unter dem Vedur nun den Platz betrat, lauter und lauter wurde. Dann erst hob der König das Fell vom Boden auf und verschwand in der ersten Reihe, wo die kleine Frau schon auf ihn wartete. Sie gab ihm einen liebevollen Knuff gegen den Arm und nahm ihm dann das Fell ab, um es sorgfältig zusammenzulegen.
„Medlevinger", sagte Vedur. Inzwischen war die Dämmerung ins Dunkel des Abends übergegangen und das Licht der Fackeln erreichte kaum die Mitte des Platzes. Trotzdem erkannte man, wenn auch nur schattenhaft, dass Vedur etwas hochhielt, den Zuschauern zeigte, während er sich um die eigene Achse drehte.
Es sieht einfach aus wie ein dünnes Seil, dachte Nis. Und davon hängt nun alles ab. Macht, dass es diesmal funktioniert, ihr heiligen Geister, nur dieses eine Mal.
„Freunde im Land. Ich freue mich, dass ihr heute in so großer Zahl gekommen seid. Ich freue mich darüber, weil ich euch nun endlich zeigen kann, was ich in all den Tagen der Einsamkeit in meiner Werkstatt am Waldrand getrieben habe. Ich weiß, manche von euch haben schon geglaubt, ich wäre vielleicht dabei, meinen Verstand zu verlieren" – aus dem Kreis der Zuschauer hörte man leises Gemurmel –, „aber heute Abend", sagte Vedur und hielt das Seil der Menge entgegen, „werde ich euch endlich zeigen können, womit ich meine Stunden dort in der Abgeschiedenheit verbracht habe."
„Bravo!", rief der König und verstummte plötzlich verlegen, weil niemand einstimmte.
Vedur winkte ungeduldig ab. „Lasst uns keine Zeit verlieren!", sagte er.
„Dieses hier – unsichtbar hier in diesem Seil und darum umso erstaunlicher – ist die größte meiner Erfindungen und diejenige, von der alle anderen abhängen: die Strömekraft."
Im Kreis wurde getuschelt.

„Die Strömekraft", sagte Vedur wieder. „Ich habe sie – erfunden, doch, schon, ich habe herausgefunden, wie man sie erzeugt und, was wichtiger ist: wie man sie speichert. Denn die Strömekraft, meine lieben Medlevinger, kann, ihr werdet es gleich sehen, all meine Maschinen zum Leben erwecken."
„Hört, hört!", rief der Bäcker freundlich aus der zweiten Reihe.
„Ja, Bäcker!", rief Vedur zurück. „Auch für dich ist etwas dabei unter meinen Erfindungen! Für dich habe ich" – und er zog das Tuch von dem Stapel, der in der Mitte des Platzes jetzt fast ganz im Dunkeln lag – „das Rühr-und-Quirl erfunden!" Und unter all den Gegenständen, die, ein wenig instabil und kipplig aufeinander getürmt, zu schwanken begannen, zog er denjenigen heraus, der Nis schon immer am wenigsten interessiert hatte.
„Das Rühr-und-Quirl!", rief Vedur. Einer der Bauern nahm unaufgefordert eine Fackel aus ihrer Halterung und trug sie auf den Platz. Dort stellte er sich neben Vedur, sodass ihr Licht jetzt flackernd auf eine kleine Maschine fiel, die zur Hauptsache aus einem durchsichtigen Topf bestand, in dessen Mitte man ein sonderbar geformtes Teil erkennen konnte.
„Danke, Evrid", sagte Vedur. „Stell dir vor, Bäcker, du müsstest deine Brote und Kuchen niemals mehr selbst kneten! Stell dir vor, dieses Gerät würde die Arbeit für dich tun! Das Einzige, was du noch erledigen müsstest ..."
„Und wie soll das gehen?", rief eine Stimme aus der Menge. „Na?"
Nis glaubte, dass es der Wegepfleger war, aber sicher war er sich nicht.
„Ich zeige es euch!", rief Vedur. „Wie ihr hier seht, ist das Rühr-und-Quirl tot, eine Maschine ohne jeden Nutzen. Aber kaum leite ich die Strömekraft hinein", und er verband das Ende des Seiles, das aus dem Rühr-und-Quirl kam, mit seinem Strömekraft-Seil, „so kann ich es, durch einen einzigen Druck auf diesen Schalter, in Bewegung setzen!"
Nis zuckte zusammen. Es hatte funktioniert. Aus der Platzmitte kam ein lautes, unangenehm schepperndes Geräusch.

„Hört ihr es?", rief Vedur aufgeregt. „Hört ihr es?"
Das Murmeln im Kreis schwoll an. „Nur noch das Mehl hinein!", rief Vedur über dem Stimmenlärm. „Die Eier, Butter, Milch! Bäcker! Das Rühr-und-Quirl gehört dir! Stell dir vor, wie viel leichter die Arbeit dann für dich sein wird! Für dich habe ich es erfunden!"
Er zog das Seil aus dem Gerät und hielt es dem Bäcker hin. „Wann immer genug Strömekraft da ist", sagte Vedur, „wirst du den Teig von jetzt an nicht mehr mit deinen eigenen Händen kneten müssen. Da."
„Beweise!", schrie wieder die Stimme aus dem Kreis. Jetzt war sich Nis ganz sicher, dass es der Wegepfleger war. Jeder wusste, dass er gern berauschende Getränke trank, oft auch zu viel davon. „Bisher haben wir es erst knattern hören, Erfinder-Vedur! Soll ich die Rassel meines kleinen Sohnes holen? Ein Knattern beweist gar nichts! Wir wollen das Brot sehen!"
„Ja, los, wir wollen das Brot sehen!", rief eine Jungenstimme.
„Natürlich Thoril", flüsterte Moa. Nis hatte nicht einmal gemerkt, wie sie sich neben ihm durch die Menge gedrängt hatte. „Wie sein Vater, aber genau! Der hackt auch immer auf Vedur herum. Die hassen sich doch schon ewig."
„Man darf sich nicht hassen, das weißt du doch!", sagte Nis schnell. „Vedur hasst keinen."
Moa schnaubte. „Erzähl mir nichts", flüsterte sie. „Vergiss nicht, dass ich schon fast eine L-Fee bin. Zwischen den beiden knistert es doch, sobald sie sich nur sehen."
„Pssst!", sagte Nis ärgerlich. Der Bäcker hatte das Rühr-und-Quirl genommen und hielt es mit ausgestreckten Armen von sich weg.
„Ohne Strömekraft tut es gar nichts", sagte Vedur beruhigend. „Du musst nicht fürchten, dass es sich in Gang setzt, ohne dass du es willst."
„Oder dass es sich überhaupt in Gang setzt, Bäcker!", rief der Wegepfleger.
Jetzt hörte Nis genau, dass er schon zu viel getrunken hatte. „Solange er

uns hier nicht vorführt, wie sein Knatterding einen Teig knetet…"
„Ich kann dich verstehen, Wegepfleger", sagte Vedur. Er war zurück in die Mitte des Kreises getreten und zog vorsichtig ein rundes Glasgehäuse aus dem Stapel. „Vielleicht wirst du mir glauben, wenn ich die Kraft in diesen Tagmacher hier leite. Dies ist die Erfindung, über die ich am glücklichsten bin, meine Freunde. Wenn es mir nur gelingt, genügend Kraft zu erzeugen, werden unsere Wege bei Nacht nicht mehr dunkel sein müssen, wir werden taghelles Licht in unseren Häusern haben…"
„In der Nacht? Das wollen wir sehen!", rief eine Stimme spöttisch. Andere lachten.
„Ruhe!", rief der König aus der ersten Reihe. „Meine lieben Medlevinger, ich bin enttäuscht… Ich hoffe doch sehr, dass ihr…"
„Danke, Majestät!", sagte Vedur und hob das Seil vom Boden auf. „Aber es ist nicht nötig. Gleich werdet ihr es ja sehen."
Nis spürte, wie sein Herz schlug. „Jetzt pass auf, Moa!", flüsterte er. „Gleich!"
Mit der linken Hand hielt Vedur das Glasgehäuse, mit der rechten das Seil, das von ihm herabhing. Kurz bevor er es mit dem Strömekraft-Seil verband, hielt er noch einmal inne.
„Seht genau her, ihr Medlevinger im Land!", rief Vedur. „Seht, wie es Licht wird!"
Dann steckte er beide Seilenden zusammen.
Der Tagmacher blieb dunkel.
„Oh, ich bin geblendet!", schrie der Wegepfleger und schlug sich die Hände vors Gesicht. „Meine armen Augen! Dieses Strahlen!"
Die Menge lachte, aber sie war gleich wieder still. Nis sah, wie Vedur vorsichtig an den Seilen rüttelte und wieder und wieder den kleinen Schalter am Tagmacher umlegte. Nichts geschah.

„Einen Augenblick, nur noch einen Augenblick Geduld!", rief Vedur. „Es muss etwas mit der Strömekraft – auf dem Weg vom Speicher hierher …"
Obwohl es dunkel war, wusste Nis, dass jetzt alle voller Mitleid auf seinen Vater sahen. Sie hatten ihn geschätzt, früher. Er war ein guter Lehrer gewesen. Vielleicht waren sie alle gekommen in der Hoffnung, er würde ihnen beweisen, dass er doch nicht verrückt war, trotz allem nicht. Sie hatten mit dem Wegepfleger gelacht; aber insgeheim hatten sie alle gewünscht, am Ende würde Vedur seine Maschinen doch zum Leben erwecken können. Jetzt, wo er endgültig bewiesen hatte, dass sie alle nur Hirngespinste seiner wahnsinnigen Fantasie waren, erstarb das Lachen. Die Ersten drehten sich um und gingen.
„Oder die Glaskugel ist schuld!", rief Vedur. „Wartet doch noch einen Augenblick, meine lieben Freunde! Vielleicht kann ich euch ein anderes Gerät …"
Als die Menge sich aufzulösen begann, rumpelte die Hin-und-her-Sprechmaschine, die ohnehin nie funktioniert hatte, auf den Boden. Vedur kramte mit unruhig flatternden Händen in dem Gerätestapel. „Der Sehkasten!", rief er. „Wartet doch, Freunde, wartet doch! Der Sehkasten ist fast die schönste Erfindung, die ich für euch …" Und er verband den großen, schwarzen Kasten mit dem Seil.
Ein paar Zuschauer hielten in der Bewegung inne und blickten zurück, aber hinter dem Glas blieb es dunkel.
„So ein Mist!", flüsterte Moa. „Geht es manchmal wirklich?"
Nis nickte.
„Nun, dann ist erwiesen, dass es an der Strömekraft liegt!", rief Vedur. „Nicht am Tagmacher! Wenn nun auch der Sehkasten nicht arbeiten will! Ich werde prüfen, ob ich den Fehler noch heute Abend beheben kann."
Aber die Menge hatte sich schon zerstreut. Der Bäcker trug das Rühr-und-Quirl zurück zu den anderen Geräten.

„Trotzdem danke, Vedur, dass du an mich gedacht hast", sagte er, und Nis hätte es am liebsten nicht gehört. Der Bäcker sprach mit seinem Vater wie mit einem Kind. „Wenn es funktioniert hätte, wäre es ja wirklich wunderbar gewesen. Also danke für die gute Absicht."
Vedur sah ihn nicht an. „Schon gut", murmelte er.
Ich müsste jetzt zu ihm gehen und ihm helfen, dachte Nis.
Aber ich ertrag es einfach nicht.

3

Johannes wurde von einem Klingeln geweckt.
Ich schlaf noch, dachte er und zog sich die Bettdecke über den Kopf. Ich hab das gar nicht gehört.
Der Besucher hatte jetzt offenbar gemerkt, dass Höflichkeit ihn nicht zum Ziel führen würde. Aus dem einfachen Klingeln war ein Sturmläuten geworden. Irgendwer drückte seinen Finger fest und dauerhaft auf den Klingelknopf.
Und außerdem ist Britta hier die Mutter, dachte Johannes und presste auch noch seine Fäuste gegen die Ohren. Die müsste eigentlich hingehen und aufmachen.
Vielleicht hatte der Besucher jetzt die Hoffnung aufgegeben; für einen Augenblick war es so still, dass Johannes die Ruhe geradezu fühlen konnte. Er nahm seine Hände von den Ohren und versuchte, in seinen Traum zurückzusinken. Irgendetwas mit einem Schiff, das auf der Straße direkt hinter Brittas Auto parkte. Er spürte, wie ihm das Wasser um die Knöchel schwappte, während Britta sich über die Reling beugte und gestikulierte.
„Beeil dich!", brüllte sie. „Ich komm zu spät zum Kellnern!" Und dazu drückte sie ununterbrochen auf das Schiffshorn, das einen unangenehm schrillen Ton von sich gab.
Johannes seufzte. Selbst im Traum begriff er, dass es keinen Sinn hatte, zu tun, als höre er die Klingel nicht. Der Besucher war hart-

näckig, und Britta würde nicht aufwachen, selbst wenn man ihr einen Eimer Wasser über den Kopf kippte. Johannes hatte keine Ahnung, wann sie am Morgen von der Arbeit zurückgekommen war, aber samstags war es meistens nicht vor fünf Uhr früh. Und da wollte sie dann hinterher ausschlafen. Sowieso waren die beiden Wochenendnächte die einzigen in der Woche, in denen sie das konnte. Sonst musste sie ja morgens immer rechtzeitig zur Schule gehen, egal wann sie in der Nacht vorher vom Kellnern gekommen war.

Johannes schlug die Bettdecke zurück. „Komm ja schon", murmelte er.

„Mensch!", sagte Line, als er die Wohnungstür öffnete. Durch den Spalt, den die Sicherheitskette zum Treppenhaus hin freigab, sah Johannes, dass Thomas hinter seiner Tochter stand und in der rechten Hand einen grauen Kasten von der Größe eines Fernsehers am Griff trug. „Wir dachten schon, euch wäre was passiert!"

„Britta schläft noch", flüsterte Johannes und hakte die Kette aus. Dann ging er einen Schritt zurück, damit Line und Thomas in den Flur treten konnten.

„Schön wär's", sagte Britta und gähnte. Sie lehnte im T-Shirt in ihrer halb geöffneten Zimmertür und kratzte sich mit der Wollsocke an ihrem rechten Fuß die linke Wade. „Ist hier ein Meeting, oder was? Mitten in der Nacht?"

„Es ist neun, Britta", sagte Thomas. „Da dachte ich – ich wollte dir nur deine Nähmaschine zurückbringen. Die wollte ich gar nicht erst mitschleppen."

„Ja, Scheiße", sagte Britta und gähnte. „Dann bleibt wenigstens zum Frühstück. Du kannst schon mal Tee machen, Thomas."

„Tut mir echt Leid", sagte Thomas entschuldigend. „Aber bevor wir runtergehen …"
„Jajaja", sagte Britta und winkte ab. „Du kannst Brötchen holen, Line. Zweimal Vollkorn für mich."
„Für mich Mohn", sagte Thomas. „Auch zweimal." Und er wühlte in seiner Jackentasche nach Geld.
„Nee, lass mal", sagte Britta. Ihr Beutel mit der Geldbörse hing an der Garderobe. „Das geht aufs Haus."
„Ich komm mit!", sagte Johannes. „Warte mal, Line!" Und er verschwand in seinem Zimmer. Die Tür machte er vorsichtshalber hinter sich zu.
Als er das Sweatshirt überzog, wusste er plötzlich, warum er von einem Schiff geträumt hatte.

Sie liefen die Treppe im Thielickestieg hoch, der schmalen Passage, die ihre Straße mit dem Krayenkamp vor dem Michel verband. Am Souvenirstand vor den Krameramtswohnungen standen schon die ersten Touristen, aber an einem Samstagmorgen war um diese Zeit auf der breiten Straße, die hinter der Kirche zur Reeperbahn führte, noch wenig Verkehr.
„Hast du Schiss?", fragte Johannes, als sie durch die Michaelispassage liefen. „Oder freust du dich?"
Line zuckte die Achseln. „Unsere Möbel und solcher Kram sind bei Oma Ilse im Keller", sagte sie. „Und Papas Freunde haben natürlich auch was genommen."
„Dann kriegt ihr das ja alles ganz schnell zurück, wenn ihr wieder eine Wohnung habt", sagte Johannes. Er war sich nicht sicher, ob man Line trösten musste.

Line nickte. „Zum Duschen gehen wir zu Oma Ilse", sagte sie.
Im Bäckerladen stand eine kleine Schlange. Die Fächer mit den Brötchen waren schon fast leer.
„Aber ganz wolltet ihr da nicht wohnen?", fragte Johannes. „Oder wollte sie das nicht?"
Line lehnte sich gegen die Glastheke und studierte die verschiedenen Kuchenstücke. „Nee", sagte sie. „Aber schlafen tu ich da schon noch manchmal. Das mach ich ja sowieso öfter."
Johannes nickte. „Zweimal Mohn, zweimal Vollkorn, zwei Franzbrötchen", sagte er zu der Verkäuferin, die ihn freundlich anlächelte. „Und du, Line? Was willst du?"
„Franzbrötchen sind aus", sagte die Verkäuferin.
„Ein Croissant zur Feier des Tages", sagte Line. „Zwei Croissants."
„Das nehm ich dann auch", sagte Johannes.

Als sie zurückkamen, hatte Britta geduscht und sogar schon ihre Haare geföhnt. Jetzt sah sie fast wach aus.
In der Küche war der Tisch für vier Personen gedeckt, und Johannes ließ sich zufrieden auf seinen Stuhl fallen. Er fand ein richtiges Frühstück schön. Und auch noch mit so vielen Menschen.
„Und heute kommen dann also die Neuen?", fragte Britta und schenkte sich Tee in ihren Becher. „In eure Wohnung? Wisst ihr, dass das ein richtiges Umzugswochenende ist? Bei uns ist gestern bei Drägers auch ein Neuer eingezogen."
Thomas nickte und strich sich zwei Zentimeter dick Nutella auf sein Brötchen.
„Das wäre geil gewesen, wenn ihr die Wohnung oben gekriegt hättet", sagte Johannes. „Oder, Line?"

„Dafür hätten wir auch nicht mehr Geld gehabt als für unsere alte", sagte Thomas. Es war erstaunlich, wie schnell er essen konnte.
„Nee", sagte Britta. „Aber wenn euch mal die Decke auf den Kopf fällt da auf eurem Kahn, du weißt schon. Dann könnt ihr logisch immer herkommen. Schlüssel habt ihr ja sowieso." Sie starrte Thomas an. „Du Idiot!", schrie sie. „Warum hast du denn heute Morgen nicht einfach aufgeschlossen, anstatt hart arbeitende Menschen zu nachtschlafender Zeit zu wecken? So ein Blödmann!"
Thomas zuckte zusammen und schnitt sein zweites Brötchen auf. „Dafür ist der Schlüssel doch nicht gedacht!", sagte er entschuldigend. „Ich schleich mich doch hier nicht rein wie ein Einbrecher, wenn ich weiß, dass ihr zu Hause seid!"
„Nee", sagte Britta und hielt ihren Becher mit beiden Händen, als wollte sie sich wärmen. „Auch wieder richtig."
Thomas und Britta hatten ihre Wohnungsschlüssel ausgetauscht, als Johannes und Line noch ganz klein gewesen waren. Damals hatte Thomas manchmal Johannes nach dem Kindergarten mit zu sich nach Hause genommen, damit Britta nach der Arbeit ein bisschen Zeit hatte, und manchmal war Line mit zu Johannes gekommen. Das war damals sicher nützlich für beide gewesen, dachte Johannes. Wenn man arbeitet und ganz allein ein kleines Kind großzieht, ist man bestimmt dankbar für jede Stunde, die man freihat.
„Geht ihr noch mal zurück in eure Wohnung?", fragte Britta. „Oder gleich runter?"
Thomas sah auf den Brötchenkorb. Seine Mohnbrötchen hatte er beide gegessen.
„Wir müssen nur noch Klamotten holen", sagte er. „Geputzt ist schon."

„Du kannst mein zweites Brötchen haben!", sagte Britta und schob ihm den Korb hin. „Nur keine Scheu."
„Echt?", sagte Thomas und hielt es schon in der Hand. „Ich hab morgens irgendwie immer Hunger."
Line kicherte.
„Sie haben mir jetzt auch eine Fortbildung angeboten", sagte Thomas und guckte skeptisch auf das kleine dunkelbraune Viereck, das er gerade mit dem Messer in zwei Hälften geteilt hatte. „Ich mach die auch."
„Besser als ewig arbeitslos", sagte Britta. „Und ich find's auch ganz spannend, ehrlich. Ich bin froh, dass ich die Ausbildung mach. Auch wenn ich immerzu müde bin."
Thomas nickte. „Übrigens danke für die Nähmaschine", sagte er. „Ich glaub, ich hab die Vorhänge gut hingekriegt. Mit Klettband ringsrum. Ihr könnt doch heute Abend mal kommen und gucken, ob auch wirklich von draußen kein Licht zu sehen ist. Dann feiern wir gleich Einstand."
„Cool!", sagte Johannes.
„Dass ich noch mal auf einem Boot wohnen würde, hätte ich auch nicht gedacht", sagte Thomas. „Aber Not kennt kein Gebot."
„Nicht die ganze Nutella, du Rüpel!", schrie Britta und nahm ihm das Glas aus der Hand. „Benimm dich mal wie ein Gast!"
Line kicherte immer noch.
Johannes seufzte glücklich. So muss das Frühstück am Wochenende sein, dachte er. Vielleicht können Thomas und Line ja jetzt samstags immer kommen. Wo es doch auf der Barkasse sowieso so eng ist. Nur ein paar Stunden länger schlafen lassen müssten sie uns natürlich.

Johannes wunderte sich, dass Britta sich ihre Wimpern tuschte, bevor sie in der Dämmerung aufbrachen.
Den halben Nachmittag hatten sie zusammen die Wohnung geputzt, weil Britta sagte, wo zwei Leute wohnen, müssen auch zwei Leute putzen. Danach hatte Britta mit Ächzen und Stöhnen ihre Hausaufgaben gemacht. Aber jetzt war sie fertig.
„Warum hast du Sekt mitgenommen?", fragte Johannes, als sie in der lauen Abendluft die vertrauten Straßen zum Hafen hinuntergingen. Für einen Aprilabend war es ungewöhnlich mild.
„Prosecco", sagte Britta. „Um auf den Umzug anzustoßen. Das bringt Glück, glaub ich. Und das können die beiden ja wirklich brauchen."
Johannes hüpfte den Sandweg entlang, der durch den kleinen Park hinter dem Michel führte. „Glaubst du, sie wollen da eigentlich gar nicht so gerne wohnen?", fragte er.
Britta schüttelte den Kopf. „Natürlich nicht, du Dödel", sagte sie. „Wer will schon auf einer Barkasse wohnen? Die winzige Kajüte. Und nur ein Portapotti als Klo. Nee, vielen Dank."
„Warum machen sie es dann?", fragte Johannes und wich einem Hund aus, der mit einem Wahnsinnstempo über den Rasen gerannt kam.
„Weil sie kein Geld haben, darum!", sagte Britta. „Mein Gott, Johannes, wie alt bist du eigentlich? Du weißt doch, wie lange Thomas jetzt schon keinen Job mehr hat! Und Schulden hat er auch noch, von früher, als er so ein junger Blödmann war und dachte, ihm gehört die Welt. Tut sie aber nicht."
„Nee", sagte Johannes.
Am Stubbenhuk rannten sie über die Straße. Auf dem breiten

Fußweg an den Vorsetzen gingen gerade die Straßenlaternen an, und vor ihnen, im Niederhafen, lag der Touristen-Raddampfer ruhig neben dem alten Schulschiff „Mir", dem schnellsten Segler seiner Klasse, dessen drei Masten sich schwarz gegen den Abendhimmel abzeichneten.

„Und das Schiff gehört seinem Cousin", sagte Britta und schlug den Weg nach links ein, wo an der Kehrwiederspitze die Glasfassade des Büroturms hell erleuchtet war. „Der hat das geerbt oder was, frag mich nicht. Und der ist froh, wenn er jeden Monat von Thomas ein paar Euro dafür kriegt, dass die beiden da wohnen dürfen. Was meinst du, was bei so einem alten Kahn für Reparaturkosten anfallen. Die kann er dann von der Miete zahlen."

„Hat Thomas das erzählt?", fragte Johannes. Auf dem Fleet unter ihnen fuhr ein Motorboot in zügigem Tempo Richtung Norderelbe. Die Positionslichter leuchteten grün und rot, und Johannes spürte wieder diese Sehnsucht in sich aufsteigen, die vielleicht bedeutete, dass er später zur See fahren wollte. In der Dunkelheit war es am Hafen noch wunderbarer als bei Tag. Er verstand nicht, wie es Menschen geben konnte, die es ohne den Geruch von Wasser in der Luft aushielten.

„Wer denn wohl sonst?", sagte Britta. „Als Lines Mutter diesen Amerikaner getroffen hat und nach Amerika gezogen ist und Thomas plötzlich dastand mit einem kleinen Kind und hohen Schulden und keinem richtigen Job, da hat das aber reingehauen, das glaub mir mal. Der arme Kerl."

„Jetzt macht er ja die Fortbildung", sagte Johannes.
Britta nickte. Sie waren beim Mäuseturm angekommen und bogen gegenüber der Deichstraße nach rechts auf die Treppe zur hölzer-

nen Brücke; dann gingen sie nach unten auf den Schwimmponton. Auf der anderen Seite des Zollkanals lag verlassen die Speicherstadt und spiegelte sich im dunklen Wasser.

„Wir drücken ihm einfach ganz fest die Daumen, dass er bald eine vernünftige Arbeit kriegt", sagte Britta. „Und dann auch wieder eine Wohnung. Und solange können die beiden zu uns kommen, sooft sie wollen, okay, Johannes? Duschen oder was weiß ich."

Johannes nickte. An beiden Seiten des Pontons schaukelten im Binnenhafen die Boote an ihren Leinen dicht an dicht auf dem schwarzen Wasser: alte Barkassen, Ausflugsboote, sogar ein oder zwei Schuten. Keine modernen Motorboote, schon gar keine Segelyachten. Und es war still. Außer Britta und Johannes war niemand auf dem Ponton.

„Siehst du was?", fragte Johannes. Die „Cordelia Zwo" war das letzte Schiff, ganz am Ende des Pontons lag sie gut vertäut hinter der schwimmenden Sportbootschule.

Britta schüttelte den Kopf. „Hat er gut gemacht", sagte sie. „Da hat es sich doch gelohnt, dass ich letztes Jahr die Nähmaschine gekauft habe!"

„Klar", sagte Johannes. Dabei hatte er damals genörgelt, als Britta damit vom Flohmarkt nach Hause gekommen war.

„Du kannst doch überhaupt nicht nähen!", hatte er geschrien. „Für das Geld hättest du mir lieber ein Handy kaufen können!"

„Das wäre Wahnsinn gewesen, die nicht zu nehmen!", hatte Britta gesagt. „So billig, wie die war! Dafür kriegt man im Leben kein Handy, glaub mir mal. Und wenn mal wieder schlechte Zeiten kommen, näh ich uns unsere Klamotten selbst."

Bei dem Gedanken war es Johannes ganz übel geworden, aber

schlechte Zeiten waren zum Glück bisher noch nicht gekommen. Dafür hatte Thomas dringend für alle Barkassenfenster Verdunkelungsvorhänge gebraucht. Denn natürlich war es nicht so ganz und hundertprozentig legal, wenn Line und er jetzt auf die „Cordelia Zwo" zogen, das hatte er Johannes auch erklärt. Es war ja nicht genug, dass sein Cousin nichts dagegen hatte. Es gab schließlich auch Gesetze, die vorschrieben, wo Menschen wohnen durften und wo nicht.
„Auf Barkassen nicht?", hatte Johannes gefragt.
„Nee, nicht so richtig", hatte Thomas gesagt. Und darum hatte er eben Vorhänge nähen müssen, die jeden Lichtschein aus der Kajüte abdunkelten, damit nicht die Wasserschutzpolizei, wenn sie bei einer ihrer Routinepatrouillen an der „Cordelia Zwo" vorbeifuhr, irgendwann einmal Lunte roch und sich fragte, warum auf diesem Schiff denn wohl allabendlich das Licht brannte.
„Nee, man sieht wirklich nichts", sagte Johannes. „Hat er gut genäht."
Sein Handy hatte er übrigens zu Weihnachten dann zum Glück trotzdem bekommen.

Die Achterleine der „Cordelia Zwo" war mit zwei Törns und Kopfschlag fest an einem Poller belegt.
„Prost!", sagte Line und stieß mit ihrem Becher Früchtetee vorsichtig gegen den Becher von Johannes. Als sie zusammentrafen, gab es ein leises „Klank!".
„Prost!", sagte Johannes.
Sie hatten zu viert in der Kajüte gesessen und auf das neue Heim angestoßen, Britta und Thomas mit Prosecco in Tassen und Johan-

nes und Line mit Früchtetee. Teebeutel wären leichter zu lagern als Limonadenflaschen, hatte Thomas gesagt. Auf so einer Barkasse war Platz schließlich das knappste und kostbarste Gut. Und darum gab es von jetzt an nur noch Früchtetee statt Cola.

„Und die ganzen Klappen?", hatte Johannes gefragt und schon eine öffnen wollen. „Da passt doch ordentlich was rein!"

„Nicht!", hatte Thomas geschrien und ihn mit festem Griff auf die Bank zurückgezogen. „Da hab ich alles einfach nur reingestopft! Das Chaos müsst ihr nun wirklich nicht sehen!"

Aber dann war es Johannes langweilig geworden. Britta und Thomas hatten immerzu über Geld gesprochen und über Arbeit und Schule, und das waren wirklich Themen, die ihn an einem Samstagabend nicht so sehr interessierten. Vor allem Schule im Augenblick nicht.

„Lass uns rausgehen", hatte er zu Line gesagt, und darum saßen sie nun jeder auf einem Poller mit ihren Bechern in der Hand und guckten über das Wasser in Richtung Fluss. Ab und zu sah man auf der anderen Seite des Flusses vor den schwarzen Schatten der Kaianlagen auf Steinwerder die Lichter eines kleinen Schiffes vorüberziehen.

„Schön", sagte Johannes.

Line nickte. „Ich glaub bloß, im Winter wird es ziemlich kalt auf dem Kahn", sagte sie. „Hast du die Geschichte endlich auswendig gelernt?"

Johannes stöhnte. „Erinnere mich bloß nicht!", sagte er.

„Kraidling tobt, wenn du sie wieder nicht kannst", sagte Line.

Johannes scharrte mit dem rechten Fuß über den Boden. An der Spitze hatte sich die Sohle seines Sneakers gelöst, und sobald er

den Fuß nach vorne schob, klappte sie nach hinten weg. „Das ist viel zu viel!", sagte er wütend. „Und außerdem ist es ungerecht."
Line stellte ihren Fuß auf seinen. „Hör auf!", sagte sie. „Du machst den noch ganz kaputt! Erstens ist es nicht wirklich ungerecht, weil er dir vorher tausendmal gedroht hatte, dass du eine Strafarbeit kriegst, wenn du die Hausaufgaben schon wieder nicht hast. Und zweitens könntest du jetzt schon eine ganze Menge auswendig, wenn du jeden Tag nur ein kleines bisschen gelernt hättest."
„Halt's Maul", murmelte Johannes, aber Line kannte ihn viel zu lange, um sich beleidigt zu fühlen.
„Pass auf, dass er dich nicht in seiner Dunkelkammer einsperrt, wenn du jetzt auch die Strafarbeit nicht hast!", sagte sie.
Johannes tippte sich an die Stirn. „Ich hab höchstens Schiss, dass er mich bei Britta verpetzt", sagte er. „Wo er auch noch gleich um die Ecke wohnt."
„Tja, Pech", sagte Line und gab seinen Fuß frei. „Ich würde lernen, wenn ich du wäre."
„Ja, *du*", sagte Johannes. Es war Zeit, das Thema zu wechseln. „Was schreiben sie jetzt eigentlich für eine Adresse auf deine Zeugnisse? Und wohin kriegt ihr eure Post?"
Line drehte ihren Becher um und ließ die letzten Tropfen Tee ins dunkle Wasser rinnen.
„Gemeldet sind wir bei Oma Ilse", sagte sie. „Wenn man irgendwo wegzieht, muss man sich ja woanders neu anmelden."
„Ach so", sagte Johannes. „Das ist aber eigentlich Beschiss, da wohnt ihr ja gar nicht. In echt ist das auch nicht erlaubt, oder?"
Line zuckte die Achseln.
„Weil euch ja so keiner findet", sagte Johannes. „Der euch sucht."

Line tippte sich gegen die Stirn. „Wer sollte uns denn wohl suchen?", fragte sie.
Johannes dachte, dass Line Glück hatte, dass ihre Oma Ilse ganz in der Nähe wohnte. Seine Großeltern wohnten weit, weit weg. Als sie ihn erwartet hatte, hatte Britta damals ihre Sachen gepackt und war von zu Hause weggegangen.
„So weit wie möglich", hatte sie Johannes erzählt. „Blöd, wie ich war."
Darum hatte sie auch die Schule nicht zu Ende gemacht und eine vernünftige Ausbildung erst gar nicht angefangen.
Hinter der Ufermauer am Kajen über ihnen gingen Fußgänger vorbei, Touristen vielleicht, Hafenbesucher aus einer anderen Stadt, die laut und vergnügt miteinander redeten.
„Nein, guck mal, die Kinder mit den Tassen da unten!", sagte eine Frauenstimme mit einem komischen Dialekt. „Wenn man sich vorstellt, dass die hier vielleicht leben …"
„Touristen!", murmelte Line.
„Vielleicht immer unterwegs!", sagte eine melancholische Männerstimme. „Heute hier, morgen da. Wohin ihre Ladung sie führt."
„Als ob die ‚Cordelia Zwo' schon jemals Ladung transportiert hätte!", sagte Line leise. „Landratten! Aber wenn es wärmer wird, können wir mit der ‚Cordelia' ja wirklich mal irgendwo hinfahren, Johannes. Am Wochenende. Das würde ich gut finden."
„Geht das denn?", fragte Johannes verblüfft. „Kann die überhaupt noch fahren?"
Line boxte ihn ärgerlich gegen den Arm. „Was glaubst du denn?", sagte sie. „Thomas ist mit der mit seinem Onkel ständig unterwegs gewesen, als er noch ein kleiner Junge war! Die ganze Elbe runter

und vor Cuxhaven rüber nach Neuwerk. Und ich bin auch schon ein paarmal damit gefahren. Hochseetüchtig ist sie natürlich nicht."
„Wow!", sagte Johannes und stand auf, um sich das Boot noch einmal genauer anzusehen. Hinter den Fenstern war es dunkel. Niemand hätte ahnen können, dass drinnen Britta und Thomas saßen und Prosecco tranken. „Das wäre cool, du."
In diesem Augenblick wurde auf der „Cordelia Zwo" die Niedergangstür geöffnet. „Hat irgendwer Lust, mit uns Kniffel zu spielen?", fragte Britta.
Line stand auf.
„Vielleicht wird es ja doch ganz schön hier!", flüsterte sie.
„Logisch", sagte Johannes.
Als er mit Britta nach Hause ging, war er überzeugt davon. Es war gut, dass Line auf die Barkasse gezogen war.

Der Mensch öffnete lautlos die Tür des Verlieses und stellte einen Teller vor Antak auf den Boden. Trotzdem gab es so wenig Licht, dass Antak das Essen nur erkennen konnte, weil seine Augen sich inzwischen an die Dunkelheit gewöhnt hatten.
Der Mensch nahm ihm den Knebel aus dem Mund.
„Bitte!", flehte Antak und warf sich auf die Knie. „Bitte! Kain! Bitte!"
Wie immer antwortete der Mensch ihm nicht. Er schloss die Tür und Antak schluchzte auf.

4

Nis war ins Bett gegangen, sobald er nach Hause gekommen war.
„Sei nicht so unglücklich, Nis", sagte Munna und versuchte ihn in den Arm zu nehmen. „Es bedeutet doch gar nichts! Wir beide wissen, dass Vedur nicht verrückt ist, sondern …", sie zögerte, „ein großer Erfinder. Daran musst du glauben, Nis, mein Sohn. Eines Tages wird er es auch beweisen können."
„Er hat sich zum Gespött des ganzen Landes gemacht!", sagte Nis. „Wenn sie erst mal zu Hause sind, lachen sich alle tot über ihn!"
„Hat dir niemand beigebracht, dass es gleichgültig ist, was die anderen denken, solange man selber weiß, dass man das Richtige tut?", fragte Munna.
„Phhht!", sagte Nis. „Das sagst du! Aber jede Wette wäre es dir auch lieber, wenn keiner über Vedur lachen würde."
„Weil ich ihn liebe", sagte Munna. „Da erträgt man es nur schwer, wenn dem, den man liebt, Unrecht geschieht."
„Darum geht es doch nicht!", sagte Nis böse. „Er soll endlich damit aufhören! Wer braucht ein Rühr-und-Quirl, selbst wenn es funktioniert? Es ist einfach nur peinlich!"
Munna sah ihn streng an. „Eines Tages wirst du noch einmal stolz auf deinen Vater sein", sagte sie und blies die Kerze aus. „Schlaf gut, Nis. Und sag nie wieder so etwas über deinen Vater."
„Jaja", flüsterte Nis und drehte sich auf die Seite. Das Fell unter ihm war warm und weich und schmiegte sich wie eine zweite Haut um seinen Körper. Trotzdem konnte er nicht einschlafen.

Er dachte an den übernächsten Tag in der Schule, an Thoril, der Mitleid heucheln würde, und an die anderen, die es wirklich empfanden. Nis wusste nicht, was schlimmer zu ertragen war.

Er hatte gerade begonnen, bis unendlich zu zählen, weil Munna immer sagte, eine bessere Methode um einzuschlafen gäbe es nicht, als er hörte, wie die Haustür geöffnet wurde.

„Vedur!", sagte Munna. „Endlich!" Der Vorhang zwischen dem Wohn- und dem Schlafraum war zugezogen wie an jedem Abend, wenn Nis im Bett lag, während Vedur und Munna sich noch miteinander unterhielten. Ihre ruhigen Stimmen, das Lachen zwischendurch, schläferten ihn immer ein. Der leise Teppich gleichmäßiger Geräusche gab ihm das Gefühl, dass die Welt in Ordnung war, was immer er am Tag auch gedacht haben mochte. Es gab keine Geheimnisse, oder wenn es sie gab, sprachen Vedur und Munna darüber nicht abends miteinander, wenn Nis jedes Wort verstehen konnte.

Aber an diesem Abend war etwas anders.

„Sei doch nicht so verzweifelt, Vedur!", flüsterte Munna.

Allein dass sie flüsterte. Nis setzte sich auf.

„Es macht doch keinen Unterschied! Sie haben vorher geglaubt, dass du wahnsinnig bist, und sie glauben es jetzt immer noch! Was ist also anders geworden!"

„Dass ich ihnen jetzt *bewiesen* habe, dass ich wahnsinnig bin!", flüsterte Vedur bitter. „Vorher haben sie es vermutet, aber es gab doch immerhin noch die Möglichkeit, dass sie sich täuschten. Jetzt habe ich es ihnen endgültig bewiesen."

„Ist das nicht ganz egal?", flüsterte Munna. „Geht es nicht schließlich um etwas anderes?"

Nis beugte sich vor. Um was?, dachte er verblüfft. Um was?

„Ich hatte vorher schon befürchtet, dass das Kabel irgendwo auf dem Weg beschädigt werden könnte", flüsterte Vedur. „Wenn es unterbrochen wird, kann diese so genannte Elektrizität nicht weiterfließen, das hast du ja wohl verstanden. Und der Weg vom Windrad zum Platz war einfach zu weit. Ich habe den Schaden eben entdeckt. Ein Tier hat das Kabel angenagt."
„Dann weißt du wenigstens, dass es keine Absicht war", flüsterte Munna.
„Ich hatte schon gedacht... Jedenfalls war er nirgendwo auf dem Platz, ich habe mich umgesehen."
Nis schwang vorsichtig seine Beine aus dem Bett. Sein Herz schlug heftig. Wer?, dachte er. Bis zum Vorhang waren es nur zwei Schritte.
„Ich weiß", flüsterte Vedur. „Aber es war nicht zerschnitten. Es war zernagt. Ich glaube nicht, dass er sich so viel Mühe gemacht hätte, nur um vorzutäuschen, dass ein Dachs daran schuld war. Oder eine Ratte. Für mich sah es nach einer Ratte aus."
„Ach, Vedur", flüsterte Munna, und jetzt konnte Nis durch einen Spalt im Vorhang sehen, wie sie ihren Kopf an Vedurs Schulter lehnte. „Sei nicht so verzweifelt."
„Aber ich hatte einfach keine andere Wahl mehr!", flüsterte Vedur. „Zu viele haben angefangen, sich zu fragen, was ich in meiner Werkstatt treibe! Es war nötig, ihnen wenigstens meine Erfindungen vorzustellen, so oder so, es ging nicht mehr anders."
„Aber es wäre besser gewesen, sie hätten hinterher an einen *erfolgreichen* Erfinder geglaubt", flüsterte Munna. „Ich begreife schon, dass es für dich besser gewesen wäre."
„Du ahnst nicht, wie schwer es mir inzwischen fällt, von allen voller Mitleid behandelt zu werden", sagte Vedur, und in der Erregung vergaß er zu flüstern. „Nicht mehr dazuzugehören. Ich weiß nicht, wie lange ich das noch ertragen kann."

„Irgendwann wirst du ihnen wenigstens beweisen können, dass die Geräte funktionieren", flüsterte Munna. „Und es ist ja nicht für ewig."

„Wer weiß", flüsterte Vedur. „Der König und ich sind uns sicher ... Solange der Auftrag nicht abgeschlossen ist, werde ich weiterhin ..."

Nis spürte, wie ein Kribbeln in seiner Nase aufstieg. Er schaffte es gerade noch, sich auf sein Bett fallen zu lassen.

„Schläft der Junge noch nicht?", fragte Vedur und zog den Vorhang auf. Nis lag zusammengerollt auf der linken Seite und versuchte gleichmäßig zu atmen.

„Du meine Güte, der hat einen tiefen Schlaf", sagte Vedur, und seine Stimme war voller Zärtlichkeit. „Wird noch nicht mal von seinem eigenen Niesen geweckt."

„Das ist auch gut so", sagte Munna, und Nis hörte, wie der Vorhang wieder zugezogen wurde. „Er war völlig verzweifelt wegen heute Abend."

„Ich wünschte, ich könnte ihm die Scham ersparen", sagte Vedur. „Ich wünschte, ich könnte wenigstens mit ihm reden."

„Es ist ja nicht für ewig", sagte Munna wieder tröstend. „Ich habe Lamm gekocht, Lieber. Setz dich an den Tisch."

5

Am Sonntagabend hatte Johannes einen Augenblick lang gedacht, dass es vermutlich doch klüger war, wenn er den Text für Herrn Kraidling auswendig lernte. Natürlich konnte er das bis zum Montag nicht ganz schaffen. Aber vielleicht genügte es Herrn Kraidling ja, wenn er seinen guten Willen sah.

„Bank Raid in Epping", murmelte Johannes. „Bank Raid in Epping. Police cars chased ... police cars chased ..."

Er hasste es, wenn er am Sonntag Hausaufgaben machen musste. Das Wochenende sollte eigentlich nichts als Freizeit sein. Aber das war es natürlich nur für Erwachsene, nicht für Schüler.

Als es an der Wohnungstür klingelte, sprang er auf.

„Mach du auf!", schrie Britta. „Ich lern grade!"

Johannes rief nicht zurück, dass er das auch gerade tat. Er wusste, dass Lernen für Britta noch schlimmer war als für ihn, und wenn sie schon einmal dabei war, sollte sie besser nicht abgelenkt werden.

Aber das war nun leider doch nötig.

Vor der Tür stand der neue Nachbar mit einem Blumenstrauß.

„Hallo!", sagte er fröhlich. „Hier kommt jemand, um Abbitte zu leisten!"

„Was?", fragte Johannes. Heute trug der Nachbar einen Anzug, und sogar Johannes konnte sehen, dass der teuer gewesen war.

Der Besucher lachte. „Kannst du mir vielleicht deine Frau Mutter mal herschicken?", fragte er. „Oder ist sie noch bei der Arbeit? Ich hab draußen euer Auto gesehen, darum dachte ich …"
„Korrekt", sagte Britta. „Hier ist die Frau Mutter."
Sie hatte ihre Wollsocken bis über die Jeans hochgezogen, weil der Boden kalt war und sie Hausschuhe hasste, und ihr Pullover war vielleicht noch älter als Johannes. „Man muss doch seine Edelklamotten nicht in der Wohnung verbrauchen", sagte Britta immer. „Sieht einen doch sowieso keiner."
Johannes hatte gar nicht gewusst, dass Britta überhaupt Edelklamotten besaß. Und jetzt wunderte er sich über sich selbst. Er hätte sich tatsächlich gewünscht, dass Britta für diesen Nachbarn irgendwie ein klein wenig ordentlicher angezogen gewesen wäre.
„Ich hoffe, ich störe nicht!", sagte der und stand schon im Flur. Aber wenigstens guckte er ein bisschen unsicher.
Britta antwortete nicht, aber das schien er gar nicht zu bemerken.
„Ich wollte mich nur entschuldigen für die Ungelegenheiten, die Ihnen mein Möbelwagen vorgestern verursacht hat!", sagte er und hielt ihr mit einer gespielten Verbeugung den Blumenstrauß hin. „Und untertänigst um Vergebung bitten."
Britta guckte skeptisch, aber dann lächelte sie doch ein wenig. „Danke", sagte sie. „Wäre nicht nötig gewesen."
Der Strauß war größer als jeder, den Johannes bisher irgendwo im echten Leben gesehen hatte. Es war ein Strauß, wie es ihn sonst überhaupt nur im Fernsehen oder vielleicht in Blumengeschäften gab. Johannes kannte keine einzige Blume darin mit Namen und fragte sich, was das Ganze wohl gekostet hatte. Vielleicht hätte Britta für das Geld lieber eine neue Bratpfanne gehabt.

„Natürlich ist das nötig", sagte der Nachbar. „Wo ich Ihnen doch gleich am Anfang so viele Scherereien gemacht habe! Aber dafür habe ich nun auch gebüßt und heute Morgen die ganze Gegend nach einem Blumenladen abgesucht, der geöffnet hatte."
Er sah sich im Flur um. „Hübsch haben Sie es hier!", sagte er dann und ging ungeniert weiter in die Küche. „Vom Schnitt her ist das ja haargenau der gleiche Typ wie meine Wohnung oben auch. Natürlich haben Sie außerdem diesen wunderbaren Zugang zum Hof, wo bei mir nur der Balkon ist!" Und er zeigte auf die Tür, als ob er gleich nach draußen gehen wollte.
Aber Britta machte keinerlei Anstalten, die Tür zu öffnen. „Ja, die sind alle gleich", sagte sie.
„Und die Lage ist ja auch angenehm", sagte der Nachbar freundlich. Johannes begriff, dass er versuchte, ein nachbarschaftliches Gespräch in Gang zu bringen. „Einfach zentral."
„Klar", sagte Britta. „Und Drägers hätten ihre Wohnung auch bestimmt nicht geräumt, wenn sie nicht plötzlich diesem Wahn verfallen wären."
„Wahn?", fragte der Nachbar verblüfft. „Auf mich haben die beiden für ihr Alter noch sehr rüstig und klar gewirkt."
Britta zuckte die Achseln. „Sie haben Geräusche gehört", sagte sie. „Das haben wir übrigens alle. Dies ist ein altes Haus, da knarren die Dielen, und die Rohre ächzen. Aber plötzlich haben sie es unheimlich gefunden."
Der Nachbar nickte. „Alte Menschen", sagte er. „Da nehmen die Ängste zu. Aber es tut einem Leid, oder? Obwohl ich natürlich davon profitiere. Ich hab deshalb die Wohnung." Er lachte. „Aber dann weiß ich ja jetzt, dass ich nicht gleich in Ohnmacht fallen muss,

wenn ich Geräusche höre. Keine Geister, nur morsches Gemäuer."
„Genau", sagte Britta, und fast hätte Johannes sich gewünscht, dass sie allmählich ein wenig freundlicher geworden wäre.
„Aber um Ihren Hof beneide ich Sie ein bisschen", sagte der neue Nachbar. „Ich bin natürlich nicht gekommen, um Ihnen das zu sagen. Eigentlich wollte ich nur ..."
„Klar", sagte Britta. „Die Entschuldigung. Tolle Blumen."
„Nein, nein!", rief der Nachbar. „Ich wollte – aber ich habe mich ja noch gar nicht vorgestellt! Idelung ist mein Name", und er hielt Britta seine Hand hin.
„Ah ja", sagte Britta. „Ritter sind wir. Das steht übrigens auch an der Tür. Und es ist nicht wirklich *mein* Innenhof. Sprechen Sie mit Herrn Pokaschinski."
Idelung hob fragend die Brauen.
„Der ist doch ein Verbrecher!", sagte Johannes schnell.
„Quatsch!", sagte Britta. „Behaupte nichts, was du nicht beweisen kannst."
Aber von wem hab ich das denn wohl, dachte Johannes. Immer, wenn er mal wieder ein halbes Jahr lang nicht zu sehen war, hatte Britta gesagt: „Na, wo der wohl ist. Auf Mallorca jedenfalls nicht. Der hat es jetzt wohl eher schwedisch."
„Schwedische Gardinen?", hatte Johannes dann begeistert gefragt. „Im Knast?"
Britta hatte die Stimme gesenkt. „Hast du dich mal gefragt, warum der so oft monatelang nicht zu Hause ist?", hatte sie gesagt. „Und warum er seinen Kellerraum so verbarrikadiert hat, dass man nicht reingucken kann? Was glaubst du denn, was der da lagert?"
„Pokaschinski?", fragte Idelung jetzt. „Der unter mir wohnt?"

„Neulich war außerdem die Polizei in seinem Keller!", sagte Johannes. „Kannst du nicht bestreiten."

„Weil sie bei ihm eingebrochen haben", sagte Britta. „Sagt er. Und wir sollten ihm glauben." Sie guckte Idelung an. „Ja, das ist Herr Pokaschiński", sagte sie.

Idelung lächelte. „Ah ja", sagte er. „Darf ich mal sagen – ich habe das Gefühl, so ganz haben Sie mir immer noch nicht verziehen! Darum möchte ich Sie gerne – ich hoffe, Sie empfinden das jetzt nicht als aufdringlich! – in der nächsten Woche einmal auf gute Nachbarschaft auf einen Caipirinha zu mir nach oben laden. Wo wir doch eine gemeinsame Leidenschaft haben!"

Johannes sah, dass Britta sich ihr Hirn darüber zermarterte, welche Leidenschaft das wohl sein könnte. Sie steckte ihren Kopf in die Blumen. „Riechen gut", sagte sie.

„Sie hatten beim Einzug meinen belgischen Schrank bewundert!", sagte Herr Idelung irritiert. „Und darum dachte ich …"

„Ja, klar", sagte Britta. Johannes sah, dass sie unsicher wurde. Natürlich benahm Britta sich oft ziemlich daneben, aber das tat sie ja nicht mit Absicht. „Es ist nur mein blödes Temperament, verstehst du", sagte sie hinterher immer zu Johannes. „Das geht mit mir durch, und dann ist es zu spät." Wenn sie es hinkriegte, versuchte Britta schon meistens, nicht allzu unhöflich zu sein. Und ohne Grund so eine Einladung auszuschlagen wäre vielleicht unhöflich gewesen.

„Dann komm ich gerne", sagte Britta und versuchte sogar zu lächeln. „Montags abends arbeite ich nicht. Vielen Dank, auch noch mal für die Blumen. Ich guck mir den Schrank gerne an."

„Prima!", rief Idelung. „Ich freu mich!" Er ging einen Schritt näher auf die Tür zum Hof zu. „Wenn ich jetzt auch … Ich habe Ihren klei-

nen Garten inzwischen so oft von meinem Balkon aus bewundert! Wäre es Ihnen vielleicht recht, wenn wir einmal kurz …?"
Britta legte die Blumen auf den Küchentisch. „Klar", sagte sie.
Von draußen schlug ihnen kühle Luft entgegen. „Im Sommer ist es hier natürlich schöner", sagte Britta und ging auf Socken die Treppe nach unten. „Wenn die Rosen blühen."
Johannes warf einen schnellen Blick auf das Beet. Keine neue Erde. Aber natürlich hatte er Pollily auch seit vorgestern nicht mehr nach draußen gelassen. Ich brauch kein schlechtes Gewissen zu haben, dachte er.
„Und das ist dein Kaninchen?", fragte Idelung und ging einen Schritt auf den Käfig zu. „Ich hatte als Junge auch welche!"
„Meerschwein", sagte Johannes. Er hatte nicht vor, Pollily vorzustellen. Er wusste aus Erfahrung, dass Erwachsene sich im Allgemeinen nicht wirklich für Tiere interessierten. Sie taten nur so, um bei Kindern schön Wetter zu machen.
„Ein wunderbarer Hof, um im Sommer Feste zu feiern!", rief Idelung und wanderte zwischen den Kübeln mit dem Bambus umher. Johannes sah, wie Britta ein wenig verzweifelt lächelte.
„Und Platz für einen Liegestuhl!" Vielleicht musste Britta sich doch nicht so furchtbar um Höflichkeit bemühen. Idelung hätte selber noch ein paar Übungsstunden in gutem Benehmen gebrauchen können.
„Also abgemacht?", fragte er, als er wieder zurück in die Küche kam. „Montagabend?"
„Okay", sagte Britta und zuckte die Achseln.
„Schleimer", sagte Johannes, als er die Tür hinter Idelung zugezogen hatte.

Britta holte ihren großen pinkfarbenen Wischeimer hinter dem Vorhang unter der Spüle hervor und stellte die Blumen ins Wasser.
„Aber die Blumen duften gut", sagte sie.
Und Johannes dachte erleichtert, dass es jetzt eigentlich zu spät war, um sich noch einmal an die Englischhausaufgaben zu setzen.

6

Nis trödelte beim Frühstück. Es war wirklich nicht nötig, dass er an diesem Tag zur selben Zeit zur Schule ging wie alle anderen. Er hatte keine Lust, ihre Bemerkungen über den vorletzten Abend anzuhören. Er würde ein paar Minuten zu spät ankommen und sich leise auf seinen Platz schleichen. Bis zur Pause dachten sie dann alle längst an andere Dinge. Wenn heute in der ersten Stunde wieder die junge Alla unterrichtete, die noch Lehrling war und durch die Klasse flatterte, als ob sie eigentlich viel lieber eine L-Fee geworden wäre, würden sie hinterher sowieso alle darüber lachen. Dann wäre das Schlimmste überstanden.

„Nis!", sagte Munna. „Hörst du mir zu? Du kommst zu spät, wenn du dich jetzt nicht gleich auf den Weg machst!"

„Ich hab meinen Körnerbrei noch nicht gegessen", murmelte Nis.

„Ich denke, du hasst Körnerbrei?", fragte Munna. „Vedur, ich hab dir deinen Mantel ausgebürstet. Er hängt über dem Stuhl."

„Mach's gut, mein Sohn!", sagte Vedur und hängte sich den Mantel über die Schulter. „Du kommst wirklich zu spät! Munna, ich geh dann jetzt."

„Wiedersehen, Vedur", sagte Nis. „Viel Spaß in der Werkstatt."

„Mach's gut, Lieber", sagte Munna und gab Vedur einen kleinen Kuss. Sie warf Nis einen kurzen Blick zu. „Und – pass auf dich auf."

„Du kennst mich", sagte Vedur und öffnete die Tür.

Munna seufzte. „Ja", sagte sie.

Nis aß langsam den letzten Löffel Körnerbrei, dann holte er seinen ledernen Schulbeutel. „Ich geh auch", sagte er.

Munna hatte gerade erst die Tür hinter Vedur zugezogen. „Wenn du rennst", sagte sie, „schaffst du es vielleicht noch so gerade eben."
„Klar", sagte Nis. „Was gibt es nachher zu essen?"
„Das entscheide ich, wenn ich einen Blick auf die Vorräte geworfen habe", sagte Munna. „Lauf!"
Nis öffnete die Haustür und atmete die kühle Morgenluft ein. Die Frühlingssonne stand noch tief, aber man sah doch, wie ihre Kraft von Tag zu Tag wuchs. Die Dorfstraße glühte in einem warmen Morgenlicht, das die Dächer golden schimmern ließ, sodass Nis Lust bekam zu rennen und wilde Frühlingsschreie auszustoßen. In den noch fast kahlen Zweigen einer Birke zwitscherte eine Meise, und für den Bruchteil einer Sekunde spürte Nis, wie schön all das war. Aber das waren keine Gedanken, denen ein Junge sich allzu lange hingab. Nis packte seinen Beutel fester und begann zu laufen. Irgendwo krähte ein verspäteter Hahn, und Nis drehte den Kopf.
(Wenn man bedenkt, dass es oft solche Kleinigkeiten sind, die den Gang der Dinge entscheiden. Aber das konnte Nis natürlich nicht wissen. Er hörte das Krähen und drehte den Kopf, um zu sehen, wessen Hahn nicht wusste, wann der Morgen anbrach. So einfach war das.)
Den Hahn sah er nicht. Aber am Ende der Straße erkannte er Vedurs wehenden Mantel.
Es dauerte einen Augenblick, bis ihm klar wurde, was daran sonderbar war. Die Werkstatt lag auf der anderen Seite des Dorfes.
Natürlich konnte man nicht von Vedur verlangen, dass er an jedem Morgen auf direktem Weg zu seiner Werkstatt ging. Nur gab es am Ende der Straße nichts anderes mehr als den Palast, und nur dorthin konnte Vedur also unterwegs sein.
An einem anderen Tag hätte auch das Nis vielleicht nicht weiter gekümmert. Er wusste ja, dass der König noch immer an seinen Vater glaubte,

auch wenn alle anderen heimlich über ihn spotteten. Aber dann fiel Nis wieder Vedurs unglückliche Stimme hinter dem Vorhang ein. „Der König und ich sind uns sicher... Solange der Auftrag nicht ausgeführt ist..."
Warum also geht er jetzt zum Palast?, dachte Nis. Was muss er mit dem König besprechen? Um welchen Auftrag geht es überhaupt?
Am Ende der Straße verschwand der Mantel hinter dem schmiedeeisernen Tor des Palastes. Wenn ich sowieso zu spät zur Schule komme, kann es auch ruhig gleich richtig sein, dachte Nis grimmig. Ich will es jetzt wissen.

So lange die Medlevinger denken konnten, war das Tor zum Palast niemals verschlossen gewesen. Wozu auch? Wenn jemand seinen König besuchen wollte, wäre es schließlich unsinnig gewesen, wenn er erst lange hätte läuten müssen. Und wenn der König dann noch jedes Mal extra hätte zum Tor laufen sollen – oder seine kleine, runde Frau –, um es zu öffnen! Was für ein Unfug.
Geölt wurde das Tor allerdings fast nie, sodass Nis darüber erschrak, wie laut das Knarren war, mit dem es aufschwang und über den Kiesweg scharrte.
Von Vedur war nichts mehr zu sehen. Alte Eiben, in seltsame Formen gestutzt, säumten den Weg, der sich vom Tor bis hin zum Palast schlängelte, und dazwischen blühten Forsythien und Scheinjohannisbeere. Der König war ein guter und leidenschaftlicher Gärtner, allerdings hätte er ja auch kaum eine andere Wahl gehabt. Immerhin war der Palastgarten fast so groß wie das ganze restliche Dorf, und versorgt werden musste er.
Nis zog das Tor vorsichtig hinter sich zu, dann schlich er gebückt den Weg entlang. Ab und zu hielt er hinter einem Busch an, um zu horchen.
„Mein lieber Vedur!", sagte eine vertraute Stimme.
Nis zuckte zusammen. Auf dem Rasen, der sich hinter der Eibenhecke bis

zum Palast erstreckte, kniete der König mit einer kleinen Hacke auf dem Boden und lockerte in einem Beet die Erde auf.

„Majestät!", sagte Vedur. „Ich wollte mir die Erlaubnis holen …"

„Du weißt, dass du dir keine Erlaubnis holen musst", sagte der König und klopfte sich im Aufstehen die Knie ab. „Was sagst du zu meinen Maiglöckchen? Hast du jemals irgendwo etwas Ähnliches gesehen? Es hat mich Jahre gekostet …"

„Sie sind wunderbar, Majestät", sagte Vedur. „Aber vielleicht sollten wir zuerst noch einmal über vorgestern Abend reden."

Der König seufzte. „Ich weiß", sagte er. „Es hätte natürlich besser laufen können für dich. Aber ihren Zweck hat deine Vorführung doch erfüllt, Vedur. Und irgendwann – sagen wir in einem Jahr – wiederholen wir das Ganze. Mit besserem Erfolg", und er fiel schon wieder auf die Knie und hob den Zweig einer Rose an. „Läuse!", rief der König. „Siehst du das, Vedur! Wie um Himmels willen kommen um diese Jahreszeit und wo sie noch gar keine Blätter haben …"

„Majestät!", sagte Vedur. „Hörst du mir jetzt mal zu!"

Der König sah unruhig zu ihm auf. „Du willst mir sagen, dass Antak nicht dabei war", murmelte er.

„Und dass es mich beunruhigt!", sagte Vedur. „Schließlich hat ihn schon seit Tagen niemand mehr gesehen. Und ich bin sicher, er wäre gekommen, wenn er hier gewesen wäre. Er ist immer noch oben, Majestät, und das habe ich dir schon in der letzten Woche gesagt."

„Vielleicht hat er Thoril allein geschickt, damit wir genau das denken sollen?", fragte der König und besah sich Zweig um Zweig. „Alle heiligen Geister, das ist eine richtige Plage! Ich muss sofort sehen, ob ich noch Brennnesseljauche vom letzten Jahr habe!"

„Antak verlässt sich doch niemals nur auf das, was sein Sohn ihm berich-

tet!", sagte Vedur und schnaubte. "Er ist oben, Majestät, verlass dich darauf."

Der König stand auf. Selbst aus seinem Versteck konnte Nis erkennen, dass Vedurs Unruhe ihn jetzt angesteckt hatte. "Das wäre unglücklich", sagte er. "Sehr, sehr unglücklich, Vedur, das brauche ich dir nicht zu erläutern. Aber ich weiß wirklich nicht, was wir anderes hätten tun können."

Vedur seufzte. "Wer hätte sich so etwas auch jemals vorstellen können?", fragte er. "Seit Jahrhunderten sind sie in Antaks Familie immer Hüter der Geschichte. Thoril wird das Amt von Antak erben, wie Antak es von seinem Vater geerbt hat. Seit Jahrhunderten, Majestät! Aber noch niemals hat einer von ihnen …"

"Vielleicht hätte ich ihn nicht so schroff abweisen dürfen", sagte der König. "Ich konnte ihm nicht zustimmen, das siehst du doch ein, Vedur. Aber vielleicht hätte ich länger mit ihm darüber reden müssen. Vielleicht hätte ich dann etwas erreicht."

"Mach dir keine Vorwürfe, Majestät", sagte Vedur und legte dem kleinen König tröstend seine Hand auf die Schulter. "Ich glaube nicht, dass du ihn noch hättest stoppen können, nachdem das Verlangen einmal geweckt war. Aber ich glaube, ich sollte besser nach ihm sehen, bevor noch etwas passiert."

"Meinst du?", fragte der König. Sein Blick streifte schon wieder verzweifelt über die Rose, auf deren kahlen Zweigen sich schwarz und wimmelnd die Läuse tummelten. "Gut, wenn du es sagst. Du weißt, wie es oben zugeht. Aber sei trotzdem vorsichtig. Nach allem, was man hört, ist es nicht ungefährlich bei ihnen."

Vedur lachte. "Darauf kannst du dich verlassen, Majestät!", sagte er. "Ich kenne mich aus. Außerdem ist schon morgen Nisses großer Tag. Ich melde mich, wenn ich wieder zurück bin."

"Ja, ich bitte dich darum", sagte der König. "Du sollst dich sofort melden.

Das ist ein Befehl." Er seufzte. „Und wenn alles gut geht, bin ich bis dahin auch dieser schrecklichen Schmarotzer Herr geworden!", sagte er. „Meinst du, dass Brennnesseljauche ausreicht?"
„Da bist du nun der Experte, Majestät", sagte Vedur. „Ich melde mich."
Nis schaffte es gerade noch, sich hinter einer Forsythie zu ducken, bevor Vedur an ihm vorbeilief. Sein Mantel bauschte sich, so eilig rannte er auf das Tor zu.
Nis wartete einen Augenblick, dann rannte er hinterher. Wohin wollte Vedur? Und was wusste Antak? Was hatte er gefordert?
Wenn ich ihm folge, werde ich ja sehen, wohin er geht, dachte Nis entschlossen. Irgendetwas ist hier sonderbar. Wenn es nicht Vedur wäre, mein verrückter Vater, würde ich denken, er hat ein wirkliches, wichtiges Geheimnis. Und auch noch gemeinsam mit dem König.

Hätte Vedur sich ab und zu umgedreht, wäre es für Nis im Dorf schwierig geworden, sich vor ihm zu verbergen. Inzwischen waren die Medlevinger in großer Zahl auf den Straßen und gingen ihren Geschäften nach. Was hätten sie gedacht, wenn sie einen fast dreizehnjährigen Jungen gesehen hätten, der in gebückter Haltung seinem Vater nachschlich?
Der Apfel fällt nicht weit vom Stamm, das hätten sie gedacht, sagte sich Nis bitter. Wie der Vater, so der Sohn, einer so verrückt wie der andere.
Aber Vedur drehte sich nicht um. Er ging zügig und grüßte ab und zu mit einer tiefen Verbeugung, wenn ihm ein Bekannter begegnete. Nicht ein Mal blieb er stehen, um sich zu unterhalten, und Nis hielt einfach Abstand und folgte ihm.
Zuerst hatte er geglaubt, Vedur wolle zurück nach Hause, um seine Sachen zu packen, irgendetwas, das er brauchte, dort, wo er Antak jetzt vermutete. Der Weg durch das Dorf führte an ihrem Haus vorbei, aber Vedur ging

weiter, ohne Munna auch nur hallo zu sagen. Am anderen Ende des Dorfes nahm er den Weg zum Wald, und da wusste Nis schon, wohin er wollte.
Er folgte Vedur nur gerade so weit, dass er sehen konnte, wie er in seiner Werkstatt verschwand, dann lehnte er sich gegen einen bemoosten Felsen und wartete.
Vielleicht wollte Vedur eins seiner Geräte holen, um es mitzunehmen?
Das Rühr-und-Quirl, dachte Nis verächtlich. Na wunderbar. Was sollte ihm das wohl nützen. Oder den Sehkasten. Den kann er ja kaum allein schleppen.
Er sah zum Himmel und stellte fest, wie weit die Sonne schon gewandert war. Aus der Werkstatt kam ein rumpelndes Geräusch.
Also doch noch nicht heute, dachte Nis. Ich habe mich geirrt. Er wirft seine Maschinen an. Heute reist er also nicht. Aber ich werde ihn in der nächsten Zeit nicht aus den Augen lassen. Er hat ein Geheimnis, gemeinsam mit dem König.

7

„Bank Raid in Epping", sagte Johannes unsicher. „A police car chased ..."
„Yes, Johannes?", sagte Herr Kraidling. Er stand rücklings gegen das Lehrerpult gelehnt. Die Fingerknöchel seiner linken Hand, mit der er sich am Holz festhielt, schimmerten weiß.
„A police car chased ...", murmelte Johannes. Dass man dann auch immer noch zusätzlich rot werden musste. „Bank Raid in Epping. A police car chased ..."
„Das sagtest du schon", sagte Herr Kraidling scharf. „Das sagtest du schon zweimal, Johannes Ritter. Auf die folgenden Sätze warte ich dagegen vergebens."
Er stieß sich vom Pult ab und kam durch den Mittelgang direkt auf Johannes zu. Herr Kraidling war groß, und für einen Lehrer war er auch noch nicht alt. Fünfunddreißig vielleicht, nur fünf, sechs Jahre älter als Britta. „Und für einen Schüler, der schon dreimal darauf verzichtet hat, seine Hausaufgaben ordnungsgemäß zu erledigen, ist das ein schwaches Bild." Er zog sein kleines grünes Buch aus der Tasche seines Jacketts und trug etwas ein. „Sehr schwach", sagte Herr Kraidling und blieb vor Johannes' Tisch stehen.
Trotzdem spürte Johannes die Erleichterung. Wenn Herr Kraidling in sein kleines Buch schrieb, war das beunruhigend; vor allem, nachdem dort schon dreimal die fehlenden Hausaufgaben einge-

tragen waren. Aber es war doch immer noch besser, als wenn er gedroht hätte, Britta anzurufen. In der Schule durfte es keine Probleme geben, das hatte Johannes im Laufe der Jahre begriffen. In der Schule sollte bei ihm alles glatt und wunderbar laufen, sonst bekam Britta diesen erschrockenen Blick.

„Johannes!", sagte sie dann, auch wenn er nur eine unwichtige Vier im Diktat geschrieben hatte. „Tu mir das nicht an! Du! Bitte!"

Und Johannes verstand schon, dass Brittas Sorge mit ihr selbst zu tun hatte, mindestens ebenso viel wie mit ihm: damit, dass sie die Schule abgebrochen und keine Ausbildung gemacht hatte; damit, dass sie jetzt mit viel Mühe alles nachzuholen versuchte; damit, dass ihre früheren Versäumnisse der Grund für ihre jetzige schwierige Situation waren.

„Es tut mir Leid, Herr Kraidling", murmelte Johannes, ohne hochzusehen.

„Er hatte am Wochenende nicht so viel Zeit!", sagte Line, die neben ihm saß. Johannes spürte, wie er sich entspannte. Egal, was passierte, Line würde immer zu ihm halten. „Wir sind nämlich umgezogen, mein Vater und ich. Zu meiner Oma, wissen Sie. Und da hat Johannes uns geholfen."

Herr Kraidling starrte auf sie herunter.

„Dich hat keiner gefragt, Line Maggewie", sagte er unfreundlich. „Und mit deinem kleinen Freund hier würde ich gerne noch einmal in Ruhe reden."

Herr Kraidling hob Johannes' Englischheft an und ließ es dann wie angeekelt auf den Tisch zurückfallen. „Komm in der ersten großen Pause zu mir, Johannes Ritter", sagte er. „Ich glaube, wir sollten einmal etwas ausführlicher miteinander sprechen."

„Der Arsch!", flüsterte Line, als Herr Kraidling wieder vorne am Pult stand. „Und so einer ist nun fast euer Nachbar! Lass dich nicht fertig machen!"
Johannes nickte. Er hätte gerne gewusst, wie das funktionieren sollte.

„Halt!", sagte die freundliche junge Deutschlehrerin, als Johannes in der Pause an ihr vorbei die Kellertreppe nach unten laufen wollte. „Hofpause!"
„Ich muss mit Herrn Kraidling reden", murmelte Johannes.
Line hatte ihm viel Glück gewünscht, bevor sie nach draußen verschwunden war. Wenn ich wenigstens nicht alleine gehen müsste, dachte Johannes. Warum hab ich vor einem Lehrer bloß so eine Angst.
„Na, dann lauf!", sagte die Deutschlehrerin freundlich. „Ist doch nichts Schlimmes? Ich drück die Daumen!", und sie machte ihm Platz.
Die mag ihn auch nicht, dachte Johannes. Das merkt man ja. Aber ihr kann er wenigstens nichts tun.
Die Stufen zum Keller waren ausgetreten und grau. Wann immer das Gebäude in den letzten Jahrzehnten renoviert worden war, hatten die Handwerker den Keller ausgespart. Hier lagen ohnehin nur die Räume, die für die Öffentlichkeit nicht sichtbar waren: der Fahrradkeller, zu dem es auch einen Zugang von der Straße gab; die große Heizungsanlage; und dann noch unzählige Türen, hinter denen der Hausmeister alles aufbewahrte, was für eine Schule nicht täglich notwendig war: überzählige Schultische und Stühle; Kartenständer und alte Landkarten, auf denen der größte Teil der

Erde noch den Europäern gehörte; Scheinwerfer für Schulaufführungen; ein altes, angestaubtes Skelett.
Manchmal, wenn sie es schafften, an der Pausenaufsicht vorbeizuschlüpfen, spielten die Schüler in den Pausen hier unten Verstecken. Es gab verwinkelte Gänge, Vorsprünge und Nischen, und solange die wenigen trübselig glimmenden Glühbirnen an der Decke ausgeschaltet blieben – und das mussten sie ohnehin, wenn man nicht vom Hausmeister erwischt werden wollte –, herrschte fast völlige Dunkelheit. Zum Spielen in den Pausen gab es nichts Besseres.
Darum kannte Johannes den Keller gut; und darum wusste er auch, wo das Fotolabor lag, in dem Herr Kraidling sich in den Pausen meistens aufhielt.
Hinter dem Fahrradkeller bog er um die Ecke. Ganz am Ende des Ganges sah er im Dämmerlicht einer Glühbirne über der grauen Metalltür schon das rote Warnlicht blinken, das immer aufleuchtete, wenn das Labor besetzt war.
Johannes atmete tief ein. Er würde versprechen, den Text bis morgen zu lernen. Es war wichtig, dass Herr Kraidling nicht mit Britta sprach.
„Hallo?", sagte Johannes und klopfte an die Tür.
Auf der anderen Seite regte sich nichts.
„Hallo?", rief Johannes wieder. „Herr Kraidling?"
Hinter der Tür blieb es still.
Er hat mich doch herbestellt!, dachte Johannes. Er hat mich doch extra in der ersten großen Pause herbestellt! Und wenn er glaubt, dass ich nicht gekommen bin, wird er noch wütender auf mich, als er das sowieso schon ist.

„Herr Kraidling!", rief Johannes, und jetzt trommelte er mit den Fäusten gegen die Tür. Das rote Licht über ihm blinkte, und die Tür blieb geschlossen.

Johannes ging lange genug zur Schule, um zu wissen, dass man nicht ohne Aufforderung in einen Raum gehen durfte, in dem sich Lehrer aufhielten. Das Lehrerzimmer zum Beispiel war auch in den Pausen für Schüler absolut tabu. Aber seine Angst siegte über sein Wissen. Ganz vorsichtig und leise drückte er die Klinke nach unten. Die Tür öffnete sich völlig lautlos, als wäre sie erst kürzlich geölt worden.

„Herr Kraidling?", flüsterte Johannes. Die Dunkelheit hinter der Tür war fast vollkommen. Das einzige Licht kam von einer roten Lampe am anderen Ende des Raumes, und in ihrem Schein stand der Lehrer über einen Tisch gebeugt zwischen einer Vielzahl sonderbarer Gegenstände und murmelte vor sich hin. Sein Gesicht im Halbprofil leuchtete rötlich. Woran erinnert er mich bloß, dachte Johannes und zuckte erschrocken zurück. „Herr Kraidling?"

Der Lehrer schreckte hoch, und sein Schatten, unendlich lang und auf Schränken und Regalen verzerrt, jagte über die Wand.

„Idiot!", schrie Herr Kraidling und streckte drohend einen Arm aus. „Raus! Sofort!"

Johannes stolperte rückwärts und schlug die Tür hinter sich zu. Sein Atem jagte und sein Herz schlug so heftig, dass er dachte, es würde sich überschlagen.

Er versuchte, ruhiger zu atmen und nachzudenken. Er hatte keine Ahnung, ob er warten oder gehen sollte.

Aber in diesem Augenblick hörte das rote Licht auf zu blinken und die Tür wurde aufgerissen.

„Was hast du dir dabei gedacht!", brüllte Herr Kraidling, und Johannes sah erschrocken, dass er vor Wut zitterte. „Die Tür zur Dunkelkammer zu öffnen! Was glaubst du eigentlich, warum sie Dunkelkammer heißt! Was?"

„Entschuldigung", flüsterte Johannes. „Sie hatten gesagt ..."

„Aber doch nicht in der Dunkelkammer!", schrie Herr Kraidling. „Wenn ich mich in meiner Dunkelkammer aufhalte, will ich nicht gestört werden! Niemals!"

„Entschuldigung!", flüsterte Johannes wieder. „Aber ich hatte so lange geklopft, und da dachte ich ..."

„Du dachtest?", schrie Herr Kraidling. „Du dachtest?" Und er beugte sich so dicht über Johannes, dass der seinen Atem spüren konnte.

„Niemals, hörst du", sagte Herr Kraidling und atmete schwer. „Niemals wieder wirst du mich in meiner Dunkelkammer stören. Und ich fürchte, es lässt sich jetzt nicht mehr vermeiden. Ich werde mit deiner Mutter sprechen müssen."

„Nein, bitte!", sagte Johannes flehend. „Bitte, Herr Kraidling! Sie macht sich sowieso immer so große Sorgen! Und so viel arbeiten muss sie auch! Bitte, Herr Kraidling!"

„Das hättest du dir besser früher überlegt", sagte der Lehrer. „Ich hab zu tun." Und er verschwand wieder in dem dunklen Raum. Das rote Licht über der Tür blinkte.

Johannes ging langsam durch den düsteren Gang zurück zur Treppe.

„Du meine Güte, hat er dich so zusammengestaucht?", sagte die freundliche junge Deutschlehrerin. „Du siehst ja aus, als wärest du dem Leibhaftigen begegnet!"

„Ich geh noch kurz auf den Hof", sagte Johannes und sah sie nicht an dabei.

Hatte er etwas gehört? Der Kain ging, der Kain kam, seine Schritte drangen gedämpft durch die Tür. War er immer allein?
Manchmal hörte Antak Stimmen wie von weit her.
Einmal, als der Kain ihm den Knebel abgenommen hatte, hatte er geschrien, gegen die Tür des Verlieses getrommelt; aber die Stimmen hatten weiter gesprochen wie bisher, sogar gelacht.
Er hatte es nicht mehr versucht.

8

Nis ärgerte sich, dass er nicht länger vor der Werkstatt gewartet hatte. In der Schule war er sowieso viel zu spät angekommen. Alla hatte erschrocken aufgesehen und nicht gewusst, ob sie ihn bestrafen oder nur tadeln sollte, und hinterher hatte sie versucht, der Klasse all die Dinge über Waldpilze beizubringen, die Nis von Munna wusste, seit er laufen konnte. Der Unruhe in der Klasse nach zu urteilen, ging es den anderen allen genauso.
Es war also vollkommen überflüssig gewesen, noch in die Schule zu gehen, er hätte vor der Werkstatt bleiben und sie weiter beobachten sollen. Irgendwann im Laufe des Vormittags musste sich die Tür geöffnet haben und Vedur verschwunden sein. Zum Mittagessen war er nicht da.
„Wo ist Vedur?", hatte Nis gefragt und seine Suppe gelöffelt. Rüben mit Zwiebeln und schwarzem Brot.
„Der musste auf Reisen gehen", hatte Munna gleichgültig geantwortet. „Offenbar gibt es irgendwo einen anderen Erfinder – frag mich jetzt nicht, wo, Nis, du weißt, ich kenne mich in diesen Dingen nicht aus! –, der auch mit dieser Strömekraft zu tun hat. Möchtest du noch einen Teller?"
Nis hatte genickt und Munna von der Seite beobachtet, während sie ihm eine extragroße Portion auf den Teller tat. Glaubte sie an das, was sie ihm erzählte? Oder verstellte sie sich?
Aber was könnte sie denn wissen?, dachte Nis und sah auf seinen Teller. Konnte diese Geschichte von einem anderen Erfinder nicht vielleicht sogar die Wahrheit sein?

„Hat es mit Antak zu tun?", fragte er vorsichtig.
Munna sah ihn an. „Mit Antak?", fragte sie, und ihre Verblüffung wirkte echt. „Nicht, soweit ich weiß, Nis. Aber ich kümmere mich natürlich auch nicht so sehr um Vedurs Geschäfte. Jedenfalls geht es wieder um diese Strömekraft."
„Ach so", sagte Nis.
Man konnte sich nicht vorstellen, dass die eigene Mutter log, bestimmt konnte das niemand. Sagte Munna ihm also die Wahrheit? Und warum sollte es denn nicht um die Strömekraft gehen? Vielleicht wusste sie nur nicht, dass Vedur sich wegen Antak sorgte. Vielleicht hatte er auch ihr nicht davon erzählt.
„Aber zu meinem Geburtstag ist er zurück, oder?", fragte Nis.
Munna sah ihn an. „Bis morgen Mittag?", fragte sie. „Natürlich ist er bis dahin zurück! Er muss dir schließlich dein Wort geben."
„Ich weiß", sagte Nis.
Niemals hätte ein Vater am dreizehnten Geburtstag seines Sohnes gefehlt.

9

Der Flur lag verlassen, die Klassentüren waren verschlossen, und nur hier und da lagen eine Jacke oder ein Schal, anderswo auch ein angenagter Bleistift auf dem Boden und machten deutlich, dass hier sonst Kinder durch die Gänge tobten. Jetzt war es still.
Johannes verlangsamte sein Tempo. Wenn er Glück hatte, würde es zur Stunde läuten, bevor er den Hof erreichte. Er hatte keine Lust, Line zu erzählen, was ihm im Keller zugestoßen war. Er hatte überhaupt keine Lust, mit irgendwem zu reden. Jetzt wollte er allein sein.
„He!", flüsterte eine raue Stimme. Johannes war sich nicht sicher, ob er sie kannte. „Komm rein! Leise!" Die Tür zur Jungstoilette stand einen Spalt offen.
Johannes zögerte. Jeder wusste, dass man sich in den Pausen nicht unnötig in den Toiletten aufhalten durfte. Es gab Lehrer, die Razzien durchführten, und es war überhaupt nicht gut, wenn man dabei erwischt wurde, wie man am Waschbecken lehnte und rauchte. Johannes tat, als hätte er nichts gehört.
„He!", sagte die Stimme wieder und eine Hand griff blitzschnell nach seinem Arm und zog ihn in die Toilette. „Bist du taub, oder was?"
„Lass los!", sagte Johannes erschrocken.
„Pssst!", sagte die Stimme ärgerlich, und die Tür schloss sich hinter ihm. „Du willst doch keinen Ärger!"
Im trüben Licht des Waschraums lehnten Patrick und Sascha an den

Pfeilern zwischen den Halbtüren, beide mit einer Zigarette in der Hand. Kevin, der Johannes hereingezogen hatte, ließ seinen Arm jetzt los. Das Fenster hoch oben in der Wand zwischen Waschbecken und Toilettenkabäuschen war geschlossen, und der Zigarettenqualm überdeckte den üblichen Geruch nach Urin, Schweiß und Putzmittel.

„Na siehst du, geht doch!", sagte Kevin und trat einen Schritt zurück, sodass er jetzt zwischen Johannes und der Tür stand. „Warum denn erst so zaghaft!"

Patrick und Sascha lachten.

„Hallo", sagte Johannes ängstlich.

Kevin ging in die neunte Klasse, jeder in der Schule kannte ihn und seine beiden Kumpel aus der Achten. Jeder in der Schule kannte ihn und versuchte, ihm möglichst selten zu begegnen.

„Ist der Kleine in der Pause ungezogen gewesen und nicht auf den Hof gegangen?", fragte Kevin und nahm seine Zigarette vom Waschbeckenrand. „Hat der Kleine geschummelt, was? Nicht brav gewesen?"

„Nicht brav gewesen!", schrie Patrick. Seine Stimme überschlug sich vor Begeisterung, und er schlug mit der freien Hand gegen eine Toilettentür. Die Tür schlug zu.

„Schnauze!", sagte Kevin und drehte sich blitzschnell zu ihm um. „Hab ich gesagt, du sollst deine behinderte Fresse aufmachen?"

Patrick schüttelte erschrocken den Kopf. Asche fiel auf den Waschraumboden.

„Na, was ist?", fragte Kevin und boxte Johannes in die Seite. „Hast du meine Frage nicht gehört? Bist du nicht nur hässlich, sondern auch noch taub, oder was?"

Johannes schüttelte heftig den Kopf. „Nee!", flüsterte er. „Ich musste nur – Herr Kraidling wollte mit mir reden, deshalb."
„Der alte Pisser Kraidling wollte mit ihm reden!", sagte Kevin und machte einen Schritt auf Johannes zu. „Wie süß! Und der Kleine springt!"
„Der Kleine springt!", schrie Patrick wieder, als wollte er sich totlachen, aber dann sah er Kevins Gesicht und war still.
„Ich", flüsterte Johannes. Wenn er gewusst hätte, was jetzt die richtige Antwort war, hätte er sie gegeben. Es war ihm egal, ob sie ihn auslachten. Er wollte nur einfach weg, raus aus dem Waschraum, weg von Kevin und seinen Freunden.
„Na, was ist?", fragte Kevin, und jetzt hielt er seine brennende Zigarette ganz dicht vor Johannes' Gesicht. „Kannst du nicht reden?"
Die Pausenglocke schellte und Johannes zuckte zusammen. „Ich muss dann jetzt gehen!", sagte er und versuchte, an Kevin vorbeizukommen. „Ich krieg sonst Ärger!"
„Er kriegt sonst Ärger!", sagte Kevin und streckte seinen Arm aus zwischen Wand und Tür, sodass Johannes nicht an ihm vorbeikam. „Er hat Angst, dass er Ärger kriegt! Den hast du schon, Kleiner, das hast du nur noch nicht gemerkt!" Und wieder kam die Zigarette gefährlich nah auf Johannes zu. Sascha und Patrick schlugen sich vor Lachen auf die Schenkel. Johannes sah die Glut hinter der Asche.
„Nee?", flüsterte er und seine Stimme zitterte.
„Nee", sagte Kevin sachlich und trat seine Zigarette auf dem Fliesenboden aus. „Aber der gute Kevin und seine Freunde hier", er zeigte auf Patrick und Sascha, die sich verbeugten, „hat beschlossen, dir zu helfen, Kleiner. Weil ich kleine Kinder nicht leiden sehen kann, verstehst du?"

Johannes nickte. Auf dem Flur hörte man die Rufe und das Lachen der Schüler, die nach der Pause wieder ins Gebäude kamen.

„Ob du verstanden hast, will ich wissen!", sagte Kevin noch mal und sein Gesicht war jetzt ganz dicht vor Johannes' Gesicht. „Dass ich dir helfen will, Kleiner!"

Johannes nickte wieder. „Ja!", flüsterte er. „Wobei?"

„Wobei!", äffte Kevin ihn nach. „Tja, Kollegen, wobei?"

Sascha und Patrick sahen ihn fragend an. Es war klar, dass sie es genauso wenig wussten wie Johannes.

„Sag du, Dicker!", sagte Sascha. „Sag's ihm."

„Genau, sag du, Alter!", grölte Patrick.

Kevin zog eine neue Zigarette aus einer Packung in seiner Jacke. Dann hielt er sie Sascha hin, ohne ihn anzugucken.

„Wir helfen dir bei deinen Problemen, Kleiner", sagte Kevin. Sascha zog ein merkwürdig geformtes Feuerzeug aus der Tasche und zündete die Zigarette an. „Aber das ist natürlich nicht umsonst, verstehst du. Kostet logisch was, unsere Mühe. Stress und so alles, verstehst du."

„Ja", flüsterte Johannes. „Welche Probleme?"

„Die Scheißschwierigkeiten, in denen du steckst!", sagte Kevin drohend und nahm einen ersten Zug aus seiner Zigarette. „Verstehst du nicht, oder was?"

„Ich hab eigentlich keine Schwierigkeiten!", flüsterte Johannes und starrte auf die Tür. Das Einzige, was ihm einfiel, war die Strafarbeit für Herrn Kraidling. Aber dabei konnte Kevin ihm wohl kaum helfen.

Auf dem Flur war es inzwischen wieder still. Die Schüler waren in ihren Klassenräumen verschwunden.

„Hast du nicht?", fragte Kevin. „Habt ihr das gehört? Er hat keine Probleme!"

„Er hat keine Probleme!", schrie Patrick und wieder klang es, als wollte er sich totlachen.

„Fresse", sagte Kevin. „Vielleicht hattest du bis jetzt keine, du kleiner Arsch! Aber jetzt hast du welche!" Und seine Zigarette näherte sich Johannes' Nasenspitze, bis der die Hitze spürte.

„Logisch hast du jetzt welche, Kleiner!", sagte Sascha. „Wenn der Chef das sagt. Wirst du schon merken."

„Ja", flüsterte Johannes.

„Zeig's ihm", sagte Kevin mit einer knappen Kopfbewegung, ohne sich zu seinen Kumpeln umzudrehen. „Vielleicht begreift er dann." Patrick griff nach hinten in seine Hosentasche. Es gab ein leise schnappendes Geräusch. Johannes hatte immer gedacht, dass Schnappmesser verboten wären.

„Da, Kleiner!", sagte Patrick, und nun wurde die Zigarette vor Johannes' Gesicht von dem Messer abgelöst. „Hast du nun Probleme, oder was?"

Johannes nickte erschrocken. „Ja!", flüsterte er. Seine Stimme war nur noch ein heiseres Quietschen.

„Na also, Kleiner, na also!", sagte Kevin zufrieden. „Scheißprobleme, Kleiner, Scheißprobleme sind das. Aber Onkel Kevin hilft dir. Onkel Kevin ist ein Kinderfreund. Aber das ist ja auch Stress für Onkel Kevin, verstehst du."

„Genau!", sagte Sascha. „Aber vielleicht, wenn er dir eine kleine Aufwandsentschädigung zahlt, Kev? Für deine Mühe, quasi."

Kevin guckte grüblerisch. „Glaubst du?", fragte er. „Dass ich das machen soll, Sascha?"

„Logisch!", schrie Patrick. „Kohle her! Logisch sollst du, Chef!"
„Hat dich einer gefragt?", brüllte Kevin wütend. „Aber wie viel, Sascha? Was, meinst du, ist mein Schutz wert? So ungefähr? Was schätzt du so?"
Sascha sah aus, als dächte er nach. „Fünfzehn?", sagte er dann.
„Weil du nett bist, Kev. Aber pünktlich. Sonst kostet das das kleine Schwein Zinsen."
Kevin nickte nachdenklich. „Fünfzehn", sagte er träumerisch. „Mittwochnachmittag, drei Uhr, oder, Sascha? Könnte ich mir überlegen."
„Wie?", flüsterte Johannes in Panik.
„Patrick", sagte Kevin und gab Patrick mit dem Kopf ein Zeichen. Patrick stieß sich mit dem Rücken vom Pfeiler ab und kam wieder mit dem Messer auf Johannes zu. „Na?", fragte er. „Jetzt begriffen?"
„Fünfzehn Euro?", flüsterte Johannes. Seine Knie zitterten. Er hatte immer gedacht, dass das nur so ein Gerede wäre. Aber jetzt spürte er, wie seine Knie vor Angst gegeneinander schlugen. „Mittwochnachmittag, drei Uhr? Und wo?"
„Guck, er lernt!", sagte Kevin zufrieden. „Ich wusste doch, du bist ein schlaues Kerlchen. Alter Elbtunnel, oder? Alter Elbtunnel. Da sind sonst nur Touris."
Patrick ließ sein Messer zurückschnappen. „Genau!", sagte er.
„Und jetzt sag schön bitte!", sagte Sascha. „Sag bitte zu Onkel Kevin! Dass er dich beschützt! Los! Glaubst du, dem macht das Spaß?"
Johannes zitterte. Er hatte Angst, dass er nicht mehr sprechen konnte. „Bitte!", flüsterte er. „Bitte, Kevin!"

„Ich wusste doch, dass du es willst", sagte Kevin und gab die Tür frei. „Hau ab, Kleiner, bevor ich es mir noch anders überlege. Wir sehen uns Mittwoch!"

Dann stellte er Johannes blitzschnell sein Bein in den Weg. „Deine Mami arbeitet nachts, hab ich gehört", sagte er. „Auch gefährlich, oder? Nachts so ganz allein durch die Straßen. Na, wir hoffen mal, dass ihr nichts passiert, das wäre ja zu traurig", und er zog sein Bein zurück.

Die Tür fiel hinter Johannes ins Schloss.

Im Flur lehnte er sich gegen die Jacken an den Garderobenhaken und atmete tief aus und ein. Dann riss er sich zusammen. Gleich würden die drei aus dem Waschraum kommen. Sie sollten ihn hier nicht mehr finden.

Herr Kraidling drehte sich blitzschnell zur Tür, als Johannes in die Klasse kam.

„Entschuldigung!", murmelte Johannes. „Ich musste noch … Ich war …"

Herr Kraidling sah ihn an mit einem Blick, bei dem Johannes wieder zu zittern begann. „Setz dich", sagte er und drehte sich zur Tafel. „Es sind immer dieselben Schüler, die Schwierigkeiten machen müssen."

Johannes verteidigte sich nicht. Er ließ sich auf seinen Stuhl fallen und versuchte, ruhig zu atmen.

„Wo warst du?", fragte Line und schob ihm ihr Geschichtsheft hin, damit er sehen konnte, was sie gerade besprochen hatten. „Die Stunde hat schon ewig angefangen!"

„Nachher!", flüsterte Johannes.

„Ruhe dahinten!", sagte Herr Kraidling, ohne sich zu ihnen umzudrehen. „Du auch, Line!"
Du siehst aus, als wärest du dem Leibhaftigen begegnet, hatte die junge Deutschlehrerin gesagt.

10

Moa saß am Bach und warf Steinchen in die Strömung.
„Lange nicht gesehen", sagte sie.
Nis hockte sich daneben. „Nee", sagte er.
„Ist es immer noch wegen vorgestern?", fragte Moa. „Dass du so maulst? Wegen deinem Vater? Da redet doch längst keiner mehr drüber."
„Nee", sagte Nis.
„Was, nee?", fragte Moa. „Nee, es redet keiner mehr, oder nee, es ist nicht wegen deinem Vater?"
„Keine Ahnung", sagte Nis unfreundlich.
„Weswegen denn dann?", fragte Moa. „Ich bin jedenfalls nicht schuld, also maul mich nicht an."
Nis nahm sich auch einen Stein, aber er warf mit solcher Kraft, dass er das andere Ufer traf.
„Morgen ist mein Geburtstag", sagte er.
„Na eben!", sagte Moa, und jetzt wandte sie sich ihm zu. „Da solltest du doch allerbester Laune sein! Das ganze Dorf tut schon geheimnisvoll. Beim Bäcker sind sie am Arbeiten, das kannst du dir gar nicht vorstellen. Zehn Platten Zuckerkuchen. Sogar Torten. Das wird ein echtes Fest."
„Nee", sagte Nis und schmiss wieder einen Stein. „Eben nicht."
„Das sag dem Bäcker", sagte Moa verwirrt. „Sonst sitzt der morgen auf all seinen Kuchen."
„Vedur ist irgendwo hingereist", sagte Nis.

„Na und?", sagte Moa und winkte ab. „Der kommt schon. Kein Vater fehlt am dreizehnten Geburtstag seines Sohnes."
Nis sah sie an. „Und wenn er nicht kommt?", fragte er.
„Er muss dir dein Wort geben!", sagte Moa. „Du bist schließlich nicht damit geboren wie ich."
„Nicht, dass es für uns einen großen Unterschied machen würde, oder?", sagte Nis. „Nicht wie für euch L-Feen. Eigentlich ist mir das Fest sowieso egal. Ist doch nur eine alte Tradition, und verändern tut es gar nichts, nicht wie bei euch." Er hatte wieder einen passenden Stein gefunden. „Aber es ist schließlich das wichtigste Fest im Leben", sagte er. „Ungefähr. Niemals würde Vedur das verpassen. Niemals. Es sei denn, irgendetwas ziemlich Fürchterliches hindert ihn daran zu kommen."
„Na also, was regst du dich dann auf?", fragte Moa seufzend. „Er ist doch grade erst weg. Der kommt wieder. Nimm mein fast schon L-fisches Wort dafür."
Nis schüttelte den Kopf. „Ich rede nicht nur rum, Moa", sagte er. „Ich mach mir Sorgen. Ich hab Angst."
„Das ist nur die Aufregung wegen morgen", sagte Moa tröstend. „Ob du alles richtig machst."
Wie sollte sie ihn auch verstehen. Sie hatte nicht gehört, was er gehört hatte.

11

„Ich komm mit zu dir", sagte Johannes nach der Schule zu Line und guckte sich unruhig um. Aber von Kevin und seinen Freunden war nichts zu sehen.

„Was ist denn los?", fragte Line ärgerlich, als Johannes am Dovenfleet plötzlich stehen blieb und sich über das Geländer beugte, um auf den Zollkanal zu gucken. In ihrem Rücken strömte der Verkehr, und aus dem Zollmuseum am Neuen Wandrahm kam eine Schulklasse.

„Warte mal kurz", sagte Johannes, ohne Line anzusehen. Er tat, als gäbe es unten auf dem Wasser Wunder was zu sehen. „Ich will nur abwarten, ob sie hinter mir her sind."

„Wer?", fragte Line. „Ist das hier jetzt ein Krimi, oder wie?"

„Gleich!", sagte Johannes ungeduldig und drehte sich um. Jetzt lehnte er wie gelangweilt mit dem Rücken am Geländer und sah über die Straße. Auf der anderen Straßenseite hinter den Autos gingen ein paar Fußgänger entlang, Geschäftsleute, eine Frau mit Einkaufstasche. Im Zippelhaus gab es unten einen Torbogen mit Durchgang, vielleicht lauerten sie da.

„Nee", sagte Johannes. Jetzt endlich sah er Line auch an. „Ich glaub nicht. Ich glaub, erst mal bin ich sicher."

„Toll!", sagte Line und fiel hinter ihm in Trab. „Hast du zu viel ferngesehen?"

Sie liefen am Neuen Krahn vorbei und über die Hohe Brücke. Immer war es am Wasser kälter als in den Straßen um die Schule herum. Der Wind kam von der Elbe und pfiff den Kanal hoch, als wäre es nicht längst Frühling.

„Jetzt sag aber endlich!", sagte Line, als sie die Niedergangstür zur Kajüte aufgeschlossen und ihre Tasche auf den schmalen Gang zwischen Tisch und Wand gepfeffert hatte. „Willst du Tee?" Johannes nickte. „Kevin erpresst mich", sagte er und räumte einen Stapel Bücher beiseite, der auf der Sitzbank lag. Das oberste fiel auf den Boden, und Johannes bückte sich. „Die größten Verbrechen des Jahrhunderts", na wunderbar. Das passte im Augenblick ja genau.

„Erpresst dich?", fragte Line verblüfft und hörte auf, Wasser in den Kessel zu gießen.

Johannes nickte. „Er will am Mittwoch fünfzehn Euro", sagte Johannes. „Sonst sticht er mich ab. Oder es passiert Britta was."

Line fragte nicht, welchen Grund Kevin für seine Forderung genannt hatte. Sie ging lange genug mit ihm in eine Schule.

„Du musst es dem Schulleiter sagen", sagte sie. „Der macht dann was."

„Spinnst du?", schrie Johannes. „Und hinterher finden sie meine Leiche im Nikolaifleet!"

„Du hast doch echt zu viele Krimis gesehen!", sagte Line. „Lies mal lieber was Schönes!"

Johannes hielt ihr „Die größten Verbrechen" hin. „So was meinst du, ja?", sagte er. „Wollen wir wetten, da stehen tausend solche Geschichten drin? Die machen mich doch kalt, Line! Oder Britta!"

„Dann geh zur Polizei", sagte Line. Der Wasserkessel pfiff, und sie

goss Wasser über die Teebeutel in den Bechern. „Du bist doch nicht normal, wenn du das nicht tust."
„Fünfzehn Euro hab ich noch", sagte Johannes. „Gespart."
„Du spinnst, Johannes", sagte Line. „Du spinnst, du spinnst, du spinnst!"
Johannes schlürfte vorsichtig den ersten Schluck Tee. Die kochend heiße Flüssigkeit, die noch kaum nach etwas schmeckte, verbrühte ihm die Zunge. „Vielleicht *würde* ich zur Polizei gehen", sagte er. „Aber Britta ist doch wirklich jede Nacht unterwegs. Glaubst du, da stellen die ihr Personenschutz, nur weil ein zwölfjähriger Junge ihnen erzählt, dass einer aus der Neunten sie bedroht? Kevin streitet doch wetten alles ab. Und wenn Britta dann was passiert …"
„Ich find's falsch", sagte Line, aber sie sah doch schon ein bisschen nachdenklicher aus. „Ich glaub außerdem nicht, dass der wirklich so was tun würde. Der redet nur rum. So einer ist das doch."
Johannes dachte an das Messer vor seinem Gesicht. An die Zigarettenglut.
„Wenn Britta was passiert …", murmelte er. Dieser Patrick war wahnsinnig. Dem traute er alles zu. „Und außerdem sind fünfzehn Euro nicht so furchtbar viel."
„Dann hättest du mir das nicht erzählen sollen!", sagte Line böse. „Wenn du sowieso nicht auf das hörst, was ich dir sage! Du weißt doch schon die ganze Zeit, dass du alles tun willst, was sie verlangen. Warum ziehst du mich denn dann überhaupt da mit rein?"
„Damit es jemanden gibt, der Bescheid weiß, wenn mir was passiert", sagte Johannes leise. „Dass du dann zur Polizei gehst."
„Dann bringt es auch nichts mehr!", sagte Line und tippte sich gegen die Stirn. „Spacken!"

Als Johannes am späten Nachmittag die Wohnungstür aufschloss, hörte er Britta singen.

„Ich bin es nur!", rief er und wartete. Wenn Herr Kraidling angerufen hatte, würde sie jetzt mit ihm reden wollen.

„For ever and ever!", sang Britta. Sie stand im Badezimmer vor dem Spiegel und zupfte mit einer Pinzette an ihren Brauen herum.

„Gehst du weg?", fragte Johannes vorsichtig. Es sah so aus, als hätte er Glück gehabt. So vergnügt wäre Britta sicherlich nicht gewesen, wenn sie von Herrn Kraidling gehört hätte, dass ihr Sohn in Englisch die Hausaufgaben verweigerte. „Gehst du weg, am Montagabend?"

Egal, ob Herr Kraidling angerufen hatte oder nicht: Das war überraschend. Montags blieb Britta abends sonst eigentlich immer zu Hause und ging früh ins Bett. Schließlich waren Montag und Samstag ihre einzigen freien Abende.

„Du hast ein Gedächtnis wie ein Achtzigjähriger", sagte Britta, ohne den Blick von ihrem Spiegelbild abzuwenden. „Schlimmer. Frau Dräger wusste immer noch genau, was anstand, und die war dreiundachtzig."

„Wieso?", fragte Johannes. Herr Kraidling hatte nicht angerufen, es gab keinen Zweifel. Johannes fühlte sich auf einmal ganz leicht.

„Der belgische Schrank, du Dödel!", sagte Britta. „Heute ist Besichtigungstag, hast du das vergessen?"

„Und da brezelst du dich so auf?", fragte Johannes verblüfft.

„Eine Frau will sich in solchen Situationen gern möglichst schön fühlen, mein Herz", sagte Britta. „Merk dir das für die Frauen deiner Zukunft."

„Aber *solche Situation* ist das doch gar nicht!", sagte Johannes. „Er

will doch nur einen auf gute Nachbarschaft machen! Und du findest ihn außerdem scheiße."
Aber wenn sie weg ist, könnte ich Pollily noch mal raussetzen, dachte er. Bevor es dunkel wird. Und hinterher lern ich die englische Geschichte auswendig. Und morgen melde ich mich freiwillig und sage sie auf. Vor der ganzen Klasse. Dann beruhigt Herr Kraidling sich vielleicht. Jetzt muss ich erst mal das mit Englisch regeln. Danach denk ich genauer über Kevin nach. Wenigstens reicht mein Geld ja.
„Ich finde vor allem, du bist langsam alt genug, um nicht mehr solche Ausdrücke zu verwenden, wenn es nicht absolut nötig ist", sagte Britta. „Es reicht, wenn ich das tue." Sie drehte sich zu ihm um. „Und?", fragte sie. „Wie seh ich aus?"
Johannes fand, dass sie aussah wie immer. So viel änderten gezupfte Brauen und Wimperntusche und Make-up und Lippenstift schließlich auch nicht. Aber das sagte er lieber nicht.
„Toll", sagte er.
„Das will ich meinen", sagte Britta zufrieden. „Jetzt schüchtert der mich nicht mehr so leicht ein mit seinen belgischen Schränken und dem ganzen Kram." Sie hauchte Johannes einen Kuss irgendwo zwischen Ohr und Schulter. „Ich erzähl dir, wie's war!", sagte Britta. „Drück mir die Daumen!"
Johannes wusste nicht so recht, wofür, aber er nickte.
„Klar!", sagte er.
„Tschaui!", rief Britta.

Den ganzen Abend wartete Johannes noch auf einen Anruf von Herrn Kraidling. Oder darauf, dass er an der Wohnungstür klingeln

würde. Er hatte es ja nicht weit. Es war schrecklich, wenn der Lehrer nur eine Straße weiter wohnte. Vielleicht gingen seine Fenster sogar auch auf den Hof, hatte Britta neulich gesagt. Dann würde Johannes in diesem Sommer nie mehr friedlich draußen sein können. Immer würde er befürchten müssen, dass am nächsten Tag in der Schule Herr Kraidling mit den Fingern auf sein kleines grünes Buch trommeln und sagen würde: „Vielleicht wäre es doch besser gewesen, wenn du gestern nicht so lange mit deinem sonderbaren kleinen Tier im Hof gespielt hättest? Vielleicht hättest du deine Zeit doch besser für Englisch genutzt, Johannes Ritter?"
Johannes schüttelte sich. Er hatte den Fernseher leise gestellt, damit er das Klingeln nicht überhörte, aber das Telefon blieb still. Vor den Fenstern lag die Straße längst in tiefem Dunkel. Auf dem Bildschirm wurde lautlos geschossen.
„A police car chased bank robbers. After a bank raid in the High Street last Friday", murmelte er und sah vom Englischbuch hoch und an die Decke. „… High Street last Friday …"
Bestimmt beruhigte Herr Kraidling sich, wenn er den Text bis morgen auswendig wusste. Dann würde Kraidling begreifen, dass es nicht nötig war, noch mit Britta zu reden.
Johannes konnte schon über die Hälfte. Er stöhnte. „… last Friday afternoon two police cars chased …", sagte er, „… chased a green car at high speed …" Er überlegte, ob er Englisch hasste, aber er war sich nicht sicher. Herrn Kraidling vielleicht, aber Englisch vielleicht trotzdem nicht. Wenn er nur noch eine halbe Stunde durchhielt, würde er den Text auswendig können. Dann würde er seinen Wecker für den nächsten Morgen eine Viertelstunde früher stellen, um alles noch einmal zu wiederholen, und dann würde

Britta niemals etwas erfahren. Sie gab sich selber so viel Mühe mit ihrer Schule, und sie sorgte sich immer so schnell um ihn.
Aber durstig wird man von dieser Lernerei, dachte Johannes. Er stand auf und ging in die Küche, um sich ein Glas Apfelsaft zu holen. „But the gang escaped!", rief er und breitete theatralisch die Arme aus, bevor er vor dem Kühlschrank in die Knie ging. „The gang escaped with more than £ 8 000!"
Dann drehte er sich blitzschnell zur Hoftür um. Aus dem Augenwinkel hatte er gesehen, dass sich draußen etwas bewegte, ganz kurz nur.
Johannes schaltete das Licht aus und schlich sich vorsichtig zur Tür. „Blödsinn!", murmelte er. „Einbildung!" Manchmal half es, wenn man laut mit sich selbst sprach.
Der Hof lag ruhig und verlassen. Aus den umliegenden Häusern fiel der Lichtschein vieler Fenster auf das kleine Rechteck und tauchte seine Mitte in eine milde Dämmerung, während die Ecken in tiefem Schatten lagen. Nichts regte sich, und durch die geschlossene Tür zum Hof konnte man nicht einmal hören, ob Pollily in ihrem Käfig im Schlaf grunzte.
„Panisch wie ein Baby, Ritter, Alter", sagte Johannes laut und stand auf. „Ein Glück, dass das niemand mitgekriegt hat."
Draußen schwankte Brittas Bambus in einer Windböe, die von oben zwischen den Häusern wie durch einen Kamin in den Hof gefegt war.
„Na bitte", sagte Johannes und schenkte sich seinen Apfelsaft ein. „Frühlingsstürme." Wenigstens wusste er jetzt, dass die Bewegung, die er gesehen hatte, keine Einbildung gewesen war. So weit ging seine Panik also noch nicht.

„The gang escaped with more than £ 8000, and you, Kraidling, you can mich mal!", sagte Johannes zufrieden. Jetzt freute er sich fast auf die Englischstunde morgen.

Die Tür wurde lautlos geöffnet, und Antak erschrak. Wie alle Medlevinger brauchte er keine Uhr, um zu wissen, wie viele Stunden verstrichen waren. Es war noch lange nicht Zeit für seine nächste Mahlzeit.
„Kain?", flüsterte er in die Dunkelheit. „Kain, bist du das?"
Etwas stolperte in den engen Raum und fiel, dann wurde die Tür geschlossen.
„Kain?", flüsterte Antak und kroch vorsichtig auf die Gestalt am Boden zu. „Hast du das Essen gebracht?"
Die Gestalt richtete sich auf.
„Tut mir Leid, Antak", sagte eine vertraute Stimme. „Ich könnte auch gut etwas zu beißen gebrauchen."
Antak schrie auf.

12

Für einen Apriltag war es ungewöhnlich mild und sonnig.
Noch bis zum Mittag hatte Nis gehofft; aber jetzt wusste er, dass es unsinnig war.
„Wo ist Vedur?", fragte er, als Munna seinen Teller vor ihn hinstellte. Es gab nur ein wenig Suppe, den Rest vom Vortag. Niemand im Land würde an diesem Tag ein reichliches Mittagessen zu sich nehmen, alle warteten sie auf das Fest. Schon den ganzen Morgen hatten der Wirt und seine Leute Tische und Bänke auf den Großen Platz getragen. Es hieß, bei den Kuchen hätte der Bäcker sich selbst übertroffen. Da war es wichtig, dass man sich nicht im Voraus den Appetit verdarb.
„Vielleicht kommt er ja noch", sagte Munna wie beiläufig. Sie stand am Herd und rührte in der Suppe, in der es nichts zu rühren gab.
„Wenn er jetzt noch nicht zurück ist!", sagte Nis. „Er muss mir doch das Wort geben!"
Munna rührte weiter, als könnte etwas anbrennen. „Ach, das holen wir irgendwann nach!", sagte sie. „Die Hauptsache ist doch die Fibel. Und der König ist schließlich da. Das Wort – das ist doch nur ein alter Aberglaube, Nis. Niemand glaubt heute mehr daran."
„Aber die L-Feen ...", sagte Nis.
„Ach was!", sagte Munna, und jetzt drehte sie sich doch zu ihm um. „L-Feen werden mit dem Wort geboren. L-Feen sind *anders*! Sie haben *Kräfte*. Aber wir ... Kennst du irgendjemanden, der nach seinem Großen Tag plötzlich die

Pflanzen wachsen lassen konnte? Wie sie? Mit Tieren reden? Oder etwas anderes?", fragte Munna und seufzte. "Es ist doch nur ein alter Brauch, Nis. Es bedeutet gar nichts, nichts weiter, als dass du nun erwachsen bist. Fast erwachsen, würde ich eher sagen", und sie fuhr ihm durch seine widerborstigen Haare.

"Kämmen!", sagte Munna streng. "Und waschen. Und einen sauberen Mantel anziehen. Denk dran, das ganze Dorf blickt auf dich."

"Dem Dorf ist es egal, ob ich gewaschen bin", sagte Nis. "Solange es Kuchen gibt."

Munna schlug lachend mit ihrem Küchentuch nach ihm. "Ab!", sagte sie. "Muss ich dir erklären, wo die Pumpe ist?"

Nis stand auf. Natürlich hatte Munna Recht, der Große Tag bedeutete gar nichts. Es war nur ein Brauch, und ob er nun sein Wort bekam oder nicht, machte keinen Unterschied.

Aber niemals hätte Vedur diesen Tag versäumt. Den größten Tag seines Sohnes. Irgendetwas musste geschehen sein.

Die Musik der Flöten und Trommeln schallte schon über den Großen Platz, und auch die ersten Platten Zuckerkuchen waren gegessen und die ersten Kannen berauschender Getränke geleert, als Munna und Nis schließlich als Letzte den Platz betraten, wie es der Brauch vorschrieb. Eigentlich hätte natürlich auch Vedur dabei sein sollen. Aber wenigstens der König saß schon auf seinem Platz und unterhielt sich mit einem der Bauern, von dem er, wie Nis wusste, Dung für seinen Garten bezog.

"Mein lieber Nis!", rief der König und sprang auf. "Wie schön, dich zu sehen, mein Junge!"

Applaus brandete auf, aber Nis wusste, dass hinter vorgehaltener Hand jetzt überall getuschelt wurde. Wo war Vedur? War der verrückte Erfinder

nun ganz und gar verrückt geworden? Vergaß er inzwischen sogar den Großen Tag seines Sohnes?
Der König beugte sich zu Nis. „Feierlich!", flüsterte er. „Das kannst du doch, oder? Langsam gehen! Würdevoll, Nis! Dein Großer Tag!"
Nis nickte stumm.
„Dann also los!", sagte der König. Nis hörte, wie er leise seufzte, als er nach dem Wolfsfell griff. „Könntest du mir mal – ja, danke sehr, Nis. Das vertrackte Ding rutscht mir immer von der Schulter." Mit den Augen suchte er nach seiner Frau. „Königin? Hast du vielleicht …"
„Da ist sie!", sagte die Königin und strahlte Nis dabei an. „Alles Gute, Nis! Hier ist die Krone, König. Du hattest sie wieder im Treibhaus liegen lassen. Ich weiß wirklich nicht, wie ich dich noch zur Ordnung erziehen kann."
Der König lächelte sie dankbar an. „Wie sieht es aus?", fragte er und stülpte sich die Krone auf den Kopf. Die Königin rückte sie in die Mitte.
Dann musterte sie ihn. „Stattlich", sagte sie aufmunternd. „Königlich. Dein Volk wartet schon."
Der König gab Nis ein Zeichen mit dem Kopf und schritt dann langsam und hoch erhobenen Hauptes zwischen den Tischen hindurch zur Mitte des Platzes. Die Musik verebbte, dann, nach einer kurzen Pause, setzte sie erneut ein. Die Musiker spielten die Festtagshymne der Medlevinger, feierlich und getragen. Erst gegen Ende der Melodie würden die fröhlichen Takte kommen.
Nis versuchte, so würdevoll wie möglich zu gehen. Aber vor allem versuchte er, niemanden anzusehen. Er konnte nicht hier vor dem ganzen Dorf seine Fibel entgegennehmen, wenn er immerzu daran dachte, was ihnen allen jetzt durch den Kopf ging. Jetzt war der verrückte Erfinder also ganz und gar verrückt geworden.
„Meine lieben Medlevinger!", rief der König und hielt das Wolfsfell mit bei-

den Händen fest. „Meine lieben Bürger, ihr alle wisst, nicht wahr, warum wir uns heute hier ... Es geht also um – um Vedurs Sohn, um unseren Nis, der heute – komm mal vor, Nis! –, der heute seinen dreizehnten Geburtstag, nicht wahr, feiert."
Wieder brandete Applaus über den Platz, so laut, dass er die Festtagshymne übertönte. Nis hielt den Kopf gesenkt. Nicht hochsehen. Sie nicht ansehen, alle nicht.
„Dies heute, Nis", sagte der König und nahm seine rechte Hand vom Wolfsfell, um sie dann möglichst unauffällig in der rechten Tasche seines Mantels verschwinden zu lassen, „ist nun also, nicht wahr ..."
Verwirrt zog er die Hand aus der Tasche. Jeder konnte sehen, dass der König nach etwas suchte. Nein, dachte Nis. Das nicht auch noch. Alle heiligen Geister, lasst nicht auch noch den König die Fibel vergessen haben!
„... ist nun also", sagte der König, und Nis sah, wie er allmählich unruhig wurde, „dein großer Tag. Leider kann unser lieber Vedur heute, nicht wahr, nicht dabei sein, um dir dein Wort zu geben, mein lieber Nis, weil er in wichtigen Geschäften ... Aber wenigstens ich ..."
Zwischen den Tischen entstand eine Unruhe. Die kleine dicke Königin kam kopfschüttelnd auf den Platz gelaufen und drückte dem König etwas in die Hand. „Du hattest sie auf deinem Teller liegen lassen", sagte sie so laut, dass wenigstens die Gäste an den vordersten Tischen sie hören konnten. „Ich hab die Krümel abgewischt."
„Danke!", flüsterte der König und wandte sich wieder seinem Volk zu. „Aber wenigstens ich", rief er, und jetzt hielt er die Fibel in der Hand, „ich, dein König, bin doch hier, um dir, wie der Brauch es befiehlt, deine Fibel zu überreichen, die dich, nun ja, nicht wahr, zum Manne macht."
In der Menge wurde gelacht, aber es war ein freundliches Lachen. An dieser Stelle lachten die Festgäste immer.

Nis trat dem König gegenüber und sah ihm in die Augen. Früher hatten sie knien müssen, hieß es, vor dem König, der ihnen die Fibel, und vor dem Vater, der ihnen das Wort gab. Aber damals war der Große Tag natürlich auch noch wichtiger gewesen, wenn man den Sagen glauben durfte. Denn mit der Fibel und dem Wort, das vom Vater zum Sohn wie von der Mutter zur Tochter in den Familien weitergegeben wurde, hatten sie damals auch ihre Kraft erhalten, von der vorher niemand sagen konnte, worin genau sie wohl bestand. Da war es ja vielleicht wirklich richtig gewesen zu knien. Aber jetzt, wo der Große Tag nur noch ein Anlass für alle war, gemeinsam zu feiern, wäre Nis sich doch sonderbar vorgekommen, wenn er vor seinem König hätte auf die Knie fallen müssen.
Er streckte die Hand aus.
„Nimm also von mir, deinem König", sagte der König, „nimm also, nicht wahr, diese Fibel, die für dich bestimmt ist! Von diesem Tage an wirst du deinen Gürtel nicht mehr knoten, wie die Kinder es tun, zum Zeichen dafür, dass du aufgenommen bist in die Gemeinschaft der Erwachsenen."
Und mit einer feierlichen Verbeugung übergab der König Nis seine Fibel. Sie war schwerer, als Nis gedacht hatte, silbern und ganz blank. Und sie war wunderschön, wie vielleicht alle Fibeln in der Truhe im Anbetehain, in der seit Jahrhunderten die Fibeln der Medlevinger aufbewahrt wurden, um den Kindern an ihrem dreizehnten Geburtstag überreicht zu werden; und in die sie erst zurückwanderten an dem Tag, an dem ein Medlevinger nach seinem Tod der Erde übergeben wurde.
Nis verbeugte sich auch.
„Hier also sollte nun eigentlich", sagte der König ein wenig verwirrt. „Ja, mein lieber Nis, meine lieben Freunde, ich hatte euch ja bereits gesagt, nicht wahr – das Wort also, das nach altem Brauch die Kraft in dir erweckt, die gewachsen ist in den dreizehn Jahren der Kindheit –, das Wort, nicht

wahr, kann dir nun heute nicht gegeben werden. Wir werden dafür einen anderen Tag ... Wenn unser Erfinder wieder zurück sein wird ..."
Der König wusste nicht weiter, und Nis senkte den Blick.
Die Musiker waren an der Stelle angekommen, an der der getragene Ton der Festtagshymne umschlug in ein fröhliches Jubilieren.
„Hoch!", rief eine Stimme aus der Menge, und Nis hörte, dass es die des Bäckers war. „Hoch, Nis, Sohn Vedurs! Hoch!"
„Hoch!", riefen nun auch andere Stimmen, und Nis begriff erleichtert, dass es jetzt vorüber war.
„Feierlich!", flüsterte der König hinter ihm eindringlich. „Nicht zum Tisch rennen! Feierlich, Nis!"
Nis nickte. Die Musiker spielten ihren Schlussakkord, gerade als er sich neben Munna auf die Bank fallen ließ.
„Das war wunderbar!", sagte die Müllerin, die Munna gegenübersaß, und wischte sich eine Träne aus dem Auge. „Ach, ich liebe die Feiern des Großen Tags!"
„Wir gratulieren, Nis!", sagte der Schreiber und streckte ihm die Hand entgegen. „Nun gehörst du also zum Kreis der Erwachsenen."
Nis nickte verlegen.
„Nimm ein Stück Torte!", rief die Müllerin. „Ich kann mich nicht erinnern, wann ich zuletzt ..."
„Herzlichen Glückwunsch, Nisse!", sagte Moa. Sie war von ihrem Tisch zwischen lauter flatternden, schnatternden L-Feen herübergekommen, und Munna rückte ein wenig, um ihr Platz zu machen. „Was für eine schöne Fibel!"
„Er ist nicht zurück!", flüsterte Nis. „Du glaubst doch auch nicht ..."
Auf der Gegenseite des Platzes lehnte Thoril neben einer Tür und sah zu ihnen herüber. Sein Großer Tag war schon vor Monaten gewesen, im späten

Herbst, und Antak hatte ihm das Wort gegeben, wie es sich gehörte. Aber heute fehlte auch er.

„Da!", sagte die Müllerin und schob Nis einen Teller mit dem größten Stück Torte zu, das er je gesehen hatte. „Nun zeig uns mal, dass du auch wirklich ein Mann bist! Iss auf!"

Ein paar Medlevinger in ihrer Nähe lachten. Munna lachte mit.

Da grub Nis seine Gabel in die weiche Creme. Jetzt konnte er sowieso nicht unbemerkt verschwinden.

13

"Tatsächlich", sagte Herr Kraidling und zog sein kleines grünes Buch aus der Tasche. "Fast fehlerfrei."
"Geil!", flüsterte Line und boxte Johannes gegen den Arm.
"Erstaunlich, dass du dich freiwillig gemeldet hast", sagte Herr Kraidling und steckte sein Buch zurück in die Jackentasche. "Ich bin positiv überrascht, Johannes Ritter."
"Och", murmelte Johannes und sah bescheiden auf seine Tischplatte. Irgendwer hatte vor langer Zeit mit Filzstift "Fuck!!!" darauf geschrieben, und den Putzfrauen war es auch mit allergrößter Mühe nicht gelungen, die Kritzelei abzuwaschen. Im Augenblick fühlte Johannes sich so erleichtert, dass er das Wort am liebsten durchgestrichen hätte.
"Aber glaub nicht, dass du deswegen schon aus dem Schneider bist!", sagte Herr Kraidling und blieb direkt vor Johannes stehen. "Einmal ist, wie das Sprichwort uns sagt, keinmal. Ich werde darum von jetzt an täglich deine Hausaufgaben kontrollieren", und er drehte Johannes den Rücken zu und ging zurück zum Pult. "Täglich."
"Arsch!", flüsterte Line.
Johannes war froh, dass er das Wort auf dem Tisch nicht weggestrichen hatte.

„Das ist doch nicht so schwierig!", sagte Line verzweifelt. „Du hängst hinten einfach ‚-ed' dran und Schluss! Außer, wenn das unregelmäßig ist. ‚To go' ist unregelmäßig."

„Scheiße", murmelte Johannes. Es war ja klar, dass Herr Kraidling morgen seine Hausaufgaben ansehen würde. Darum hatte Line beschlossen, mit zu ihm nach Hause zu kommen, um ihm zu helfen.

„Hättest du nicht so lange faul rumgegammelt, dann wüsstest du das jetzt auch", sagte Line spitz. „Regelmäßige Verben. Unregelmäßige Verben."

„Bist du meine Mutter?", fragte Johannes wütend. „Ich begreif das jetzt ja. Immer ‚-ed', außer wenn das unregelmäßig ist. Kein Problem."

Er merkte, wie es anfing, ihm Spaß zu machen. „Und ‚sehen'? Das ist doch auch unregelmäßig!"

„Du musst die auswendig lernen!", sagte Line.

In diesem Augenblick riss Britta die Tür auf.

„Kommt mal ganz schnell und guckt!", rief sie wütend. „Das glaub ich ja nicht!", und sie war schon wieder in der Küche verschwunden.

Johannes sah Line an. „Hä?", sagte er.

Dann wurde er ganz starr. Hatte er Pollily gestern Abend wirklich zurück in ihren Käfig gesetzt? War die Bewegung in der Dunkelheit vielleicht Pollily gewesen? Konnte es sein, dass Britta gerade eben Pollily entdeckt hatte, wie sie unter den kümmerlichen Rosensträuchern ihre Gänge buddelte?

„Bloß nicht!", flüsterte er und raste in die Küche. Britta stand in der geöffneten Hoftür und starrte nach draußen.

Nein!, dachte Johannes. Bitte das nicht! Das nicht, bitte, bitte!

„Was soll denn das?", schrie Britta und war auf Socken schon fast

unten im Hof. Eine Sekunde lang fragte Johannes sich, warum sie so mit Pollily sprach, dann spürte er eine große Erleichterung. Auf dem kleinen Rasenstück kniete Herr Pokaschinski mit einem Zollstock in der Hand.
„Was machen Sie denn da?"
Herr Pokaschinski kam langsam auf die Beine. An seinen Knien klebten noch Reste feuchter Erde und kleine Grashalme, aber er streifte sie nicht ab. „Das geht dich gar nichts an", sagte er.
„Was?", schrie Britta. „Das ist unser Garten hier! Da können Sie nicht so einfach …"
„Der Garten gehört allen Hausbewohnern", sagte Herr Pokaschinski. „Das sag ich dir schon ewig, Mädchen. Oder steht was anderes in deinem Mietvertrag?"
„Hören Sie auf, mich zu duzen!", schrie Britta.
„Steht was anderes in deinem Mietvertrag?", fragte Herr Pokaschinski und war schon an der Kellertreppe, durch die alle Hausbewohner mit dem Haustürschlüssel Zugang zum Hof hatten. „Wir machen den Rasen weg und pflastern das. Da kommt eine Terrasse hin, Mädchen. Das kann ja wohl nicht angehen, dass du dir den Hof ganz allein unter den Nagel reißt!"
„Ich ruf den Eigentümer an!", schrie Britta. „Sie alter … alter …"
„Mama!", sagte Johannes.
„Das hab ich längst getan", sagte Herr Pokaschinski und klappte seinen Zollstock wieder zusammen. „Da kommt eine Terrasse hin."

Britta hockte auf einem Küchenstuhl und rührte in ihrer Tasse, in der der Kaffee längst kalt geworden war.

„Dann ziehen wir weg!", sagte sie trotzig. „Wenn das hier jetzt der Freizeitpark für alle Hausbewohner wird, schön zubetoniert und platt gemacht, dann zieh ich aus." Sie setzte die Tasse an ihre Lippen und stellte sie sofort angeekelt zurück auf den Tisch.
„Das geht doch gar nicht!", sagte Johannes vorsichtig.
Britta zuckte die Achseln. „Klar geht das!", sagte sie. „Da ist nur nie drüber geredet worden! Und als wir eingezogen sind, hat sich auch keiner für den Hof interessiert. Weißt du noch, wie das hier ausgesehen hat? Sei froh, wenn du dich nicht erinnerst!"
„Das ist gar nicht unserer?", fragte Johannes verblüfft.
Britta rührte in ihrer Tasse. „Acht Jahre lang hab ich den gepflegt!", sagte sie. „Acht Jahre lang hat sich kein Schwein dafür interessiert. Und jetzt kommt dieser Pokaschinski und ..."
Es klingelte an der Wohnungstür. „Mach auf!", sagte Britta.
Aber Line war schon in den Flur geflitzt. Johannes hörte Idelungs Stimme. „Kann ich reinkommen?", fragte er.
„Hallo, Kurt", sagte Britta unfreundlich und drehte sich kaum zu ihm um. Johannes zuckte zusammen. „So ein verdammter Mist."
Idelung ging zu ihr an den Tisch und stellte einen Lippenstift neben ihre Tasse. „Der muss dir gestern Abend aus der Tasche gefallen sein", sagte er. „Meinst du den da draußen?"
Britta nickte. „Pokaschinski", sagte sie.
„Der Verbrecher", sagte Idelung und lachte Johannes an. „War das nicht so?"
Johannes lachte nicht zurück.
„Der will aus meinem Garten einen öffentlichen Platz machen!", sagte Britta. „Alles schön ordentlich planiert, bloß kein Gras, bloß keine Pflanzen. Hinterhöfe gehören grau."

„Na, davon würde ich dann ja auch profitieren!", sagte Idelung grinsend. „Wenn das öffentlich würde."
Britta schnaubte. „Sehr lustig", sagte sie.
„Kleiner Scherz!", sagte Idelung. „Platten finde ich grässlich. Und außerdem werde ich viel lieber mal von der reizenden Gartenbesitzerin zu einem privaten kleinen Plausch in ihren Garten geladen, als dass ich mit dem Schlüssel durch den Keller auf einen öffentlichen Platz marschiere."
„Wird aber so kommen", murmelte Britta. „Der macht das jetzt, sollst du mal sehen. Alles platt, alles Platte."
Es klingelte wieder.
„Wenn das der Pokaschinski ist, müsst ihr mich festhalten, damit ich ihm nichts antue", sagte Britta.
„Papa!", rief Line im Flur. „Woher wusstest du denn, dass ich hier bin?"
„Wusste ich ja nicht!", sagte Thomas und kam in die Küche. „Hallo, Britta. Hallo, Johannes. Hallo ..." Er zögerte.
„Idelung", sagte Idelung mit einer kleinen Verbeugung. „Ich bin grade eingezogen."
„Hallo", sagte Thomas. Er musterte den neuen Nachbarn von oben bis unten. „Britta, ich wollte dir nur erzählen ..."
„Hat sie was mit dem Typen da?", flüsterte Line.
„Quatsch!", sagte Johannes böse.
Thomas wühlte in seinen Jackentaschen. „Ich war beim Arbeitsamt, ich hab den Platz jetzt. Hier ist die Bescheinigung", und er zog einen klein gefalteten Zettel aus der Tasche. Mit einem leisen „Klonk!" fiel ein unförmiges schwarzes Metallteil auf den Boden.
„Du kannst die doch nicht so zerknüllen!", sagte Britta. „Mann!

Wenn du die noch mal irgendwo vorlegen musst!"
Johannes bückte sich und hob den Gegenstand auf. „Bitte!", sagte er und hielt ihn Thomas hin. „Hast du an deinem Moped gebaut?" Thomas nickte ungeduldig. „Danke", sagte er und steckte das Teil zurück in die Tasche, ohne hinzusehen. „Das glaub ich nicht! Aber ich kann die Bescheinigung ja bügeln."
„Bügeln!", sagte Britta und tippte sich an die Stirn.
„Hast du was?", fragte Thomas. „Ist was?"
„Die wollen ihr ihren Garten wegnehmen!", sagte Line. „Ein Nachbar hat den schon ausgemessen. Der wird gepflastert, und dann gehört er allen im Haus."
Thomas ging einen Schritt auf den zweiten Stuhl am Tisch zu, dann blieb er stehen.
„Wenn er aber vielleicht wirklich allen gehört?", fragte er vorsichtig.
„Du bist ein echter Freund!", schrie Britta. „Danke schön!"
„Ich glaub, ich geh dann wieder", sagte Herr Idelung. Er sah ein bisschen unglücklich aus, als ob ihm der Streit peinlich wäre. „Tschüs, Britta. Und lass dich nicht unterkriegen. Wir reden mal drüber, da kann man bestimmt was machen." Und er verschwand nach draußen und zog die Wohnungstür hinter sich zu.
„Wir gehen dann auch", sagte Thomas. „Komm, Line. Bis dann, Britta. Wird schon alles."
Britta sagte ihnen nicht einmal tschüs.

„Warum sagst du Kurt zu dem?", fragte Johannes. Er hatte den Rest der Englischhausaufgaben allein gemacht. So schwer waren sie eigentlich gar nicht, wenn man erst mal in Gang gekommen war.

„Weil er so heißt", sagte Britta unfreundlich.
„Seit wann?", fragte Johannes.
„Seit seiner Geburt, vermute ich", sagte Britta. „Kurt Alexander, manche Eltern sind brutal. Ich muss los. Die Arbeit wartet nicht."
„Seit wann du ihn so nennst!", sagte Johannes. „Du kennst ihn doch gar nicht!"
„Seit gestern Abend, der Herr", sagte Britta und verschwand im Badezimmer. Durch die halb offene Tür konnte Johannes sehen, wie sie sich das Gesicht wusch und die Wimpern tuschte. „Er ist längst nicht so schrecklich, wie du zu glauben scheinst."
„Und der belgische Schrank?", fragte Johannes.
Britta wischte mit einem Papiertaschentuch unter den Augen entlang, wo sie die Wimperntusche verschmiert hatte.
„Warum soll einer keine Antiquitäten sammeln?", fragte sie. „Was ist so schlimm daran?"
Johannes zuckte die Achseln. Manchmal war er überrascht, wie schnell Britta ihre Meinung ändern konnte.
„Du findest ihn also nett?", fragte er vorsichtig.
Britta flitzte zurück in die Küche und nahm den Lippenstift vom Tisch. „Netter als Pokaschinski", sagte sie. „Das kannst du glauben." Sie presste ihre Lippen zusammen. „Bis auf seinen Musikgeschmack. Das hat mich fast wahnsinnig gemacht. Klassik, das dröhnt so in den Ohren, tierisch laut. Aber passt zu Antiquitäten, klar."
Sie gab Johannes einen Kuss. „Abendbrot und Hausis nicht vergessen!", sagte sie.

14

Nis wartete ungeduldig auf die Nacht. Als auch der letzte Wein getrunken, die letzten Kuchen gegessen waren, gingen die Gäste nach Hause. Bis zum Morgen würden sie alle tief und fest schlafen.
Nis horchte. Endlich hörte er vom Bett nebenan Munnas gleichmäßige Atemzüge, die anzeigten, dass auch sie eingeschlafen war.
Niemals, dachte Nis, niemals hätte Vedur meinen Großen Tag versäumt. Wo immer er auch war, er wäre gekommen, um mir das Wort zu geben. Dass er nicht gekommen ist, ist Beweis genug. Es ist ihm etwas passiert; und wenn sich sonst niemand auf den Weg macht, um ihn zu suchen, werde ich es tun.
Der volle Mond stand hoch und über den nächtlichen Himmel zog keine Wolke. Die Sterne funkelten weit draußen im All und tauchten Häuser und Straße in ein bläuliches Licht.
Wenn ich nur wüsste, wohin Vedur gegangen ist, dachte Nis, als er allein vor dem Haus auf der dunklen Dorfstraße stand. Wenn ich wenigstens die Richtung wüsste, Norden oder Süden, Ost oder West. Wenn ich nur auf ihn gewartet hätte gestern, als er vom König kam, wenn ich vor der Werkstatt auf ihn gewartet hätte.
Er bemerkte, dass er, ohne nachzudenken, schon in diese Richtung ging. In der Werkstatt hatte er Vedur zuletzt gesehen, und in der Werkstatt würde er jetzt nach Hinweisen suchen, wohin sein Vater verschwunden war. Nis lief schneller.
An der Weggabelung, an der es in der einen Richtung zum Wald, in der an-

deren zum Anbetehain ging, glaubte er eine Bewegung zu sehen und blieb stehen.

„Hallo?", rief Nis leise ins Gebüsch am Wegrand.

Wenn man jetzt eine L-Fee wäre, dachte er. Wenn man die Sprache der Tiere spräche, dann wäre so ein nächtlicher Ausflug kein Problem.

„Hallo, Nis, ich bin es nur, das Kaninchen", oder: „Keine Sorge, meine Gattin, die Wildsau, führt nur unsere Kinder spazieren", und schon wäre die Situation geklärt.

„Hallo, Nis!", flüsterte jemand im Gebüsch. Nis zuckte zusammen.

„Hallo?", flüsterte er. Nach Kaninchen hatte es nicht geklungen, auch nicht nach Wildsau.

„Ich bin es nur", sagte die Stimme wieder, und da erkannte Nis, wem sie gehörte.

„Moa!", rief er. „Was tust du denn hier, mitten in der Nacht!"

„Und du?", fragte Moa zurück und kämpfte sich durch die Hecke. „Schlafwandelst du bei Vollmond?"

Eine Sekunde zögerte Nis, dann wusste er, dass er es ihr erzählen konnte.

„Ich geh und such Vedur", sagte er leise. „Munna hätte mich niemals gelassen. Darum hab ich mich einfach weggeschlichen. Aber vielleicht kannst du morgen zu ihr gehen und ihr sagen, was ich tue, Moa. Sie macht sich sonst Sorgen."

„Und wenn ich ihr erzähle, was du getan hast, macht sie sich keine?", fragte Moa böse. „Die ist doch sowieso schon ganz verrückt vor Angst, weil Vedur verschwunden und sogar zur Feier nicht aufgetaucht ist! Und du nun auch noch!"

„Ich verschwinde ja nicht", sagte Nis. „Aber ich muss ihn doch suchen, Moa! Alle im Land tun, als ob es das Allernormalste wäre, dass Vedur nicht gekommen ist. Aber das glauben sie doch nur, weil sie ihn sowieso für ver-

rückt halten! Denkst du im Ernst, er hat freiwillig an meinem Großen Tag gefehlt? Sei ehrlich!"
Im Licht des Vollmonds und der Sterne wirkte Moa noch kleiner und strubbeliger als sonst. Sie schüttelte den Kopf. „Nicht wirklich", murmelte sie.
„Also!", sagte Nis. „Dann muss ich ihn doch suchen! Das würdest du doch auch tun, wenn es dein Vater wäre!"
Mit ihrem Fuß zog Moa eine Furche in den Sandweg. „Dann hat Munna niemanden mehr", sagte sie leise.
„Ich komm doch wieder!", rief Nis. „Ich pass doch auf, Moa! Ich such doch nur nach Vedur! Vielleicht ist er verletzt! Vielleicht liegt er irgendwo und braucht Hilfe! Vielleicht …"
„Vielleicht ist ihm etwas ganz anderes zugestoßen", sagte Moa. „Etwas, das du dir nicht einmal vorstellen kannst. Und bei dem du ihm keine Hilfe bist, Nis! Du bringst dich nur selbst in Gefahr."
Nis starrte auf den Weg. „Und was sollte das sein?", fragte er. „Bist du jetzt wieder L-Feen-schlau, oder was?"
„Es gibt so viele Dinge", flüsterte Moa unglücklich. „So viele Dinge, Nis!"
Nis sah sie an.
„Was würdest du tun, Moa?", fragte er dann. „Was würdest du tun, wenn es dein Vater wäre?"
Moa sah zu Boden. Dann guckte sie ihm in die Augen. „Ich würde das Gleiche tun wie du", sagte sie fest. „Ich würde ihn suchen."
Nis nickte.
„Ich komme mit, Nisse", sagte Moa und legte ihm für eine Sekunde ihre Hand auf den Arm. „Wenigstens mitkommen kann ich. Hier ist es sowieso – ich muss jetzt anfangen mit dem L-Feen-Training."
„Dann ist niemand da, der Munna erklären kann, was ich tun will", sagte Nis.
Moa lachte. „Du glaubst, das weiß sie nicht?", fragte sie.

Nur selten hatte Vedur Nis erlaubt, ihn in der Werkstatt zu besuchen. Seine Arbeit erfordere Ruhe, hatte er gesagt, mehr Ruhe, als Nis sich vorstellen könne. Und wenn Vedur ihn eingeladen hatte, war die Werkstatt immer aufgeräumt gewesen, ordentlicher als Munnas Küche. Ein Raum, der nicht aussah, als hätte dort jemals ein Erfinder gearbeitet, der gesägt und gehobelt und geschmolzen hatte, gebohrt und gehämmert, bis am Ende die perfekten Maschinen entstanden, deren Zweck unsinnig sein mochte, deren Äußeres aber immer makellos war.

Genau so fanden sie die Werkstatt auch jetzt vor. Im kalten Licht des Vollmonds sahen sie einen Tisch; einen großen Schrank; ein Regal. Auf den Borden standen Vedurs Erfindungen: der Sehkasten und das Rühr-und-Quirl, der Selberredner, der Wasserheißmacher und das Ding-mit-Scheiben, die Tagmacher und die Hin-und-her-Sprechmaschine.

„Alles noch da!", flüsterte Nis. Unwillkürlich hatte er seine Stimme gesenkt. „Dabei dachte ich, er wollte etwas mitnehmen!"

Moa nickte. „Ordentlich!", sagte sie. „Aufgeräumt."

Nis schnaubte. „Hast du gedacht, weil er verrückt ist, kann Vedur keine Ordnung mehr halten?", fragte er. „Ihr glaubt alle, er hat den Verstand verloren! Aber irgendwas ist da, wovon auch der König weiß! Ein Geheimnis! Irgendwas..."

Moa war durch den fast dunklen Raum gegangen und hatte die Schranktüren geöffnet. Mit dem Finger war sie über die Geräte auf dem Regal gefahren. Jetzt nickte sie.

„Niemals hat er die hier gebaut", sagte sie. „Nie im Leben."

„Was?", fragte Nis verblüfft. „Wieso? Du siehst sie doch, oder? Da stehen sie doch!"

Moa zuckte die Achseln. „Und wo ist die Säge?", fragte sie. „Der Hobel, um die sonderbare Masse, aus der die meisten Maschinen gefertigt sind,

zu glätten? Der Hammer? Wo hat er das Metall geschmolzen?"
„Das weiß ich doch nicht!", sagte Nis.
„Hast du die Blätter gesehen?", fragte Moa. Auf dem Tisch lag ein Stapel Papier, strahlend weiß, wie sonst kein Papier, das Nis kannte, ordentlich beschrieben und Kante auf Kante.
Nis beugte sich darüber. „Das Windrad!", sagte er. „Das sind Vedurs Pläne!"
„Schreibt er so?", fragte Moa. „Ist das seine Schrift?"
Nis sah wieder auf das Blatt. Ordentlich in Reihen standen winzige Buchstaben, einer so groß wie der andere, exakt, als hätte nicht eine lebendige Hand, sondern eine Maschine sie geschrieben. Wenn so etwas denn vorstellbar gewesen wäre.
„Ich weiß nicht!", flüsterte er.
„Nis!", sagte Moa unruhig. „Ich weiß nicht, was es ist. Aber eine Werkstatt ist das hier nicht. Nie im Leben, Nis!"
Nis sackte in sich zusammen. „Aber er hat doch all seine Maschinen..."
„Ich weiß", sagte Moa. Sie hockte sich neben ihm auf den Boden. „Erzähl mir alles, was du weißt", sagte sie.
Nis schüttelte den Kopf. „Aber ich weiß doch nichts!", flüsterte er.
„Erzähl mir alles, was du vermutest", sagte Moa.

„Dann sucht er also Antak", sagte Moa, als Nis still war.
Nis nickte.
„Und irgendetwas gibt es, das Antak weiß und Vedur auch und der König", sagte Moa nachdenklich. „Etwas, das damit zusammenhängt, dass Antak Hüter der Geschichte ist."
Nis nickte wieder. So hatte er noch nicht darüber nachgedacht.
„Ein Wissen über die Vergangenheit also", murmelte Moa. „Und er hat Forderungen gestellt, die der König nicht erfüllen wollte. Er ist auch mit Vedur

in Streit darüber geraten, so sieht es doch aus. Und jetzt ist er verschwunden."
„Hilft uns das?", fragte Nis.
Moa zuckte die Achseln. „Sie haben von *oben* geredet", sagte sie. „Hast du das nicht erzählt? Dass Antak *oben* sein muss. Und Vedur wollte auch dahin."
„Genau", sagte Nis voller Spannung. „Aber wo oben, Moa? In den Bergen?"
Moa strich mit den Fingern über den Schrank, das Regal und die Wände.
„Ich weiß nicht", sagte sie zögernd. „Ich glaube nicht. Von den Bergen war doch nicht die Rede. Von *oben* haben sie gesprochen, Nis. Warum sollten sie nicht von den Bergen reden, wenn sie die Berge meinen." Sie dachte nach. „Und kennst du Sagen, in denen die Berge eine Rolle spielen? Eine wichtige Rolle?"
Nis schüttelte den Kopf. „Nee", sagte er verwirrt. „Aber warum sollten sie? Was haben die Sagen damit zu tun?"
Jetzt steckte Moa ihre schmale Hand zwischen Schrank und Wand und fuhr dort auf und ab. „Hüter der Geschichte", murmelte sie. „Es muss doch irgendwie..."
Sie erstarrte. „Hilf mir mal, Nis", sagte sie und begann schon, den Schrank von der Wand zu rücken. Nis sah erstaunt, dass sie seine Hilfe gar nicht brauchte. Der Schrank bewegte sich so leicht, als hätte er kein Gewicht.
„Räder!", flüsterte Nis.
„Darum war er immer hier", sagte Moa und schob den Schrank ein letztes Stück zur Seite. „Und darum musste die Werkstatt auch so abgelegen sein."
„Warum?", fragte Nis und drängte sich neben sie.
Moa zeigte auf die Wand, die der Schrank jetzt freigegeben hatte.
„Darum", sagte sie.
In der Wand war eine Tür. Sie war verschlossen.

Sie hatten überall in der Werkstatt nach dem Schlüssel gesucht, aber ohne Erfolg.

„Aber wohin führt sie?", fragte Nis ängstlich.

Als sie gemerkt hatten, dass die Tür verschlossen war, waren sie nach draußen gelaufen, um sie von der Außenseite zu betrachten.

„Wozu braucht er eine zweite Tür nach draußen?", hatte Nis gefragt. „Und warum versteckt er sie?"

Die Tür lag in der fensterlosen Rückwand der Werkstatt, die dem Wald, nicht dem Weg, zugekehrt war. Aber sie war nur auf der Innenseite zu sehen. Von außen bedeckte ein fugenloser Putz die Mauer.

„Er braucht keine zweite Tür nach draußen", sagte Moa. Sie ging mit großen Schritten an der Seitenwand entlang. „Acht Schritte", sagte sie. „Jetzt von drinnen."

Sie hätten ihre Schritte gar nicht mehr zu zählen brauchen, sie ahnten es sowieso.

„Sechs", sagte Moa und ließ sich auf die Bodendielen fallen. „Er hat keine zweite Tür nach draußen gebraucht."

„Aber wohin ...?", fragte Nis wieder.

„Wir müssen den Schlüssel finden!", sagte Moa. „Wenn wir Glück haben, gibt es einen zweiten."

Aber schon während sie suchten, wussten sie, dass es Unsinn war. Niemals hätte Vedur die geheimnisvolle Tür so geschickt verborgen und dann einen zweiten Schlüssel in der Werkstatt gelassen, der es jedem erlaubte, sie zu öffnen.

„Hol die Axt", sagte Moa und fuhr mit den Fingern die Zarge entlang. „Draußen, beim Holz."

„Wir können doch nicht ...!", sagte Nis.

Moa drehte sich um.

„Vedur ist verschwunden", sagte sie leise. „Und Antak auch. Und der Weg zu ihnen führt durch diese Tür."
Nis nickte.
„Wenn du die geschliffene Seite am Schloss zwischen Blatt und Zarge schiebst", sagte Moa, „dann splittert nur die Zarge, Nis. Vedur wird dir nicht böse sein."
Nis setzte die Axt an. Er spürte den Widerstand des Holzes, aber er spürte auch, wie leicht es nachgab.
Mitten in der Bewegung hielt er inne. „Wohin, Moa?", flüsterte er. „Wohin?"
Moa lächelte und legte ihm wieder kurz die Hand auf den Arm.
„Das weißt du doch längst", sagte sie. „Nach oben."

2. Teil

Die verlorene Fibel

15

Die Zarge splitterte.
„Es tut mir Leid, Vedur!", flüsterte Nis.
„Drück sie auf!", sagte Moa.
Hinter der Tür lag ein Gang, nur einen Schritt breit, zwischen Außen- und Innenwand.
„Na also!", sagte Moa. Dann zeigte sie auf die Schmalseite des Gangs. Eine Tür, so niedrig, dass ein Erwachsener sich kaum hindurchzwängen konnte, stand einen kleinen Spalt offen.
„Hab ich's doch gesagt!"
„Wo führt die hin?", fragte Nis erschrocken. „Die gibt es doch draußen gar nicht!"
„Das werden wir ja gleich sehen!", sagte Moa. „Lass uns zuerst noch den Schrank vor die Werkstatttür ziehen. Wenn diese kleine Tür der Zugang dorthin ist, wohin ich vermute, dann würde Vedur bestimmt nicht wollen, dass jeder beliebige Medlevinger sie finden kann."
Auch Vedur musste bei seinen Ausflügen durch die geheimnisvolle Tür so gehandelt haben. Ein kurzes Seil war an der Rückseite des Schrankes angebracht, sodass er sich auf seinen Rollen leicht wieder vor die zersplitterte Zarge ziehen ließ. Danach schlossen sie von innen die Tür zur Werkstatt.
Der Gang war jetzt so dunkel, dass sie nicht einmal mehr ihre eigenen Füße sehen konnten.

„Geh du vor!", flüsterte Nis. „L-Feen sehen doch im Dunkeln, oder?" Er hätte jetzt gerne einen Tagmacher gehabt. Aber die hingen natürlich immer an einem endlos langen Seil, das sie mit Strömekraft versorgte.
„Quatsch!", sagte Moa ärgerlich. „Und außerdem bin ich noch längst keine L-Fee. Aber Angst hab ich nicht, wenn du das glauben solltest", und Nis hörte, wie sie die kleine Tür aufstieß. Er tastete sich an den Wänden entlang, dann griffen seine Hände ins Leere.
„Moa?", flüsterte er. Dies musste der Eingang sein.
„Hier!", flüsterte Moa. „Fühl mal! Alles Erde!"
Nis streckte die Hände aus. Hinter der Tür waren sie in einen Gang gelangt, der nicht breiter war als der versteckte Raum im Haus. Rechts und links fühlten seine Hände feuchte Erde.
„Wie geht das denn?", fragte Nis und vergaß zu flüstern. Hier hörte sie sowieso niemand. „Die Werkstatt steht doch im Wald! Wieso sind wir plötzlich unter der Erde?"
„Keine Ahnung!", sagte Moa. „Au! Nun geh doch nicht so schnell! Du rammst mir ja deine Füße in die Waden!"
„Das geht doch gar nicht!", sagte Nis wieder. „Wie können wir unterirdisch sein, wenn wir über der Erde durch eine Tür gegangen sind?"
„Du siehst doch, dass es geht!", sagte Moa ungeduldig. „Oder willst du etwa behaupten, dass wir nicht hier sind?"
Nis schüttelte den Kopf, dann fiel ihm ein, dass Moa ihn nicht sehen konnte.
„Nee", sagte er.
„Also!", sagte Moa zufrieden. „Nachher behauptest du noch, L-Feen können nichts wachsen lassen! Oder nicht schweben. Es ist manchmal schwirig mit dir, Nisse."
Nis antwortete nicht. Er hatte längst gemerkt, dass der Boden des Ganges so eben war, dass er trotz der Dunkelheit keine Angst haben musste zu stol-

pern. Rechts und links berührte er mit seinen Fingern nur noch leicht die Wände, damit er merkte, wenn es plötzlich um eine Kurve ging. Aber der Gang war gerade, wie mit dem Lineal gezogen.

„Nis, ich glaub, es geht aufwärts!", rief Moa aufgeregt. „Glaubst du nicht auch?"

Nis hätte nie gedacht, dass man seine Augen brauchte, um zu entscheiden, ob man bergauf, bergab oder auf der Ebene ging, solange die Steigung nur nicht allzu groß war.

„Ich glaub auch", sagte er. „Aber ich bin mir nicht sicher."

„Nach *oben*!", sagte Moa bedeutungsvoll. „Wie sie gesagt haben. Vedur und Antak sind *oben*, Nis. Und gleich sind wir auch da."

Nis spürte, wie sein Herz schneller schlug. Vielleicht hätte er mit Moa erst einmal darüber reden sollen, was sie meinte, wenn sie von „oben" sprach. Natürlich hatte er eine Ahnung. Aber jetzt gerade hätte er gerne mehr gewusst. Er war sich nicht einmal mehr sicher, ob er nicht lieber umkehren wollte.

„Gleich!", schrie Moa. Der enge Gang verschluckte ihre Stimme. „Hier ist es versperrt, aber die Erde lässt sich ganz leicht wegräumen!" Sie schnaufte. „Es wird heller, Nis! Siehst du das, es wird heller!"

Wenn Moa ihn nicht darauf aufmerksam gemacht hätte, hätte Nis vielleicht einfach nur geglaubt, dass seine Augen sich allmählich an die totale Düsternis gewöhnt hatten. Es war, als ginge die Dunkelheit ganz allmählich von einem satten Schwarz in die Farbe von Blei über, und Nis wusste nicht genau, ob vor ihm wirklich der Schemen von Moas Gestalt zu erkennen war oder ob er sich das nur einbildete.

Aber dann gab es plötzlich keinen Zweifel mehr. Viel schneller, als er erwartet hatte, sah er vor sich im Gang zuerst einen schwarzen Schatten, der eilig aufwärts lief; dann verwandelte der Schatten sich in Moa.

„Licht! Ich sehe Licht!", schrie Nis. „Wir sind da!"
Das letzte Stück des Weges stieg steil an, so steil, dass Nis fast seine Hände zu Hilfe genommen hätte. An dieser Stelle hätte er auch bei vollständiger Dunkelheit nicht daran gezweifelt, dass sie sich auf dem Weg nach oben befanden.
„Leise!", flüsterte Moa. „Kann doch sein, da ist einer!"
Nis erschrak. Daran hatte er nicht gedacht. „Siehst du schon was?", flüsterte er.
„Aua, verdammt!", zischte Moa. An ihrer Stimme hörte Nis, dass sie jetzt draußen war. „Sieh dich bloß vor, hier sind Rosen!" Sie stöhnte. „Mit riesigen Dornen!", sagte sie gekränkt. „Der Ausgang hätte auch gerne woanders sein dürfen!"
Aber das fand Nis nicht. Das fand Nis überhaupt nicht. Er hatte sich mit den Ellenbogen abgestützt und nach oben über den Rand gezogen, und nun lag er schwer atmend auf der feuchten, kühlen Erde und sah in den Himmel.
Über Dächern, so hoch, dass Nis niemandem geglaubt hätte, der ihm davon hätte berichten wollen, fielen die letzten warmen Strahlen der Abendsonne in einen ringsum von riesigen Häusern begrenzten Hof und ließen die gegenüberliegende Mauer rötlich aufleuchten. Über das Gras, das vertraut und wie zu Hause den größten Teil des Bodens bedeckte, rannte auf seinen kurzen Beinen erschrocken ein unförmiges Tier, gerade so groß, dass es Nis bis zum Knie gereicht hätte. Sonderbarerweise fürchtete Nis sich nicht. Er hatte selten ein Tier mit so einem freundlichen, dummen Gesicht gesehen, und außerdem machte es den Eindruck, als hätte es selbst Angst.
„Moa?", flüsterte Nis, und er hätte nie geglaubt, dass er sich so

glücklich fühlen könnte, einfach, weil das Dunkel zu Ende war.
„Moa, und was ist jetzt?"
„Jetzt sind wir oben", sagte Moa nachdenklich. „Es sieht überhaupt nicht so aus wie in den Sagen, findest du nicht?"
„In den Sagen?", fragte Nis verblüfft.
Moa winkte ihn zur Seite, wo ein merkwürdiges kleines Haus aus Holz mit einem Gitternetz vor der Tür auf vier ordentlich geschichteten Ziegelstapeln stand. Die Tür war nur angelehnt, und dahinter sah Nis Büschel von Heu.
„Leise!", flüsterte Moa. „Wenn sie aus den Fenstern gucken!" Und sie zog Nis in die Nische zwischen Mauer und Häuschen.
„Sie?", fragte Nis verwirrt. „Wer, *sie,* Moa? Wenn du was weißt …" Dann schlug er sich die Hand vor den Mund. „Du meinst, wir sind in der Ganz Alten Zeit?", fragte er. „In der Zeit aus den Sagen? Du meinst, wir sind bei den", er überlegte eine Sekunde, „bei den *Menschen?*"
Moa tippte sich gegen die Stirn. „Glaubst du, man kann in der Zeit zurückreisen?", fragte sie. „Quatsch, also wirklich! Aber bei den Menschen sind wir trotzdem, das glaub ich."
„Die gibt es doch nicht!", sagte Nis. „Kein vernünftiger Medlevinger würde ernsthaft annehmen …"
„Du hast ja auch nicht geglaubt, dass es den unterirdischen Gang gibt", sagte Moa schnippisch. „Keine Ahnung, was noch los sein muss, damit du endlich begreifst, dass passiert, was passiert."
„Das sind doch nur Sagen!", flüsterte Nis. „Damit man den Kindern was erzählen kann! Die sind doch nur ausgedacht!"
In diesem Moment verschwand die Sonne hinter den Dächern. Sofort wurde es kühler.

„Vielleicht will jemand, dass wir genau das glauben?", fragte Moa aufgeregt. „Vielleicht gibt es einen Grund dafür, dass wir nicht ..."
Oberhalb einer Metalltreppe mit unendlich hohen Stufen wurde eine Tür geöffnet.
„Pollily!", rief eine Jungenstimme. „Bist du wieder ausgebüxt? Jetzt geht es ab in den Käfig, du alte Eule!"
Und in der Tür erschien eine Gestalt, so riesig, dass Nis einen Augenblick lang glaubte, sein Herz würde vor Schrecken stehen bleiben.
„Rein!", flüsterte Moa und hatte sich schon durch die Öffnung hoch in das Holzhaus gezogen. Sofort verschwand sie im Heu.
„Der darf uns nicht finden! Du auch, komm!"
Nis nahm all seine Kraft zusammen. Im Heu roch es muffig. Nie im Leben konnte dies hier die Wirklichkeit sein.

16

Johannes hatte Pollily nach draußen gesetzt, sobald Britta gegangen war. Die Sonne schien noch in den Hof, und er fand, dass auch Meerschweine ein Recht darauf hatten, sich im Frühling auszutoben. Und außerdem hatte er ein schlechtes Gewissen. Er hätte den Käfig schon längst wieder einmal ausmisten müssen.
Aber jetzt war die Sonne zwischen den Häusern verschwunden, und wenn es erst einmal dunkel war, würde es schwierig werden, Pollily einzufangen. Und es würde unheimlich sein, ganz allein draußen im Hof. Johannes dachte an Kevin.
„Pollily!", rief er, als er die Tür zum Hof geöffnet hatte. Von seinem Schwein war nichts zu sehen. „Bist du wieder ausgebüxt? Jetzt geht es ab in den Käfig, du alte Eule!"
Er lief die Treppe nach unten, dass die Metallstufen dröhnten. „Pollily?", rief Johannes. „Guck mal, was ich hab!", und er hockte sich auf den Boden und streckte seine Hand aus, in der er einen Apfelschnitz hielt. „Guck mal, leckerer Apfel!"
Im Hof rührte sich nichts. „Mist!", murmelte Johannes. Er stand auf und ging vorsichtig zur Kellertreppe. Jedes Mal, wenn er Pollily frei laufen ließ, hatte er Angst, dass sie die Treppe hinunterfallen könnte. Aber weder auf den Stufen noch auf dem rissigen Betonboden vor der verschlossenen Kellertür war eine Spur von ihr zu entdecken.
„Wenigstens das!", sagte Johannes. „Pollily, komm! Sonst ess ich den Apfel selber!"

Aber er wusste schon, dass er sie damit nicht schrecken konnte. Schließlich verstand Pollily kein Wort.

Johannes seufzte. Er ging gebückt über den Hof und sah suchend auf den Boden. Gleich würde er eine Taschenlampe brauchen, hinter den Fenstern wurden schon die ersten Lichter angeschaltet, und ihr Schein fiel warm und freundlich nach draußen in die Dämmerung. „Pollily!", rief Johannes mit gedämpfter Stimme. Vor Brittas Rosensträuchern blieb er wie angewurzelt stehen.

„Nein!", murmelte er.

Das Loch im Boden war größer als jemals zuvor, und darunter war deutlich ein Gang zu erkennen, der in die Tiefe führte. Erde lag unregelmäßig aufgehäuft unter den Zweigen. „Du blödes Tier!" Vielleicht konnte er morgen in der Zoohandlung fragen, aber eigentlich war er sich immer noch sicher. Meerschweinchen gruben keine Gänge. Schon gar nicht so große, breite, tiefe. Meerschweinchen gruben keine Gänge, alle Meerschweinchen nicht. Außer Pollily.

„So ein verdammter Mist!", sagte Johannes und schob die lockere Erde mit dem Fuß zurück in das Loch. Dann hielt er inne. Was, wenn Pollily immer noch unten war?

In diesem Moment hörte er sie fiepen. „Poll!", flüsterte Johannes erleichtert. „Da bist du ja!" Pollily saß auf dem Rasen, nur wenige Schritte von ihm entfernt, und sah aus, als wartete sie darauf, dass Johannes sie aufhob und in ihren Käfig setzte. Das tat sie sonst nie.

„Ja, jetzt hast du Angst!", sagte Johannes böse und packte sie mit beiden Händen. „Warum machst du auch solche Sachen, blödes Tier! Du bist doch kein Kaninchen!"

Pollilys Fiepen wurde lauter und aufgeregter, als sie vor dem Kä-

fig standen, und sie schmiss sich fast von Johannes' Arm.
„Jaja, jetzt willst du nur noch nach Hause!", sagte er. „Aber erst alles auf den Kopf stellen. Was glaubst du denn, was Britta mit dir macht, wenn sie rauskriegt, dass du wirklich die Buddlerin bist?" Und er setzte Pollily ins Heu. Sofort schob sie sich mit Schnauze und Vorderpfoten darunter wie in eine warme, sichere Höhle.
„Hörst du überhaupt zu?", fragte Johannes und ging in die Knie.
Jemand schrie auf, laut und schrill.
Johannes schlug die Käfigtür zu und schob den Riegel vor. Seine Finger zitterten. So hatte er Pollily noch niemals schreien hören.
Er versuchte zu erkennen, was im Inneren des Käfigs passierte, aber das Licht im Hof war schon längst zu schwach. Das Heu bewegte sich. „Pollily?", flüsterte Johannes.
Er wusste, dass er die Käfigtür wieder öffnen und nachsehen musste. Das war nicht Pollilys Schrei gewesen, eben, oder wenn doch, dann war sie in Todesangst. Und er hatte sie eingesperrt, gemeinsam mit einem Feind.
Also war sie es doch nicht, die das Loch gebuddelt hat!, dachte Johannes. Aber wer gräbt denn noch? Ein Maulwurf kommt nicht in Frage, und vor einem Kaninchen hätte sie keine Angst. Füchse graben sich natürlich ihren Bau, auch Dachse. Aber woher sollten die kommen, bei uns hier unten am Hafen?
Und trotzdem konnte es nur so sein. Im Hof lebte ein Fuchs, es konnte doch sein, dass irgendwer, der einen Kellerschlüssel besaß, das Tier ausgesetzt hatte. Herr Pokaschinski, dem war doch alles zuzutrauen. Vielleicht sogar mit Absicht, damit der Fuchs Pollily fraß. Damit Johannes und Britta keine Freude mehr an ihrem Hof hatten.
Johannes holte tief Luft. Wenn dort in Pollilys Käfig ein Fuchs saß,

dann saß Pollily dort nicht mehr, jedenfalls nicht lebendig. Dann war es jetzt für jede Hilfe zu spät. Und trotzdem musste er nachsehen. Er würde sich sonst nie verzeihen. In seinem Kopf sah er ein kleines blutiges Fellbündel im Stroh liegen.

„Pollily?", flüsterte Johannes und öffnete die Käfigtür vorsichtig einen Spalt. Füchse konnten auch Menschen beißen, in Panik taten sie das bestimmt. Und Füchse konnten tollwütig sein. „Pollily, lebst du noch?"

Das Heu begann zu schwanken, dann hörte er ihr Fiepen. „Pollily, komm raus!", rief Johannes. Vor Erleichterung hätte er sie am liebsten umarmt, wenn das bei einem Meerschweinchen möglich gewesen wäre. „Da bist du ja!"

Er griff in den Heuberg. Dieses Mal überraschte ihn der Schrei nicht mehr so sehr. Und was er zwischen seinen Fingern hielt, war kein Fell.

Sondern Stoff.

Johannes dachte nicht nach. Er zerrte an dem Stoff, während Pollily neben seiner Hand in der offenen Käfigtür saß und fiepte, und er spürte den Widerstand.

„Moa!", schrie eine Jungenstimme in Panik, und es konnte keinen Zweifel geben, dass sie aus dem Käfig kam. „Moa, hilf mir doch!" Dann biss jemand kräftig in Johannes' Zeigefinger.

Johannes saß auf dem kalten Boden vor dem Käfig mit Pollily auf dem Schoß und atmete schwer. An seinem Zeigefinger waren die Abdrücke winziger Zähne zu erkennen, und an einer Stelle zeigte sich Blut. Aber Johannes spürte keinen Schmerz. Stattdessen raste sein Herz.

Ich werde wahnsinnig, dachte er. Na, da wird der Kraidling sich freuen, Pokaschinski auch. Der Stress war zu viel für mich. Gestern an einem Tag Kraidling und Kevin, heute Pokaschinski im Hof und Pollily verschwunden. Aber ich hätte nie geglaubt, dass meine Nerven so schwach sind. Wie peinlich.
Er hatte die Käfigtür mit fliegenden Fingern verriegelt, sobald er Pollily nach draußen gehoben hatte. Ich habe also Stimmen gehört, dachte er. So fängt es an. Die arme Britta.
Pollily fiepte und versuchte, sich in seiner Armbeuge zu verstecken.
Aber sie hat es auch gehört, was immer es war. Oder gesehen. Sonst hätte sie nicht so geschrien.
Er streichelte Pollily mechanisch. Und wenn sie es nicht war, die geschrien hat, war es jemand anders. Dann muss noch jemand anders im Käfig sein. Vielleicht werde ich doch nicht verrückt.
Johannes hielt sein Gesicht dicht vor das Gitternetz. „Hallo?", flüsterte er.
Im Käfig blieb es still.
„Hallo, ist da jemand?"
Unter dem Heu regte sich etwas, dann schob sich ein kleiner Arm heraus.
„Augenblick noch!", sagte eine Mädchenstimme. Ein Kopf tauchte auf, in dessen verstrubbeltem Haar noch Heuhalme steckten. Dann richtete die kleine Gestalt sich auf: ein Mädchen, zu groß, um im Käfig aufrecht zu stehen, aber doch kaum größer als eine Katze.
„Pass bloß auf, du! Sonst beiß ich noch mal!"
Johannes zuckte zurück.
„Ich sag dir das!", sagte das Mädchen energisch und rüttelte am

Gitter. „Wir wissen, dass du Antak und Vedur eingesperrt hast, tu bloß nicht so unschuldig! Aber wir lassen uns das nicht gefallen, oder, Nis? Wir kennen Tricks!"
Im Heu neben ihr raschelte es, dann tauchte ein Junge auf, einen Kopf größer als sie und ganz offensichtlich auch ängstlicher.
„Genau!", sagte er, und seine Stimme zitterte. „Pass bloß mal auf, du!"
Die haben auch Angst, dachte Johannes verblüfft. Wenn es sie gibt.
„Ich kenn die nicht mal!", sagte er zu seiner eigenen Überraschung. „Die beiden da mit den komischen Namen. Ich hab nichts damit zu tun!"
„Dann lass uns raus!", sagte das Mädchen streng. „Sofort. Ich sag dir das, ich kenn sonst Tricks." Sie boxte den Jungen, der neben ihr kniete, in die Seite.
„Genau!", sagte der wieder und räusperte sich. Auf Johannes' Schoß fiepte Pollily.
„Gleich!", sagte Johannes. „Sekunde!", dann rannte er die Küchentreppe hoch.

Es gab nur zwei Möglichkeiten.
Johannes saß am Küchentisch und starrte zur Tür. Pollily hatte sich hinter dem Vorhang unter der Spüle verkrochen.
„Entweder", murmelte Johannes. Er konnte die beiden über Nacht im Käfig sitzen lassen. Einfach so tun, als wäre nichts passiert. Nur dass er Pollily in die Wohnung geholt hatte, natürlich. Das würde er Britta morgen früh erklären müssen.
Aber dann würde er auch nichts erfahren. Nicht, ob er wirklich verrückt geworden war und sich alles nur eingebildet hatte; und auch

nicht – wenn die beiden vielleicht doch tatsächlich existierten da draußen in Pollilys Käfig –, was sie von ihm wollten. Einmal ganz abgesehen davon, dass es wahrscheinlich ziemlich kalt sein würde für sie, nachts draußen im Käfig, und wenn sie sich erkälteten, war er schuld.

„Oder ich lass sie raus", murmelte Johannes. „Was schlägst *du* vor, Pollily?"

Pollily rührte sich nicht, aber das hatte er auch nicht ernsthaft erwartet. Solange Pollily sich verhielt wie ein normales Meerschwein, hatte er noch Hoffnung, dass vielleicht doch alles mit ihm in Ordnung war.

„Ich lass sie raus!", sagte Johannes. „Dann werden wir ja sehen."

Einen Augenblick lang dachte er daran, was das Mädchen von Tricks gesagt hatte.

Wenn es die beiden tatsächlich gab, war das verrückter als alles, was Johannes bisher erlebt hatte. Es hätte ihn dann auch nicht gewundert, wenn sie plötzlich mit einem Zauberstab durch die Luft gewirbelt hätten. Andererseits hätten sie dann doch sicher nicht darum betteln müssen, dass er sie aus dem Käfig ließ.

Johannes griff sich die Taschenlampe von der Fensterbank und ging zurück in den Hof. „Seid ihr noch da?", rief er leise.

Die beiden saßen auf dem Boden des Käfigs im Heu und starrten ihm entgegen.

„Hüte dich!", schrie das Mädchen. Der Junge hielt sich den Arm vors Gesicht.

„Ich könnte euch vielleicht rauslassen", sagte Johannes.

Das Mädchen starrte ihn an. „Mach!", sagte sie. „Los!"

„Unter einer Bedingung", sagte Johannes.

Der Junge nahm vorsichtig den Arm vom Gesicht und starrte die Taschenlampe an, deren Strahl Johannes jetzt auf den Boden gerichtet hatte, um die beiden nicht zu blenden.

„Der braucht kein Seil?", fragte der Junge.

„Wer?", fragte Johannes verwirrt. Er hielt immer noch Abstand. Es schien, als gäbe es die beiden tatsächlich, inzwischen war er fast überzeugt. Aber wenn es sie gab, konnten sie auch gefährlich sein.

„Der Tagmacher da!", sagte der Junge, und seine Stimme klang jetzt nicht mehr ängstlich, eher aufgeregt. „Keine Strömekraft?"

Das Mädchen unterbrach ihn. „Welche?", fragte sie. „Welche Bedingung?"

„Dass ihr mich nicht wieder beißt", sagte Johannes. „Und dass ihr nicht abhaut. Ihr gebt mir euer Ehrenwort, dass ihr nicht abhaut und mich nicht beißt. Und keine Tricks macht. Dann lass ich euch raus."

Das Mädchen hatte seine Finger durch die Maschen des Gitters gesteckt. „Das sind *drei* Bedingungen", sagte sie.

„Moa!", sagte der Junge und gab ihr einen Knuff. „Sie muss immer Recht behalten", sagte er entschuldigend zu Johannes. „Sie ist ein bisschen rechthaberisch, das kommt, weil sie fast eine L-Fee ist, verstehst du." Johannes dachte an Line. „Aber wir versprechen es."

„Du auch?", fragte Johannes.

Das Mädchen nickte maulig. „Es *sind* aber drei Bedingungen", sagte sie.

Johannes schob den Riegel zur Seite, dann trat er selber einen Schritt zurück. „Offen!", sagte er.

Der Junge ließ sich zuerst hinab. Einen Augenblick saß er auf der Kante und versuchte, mit den Augen das Dunkel des Hofes zu durchdringen, dann stieß er sich ab und sprang auf den Rasen.

Johannes hielt die Taschenlampe auf den Boden genau vor dem Käfig gerichtet. Das Mädchen sprang in die Mitte des Lichtkreises. „So!", sagte sie und verschränkte ihre Arme vor der Brust. „Gib sie raus."
Erst jetzt, wo die beiden neben ihm standen, sah Johannes, wie klein sie tatsächlich waren. Wahrscheinlich hätte keiner von ihnen über die Sitzfläche eines Stuhles sehen können, aber sie wirkten nicht, als wären sie aus irgendeinem Grund zu klein geraten, als hätten Teile von ihnen zu früh aufgehört zu wachsen: Alles hatte die richtigen Proportionen, weder war der Kopf zu groß im Vergleich zum Rest noch die Füße oder Hände. Sie sahen einfach aus, als hätte sie irgendwer klein gezoomt.
„Kommt mit rein", sagte Johannes. Er hatte immer noch ein bisschen Angst, dass einer von ihnen plötzlich wieder zubeißen könnte. Wahrscheinlich das Mädchen. Der Junge war ja eigentlich ganz freundlich. „Hier im Hof kann uns jeder sehen."
Vor der Treppe hielt Johannes an. „Soll ich euch hochtragen?", fragte er verlegen. Nie im Leben konnten die beiden mit ihren kurzen Beinen die Stufen hochgehen wie er.
„Rühr mich nicht an!", schrie das Mädchen und sprang zur Seite. „Geh du zuerst!"
Johannes zuckte die Achseln. „Okay", sagte er.
Hinter sich hörte er die beiden auf Händen und Knien die Stufen hochklettern, wie es Kleinkinder tun. Johannes dachte an das harte Metall und die scharfen Kanten. Aber er drehte sich nicht um. Noch einmal würde er ihnen keine Hilfe anbieten.
„Kommt rein!", sagte er und drückte die angelehnte Tür auf. Von der Decke hing Brittas große runde Papierlampe und tauchte die

Küche in ein freundliches, weiches Licht. Nach der Dunkelheit im Hof sah sie heimelig und einladend aus.
Trotzdem schreckten die beiden Kleinen zurück.
„Es ist eine Falle!", zischte das Mädchen. „Ich hab es dir gleich gesagt!"
Der Junge sah unsicher aus. „Aber wie sollen wir sonst ...", murmelte er.
Johannes ließ sich auf die Knie sinken. Auch so war er noch immer doppelt so groß wie seine Besucher.
„Ich schwöre!", sagte er und hielt drei Finger in die Luft. „Ich schwöre, dass es keine Falle ist. Und dass ich euch – Ehrenwort – laufen lasse, wenn ihr das möchtet. Sonst wird es sowieso schwierig mit meiner Mutter, also."
Der Junge sah immer noch unsicher aus. Er tat keinen Schritt in die Küche hinein, aber offenbar war er eher bereit als das Mädchen, sich wenigstens auf ein Gespräch mit Johannes einzulassen.
„Du hast gesagt, du hältst sie nicht gefangen!", sagte er vorwurfsvoll. „Aber nun wissen wir, dass du lügst. Woher hast du sonst Vedurs Tagmacher?"
„Du lügst, genau, jetzt ist es erwiesen!", sagte das Mädchen und drängte sich neben den Jungen. Fast wäre sie aus Versehen in die Küche gestolpert.
„Wen halte ich gefangen?", fragte Johannes verwirrt. „Die beiden mit den komischen Namen?"
„Und beleidigen lassen wir uns auch nicht!", sagte das Mädchen.
Johannes rutschte vorsichtshalber ein Stück zurück. Wenn sie so wütend war, konnte man nicht ausschließen, dass sie gleich wieder zubiss.

„Wenn ich es doch sage!", rief er. „Ich weiß ja noch nicht mal, von wem ihr redet!"

Aber jetzt wurde auch der Junge ärgerlich. „Du hast Vedur entführt!", rief er. „Ob du Antak auch gefangen hältst, gut, das weiß ich nicht! Aber Vedur hast du entführt! Woher hast du sonst die Tagmacher?"

„Genau!", schrie das Mädchen. „Du hast ihn gefangen, und dann musste er Tagmacher für dich bauen! Es hat sich nichts geändert, ihr seid noch immer, wie ihr wart! Ihr nehmt uns gefangen und nutzt unsere Kräfte!"

„Was?", fragte Johannes verstört. Gerade hatte er angefangen zu glauben, dass es seine Besucher tatsächlich gab, da fingen sie an, so unsinnig zu reden, dass es doch nur ein Traum sein konnte.

Er sprang auf und schaltete den winzigen Küchenfernseher auf der Fensterbank ein. Genau acht Uhr. Wenn jetzt die Tagesschau kam mit dem richtigen Datum und Nachrichten wie an jedem Abend, dann war es ziemlich sicher, dass er nicht träumte, sondern wach war. Aber ob er sich Gestalten einbildete, die es nicht gab, war damit natürlich trotzdem nicht erwiesen.

„Hier ist das Erste Deutsche Fernsehen", sagte eine vertraute Männerstimme. „Guten Abend, meine Damen und Herren …" Johannes hatte genau den richtigen Moment abgepasst.

Hinter sich hörte er die beiden Kleinen in der Dunkelheit die Treppe nach unten poltern, als wäre der Teufel hinter ihnen her.

„Hallo?", rief Johannes. „Warum haut ihr denn jetzt ab? Das waren doch nur die Nachrichten!"

Aber im Hof blieb alles still.

Johannes schloss die Tür und setzte sich vor den Fernseher, ohne

zu begreifen, was er sah. Bis zur Wetterkarte hatte sein Puls sich wieder normalisiert. Trotzdem wusste er nicht, was er jetzt tun sollte.

Im Hof drängten sich Nis und Moa in ihrem Schrecken gemeinsam in den Zwischenraum unter dem Käfig.

„Lass uns zurückkriechen!", flüsterte Nis. „Durch den Gang, Moa! Wir wissen doch jetzt, wer sie gefangen hält, wir haben den Beweis! Wir gehen zum König und erzählen ihm alles. Dann schickt er Männer hierher ..."

„Ach ja?", sagte Moa schnippisch. „Tut er das? Und was willst du ihm erzählen?"

„Dass wir den Zugang zur Menschenwelt gefunden haben!", sagte Nis aufgeregt. „Dass es sie wirklich gibt, *Menschen*, nicht nur in Märchen und Sagen! Das glaubt der uns nie!"

„Nein?", sagte Moa und kräuselte spöttisch ihre Lippen.

„Nein!", sagte Nis schrill. „Das glaubt ja niemand im Land! Aber wenn wir erzählen ..."

Moa ließ ihn nicht ausreden. „Und du glaubst, du erzählst dem König damit eine Neuigkeit?", fragte sie. „Du hast heute deine Fibel gekriegt, Nis, aber du denkst immer noch wie ein kleines Kind!"

Nis starrte sie verständnislos an.

„Was glaubst du, wohin er Vedur geschickt hat?", fragte sie. „Unser König? Und wo hat er Antak vermutet?"

„Oben", murmelte Nis.

„Antak, der Hüter der Geschichte!", sagte Moa. „Antak hat natürlich davon gewusst! Und auch der König, Nis, sei doch nicht blind! Und Vedur sowieso. Aber aus irgendeinem Grund wollten sie nicht,

dass die Leute im Land auch davon erfahren. Aus irgendeinem Grund ist es ihnen ganz recht, wenn jeder glaubt, Menschen wären Fabelwesen wie Riesen und Zauberer, Erfindungen aus der Ganz Alten Zeit. Ich glaube nicht, dass der König Männer losschickt, um Antak und Vedur zu befreien, Nis, wenn wir ihm erzählen, was wir erlebt haben."

„Weil dann das Geheimnis kein Geheimnis mehr wäre?", flüsterte Nis.

„Dann hätte er schon Männer schicken können, als erst Antak verschwunden war", sagte Moa. „Stattdessen ist nur Vedur gegangen. Und darüber, wohin, hat der König die Leute im Land belogen." Sie seufzte. „Auch Vedur würde er verloren geben, Nis", sagte sie leise. „Und uns. Er muss fürchten, dass den Medlevingern sonst von den Menschen eine noch viel größere Gefahr droht."

Nis nickte zögernd. „Ich glaube, du hast Recht, Moa-Belle", sagte er. Irgendwo ganz weit hinten in seinem Kopf regte sich etwas, eine Erinnerung, die an die Oberfläche wollte. „Dieses Mal hast du wirklich Recht."

„*Immer!*", sagte Moa energisch.

„Aber dann", flüsterte Nis.

„Genau!", sagte Moa. „Wir oder keiner."

„Wir oder keiner!", flüsterte Nis und sackte in sich zusammen.

„Jedenfalls haben wir sie schon gleich gefunden!", sagte Moa aufmunternd. „Hättest du das geglaubt? Kaum sind wir in der Menschenwelt angekommen, da stoßen wir sofort auf den Entführer."

„Ja, das ist ein Glück", sagte Nis nachdenklich.

„Und er braucht gar nicht weiter zu versuchen, uns zu belügen!", sagte Moa. „Ich hab den Tagmacher an der Decke genau gesehen!

Und sogar noch einen Sehkasten! Das war doch ein Sehkasten, oder, Nis? Von dem du erzählt hast?"

Nis nickte. „Sie haben dadrin viel deutlicher gesprochen als in dem zu Hause im Land", sagte er. „Die Bilder waren auch schärfer. Vedur muss noch etwas daran getan haben. Bei uns hat es immer nur gerauscht."

Moa rüttelte ihn an der Schulter. „Aber weißt du was, Nis?", sagte sie. „Jetzt wissen wir wenigstens, dass du wirklich stolz auf deinen Vater sein kannst. So ein genialer Erfinder! Kein Wunder, dass diese Fabelwesen ihn nicht wieder freilassen wollen."

„Und was machen wir jetzt?", fragte Nis.

„Das Einzige, was wir tun können", sagte Moa. „Oder? Komm mit, Nis. So furchtbar gefährlich hat er eigentlich nicht ausgesehen. Eher wie ein ganz normaler Junge, nur ekelhaft groß."

„Seine Fibel hatte er auch noch nicht", sagte Nis, um sich selber aufzumuntern.

Moa nickte. „Ein Baby", sagte sie. „Aber immer schön Abstand halten."

17

Von außen klopfte jemand an der Hoftür. Also kamen sie zurück. Johannes stand langsam auf. Und der Schatten, gestern Abend, das waren sie auch gewesen.
Als Johannes öffnete, stand das Mädchen vor ihm.
„Wir hatten keine Angst!", sagte sie und reckte den Kopf vor. „Glaub das bloß nicht!"
Johannes schüttelte den Kopf. „Nee", sagte er verwirrt.
„Wir kommen jetzt rein!", sagte das Mädchen energisch. „Hüte dich, du! Wir kennen Tricks, oder, Nisse? Geh du da mal weg."
„Ich?", fragte Johannes, aber er war schon ein paar Schritte zurückgestolpert und hatte sich wieder auf einen Küchenstuhl fallen lassen.
„So!", sagte das Mädchen drohend. „Komm rein, Nisse. Nis hat schon seine Fibel! Dass du das weißt!"
„Ja?", flüsterte Johannes. Er dachte an sein allererstes Lesebuch und wusste nicht, was so bemerkenswert daran sein sollte. Aber er wagte nicht nachzufragen.
„Kannst du selber sehen!", sagte das Mädchen. „Also nimm dich in Acht! Einer, der noch nicht mal seinen Großen Tag hatte ..."
Der Junge war inzwischen mit vorsichtigen kleinen Schritten in die Küche gekommen und hatte sich vor dem Fernseher aufgebaut.
„Gib es zu!", sagte er kämpferisch. „Du hältst Vedur versteckt!"
Johannes schüttelte den Kopf. „Ich versteh überhaupt nicht, wovon ihr redet!", sagte er.

„Und die Tagmacher?", schrie das Mädchen. „Und der Sehkasten?"
„Ich weiß ja nicht mal", sagte Johannes, „was ihr meint!" Er starrte das Mädchen an. „Der Fernseher?", fragte er. „Was hat der mit eurem …"
„Vedur!", sagte das Mädchen streng.
Johannes nickte. „… zu tun?", fragte er.
Der Junge und das Mädchen wechselten einen Blick.
„Er stellt sich dumm!", sagte das Mädchen und ging einen Schritt auf ihn zu. „Ich beiß dich!"
„Nein!", sagte Johannes und zog die Füße auf den Sitz. Manche Schlangenbisse waren giftig, auch der Biss des Skorpions. Er versuchte, unauffällig festzustellen, ob die Bissstelle an seinem Finger angeschwollen war oder sich vielleicht blau verfärbt hatte. „Ich schwöre, dass ich nicht weiß, wovon ihr redet!"
Der Junge sah nachdenklich aus. „Und wenn er die Wahrheit sagt, Moa?", fragte er. „Es könnte doch sein, dass er …"
„Ich schwöre, ich *sage* die Wahrheit!", rief Johannes. „Ich habe wirklich keine Ahnung, von wem ihr redet – Moa? Und Nis?"
Moa kniff die Augen zusammen, aber Nis sah aus, als ob er ihm allmählich glaubte.
„Ich heiße Johannes!", sagte Johannes und streckte seine Hand aus. „Hallo! Und ich bin voll durch den Wind, echt jetzt. Wegen euch. Weil es euch gibt, solche komischen Kleinen wie euch." Und er zuckte verwirrt die Achseln.
„Na, das ist ja ganz wunderbar!", sagte Moa. „Weil es *uns* gibt? Weil es *euch* gibt, das kommt wohl eher hin."
„Wie?", fragte Johannes.
Nis stellte sich dicht vor seinen Stuhl und reckte das Kinn vor.

„Menschen gibt es nicht", sagte er. „Das weiß im Land jedes Kind. Menschen sind Wesen aus Fabeln und Märchen, das muss man ja nicht mal in der Schule lernen."
Johannes stellte seine Füße vorsichtig wieder auf den Boden.
„Ich fall tot um", sagte er.
„Wisst ihr das nicht?", fragte Moa. „Was wisst ihr denn überhaupt? Wenn ihr sogar unsere Leute rauben müsst, damit sie euch Tagmacher bauen?"
„Was?", fragte Johannes. „Will einer von euch Cola?", und er schwenkte die Flasche.
Er hatte beschlossen, die beiden jetzt einfach wie ganz normale Gäste zu behandeln, aber Moa und Nis waren schon unter dem Küchentisch verschwunden.
„Nicht schlagen!", schrie Nis.
„Das ist doch nur Cola!", sagte Johannes verzweifelt. „Ich wollte wissen, ob ihr was trinken wollt."
Moa schob ihren Kopf unter der Tischplatte hervor. „Keine Keule?", fragte sie vorsichtig.
Johannes schüttelte den Kopf und goss drei Gläser voll. „Da, bitte", sagte er und stellte sie auf den Tisch. „Könnt ihr selber sehen."
Zögernd kam Moa heraus. Sie versuchte, ein Glas zu greifen, aber ihr Arm war viel, viel zu kurz.
„Oh, tut mir Leid!", sagte Joahnnes und stellte zwei der Gläser auf den Boden. „Könnt ihr mir nicht erst mal alles erzählen? Wer genau ihr seid? Warum ihr hier seid? Woher ihr kommt?"
Nis hatte sich auf den Flickenteppich gesetzt und mit beiden Händen ein Glas gegriffen. „Nicht trinken!", schrie Moa. Sie zeigte auf Johannes. „Der zuerst."

Johannes seufzte und nahm einen großen Schluck. „Ist wirklich nur Cola!", sagte er.
Moa hockte sich neben Nis und nippte. Sie guckte erstaunt. „Das hat wahrscheinlich auch einer von uns erfunden!", sagte sie. Dann leerte sie ihr Glas in einem Zug.
Nis trank vorsichtig. „Ist es berauschend?", fragte er.
Johannes starrte ihn an. „Erzählt doch mal!", sagte er ungeduldig.

„Und früher habt ihr also auch hier gelebt?", fragte Johannes. „Mit uns Menschen zusammen? Wann denn?"
„In den Ganz Alten Zeiten", sagte Nis. „Bevor wir Medlevinger dann ins Land gezogen sind. Das haben wir doch schon erzählt. Aber es sind nur Märchen, verstehst du. Weil es Menschen ja nicht wirklich gibt." Er unterbrach sich. „Jedenfalls dachten wir das."
Johannes nickte zufrieden. „Aber jetzt, wo es uns gibt, sieht die Sache anders aus, was?", sagte er. „Wenn ich kein Märchen bin, dann sind die Geschichten von den Ganz Alten Zeiten und allem vielleicht auch keine Märchen."
„Nee", sagte Nis.
„So ist das nämlich", sagte Johannes. „Ganz schön spannend."
Nis nickte verwirrt. „Moa?", sagte er. „Was glaubst du?"
„Glauben ist nicht wissen", sagte Moa unfreundlich. „Darum glaub ich erst mal gar nichts."
„Na, euch gibt es jedenfalls auch nicht", sagte Johannes. „Außer, ihr seid Heinzelmännchen. Davon hab ich noch ein Bilderbuch."
„Nee, so was sind wir bestimmt nicht!", sagte Nis. „Damals hatten wir auch noch geheime Kräfte, weißt du. Kann ich noch eine Cola? In den Sagen und Märchen. Wir hatten unseren Großen Tag, da ha-

ben wir unser Wort gekriegt und unsere Fibel, und dann, schwups!, hatten wir unsere geheime Kraft."
„Nur weil ihr lesen gelernt habt?", fragte Johannes verblüfft. Er war erstaunt, wie wichtig diese Kleinen etwas so Alltägliches nahmen.
„Was?", fragte Nis. Sein Glas war schon wieder leer.
Johannes winkte ab. „Egal", sagte er. „Und jetzt habt ihr die nicht mehr? Eure Kräfte?"
„Nur noch die L-Feen", sagte Nis. „L-Feen sind Helferwesen, weißt du. Sie lassen ..."
„Elfen!", sagte Johannes. „Ja, logisch!"
„L-Feen!", sagte Moa streng. „L-Feen! Sie lassen das Getreide wachsen. Und reden mit den Tieren."
„Geil!", sagte Johannes. „ Ich hab immer gedacht, so was ist Quatsch." Er starrte Moa an. „Und du bist eine?"
Moa schüttelte den Kopf. „Noch nicht", sagte sie. „Ich hab noch keine Fibel."
„Ach so", sagte Johannes. Dann zeigte er auf Nis. „Aber du hast deine doch!", sagte er. „Habt ihr vorhin erzählt. Dann müsstest du doch jetzt Kräfte haben. Wo du hier bist. Wenn ihr die Kräfte früher alle hattet, als ihr in der Menschenwelt gelebt habt."
Nis runzelte die Stirn. „Vielleicht!", murmelte er. „Das stimmt eigentlich, Moa! Hast du da mal drüber nachgedacht?"
Moa zuckte die Achseln. „Du hast dein Wort doch sowieso nicht", sagte sie. „Also ist es egal, ob er Recht hat. Ohne Wort keine Kraft. Allein nützt die Fibel dir gar nichts."
„Aber früher?", fragte Johannes. „Was waren das denn für Kräfte, die jeder von euch hatte?"
Nis sah Moa an, aber die schüttelte den Kopf. „Keine Ahnung!",

sagte sie. „Wir haben doch geglaubt, es sind nur Märchen, verstehst du. Weisheit. Schnelligkeit. Klugheit."
„Stärke", sagte Nis. „Oder, Moa? Solche Sachen. Aber auch besondere, glaube ich. Mehr so wie L-Feen-Kräfte."
„Mit den Tieren reden?", fragte Johannes gespannt.
Nis schüttelte den Kopf. „Es sind keine spannenden Sagen!", sagte er ungeduldig. „Die von den Ganz Alten Zeiten! Niemand wollte sie mehr hören! Keine Ahnung, was für Kräfte."
„Wenn du dein Wort hättest, könnten wir es vielleicht ausprobieren", sagte Moa. „Aber so – nee."
„Nee, stimmt", sagte Nis und griff an seinen Gürtel. „Und alles nur, weil Vedur …"
„Genau!", sagte Johannes aufgeregt. „Darum ging es ja eigentlich, oder? Vedur und …"
„Antak", sagte Nis. „Der Hüter der Geschichte. Er ist verschwunden. Und dann ist mein Vater aufgebrochen, um ihn zu suchen."
„Und ihr habt ihn festgehalten!", rief Moa. Sie sah so aus, als wäre es ihr gerade wieder eingefallen. „Und eingesperrt!"
„Ich hab niemanden eingesperrt", sagte Johannes und hob die rechte Hand. „Ich schwöre beim Herzen meiner Mutter."
„Moa?", sagte Nis.
„Wann ist er denn verschwunden?", fragte Johannes. „Der Erfinder?"
„Gestern", sagte Nis. „Am Montag. Er hat mit dem König gesprochen und dann …"
„Das ist doch noch nicht lange!", sagte Johannes aufgeregt. „Erst seit gestern, Mann! Da kann der doch überall sein!"
„Aber er ist nicht zu meinem Großen Tag gekommen", rief Nis.

„Und das ist noch niemals passiert. Jeder Vater im Land ist dann da. Weil er seinem Sohn doch das Wort geben muss! Es ist der größte Tag im Leben."

Johannes dachte nach. „Er könnte auch einen Unfall gehabt haben", sagte er. „Dann hätte er auch nicht kommen können. Woher wollt ihr wissen, dass ihn jemand gefangen hält?"

Moa zeigte auf den Fernseher, in dem ohne Ton afrikanische Springböcke von Löwen gehetzt wurden. Dann zeigte sie an die Decke. „Und woher habt ihr das?", fragte sie. „Das ist doch der Beweis! Vedur muss hier gewesen sein! Er hat sie für euch sogar extragroß gemacht."

„Aus dem Elektrogeschäft", sagte Johannes. „Hör mal, Moa, und außerdem haben wir das schon immer! Jedenfalls, seit ich auf der Welt bin. Und ich bin nicht erst gestern geboren. Und das beweist es."

Nis sah Moa an.

„Woher wissen wir, dass er nicht lügt?", fragte sie.

Johannes lief zur Hoftür. „Guckt euch doch um!", rief er. „Überall Licht! Ich glaub euch ja gerne, dass euer Vedur ein ganz toller Erfinder ist, aber glaubt ihr, das hätte er alles an einem Tag geschafft? Und Fernseher stehen da auch überall!"

Nis und Moa stellten sich neben ihn.

„Moa?", sagte Nis wieder.

Moa sah lange in den Hof. Die Häuser umschlossen ihn wie eine enge, viel zu hohe Burgmauer.

„Überall Tagmacher", sagte sie.

„Also wird er nicht festgehalten!", sagte Johannes zufrieden. „Ich kann für euch in den Krankenhäusern anrufen und fragen, ob er da

irgendwo ist." Plötzlich lachte er. „Ihr seid das also gewesen!", rief er. „Mit dem Buddelloch, schon ewig! Und Britta wollte Pollily schlachten!"
Pollily saß schnurrend neben Moa und schmiegte sich so eng an sie, als wollte sie sie nie mehr verlassen.
„Komm in den Käfig, Pollily!" Johannes nahm sie auf den Arm und lief die Treppe nach unten. Pollily quiekte.
Moa sah Nis nachdenklich an. „Schon ewig?", sagte sie. „Schon ewig ist das Loch da? Wir sind heute erst gekommen."
„Dann ist das der Beweis!", rief Nis. „Dass sie hier waren! Antak und Vedur sind auch durch den Gang unter den Rosen gekommen!"
Johannes kam zurück. „Was?", fragte er.
Aus allen Fenstern konnte man sie jetzt sehen: einen großen Schatten und zwei kleine, die sich scharf vor dem hellen Licht der Küche abzeichneten.

„Und Retjak", sagte Vedur in die Dunkelheit hinein. *„Und Artabak."*
„Und Ailiss", murmelte Antak. *„Ja, sie auch."*
„Alle heiligen Geister!", flüsterte Vedur.
„Es ist ihnen nichts geschehen", sagte Antak. *„Glaub mir, Vedur! Du weißt es doch selber!"*
„Bis du gemerkt hast, dass dein eigener Sohn…", sagte Vedur hart.
Antaks verzweifeltes Stöhnen hallte durch ihr dunkles Gefängnis.
Der Mensch, der sein Ohr gegen die Tür gepresst hatte, lächelte triumphierend.

18

Früh am Morgen sah Munna, dass Nis verschwunden war. Sein Schlaffell war leer und die Schuhe, die sonst auf dem Boden daneben standen, fehlten.
„Nis?", rief sie und riss die Tür auf. „Nisse?"
Über den Häusern der Dorfstraße ging die Sonne auf. In den Ställen erwachten die Tiere mit freundlichen Morgengeräuschen, und Munna hörte den Bäcker in seiner Backstube singen. Am Waldrand streifte ein Junge vorbei. Thoril, dachte Munna und wunderte sich nicht.
Nis entdeckte sie nirgends.
Wie jeden Morgen ging Munna zum Herd und stocherte in der Glut, die die Nacht überdauert hatte. An ihr entzündete sie ein neues Feuer, dann sah sie lange in die Flammen. Sie kannte ja ihren Sohn. Sie hatte geahnt, dass er gehen würde.

Johannes wachte auf, weil Britta gegen seine Zimmertür trommelte. „Johannes!", rief sie und ihre Stimme klang fast hysterisch. „Johannes, was ist? Warum hast du dich eingeschlossen?"
Johannes tauchte auf aus seinem Traum. Herr Kraidling hielt einen winzigen zappelnden Mann auf Armeslänge von sich weg und brüllte: „Im Elbtunnel wirst du mir Tagmacher bauen!"
„Nicht schlagen!", schrie der winzige Mann, und Johannes sah mit Erstaunen, dass er Kevins Gesicht hatte. „Ich bring dir auch das Lesen bei!"

„Bin ja schon wach!", rief Johannes. „Alles okay!" Aber bei dem Gedanken an Kraidling und Kevin zweifelte er daran, ob es das wirklich war.

„Gar nichts ist okay!", schrie Britta. „Wieso schließt du ab? Was ist, wenn du stürzt und bewusstlos bist? Oder wenn es mal anfängt zu brennen? Wie kann man dich dann da rausholen?"

„Brennt ja nicht!", murmelte Johannes und schwang die Beine aus dem Bett. „Ich schließ schon auf."

„Das hoff ich doch!", sagte Britta auf dem Flur, aber sie wartete nicht ab. Johannes hörte, wie in der Küche der Kühlschrank geöffnet und mit einem dumpfen Schlag wieder geschlossen wurde.

„Au!", schrie eine Stimme auf dem Boden. „Pass doch auf!"

Johannes zog seine Beine blitzschnell zurück unter die Decke. Erst mal richtig aufwachen, dachte er. Da kann man ja wirklich einen Sprung in der Schüssel kriegen, wenn einen die Mutter so brutal aus dem Traum reißt.

„Guten Morgen Moa!", sagte eine verschlafene Stimme. „Hast du gut geschlafen?"

„Das fragst du doch wohl nicht im Ernst, oder?", sagte die erste Stimme böse, und Johannes spürte, wie sich langsam eine Gänsehaut über seinen Nacken ausbreitete. „Auf so einem harten Boden? Und kein Fell und nichts? Auch wenn es sie geben sollte, sind die Menschen genau solche Barbaren, wie es immer heißt!"

Johannes kniff die Augen zu. Ich guck einfach nicht hin, dachte er. Vielleicht ist es gleich vorbei.

Aber er ahnte schon, dass es keinen Sinn hatte.

„He!", sagte die erste Stimme wieder, und plötzlich wusste Johannes, wem sie gehörte. Trotzdem blieb er stumm. „Bist du noch da,

du da oben? So schlecht hab ich schon lange nicht mehr geschlafen! Gibt es wenigstens was zu essen?"
„Pst!", sagte Johannes erschrocken. „Sie hört euch doch!"
Unter dem Bett wurde es still.
„Seid ihr noch da?", fragte Johannes leise.
„Sollten wir nun still sein oder nicht?", fragte Moa verärgert. „Was denn nun!"
„Ich hol euch was!", sagte Johannes. Als er die Beine aus dem Bett schwang, passte er diesmal auf, dass er nicht auf seine beiden Gäste trat. Am Abend vorher hatte er extra die Zimmertür abgeschlossen, damit Britta sie nicht entdeckte, wenn sie wie an jedem Abend noch einmal in sein Zimmer sah, bevor sie schlafen ging. Nis und Moa lagen auf einer Wolldecke neben seinem Bett und sahen unglücklich aus.
„Gleich!", rief Johannes und schloss die Tür auf.
In der Küche rührte Britta sich Jogurt in ihr Müsli. „Hast du mich verstanden?", fragte sie streng. „Das war das erste und letzte Mal, dass du nachts deine Tür abgeschlossen hast! Beim nächsten Mal verschwindet dein Schlüssel."
Johannes griff in die Brotdose. Drei trockene Brötchen. Er legte sie auf einen Teller, nahm ein Messer aus der Besteckschublade und stellte das Glas mit der Erdbeermarmelade daneben.
„Ich ess in meinem Zimmer!", sagte er.
Britta zuckte zusammen. „Was?", fragte sie. „Auch noch eingeschnappt? Hier geblieben, Johannes Ritter! Wenn du nicht mal das kleinste bisschen Kritik verträgst …"
Aber Johannes war schon in seinem Zimmer. Er drehte den Schlüssel und stellte den Teller auf den Boden neben dem Bett. Jetzt

würde Britta kommen und ihm einen Vortrag halten.
Auf dem Flur blieb alles still. Er hörte, wie Britta ihre Schüssel in die Spüle stellte. Also würde es den Ärger erst heute Nachmittag geben.
„Ist das alles?", fragte Moa und wanderte verärgert um den Teller herum. „Das soll alles sein?" Und sie kickte mit ihrer kleinen Fußspitze gegen ein Brötchen.
„Meine Mutter ist doch noch da!", sagte Johannes unglücklich. „Die merkt doch was, wenn ich euch Berge von Broten schmiere!"
„Das ist schon in Ordnung so!", sagte Nis und lächelte zu ihm hoch. „Jetzt sind schließlich andere Dinge wichtig, Moa."
Johannes schlüpfte in seine Jeans und sein Hemd. Ins Badezimmer konnte er im Augenblick unmöglich gehen.
„Kommt ihr alleine zurecht?", fragte er. „Ich muss in die Schule."
Er dachte an Kevin und es schüttelte ihn. Und an Herrn Kraidling.
„Seid ein bisschen vorsichtig, dass euch keiner entdeckt!"
„Darauf kannst du Gift nehmen", sagte Moa mit vollem Mund.

Es war still geworden in der Wohnung. „Brötchen!", sagte Nis und schob mit dem Zeigefinger einen letzten Krümel über den Teller. „Heißen die. Wenn sie nicht so trocken wären, könnten sie schmecken."
Moa kniff den Mundwinkel ein. „Bisher sind diese Menschen genau, wie ich sie mir vorgestellt habe", sagte sie.
„Außer, dass es sie gibt", sagte Nis. „Weißt du was, Moa? Ein Glück, dass sie unsere Sprache sprechen."
„Wieso Glück?", fragte Moa. „Völlig normal. Wenn wir doch früher zusammengelebt haben." Sie guckte nachdenklich. „Der König hat

das die ganze Zeit gewusst", sagte sie. „Und Antak natürlich, der Hüter der Geschichte. Und Vedur. Warum wollten sie nicht, dass irgendwer im Land es erfährt? Sogar die Märchen von den Ganz Alten Zeiten haben sie in Vergessenheit geraten lassen! Über Zauberer weiß ich viel mehr als über Menschen. Und als über uns selber, Nisse! Was wir in den Ganz Alten Zeiten konnten und alles. Geheime Kräfte."

„Stimmt", sagte Nis.

„Wir kriegen es raus!", sagte Moa. „Und dann aber hallo!"

„Aber erst mal müssen wir Antak und Vedur finden", sagte Nis. „Die müssen doch hier gewesen sein! Denk an dieses Erdloch."

„Alles sehr merkwürdig", sagte Moa. Sie ging langsam im Zimmer herum. Auf dem Boden lagen hölzerne Stäbchen mit farbigen Spitzen, zertrampelte, flauschige Tücher, zwei bunte Kittel, Fetzen von zerknülltem Papier und eine kreisrunde silberne Scheibe. „Ordnung halten können sie auch nicht, die Menschen. Davon hab ich in den Sagen allerdings nichts gehört."

Aber Nis hatte sich schon auf die Scheibe gestürzt. „Hier!", schrie er. „Riesengroß! Für das Ding-mit-Scheiben! Er hat ihnen auch ein großes Ding-mit-Scheiben gebaut!"

„Das kenn ich nicht!", sagte Moa. „Hast du nie davon erzählt."

Aber Nis sah sich schon überall im Zimmer um.

„Da oben!", sagte er und zeigte auf ein Regal. „Hilf mir mal auf den Stuhl."

Moa half Nis, sich auf die Sitzfläche hochzuziehen. „Jetzt geht es", sagte er. Die Klappe des Scheibendinges ließ sich leicht öffnen. Es war gut, dass er im Land zugesehen hatte, wie Vedur es ausprobierte. Auch wenn er dort nur *eine* Scheibe besessen hatte, das Lied

von den neunundneunzig Luftballons, von denen Nis so gerne gewusst hätte, was sie waren.
„We are the world!", schrie es aus dem kleinen Kasten. Nis sprang vom Stuhl und warf sich unter das Bett. „We are the children!"
„Mach aus!", brüllte Moa. „Mach aus!"
Nis nickte erschrocken. Er schlich sich zitternd wieder an den Stuhl heran und zog sich hoch. Es wurde still.
„Das ist alles nicht gefährlich, verstehst du", sagte er schwer atmend. „Hat Vedur gesagt."
„Na, so ganz hast du ihm ja wohl auch nicht geglaubt!", sagte Moa spöttisch. „Da unter dem Bett."
„Es hat geklungen, als wenn plötzlich tausend Menschen hier drinnen sind!", sagte Nis erschüttert. „Da hab ich mal kurz den Kopf verloren." Er zeigte auf das Gerät. „Und es hat ein Seil, Moa! Es braucht Strömekraft! Alles genau wie bei Vedur!"
Moa nickte. „Das tun wir mal als Erstes, Nis!", sagte sie. „Wir gucken, ob du noch mehr von seinen Erfindungen entdeckst. Es hat alles mit Vedur zu tun, egal, was der Junge sagt. Sie brauchen sein Wissen."
Nis wunderte sich schon nicht mehr, als sie im großen Zimmer auch einen Selberredner entdeckten und auf dem Flur eine Hin- und-her-Sprechmaschine. In der Küche gab es ein Rühr-und-Quirl und einen Wasserheißmacher, aber auch noch viele andere Geräte, aus deren Rückseiten Seile hingen und in kleinen weißen Rahmen unten an den Wänden verschwanden. Alle waren sie viel größer als die Geräte zu Hause, gerade passend für Menschen, und alle waren sie aus diesem sonderbaren Material, das Nis nur bei den Dingen aus Vedurs Werkstatt und sonst nie im Land gesehen hatte.

„Das kenn ich nicht!", sagte Nis und zeigte auf einen viereckigen weißen Kasten, um den herum Krümel verstreut waren. „Das auch nicht." Auf einem braunen Untersatz stand unter einem braunen Dach eine Glaskanne mit brauner Flüssigkeit. „Er hat mir gar nicht alles gezeigt."
Moa war still geworden.
„Er war wirklich ein großer Erfinder, Nis", sagte sie. „Der allergrößte. Entweder. Oder ..."
„Oder?", fragte Nis.
„Oder gar keiner", sagte Moa zögernd. „Ein Betrüger. Vielleicht hat der Junge doch Recht? Glaubst du, dass all das hier Vedur erfunden hat, Nis? Alle diese Geräte? Warum hat er sie dann den Menschen gegeben und nicht uns?"
„Er wollte ja!", schrie Nis. „Aber ihr habt ihn doch ausgelacht, wenn er sie gezeigt hat!"
Moa nickte nachdenklich.
„Und er ist schon immer hier oben gewesen, das wissen wir auch!", sagte Nis. „Das Loch unter den Rosen gibt es schon lange! Warum soll er da nicht ..."
„Weil die Werkstatt keine Werkstatt war", sagte Moa leise. „Das hast du doch selber gesehen, Nis. Kein Werkzeug. Und Pläne nur für das Windrad, aber nicht in seiner Schrift. Und wie hätte er die riesigen Geräte durch den Gang schaffen sollen?"
„Keine Ahnung", murmelte Nis.
„Soll ich es sagen?", fragte Moa und legte ihm ihre Hand auf den Arm. „Die Werkstatt war eine Tarnung, Nis. Sie hat nur den Eingang zur Menschenwelt verborgen. Sie hat Vedur die Möglichkeit gegeben, hierher zu den Menschen zu verschwinden, wann immer

er wollte, ohne dass irgendwer im Land es gemerkt hat. Und die Geräte hat er von hier mitgebracht. Damit wir an den verrückten Erfinder glauben sollten."

„Und warum sind die Geräte bei uns dann so viel kleiner?", fragte Nis.

Moa sah ihm fest in die Augen. „Geheime Kräfte", flüsterte sie. „Wenn die Geschichten von den geheimen Kräften nun doch die Wahrheit sind..."

„Und Vedurs Kraft ist, dass er die Dinge kleiner machen kann?", fragte Nis. „Aber..."

„Das ist die einzige Erklärung, Nis!", rief Moa. „Denk doch mal nach!"

Nis sah auf den Boden. „Vielleicht", murmelte er. „Aber warum? Jahrelang haben alle über ihn gelacht! Warum hat er das mitgemacht, Moa?"

Moa zuckte die Achseln. „Der König weiß es auch", sagte sie. „Du hast gesagt, Vedur hat ein Geheimnis mit dem König, Nis. Es muss ein gefährliches Geheimnis sein, wenn der König nicht einmal Männer ausschickt, um ihn zu retten." Sie sah Nis in die Augen. „Vedur ist vielleicht ein Betrüger, Nis. Aber ich glaube, er ist auch ein – Held."

Nis ließ sich auf den Boden fallen. „Aber wenn die Menschen Vedur nicht festhalten, damit er Tagmacher für sie erfindet", sagte er verzweifelt. „Und andere Strömekraftsachen. Wo ist er dann? Wo sollen wir suchen?"

„Lass uns nachdenken", sagte Moa.

Neben der Klassentür lehnte Line mit zwei anderen Mädchen zwischen Jacken und Mänteln an der Garderobe und unterhielt sich

über eine Popsendung, die Johannes nicht sehr interessierte.
„Line?", sagte Johannes.
Line nickte ihm zu. „Niemals!", sagte sie gerade energisch. „So wie die aussieht!"
„Aber singen kann sie geil!", sagte Olga. „Ich finde, das ist wichtiger! Ich finde …"
„Line!", sagte Johannes ungeduldig und winkte sie mit dem Kopf zu sich hin. „Komm mal!"
Line drehte sich um, als hätte sie ihn nicht gehört. „Ich glaub, der Kleine siegt!", sagte sie. „Den finden alle süß."
Johannes verschwand in der Klasse. Er wusste schon, dass Line ihm ab und zu zeigen musste, dass er nicht über sie bestimmen konnte. Dass er noch nicht mal ihr Freund war. Vor allem, wenn andere Mädchen dabeistanden. Aber gerade jetzt war das nicht so gut. Er musste unbedingt mit ihr über Nis und Moa reden.
Johannes legte sein Englischheft auf den Tisch und wartete. Man musste einfach ein „-ed" ans Ende hängen, wenn die Verben regelmäßig waren, kein Problem. Heute konnte Herr Kraidling ihn ruhig abfragen.
„So!", sagte Line und ließ sich auf ihren Stuhl fallen. „Also?"
„Warum bist du denn eben nicht gekommen!", sagte Johannes böse. „Ich muss was mit dir bereden!"
„Bin ich deine Sklavin?", fragte Line. „Du glaubst wohl, du kannst über mich bestimmen!"
Johannes sah sie wütend an. Am liebsten hätte er ihr gar nichts erzählt.
„Ich muss was bereden!", sagte er dann. „Es ist wichtig!"
„Klar", sagte Line und legte auch ihre Englischsachen auf den

Tisch. „Ich weiß schon. Übrigens hab ich mit Thomas darüber gesprochen."

„Was?", fragte Johannes verblüfft. Einen Augenblick fragte er sich, ob Line hellsehen konnte. „Worüber?"

„Über Kevin!", sagte Line. „Das ist es doch, oder? Und Thomas sagt, erstens glaubt er nicht, dass die Ernst machen mit dem Abstechen, das sind nur ein paar Idioten, die sich aufspielen. Und zweitens solltest du das der Schulleitung erzählen. Das ist kein Petzen. Hab ich ja auch schon gesagt."

„Du hast Thomas davon erzählt?", schrie Johannes. Orkan und Andrea in der Reihe vor ihnen drehten sich um. „Spinnst du? Und wenn der jetzt irgendwas macht? Dann rächt sich Kevin an Britta, wenn sie nachts alleine nach Hause geht, du blöde Nuss!"

„Nenn mich nicht blöde Nuss!", sagte Line. „*Du* spinnst doch! Das *muss* man den Erwachsenen erzählen!"

„Was muss man erzählen, Line Maggewie?", sagte Herr Kraidling und schlug vorne am Pult das Klassenbuch auf. „Dann erzähl!"

Line schüttelte erschrocken den Kopf. „Nee, alles schon okay", sagte sie.

Johannes sah sie böse von der Seite an. Es ging nicht. Sie würde Thomas auch von Nis und Moa erzählen, sobald sie davon wusste, Line konnte einfach keine Geheimnisse für sich behalten. Vielleicht war es ganz gut, dass er ihr noch nichts gesagt hatte.

„Johannes!", sagte Herr Kraidling. „Wenn ich mich richtig erinnere, wolltest du uns heute deine Hausaufgaben vortragen?"

Johannes nickte. Er nahm sein Heft und las vor.

Er war sich nicht sicher, ob Herr Kraidling sich freute oder ärgerte, dass fast alles richtig war.

In der Wohnung hatten sie keine weiteren Hinweise auf Antak und Vedur gefunden. Die Menschen lebten anders, als Nis und Moa es sich nach dem Wenigen, was sie aus Märchen und Sagen erinnerten, vorgestellt hatten – ganz anders auch als die Medlevinger. Überall hingen Seile, die merkwürdige Maschinen mit Strömekraft versorgten, die Fenster waren groß, die Räume hell, und eine Unzahl von Möbeln leuchtete in vielen Farben. Die Menschenwelt war bunter als die der Medlevinger. Reicher.

„Aber dafür sind sie grausam", sagte Moa trotzig. „Das weißt du ja wohl noch aus den Sagen. Sie stechen sich gegenseitig tot. Wenn sie diese Dinge machen – Kriege."

Nis nickte. „Das würde man nicht glauben, oder, Moa?", sagte er. „Wenn man sieht, wie fröhlich es überall aussieht."

„Manchmal staunt man", sagte Moa. „Ich glaube, es hat sich bei den Menschen alles sehr verändert, seit wir mit ihnen zusammengelebt haben, Nis. Bei uns überhaupt nicht. Aber bei ihnen."

„Und, hilft uns das?", fragte Nis und schob den Schalter an einem riesigen Tagmacher zur Seite, der auf dem Boden stand. Ganz, ganz langsam wurde es immer heller im Raum. Nis schob den Schalter zurück. „Wissen wir deshalb, wo Vedur sein könnte? Und Antak?"

Moa schüttelte den Kopf. „Wenn die Menschen sie nicht wegen Vedurs Erfindungen gefangen halten, wissen wir gar nichts", sagte sie. „Vielleicht werden sie auch überhaupt nicht gefangen gehalten, Nis. Vielleicht sind sie freiwillig hier. Weil alles so bunt ist."

„Unsinn!", widersprach Nis böse. „Doch nicht Vedur!"

„Nee, eigentlich nicht", murmelte Moa. „Das würde er vielleicht nicht tun. Aber was dann?"

„Zuerst war Antak verschwunden", sagte Nis. „Es könnte auch wegen Antak sein."

„Der kann doch nichts!", sagte Moa.

„Er ist der Hüter der Geschichte!", sagte Nis. „Vielleicht weiß er irgendwas."

Moa nickte. „Hier in der Wohnung kommen wir jedenfalls nicht weiter", sagte sie. „Wir müssen draußen suchen, Nis, du kannst nicht den ganzen Tag mit der Strömekraft spielen!"

„Es ist alles so riesig!", sagte Nis. „Ich glaub, ich fürchte mich draußen, Moa."

„Klar", sagte Moa. „Ich mich auch." In einer Ecke des Zimmers stand ein Schrank, dessen Tür weit geöffnet war. „Wir müssen was davon anziehen! Damit wir aussehen wie Menschen."

Nis schnaubte. „Das glaubt uns jeder!", maulte er und tippte sich an die Stirn. „Klein, wie wir sind!"

Aber Moa hatte schon einen Stuhl an den Schrank geschoben und warf aus den Fächern Kleidungsstücke nach unten, die ebenso bunt waren wie die Möbel.

„Deine Hose behältst du an!", bestimmte sie. „Wir ziehen nur ihre Kittel drüber."

„Den?", fragte Nis. Der Kittel war aus rotem Stoff und hatte eine große weiße Sechs auf der Brust. Wenn er die Ärmel weit hochkrempelte und sich nicht daran störte, dass ihm der Saum bis fast auf die Füße hing, ging es.

„Wie ein Mensch!", rief Moa begeistert. „Aber bind den Gürtel drüber, sonst trittst du noch auf den Saum!"

Dann suchte sie einen Kittel für sich.

19

Die Menschenstadt war anders als alles, was Nis jemals gesehen hatte, sogar anders als alles, was er sich hätte vorstellen können. Die Häuser waren so hoch wie ein Gebirge, und wie ein Gebirge waren sie aus Stein. Und aus Stein waren auch die riesigen Straßen dazwischen, die immer aus zwei erhöhten, schmaleren Seitenwegen und einem nur eine Handbreit tieferen, breiten Mittelweg bestanden. Aber das Erstaunlichste war der Lärm. Ein Brummen und Dröhnen hing in der Luft, kam aus allen Richtungen zugleich, schwoll an, schwoll ab, verstummte nie.

„Es ist gruselig!", murmelte Nis. Laut zu sprechen wagte er nicht. Moa nickte.

„Wie eingesperrt!", sagte sie und zeigte auf den Flecken Himmel über ihnen. „Nichts, gar nichts Grünes! Keine Pflanzen, kein Gras."

„Keine Tiere", sagte Nis, aber in diesem Augenblick kam ein Hund um die Ecke gelaufen, der verblüfft vor ihnen stehen blieb und sie beschnüffelte. Dann leckte er Moa mit seiner rosa Zunge begeistert über das Gesicht und wedelte wie verrückt mit dem Schwanz.

„Die merken was", sagte Nis. „Auch wenn du nicht mit ihnen reden kannst. Die merken, dass du eine L-Fee bist."

Moa klopfte dem Hund von unten gegen den Bauch. „Tut mir Leid, klappt nicht mit der Unterhaltung!", sagte sie. „Vielleicht später mal."

Der Hund leckte noch einmal über ihre Arme, dann zog er ab.
Menschen waren zum Glück nur wenige auf den Straßen, und immer, wenn Nis und Moa sie von weitem sahen, zogen sie sich in einen der hohen Hauseingänge zurück.
„Aber die würden sich sowieso nicht über uns wundern", sagte Nis. „So in Eile, wie die alle sind."
Alles schien Eile zu haben in der Menschenstadt, am meisten die sonderbaren Wagen, die überall ohne Zugtiere auf dem Mittelweg der Straße entlangrasten mit einer Geschwindigkeit, von der es Nis schon beim Zusehen schwindlig wurde.
„So kommen wir nie auf die andere Seite!", sagte er ärgerlich. In einen Eingang gekauert lauerten sie schon eine ganze Weile an einer breiten Straße, auf der in beide Richtungen Ströme von Wagen ohne Zugtiere dahinbrausten, ohne Pause und ohne Ende.
„Wozu brauchen sie die?", fragte Moa. „Die stören doch total, wenn man irgendwo hingehen will!"
Nis nickte. „So kommt hier kein Mensch rüber", sagte er und trat vorsichtig einen Schritt vor.
In diesem Augenblick näherte sich ihnen langsam eine alte Frau mit einem Beutel in der Hand und stellte sich neben einen Mast aus Metall, an dem oben ein Kasten mit bunten Lichtern befestigt war.
„Ja, was machst du denn hier?", fragte sie und beugte sich zu Nis herab. „So ganz alleine? Weiß deine Mama denn, wo du bist?"
Nis nickte heftig. „Ja!", flüsterte er.
„Na, die Leute kümmern sich heutzutage auch nicht mehr um ihre Kinder!", sagte die Frau ungläubig. „Das ist doch gefährlich für so einen kleinen Knirps! Gehst du schon in den Kindergarten? Du kleiner Zwerg?"

Nis überlegte. Die Frau hielt ihn also wirklich für einen kleinen Menschen, einen ganz, ganz kleinen; das war nützlich, auch wenn er nicht wusste, was ein Kindergarten war. Offenbar legten die Menschen extra Gärten für ihre Kinder an, damit sie nicht zwischen all den Steinen verkümmerten, das war tröstlich.
„Ja!", flüsterte Nis wieder.
„Na, dann gib mir mal die Hand", sagte die alte Frau und drückte auf einen Knopf in der Mitte des Mastes. Nis sprang zurück.
„Ganz allein willst du über die Straße?", sagte die Frau. „Aber schön dicht bei mir bleiben, hörst du!"
Nis sah, dass sie auf die andere Straßenseite guckte, auf der genauso ein Mast stand wie auf dieser, und nickte.
„Dann los!", sagte die Frau und trat einfach auf die Straße.
Nis zögerte. Aus dem Hauseingang hinter ihm kam Moa gerannt und fasste ihn bei der Hand.
„Sie bleiben stehen!", schrie sie.
Jetzt sah Nis es auch. Alle Wagen auf der Straße, egal ob sie aus der einen oder der anderen Richtung kamen, hielten an, und zwischen ihnen, als hätte sie das Wasser geteilt, ging die alte Frau sicher auf die andere Seite.
Aber schon nach zwei Schritten drehte sie sich um. „Wo bleibst du denn, mein Kind?", fragte sie. „Du meine Güte, hab ich dich vorhin übersehen? Ihr seid ja *zwei* winzig kleine Pürkse!"
Moa umklammerte Nis' Hand und nickte.
„Na, jetzt müssen wir aber laufen!", sagte die alte Frau. „Sonst schaffen wir es nicht mehr, bevor es wieder Rot wird!"
Und sie hatte Recht. Sie waren kaum auf der anderen Seite angekommen, da fuhren die Wagen schon wieder. Nis erschrak.

„So, jetzt schön in den Kindergarten!", sagte die alte Frau. „Und sagt eurer Mami mal, sie soll euch morgen doch lieber wieder bringen! Das ist doch viel zu gefährlich so!"
Nis nickte, und Moa nickte auch.
„Siehst du den Garten?", fragte Nis.
Moa schüttelte den Kopf. „Wie hat sie das gemacht?", fragte sie, als die alte Frau schon ein paar Schritte von ihnen entfernt um eine Ecke verschwand.
Nis zuckte die Achseln. „Man kann sie mit dem Knopf am Mast stoppen", sagte er. „Obwohl die Wagen nicht mit einem Seil damit verbunden sind. Strömekraft kann es also nicht sein."
„Nee, Strömekraft ist es nicht", sagte Moa und untersuchte den Mast. „Na, jedenfalls sind wir drüben."
Dicht an die Hauswände gepresst, um nicht von den rasenden Wagen überfahren zu werden, liefen sie durch die Straßen aus Stein.
Sie bogen um eine Ecke. Vor ihnen lag eine Straße, in der sich unzählige Wagen auf dem niedrigen Mittelweg und unendlich viele Menschen auf den Seitenwegen langsam an riesigen Fenstern vorbeischoben.
Nis zog Moa blitzschnell hinter einen stehenden Wagen.
„Das sind so viele!", flüsterte er. „Irgendwer merkt doch gleich, dass wir keine kleinen Menschenkinder sind!"
Moa nickte. „Nis?", sagte sie. „Weißt du, was ich glaube? Ich glaube ganz bestimmt nicht mehr, dass sie Vedur wegen seiner Erfindungen hier festhalten. Oder glaubst du, dein Vedur hat dies alles erfunden? Die *Menschen* sind die Erfinder, Nis. *Die Menschen sind große Erfinder.*"
Nis nickte verwirrt. „Es ist alles so anders", sagte er unglücklich.

„So riesig. Und so voll. Und so laut. Und so schnell."
Aus einem Wagen auf der anderen Straßenseite sprang eine Menschenfrau, die jung und wunderschön aussah. Sie guckte blitzschnell nach links und rechts und rannte dann über die Straße.
„Los!", sagte Moa. „Die nehmen wir!" Sie lief einen halben Schritt hinter der Frau her und zerrte Nis mit.
„Warum?", flüsterte Nis, aber der Lärm in der schmalen Straße war so unvorstellbar, dass Moa ihn nicht verstand.
„Sie hat gesagt, wir sollen mit unserer Mutter gehen!", rief Moa. „Die alte Frau, weißt du nicht mehr?" Die Geräusche der Wagen verschluckten die Hälfte, und die Frau lief eilig weiter, ohne sie zu bemerken. „Das ist unsere Mutter!"
„Was?", fragte Nis. Dann begriff er. „Du bist klug, Moa!", sagte er bewundernd. „Man merkt, dass du eine L-Fee wirst."

Line hatte gefragt, ob Johannes wollte, dass sie wieder mit zu ihm nach Hause kam, um ihm bei den Englischaufgaben zu helfen, und einen Augenblick hatte Johannes sich gefreut. Dann war ihm eingefallen, warum das auf gar keinen Fall ging. In seinem Zimmer warteten Nis und Moa, und wenn Line schon die Geschichte mit Kevin nicht für sich behalten konnte, würde sie Thomas doch erst recht auch von den beiden berichten. Und was Thomas dann tun würde, war überhaupt nicht abzusehen. Johannes musste Nis und Moa schützen, auch wenn dann morgen seine Hausaufgaben vielleicht nicht ganz so gut sein würden.
„Ich finde, ich sollte das auch mal alleine versuchen!", sagte er darum tapfer. „Du weißt doch, man versteht nur, was man wirklich selber gemacht hat. Sagt Britta seit neuestem immer."

Line sah ihn zweifelnd an. „Ich soll wirklich nicht?", fragte sie. Johannes schüttelte den Kopf. „Das schaff ich schon!", sagte er. Und darum trödelte er jetzt allein die Straße hoch. Vor der Haustür parkte ein Pritschenwagen.

„Ist nicht wahr!", sagte Johannes erschrocken. Die Ladeklappe war heruntergeklappt und ein junger Mann in Arbeitskleidung und mit dicken ledernen Arbeitshandschuhen reichte Herrn Pokaschinski Gehwegplatten nach unten.

„Reicht!", rief Herr Pokaschinski. „Erst mal reintragen!"

Der junge Mann sprang von der Pritsche und nahm ein paar Platten vom Gehweg auf. Dann trug er sie hinter Herrn Pokaschinski her ins Haus. Johannes schaffte es gerade noch, in den Hausflur zu springen, bevor die Tür hinter ihnen zufiel.

„Sie wissen ja, wo!", rief Herr Pokaschinski über die Schulter hinweg. Der junge Mann antwortete nicht und folgte ihm die Kellertreppe nach unten, und Johannes lief eilig ein paar Schritte hoch in den ersten Stock. Dort wartete er.

Aus dem Keller kamen Geräusche, die anzeigten, dass die Platten irgendwo sorgfältig auf den Boden gestellt wurden, dann hörte Johannes, wie die beiden wieder nach oben kamen. Er zog sich einen Schritt hinter das Geländer zurück und guckte nach unten.

„Sehen Sie doch!", schnaubte Herr Pokaschinski. „Viel zu wenige sind das! Reicht doch im Leben nicht!"

„Das sind genau so viele, wie Sie bestellt hatten!", sagte der junge Mann ärgerlich. „Ich kann nur liefern, was die Kunden ..."

Die Haustür fiel hinter ihnen ins Schloss und Johannes rannte in den Keller. Er drückte auf den Lichtschalter, und die Schaltuhr begann zu ticken. Wo hatte Pokaschinski die Platten gestapelt? In sei-

nem eigenen Verschlag hatte er schwarze Plastikfolie hinter die Latten genagelt, damit man nicht hineinsehen konnte; aber Johannes glaubte sowieso nicht, dass er sie dort lagerte.

Dann sah er die schwarzen Fußspuren auf dem Kellerboden. Sie waren schwach und verwischt, aber sie konnten nur eins bedeuten.

„Der Kohlenkeller!", flüsterte Johannes. Am Ende des Ganges verschloss eine schmutzig graue Metalltür den Raum, in dem früher, als es in den Wohnungen noch keine Heizung gegeben hatte, die Kohlen gelagert wurden. Einmal, als die Tür offen gestanden hatte, hatte Britta ihm den Raum gezeigt: Kleine Maschendrahtverschläge für jeden Mieter waren das gewesen, damit nicht einer die Kohlen des anderen stahl, und auf dem Boden lag noch immer ein Schleier aus Kohlenstaub. Wo andere Kellerräume ein vergittertes Fenster hatten, gab es hier eine Schütte, durch die früher die Kohlenmänner ihre schweren Säcke von draußen direkt in den Keller entleert hatten. Die Öffnung darüber war mit einer Metallplatte verschlossen, und wenn kein Licht vom Flur hineinfiel, war der Raum dunkel wie das Innere eines Bergwerks. Johannes hatte gespürt, wie ihm ein Schauder den Rücken hinuntergelaufen war.

„Gut, dass wir keine Kohlen mehr brauchen!", hatte er zu Britta gesagt. „Du hättest mich doch jede Wette immer runtergeschickt, egal, wie viel Schiss ich gehabt hätte."

„Wie gut du mich kennst!", hatte Britta vergnügt geantwortet, und dann waren sie zusammen wieder nach oben gegangen.

Jetzt war der Raum schon lange ungenutzt, und ein paarmal hatte Britta beim Hauseigentümer angefragt, ob er nicht einen Fahrradkeller daraus machen wollte, aber sie hatte nie eine Antwort bekommen. Und jetzt war der Raum also wieder zu etwas nütze.

„Terrassenplatten!", flüsterte Johannes. „So was Fieses!" Er dachte an Pollily und an die vielen Sommerfrühstücke im Garten.

Gerade als er wieder nach oben gehen wollte, wurde die Kellertür mit einem Tritt geöffnet. Er hat doch gesagt, dass die Platten nicht reichen!, dachte Johannes erschrocken. Er hat doch so getan, als ob das die letzten wären! Er starrte den Gang entlang, aber dort gab es nur rechts und links Lattentüren vor den Kellerräumen und kein noch so kleines Versteck.

Herr Pokaschinski und sein Gehilfe kamen um die Ecke. Die Zeitschaltuhr hörte auf zu ticken und das Licht ging aus.

„Na, hallo dahinten!", schrie Herr Pokaschinski. „Junger Mann! Licht anmachen, wenn man am Schalter vorbeikommt! Sie haben wohl noch nie in einen Keller geliefert!"

Johannes hörte nicht, was der junge Mann antwortete. Er presste sich gegen die Stahltür und betete, dass das Licht niemals mehr angehen würde.

Aber dann starrte er Herrn Pokaschinski genau in die Augen.

„Das ist ja wohl!", schrie Pokaschinski, und sein Gesicht lief dunkelrot an. „Ausspionieren, was! Was hast du hier zu suchen?" Er versuchte, mit einer Hand nach Johannes zu greifen, aber die Platten, die er dabei auf seinem Oberschenkel abgestützt hatte, kamen ins Rutschen, und er packte schnell wieder zu.

„Ich wollte", flüsterte Johannes.

„Ausspionieren!", brüllte Herr Pokaschinski. „Verschwinde! Mach, dass du rauskommst!"

Johannes rannte. Erst auf der Treppe fiel es ihm ein, Brittas Keller lag am selben Gang. Er hätte einfach sagen können, dass er eine Flasche Cola hochholen wollte.

Die Frau ging schnell, und Nis und Moa hatten Mühe, sie in dem Gewimmel auf der Straße nicht zu verlieren.

„Hättest du geglaubt, dass es so viele Menschen gibt?", fragte Nis verstört und packte Moas Hand fester.

„Ich hätte überhaupt nicht geglaubt, dass es Menschen gibt", sagte Moa. „Da hab ich mir doch keine Gedanken darüber gemacht, wie viele es sind." Sie blieb stehen. „Möbel!", rief sie und zeigte auf eins der riesigen Fenster, die in allen Gebäuden dieser Straße fast bis zum Boden reichten. „Dass die Menschen so wohnen mögen! Da guckt ihnen doch jeder auf den Teller!"

Nis zerrte sie weiter. „Komm schon!", sagte er. „Wir verlieren die Mutterfrau!"

Nur im Vorbeilaufen sahen sie, dass in den meisten der riesigen Fenster sonderbar kopf-, manchmal auch beinlose Puppen in Menschengröße in den merkwürdigsten Verrenkungen standen, alle bekleidet und mit kleinen Schildchen versehen, auf denen Zahlen standen.

„Was glaubst du, was das ist?", fragte Moa. „Statuen?"

Nis schnaufte. „Wahrscheinlich, was sollte es sonst sein", sagte er. „Dann ist das hier vielleicht ihr Anbetehain."

„Fromm sind sie!", sagte Moa bewundernd. „Guck dir das Gedränge an! Viel frömmer als wir! Hier wäre es vielleicht nicht schlecht, eine L-Fee zu sein."

Die Mutterfrau blieb plötzlich an einem Lichtermast stehen, und Nis und Moa konnten gerade noch stoppen. Auch hier hielten die Wagen wieder wie von Zauberhand, und in einer Gruppe von Menschen folgten Nis und Moa der Frau über die Straße.

„Und alle hinter Glas!", sagte Moa, als sie auf der anderen Seite an-

gekommen und wieder in einen leichten Trab gefallen waren, um die Mutterfrau nicht zu verlieren. „Die Statuen! Das sollten wir auch machen, du! Aber warum haben sie keine Köpfe?"
„Manche haben!", sagte Nis und zeigte auf das Fenster, an dem sie gerade vorbeitrabten. Es zog sich so lang hin, dass man sein Ende nicht sehen konnte. „Und sogar Kinderstatuen!"
Moa schlug sich gegen die Stirn. „Es ist nicht ihr Anbetehain, Nis!", sagte sie. „Das können auch die Gedenkstätten ihrer Toten sein!" Sie rannten um einen Mann herum, der sich mühsam am Stock fortbewegte. „Es muss mit ihrer Religion zu tun haben! Vielleicht bekommen die, die in Sünde gestorben sind, eine Statue ohne Kopf?"
„Und warum manche sogar ohne Beine?", fragte Nis. „Wir fragen lieber unseren Jungen."
„Auch nach den Masten", sagte Moa.
„Und warum alles so eilig ist", sagte Nis, aber dann zog er Moa zur Seite. „Sie verschwindet!", schrie er. „Das Gedenkhaus verschluckt sie!"
Und das geschah tatsächlich, auch wenn Nis so etwas niemals für möglich gehalten hätte. Der Eingang dieser letzten Gedenkstätte war breiter als alle Eingänge vorher, und darin drehte sich langsam und unheimlich ein kleiner Raum mit gläsernen Wänden, in den die Menschen traten, ohne sich auch nur noch einmal umzudrehen. Es war, als trüge der Raum sie ins Jenseits, das sie verschluckte, während er gleichzeitig, wie Nis jetzt erleichtert entdeckte, andere Menschen wieder ausspie.
„Nee, da geh ich nicht rein!", sagte Nis.
„Du musst!", sagte Moa. „Sie ist auch drin."

„Nie im Leben!", sagte Nis und umklammerte seinen Gürtel, als wollte er sich daran festhalten. „Weißt du etwa, was da für eine unheimliche Kraft in diesem Gedenkhaus …"
„Nis!", brüllte Moa. „Nisse!" Ihre Stimme überschlug sich. „Wo bist du denn hin? Ich seh dich nicht mehr!"

20

Munna hatte den Boden gefegt und die Felle vor der Tür ausgeschüttelt und, als es auf Mittag zuging, überlegt, ob sie kochen sollte. Noch vor wenigen Tagen war der Kessel gefüllt gewesen mit Speisen für drei. Sie hatte sich entschieden, dass es nicht lohnte für sie ganz alleine.

Bei Schulschluss saß sie vor dem Haus und hielt einen Becher in beiden Händen. Kinder liefen vorbei und wirbelten mit ihren Füßen den Staub auf. Wie in jedem Jahr dachte Munna, dass man daran merkte, wie nah der Sommer schon war.

Sie sah Thoril lange, bevor er wagte, sie anzusprechen.

„Nis war nicht in der Schule", sagte Thoril.

„Nein", sagte Munna freundlich. „Heute nicht."

„Kommt er morgen wieder?", fragte Thoril, ohne sie anzusehen.

Munna nahm einen Schluck aus ihrem Becher. „Vielleicht", sagte sie.

„Also weißt du es nicht", sagte Thoril.

Munna nahm noch einen Schluck und antwortete nicht.

„Vedur ist auch schon länger weg", sagte Thoril.

Munna lächelte. „Und Antak", sagte sie. „Antak war der Erste."

Thoril starrte sie an. „Also ist er dort?", fragte er leise. „Nis ist auch dort?"

Munna lächelte noch immer. „Wo, *dort*, Thoril?", fragte sie. „Ich kann dir nicht mehr sagen, als ich weiß."

Einen Augenblick wartete Thoril noch, dann drehte er sich ohne ein Wort um und ging.

„Auf Wiedersehen, Thoril!", rief Munna ihm nach. Erst als er nicht mehr zu sehen war, verschwand das Lächeln von ihrem Gesicht. Munna sah müde aus.

Johannes drehte den Schlüssel in der Tür. Mittwochs kam Britta später nach Hause als er, eigentlich tat sie das an fast allen Tagen. Aber natürlich konnte es sein, dass einmal etwas ausfiel in ihrer Schule. Dann wäre sie jetzt schon zu Hause. Und wenn alles richtig falsch gelaufen war, konnte es auch sein, dass sie Nis und Moa gefunden hatte.
Aus Brittas Zimmer kamen leise Geräusche. „Hallo?", rief Johannes ängstlich.
Aber Brittas Schuhe standen nicht im Flur und am Haken fehlte ihre Jacke.
„Ich bin es nur!", rief Johannes erleichtert. „Ihr könnt rauskommen!"
Aber aus den Zimmern kam keine Antwort.
„Hallo?", rief Johannes. „Nis? Moa?"
Einen winzigen Augenblick fürchtete er, sich doch alles nur eingebildet zu haben. Konnte das sein? Dann wäre es ziemlich schlimm um ihn bestellt und doppelt gut, dass er Line nichts erzählt hatte. Aber gleichzeitig war er sich sicher, dass es die beiden gab, egal wie verrückt das sein mochte.
„Nis?", rief Johannes und lief in Brittas Zimmer. Der Fernseher war eingeschaltet und vor dem Regal, auf dem der Radiorecorder stand, lag ein umgestürzter Stuhl. Es gab sie, natürlich. „Moa?"
Er schaltete den Fernseher aus. „Ihr braucht keine Angst zu haben, ich bin es doch! Ihr könnt jetzt rauskommen!"

In der Tür zu seinem Zimmer blieb er erschrocken stehen. Es war selten wirklich aufgeräumt bei ihm, und Britta hielt ihm öfter einmal einen Vortrag über die Vorteile einer wenigstens mittelmäßigen Ordnung. Aber so hatte es noch niemals ausgesehen.
Vor der geöffneten Schranktür stand ein Stuhl, und auf dem Boden türmten sich Kleiderberge. Fast sah es aus, als hätte jemand den ganzen Schrank mit einer einzigen großen Geste leer gewischt. Socken lagen zwischen T-Shirts und Jeans, und daneben waren Boxershorts in allen Farben verstreut.
„Du meine Güte!", flüsterte Johannes.
Einen Augenblick lang fürchtete er, er würde Nis und Moa erstickt unter dem Kleiderhaufen finden, aber dann begriff er auf einen Schlag, was wirklich passiert sein musste.
Er stürzte in die Küche. Das Radio spielte leise, im Backofen brannte das Licht und die Kühlschranktür stand offen.
„Sie sind abgehauen!", schrie Johannes. Dann drückte er die Kühlschranktür zu.

„Brüll doch hier nicht rum!", zischte Nis wütend. „Willst du, dass alle uns anstarren?"
Um ihn herum strömten die Menschen ins Gedenkhaus, aber selbst im dichten Gedränge sah er Moa deutlich, wie sie sich mit schreckgeweiteten Augen gegen eins der riesigen Fenster presste. Sie brauchte sich nur ein bisschen umzugucken, dann würde sie ihn schon entdecken.
Ein Mann mit Aktenkoffer gab ihm im Vorbeilaufen einen kräftigen Tritt, der Nis zur Seite schleuderte, und sah sich erschrocken nach ihm um. Aber er sagte kein Wort der Entschuldigung.

„Mistkerl!", sagte Nis. Er rieb sich den schmerzenden Arm, band den Gürtel fester und zog das Hemd hoch. „Genau wie die Menschen in den Sagen!"

„Ach, da bist du!", sagte Moa. Sie sah verwirrter aus als am Abend vorher, als sie in der Menschenwelt angekommen waren. „Wo warst du denn eben, Nisse? Einen Moment lang hab ich geglaubt …"

„Ein Mensch hat mich getreten!", sagte Nis. „Richtig zur Seite geschleudert!" Er starrte wütend auf den Strom von Männern und Frauen, die blicklos an ihnen vorbei ins Gedenkhaus liefen. „Lass uns bloß weggehen von hier. Die treten uns noch platt."

„Ach so", murmelte Moa. Sie sah immer noch verwirrt aus.

21

An den Landungsbrücken war Betrieb. Obwohl es noch früh im Jahr und mitten in der Woche war, liefen gut gelaunte Touristen über die Brücke von der U-Bahn-Station zu den Anlegern, um mit einer der vielen Barkassen eine Hafenrundfahrt oder mit einem Elbdampfer eine kleine Reise elbabwärts zu unternehmen. Von der Werft gegenüber auf Steinwerder klang das Schlagen schwerer Hämmer auf Metall.
Johannes spürte eine große Erleichterung. Er lief an der „Rickmer Rickmers" vorbei, die vor dem Johannisbollwerk lag und auf Besucher wartete, die von ihrem Deck aus die drei riesigen Masten bestaunen oder unter Deck sehen wollten, wie Kapitän und Mannschaft in den alten Zeiten der Segelschifffahrt gewohnt hatten. Wo so viele Menschen unterwegs waren, fühlte er sich sicher. In seiner Hosentasche hielt er die Hand fest um die drei Geldscheine geschlossen, die Kevin von ihm verlangt hatte: das Taschengeld von drei Wochen. Aber danach würde er keine Angst mehr haben müssen, noch nicht einmal jetzt musste er Angst haben. Hier würde Kevin sich niemals trauen, ihm etwas zu tun.
Vor dem alten Elbtunnel stand ein Auto und wartete auf den Fahrstuhl, der wie seit fast hundert Jahren langsam von Stahlseilen nach oben gezogen wurde. Johannes stellte sich daneben und sah eine Weile zu, wie die Autos in die Fahrstuhlkörbe fuhren. Es war klug

gewesen, dass er nicht auf Line gehört und sich dem Schulleiter anvertraut hatte. Immerzu hätte er dann jetzt Angst haben müssen vor Kevins Rache. Fünfzehn Euro waren viel Geld und es tat ihm Leid, sie an Kevin zu verlieren. Aber das war es wert.
Er ging um die Ecke des Gebäudes, wo hinter dem Eingang mit dem türkis-goldenen Mosaik der Fahrstuhl für die Fußgänger wartete. Außer ihm stieg niemand ein, er drückte den Startknopf und schwebte nach unten.
Die Tür des Fahrstuhls öffnete sich. Direkt neben ihm fuhr ein Auto aus dem Fahrstuhlkorb und tief unter dem Fluss in die rechte Tunnelröhre hinein. Johannes ging langsam auf die linke zu.
Vor ihm entfernte sich das Dröhnen des Motors, grotesk vervielfältigt durch die gekachelten Röhren. Hinter ihm ruckelten die Fahrstühle nach oben, um zwei Wagen, die von der anderen Elbseite gekommen waren, oben an den Landungsbrücken abzusetzen. Johannes atmete tief ein. In der Mitte des Tunnels sah er jetzt drei bekannte Gestalten. Er fasste die Geldscheine noch fester. Dann ging er auf Kevin zu.
Die gekachelten Wände warfen das Echo seiner Schritte zurück. Mit dem nächsten Fahrstuhl würden wieder Touristen kommen. Oder wenigstens ein Auto. Werftarbeiter auf dem Weg zur anderen Seite. Und selbst wenn nicht, er hatte doch das Geld! Er musste keine Angst haben. Von den Wänden glotzten ihn alle drei Schritte Delfine im Halbrelief an, spielende Seehunde, ein Hecht.
„Hallo!", sagte Johannes leise. Hier in der Mitte des Tunnels konnte man die Fahrstühle nicht mehr hören, und Johannes fragte sich, was die Menschen in den Autos hören konnten, die viel zu selten durch die Röhre fuhren.

„Da ist der Kleine ja!", sagte Kevin freundlich. „Ich mag Pünktlichkeit, Kleiner. Hast du bei mir schon gleich mal nicht verschissen."
„Nee?", fragte Johannes unsicher. Die Scheine in seiner Hand fühlten sich weich und krumpelig an.
„Wir mögen Geschäftspartner, auf die Verlass ist, oder, Sascha?", sagte Kevin. „Wie viel Kohle war das noch mal?"
„Fünfzehn", sagte Sascha. „Hattest du gesagt. Fünfzehn, Chef."
„Fünfzehn!", sagte Kevin lächelnd. „Ja, stimmt. Fürs Erste war der liebe Onkel Kev bescheiden!"
„Was?", flüsterte Johannes.
Ein Auto fuhr an ihnen vorbei Richtung Landungsbrücken, und Sascha und Patrick winkten dem Fahrer fröhlich zu. Der Fahrer winkte zurück.
„Gib her die Kohle", sagte Kevin. „Ach wie niedlich. Drei klitzekleine Lappen."
„Drei klitzekleine Lappen!", schrie Patrick begeistert. „Ach wie niedlich!"
„Fresse!", sagte Kevin. „Ja, das hast du fein gemacht, mein Kleiner. Aber du verstehst doch, dass das beim nächsten Mal nicht reicht. Fünfzehn Euro, das ist einfach nur Scheiße."
„Nicht mal zwei Kinokarten, Chef", sagte Sascha.
Kevin nickte nachdenklich. „Nee", sagte er. „Nicht, dass wir so viel ins Kino gehen, was, Sascha? Kein Bock. Wir wissen was Besseres mit unserer Kohle."
Sascha nickte. „Aber das kostet, eh", sagte er. „Das kostet, Alter."
„Soll ich ihm das Messer zeigen?", fragte Patrick aufgeregt.
„Fresse!", brüllte Kevin. „Wer wird denn hier von Messern reden, was, Kleiner? Doch nicht unter Freunden! Wo du so pünktlich

warst. Nee, Onkel Kevin ist lieb zu dir. Das begreifst du ja selber, dass fünfzehn nicht reicht."

„Nee, nächstes Mal nicht mehr", sagte Sascha und ging einen Schritt auf Johannes zu. „Sagen wir zwanzig, Chef? Beim nächsten Mal?"

Kevin nickte bedächtig. „Sonderpreis", sagte er. „Zwanzig. Müsste ja eigentlich viel mehr sein, bei dem Stress."

„Sag dreißig, Chef!", schrie Patrick aufgeregt. „Dreißig, Chef, mindestens!"

Kevin schlug ihm heftig gegen den Arm.

„Hat dich einer gefragt, Spasti?", sagte er. „Zwanzig, Kleiner, das ist ein faires Angebot, oder? Schließlich beschützt Onkel Kevin dich auch. Tag und Nacht."

Er lächelte. „Dich und die ganze Familie", sagte er.

„Ich weiß aber nicht", flüsterte Johannes. Er räusperte sich. „Ich hab nicht so viel! Ich krieg nur fünf Taschengeld die Woche."

„Ach, da bin ich ganz sicher, dass dir was einfällt", sagte Kevin freundlich. „Du willst doch nicht, dass du meinen Schutz verlierst? Was da alles passieren könnte!" Er nickte Patrick zu, aber bevor der sein Messer schnappen lassen konnte, schüttelte er schon wieder den Kopf.

„Freitagnachmittag, wo, geb ich dir noch Bescheid", sagte Kevin. „Kümmer du dich schon mal um die Kohle, Kleiner. Damit nichts schief geht, verstehst du."

Er drehte sich um und winkte seinen beiden Kumpeln, damit sie ihm folgten.

„Du wartest, bis wir oben sind!", sagte er über seine linke Schulter. Aber das hätte Johannes sowieso getan. Seine Knie zitterten, und

er lehnte sich gegen die Wand. An der Decke über ihm fehlten drei Kacheln. Der Tunnel war alt, fast hundert Jahre.
Zwanzig Euro, dachte Johannes. Und schon Freitag. Ihm wurde schlecht.

„Und du warst *doch* weg!", sagte Moa und warf Nis von der Seite einen kurzen Blick zu. „Unsichtbar!"
In der Menschenmenge ließen sie sich über die Straße treiben. Auf der anderen Seite lag unten zwischen Straßen und hohen Häusern ein See, an dessen gegenüberliegendem Ufer gerade ein langer, schlangenförmiger Wagen mit spitzer Nase über eine Brücke fuhr.
„Mami!", rief ein Kind, das mit seiner Mutter am Ufer auf ein Schiff wartete. „Guck mal, zwei Zirkuskinder!" Und es staunte Nis und Moa begeistert an.
Nis zerrte Moa hinter eine Bank. „Wir sollten machen, dass wir wegkommen!", sagte er. „Bevor noch irgendwer misstrauisch wird!"
Moa sah ihn an. „Vielleicht hab ich es mir auch nur eingebildet", sagte sie unsicher. „Natürlich kann es nicht sein. Aber es sah plötzlich so aus, als ob du verschwunden wärest, Nisse. Wirklich wahr."
„War ich ja auch", sagte Nis. „Der Mensch hat mich ja umgerannt."
Moa schüttelte ärgerlich den Kopf. „Nicht *so* verschwunden", sagte sie. „Du weißt schon."
Am Anleger löste sich ein weißer Dampfer und fuhr langsam auf die Brücke zu. An Deck standen Menschen und winkten zu ihnen hoch.
„Jetzt bin ich jedenfalls nicht mehr verschwunden", sagte Nis. „Wie du siehst. Aber Hunger hab ich! Glaubst du, du findest den Weg zu unserem Jungen zurück?"
Moa nickte. „Wozu bin ich schon fast eine L-Fee?", fragte sie.

Im Treppenhaus begegnete Johannes Herrn Idelung, der gerade die Tür zu ihrer Wohnung hinter sich zuzog. Kurt. Wenn Britta Kurt zu ihm sagte, konnte er das vielleicht auch tun.

„Hallo, Johannes!", sagte Herr Idelung freundlich. „So lange Schule gehabt?"

Johannes schüttelte den Kopf. Er hatte die beiden Kleinen vollkommen vergessen, so sehr hatte er auf dem Weg nach Hause darüber nachgegrübelt, wie er das Geld für Kevin beschaffen konnte. Aber jetzt fielen sie ihm plötzlich wieder ein. Hatte Britta den neuen Nachbarn deshalb gerufen, weil sie Nis und Moa entdeckt hatte? Hatte sie, genau wie er, im ersten Moment gefürchtet, dass sie wahnsinnig würde? Hatte sie darum eine zweite Meinung einholen wollen zu der Frage, ob es die beiden tatsächlich gab oder ob sie sich vielleicht besser mit einer Wärmflasche ins Bett legen sollte?

„Na, das beruhigt mich aber!", sagte Herr Idelung. „Hast du schon gesehen, dass unser krimineller Nachbar – du hast das gesagt, remember? *Du* hast gesagt, er ist ein Gangster! – im Keller Platten stapelt? Der wartet nicht lange mit seinen Plänen für den Hof, der macht kurzen Prozess."

„Ich weiß", murmelte Johannes. „Und mich hat er angebrüllt, dass ich ihm nicht hinterherspionieren soll."

„Mich hat er auch angeblafft", sagte Herr Idelung. „Weil ich gesagt habe, ich gucke von oben lieber auf einen freundlichen Rasen als auf eine Plattenwüste. Alles mit dem Eigentümer abgesprochen, sagt er."

„Und Pollily?", fragte Johannes.

Herr Idelung winkte ab. „Na, die wird doch wohl bleiben dür-

fen!", sagte er. "Wer sollte da denn etwas dagegen haben? Aber das Aus für Brittas Rosen ist es bestimmt. Sie nimmt das sehr schwer, du."

Und das Aus für den Gang unter den Rosen auch, dachte Johannes. Aber davon konnte Idelung natürlich nichts wissen. Und auch von Nis und Moa wusste er offenbar nichts. Sonst hätte er doch längst von ihnen gesprochen.

"Ich hab Britta zu einer kleinen Bootsfahrt eingeladen!", sagte Herr Idelung. Kurt, Kurt, Kurt. "Sozusagen zum Trost."

"Ja?", sagte Johannes. Wenn Nis und Moa noch immer nicht zurück waren, fing er allmählich an, sich Sorgen zu machen. Man konnte nicht wissen, ob sie zurechtkamen in der Stadt. Bestimmt kam ihnen alles ganz fremd und unheimlich vor.

"Ich hab ein Motorboot", sagte Herr Idelung. "Nichts Tolles, damit hier keine falschen Hoffnungen entstehen. Du bist natürlich auch herzlich mit eingeladen! Nächsten Montag, an ihrem freien Tag. Überleg's dir."

Johannes nickte. "Danke", sagte er. Dann schloss er die Wohnungstür auf.

Er ist natürlich nicht unnett, dachte Johannes. Aber dass Britta sich nun ständig mit ihm trifft, ist vielleicht auch nicht nötig. Das muss ich mal im Auge behalten.

"Hör zu!", flüsterte der Mensch. "Ich weiß, dass dein Sohn der Goldler ist! Du wolltest mich betrügen, Hüter der Geschichte."
Antak kauerte sich in eine Ecke und hielt die Hände vors Gesicht.
"Ich schlage dich nicht!", flüsterte der Mensch. "Ich schlage nur, wenn es nicht anders geht! Und deinen Sohn Thoril würde ich nie-

mals schlagen. Bedenke, was für ein Leben wir führen könnten, du, er und ich! Bring ihn mir! Bring ihn mir!"
Antak sah nicht auf.
„Hab keine Sorge!", sagte der Mensch. „Du sorgst dich um deinen Sohn, aber das ist unsinnig. Wir werden in Saus und Braus leben! Überlege es dir."
Noch immer sah Antak ihn nicht an, und der Mensch schloss die Tür.

22

Johannes erwachte von einem ungewohnten Geräusch. Sobald er die Augen öffnete, wusste er, dass es noch lange nicht Morgen war. Sein Zimmer war dunkel, und zwischen den Vorhängen fiel ein schmaler Streifen Licht von der Straßenlaterne auf den Teppich.
Er dachte gerade, er hätte das Geräusch nur geträumt, als er es wieder hörte. Irgendwer warf mit kleinen Steinen gegen sein Fenster.
Johannes sprang aus dem Bett. Eine Sekunde lang dachte er, Britta hätte vielleicht ihren Schlüssel vergessen, aber natürlich hätte sie dann geklingelt. Er ließ das Zimmer dunkel, um besser erkennen zu können, wer da versuchte, ihn zu wecken, und schob den Vorhang zur Seite.
Sie standen auf dem Bürgersteig vor dem Fenster, und während Nis warf, suchte Moa neue Steinchen.
Johannes riss das Fenster auf.
„Psssst!", flüsterte er. „Ich mach euch die Tür auf!"
Als er auf bloßen Füßen durchs Treppenhaus zur Haustür lief, spürte er eine große Erleichterung. Natürlich war er froh gewesen, dass Nis und Moa nicht zurückgekommen waren, solange Britta noch zu Hause war. Aber als er ins Bett ging, hatte er aus Sorge fast nicht einschlafen können. Sie waren so klein, und es waren schon zwei von ihrem Volk in der Menschenwelt verloren gegangen.

„Kommt schnell!", flüsterte Johannes. Die Kälte kroch ihm die Beine hoch.

Nis und Moa sahen erschöpft aus, als sie auf Händen und Knien auf der Treppe nach oben krabbelten.

„Wo wart ihr denn so lange!", sagte Johannes. „Ich dachte schon, euch hätte jemand geschnappt!"

Moa ließ sich in seinem Zimmer auf den Boden fallen und streckte Arme und Beine von sich. „Ich bin tot!", murmelte sie. „Mich gibt's gar nicht mehr. Mit mir kann man erst morgen wieder reden."

„Wir mussten uns immer verstecken!", sagte Nis anklagend und rollte sich neben ihr zusammen. „Und eure Straßen sind so lang!"

„Unsere Beine sind ja auch länger!", sagte Johannes. „Möchtet ihr noch was essen?"

„Ich bin tot", murmelte Moa wieder. „Stör mich nicht."

„Wenn du ihr was bringst, putzt sie das trotzdem weg!", sagte Nis. „Ich jedenfalls könnte gut was gebrauchen. Seit diesen – Brötchen heute Morgen haben wir nichts mehr gehabt."

„Ich schlaf schon", murmelte Moa und schloss die Augen.

Johannes lief in die Küche. Im Kühlschrank lagen noch eine Frikadelle vom Mittagessen und zwei Kartoffeln. Und Käse. Und Brot.

Er stellte zwei Teller auf den Küchentisch und verteilte das Essen gerecht. Dann nahm er zwei Gläser aus dem Schrank und eine Flasche Sprudel.

Die Bewegung im Hof sah er, als er gerade das Tablett holen wollte, das Britta und er im Sommer immer mit nach draußen nahmen. Jetzt im Frühjahr stand es verstaubt unter dem Küchenfenster.

Johannes zuckte zusammen. Es konnte natürlich sein, dass er sich

die Bewegung nur eingebildet hatte. Aber seit gestern wusste er, dass es gute Gründe gab, an Bewegungen im Hof zu glauben. Er dachte an den Gang unter den Rosen und öffnete mit fliegenden Fingern die Hoftür. Vielleicht hatte er gerade die beiden entdeckt, nach denen Nis und Moa so verzweifelt suchten und deren Namen er immer wieder vergaß.

Aber die Gestalt im Hof war zu groß. Über den Rasen, von Brittas Rosen hin zur anderen Seite, wo Pollilys Käfig stand, lief gebückt ein Mann.

Johannes erschrak. Er wollte gerade die Tür hinter sich zuziehen, als der Mann sich plötzlich aufrichtete.

„Johannes?", sagte eine Stimme, vor der er schon immer Angst gehabt hatte. „Sollte man in deinem Alter um diese Zeit nicht längst schlafen?"

Johannes schüttelte wild den Kopf, dann nickte er.

„Hier!", sagte Herr Kraidling und rüttelte ein wenig an der Tür von Pollilys Käfig. „Du solltest besser auf dein Tier aufpassen! Das ist die ganze Zeit draußen rumgelaufen!"

„Aber ich hab sie vorhin in den Käfig gesetzt!", sagte Johannes ängstlich. „Als ich sie gefüttert hab! Wirklich, Herr Kraidling!"

„Und vergessen, den Riegel vorzuschieben! Sei froh, dass ich es von meinem Fenster aus gesehen habe!", sagte Herr Kraidling unfreundlich und ging die Kellertreppe hinunter. „Wir sehen uns morgen wieder."

„Ja!", flüsterte Johannes. Ich hab heute keine Hausaufgaben gemacht, dachte er. Hilfe.

Aus Pollilys Käfig kam ein leises Rascheln. Die Kellertür wurde geschlossen. Johannes zog die Hoftür zu.

Den ganzen Tag hatte Thoril Vedurs Haus nicht aus den Augen gelassen, und als der Abend kam, wusste er, dass Nis an diesem Tag nicht mehr zurückkommen würde.

„Von der Kleinen fehlt auch jede Spur", sagte Munna, als hätte sie seine Gedanken gelesen. Sie stellte sich neben ihn und sah zum Himmel auf, als zählte sie die Sterne. „Ihre Mutter läuft durch den Ort und fragt jeden nach ihr. Sie sagt, Moa wäre in der letzten Zeit immerzu heimlich zum Anbetehain gegangen, und genau dort wären schließlich im letzten Herbst Retjak, Ailiss und Artabak gefunden worden."

„Der Anbetehain!", sagte Thoril verächtlich.

„Das ist alles, was ich weiß", sagte Munna.

Thoril drehte sich um und ging.

„Ja, aber wie kommt der in euren Hof?", fragte Moa mit vollem Mund. Sie hatte sich entschlossen, beim Totsein eine Pause einzulegen und erst einmal zu essen. Ihre halbe Frikadelle und die Kartoffel waren längst verschwunden, und jetzt machte sie sich über den Käse her.

„Er wohnt auf der anderen Seite", sagte Johannes. „Ich vergess das immer, weil es schon eine andere Straße ist. Aber von seinem Fenster aus kann er wirklich in unseren Hof gucken."

„Schrecklich!", sagte Nis. Auch sein Teller war schon fast leer.

„Ja, weil er mein Lehrer ist!", sagte Johannes. „Und mich nicht ausstehen kann. Und ich ihn auch nicht."

„Dann ist es doppelt nett, dass er dein Tier gerettet hat", sagte Nis. „So muss man das auch sehen."

Johannes nickte nachdenklich. „Pollily ist so klein!", murmelte er. „Ob er die wirklich sehen kann? Von da ganz oben?"

„Aber er hat sie doch reingesetzt!", sagte Nis. „Das hast du selber gesehen." Er gab Moa einen Klaps auf die Hand. Sie hatte ihren Teller leer gegessen und griff jetzt nach seinem letzten Stück Käse. Johannes zögerte. „Er war am Käfig", sagte er. „Das hab ich gesehen. Und vorher bei den Rosen."

„Aber warum sollte er denn …", fragte Moa und starrte begehrlich auf den Käse. „Oh, nein! Bei den Rosen! Du meinst, er könnte …?"

„Von seinen Fenstern aus sieht er in den Hof", sagte Johannes leise. Nis schob Moa den Käse hin. „Na gut, ich bin satt", sagte er. „Er kann sie also gesehen haben, als sie kamen. Antak und Vedur."

Johannes nickte. „Jeder könnte das", sagte er. „Jeder, der ein Fenster zu unserem Hof hat."

Nis sprang auf und stieß dabei sein Glas um. Ein kleiner Rest Sprudel tröpfelte auf den Teppich.

„Aber das ist doch wunderbar!", rief er. „Warum haben wir nicht früher daran gedacht! Dann wissen wir wenigstens, wo wir anfangen können mit dem Suchen!"

„Du willst alle Wohnungen durchsuchen?", fragte Johannes. „Wie willst du das denn schaffen?"

Nis zuckte die Achseln.

„Ich bin tot", sagte Moa satt und räkelte sich auf dem Boden. „Und darum schlaf ich jetzt. Ihr könnt mir ja hinterher erzählen, wie ihr das Problem gelöst habt."

Aber das taten Nis und Johannes nicht. Auf einmal spürten beide, wie groß auch ihre Müdigkeit war.

„Morgen", sagte Johannes.

„Morgen", sagte Nis.

Dann legten sie sich hin und schliefen sofort ein.

23

Am nächsten Morgen wussten Nis und Moa, dass sie leise sein mussten. Johannes frühstückte mit Britta in der Küche, und als sie ging, um sich die Zähne zu putzen, brachte er den beiden eilig ein Paket Schnittenbrot in sein Zimmer.

„Wenn sie wiederkommt, bevor ich aus der Schule zurück bin, bleibt unter dem Bett!", flüsterte er.

Nis hielt den rechten Daumen nach oben zum Zeichen, dass er verstanden hatte, und Johannes ging beruhigter in die Schule als am Vortag.

Aber das war ein Fehler, und das merkte er sehr schnell. Gleich in der ersten Stunde erwischte Herr Kraidling ihn ohne Hausaufgaben, und der Blick, den er Johannes zuwarf, hätte ihn auch am heißesten Sommertag frieren lassen. Dem würde ich es zutrauen, dachte Johannes. Dem als Allererstem.

In der ersten großen Pause erwischte ihn Kevin mit seinen Kumpeln und erinnerte ihn freundlich an seine Schulden; und gerade als Johannes zwischen den dreien stand, eingehüllt in eine graublaue Rauchwolke, erwischte Herr Kraidling sie alle vier.

„Also rauchen tut er auch noch!", sagte Herr Kraidling. „In guter Gesellschaft!"

Weil Kevin neben ihm stand, wagte Johannes nicht zu sagen, dass er nicht mitgeraucht hatte. Er wagte auch nicht zu erklären, warum

die drei ihn festhielten. Er sah nur auf den Boden und wünschte sich, unsichtbar zu sein.

„Warum lungerst du auch mit denen rum!", sagte Line, die ihn von der anderen Hofseite aus beobachtet hatte. „Ich denk, du hast ihn bezahlt?"

Johannes zuckte die Achseln.

„Er will mehr", murmelte er.

Line schob ihren Arm energisch unter seinen und drehte mit ihm eine Runde über den Schulhof. „Natürlich!", sagte sie. „Das wollen Erpresser immer! Das musst du doch wissen! Von selbst hören die niemals auf!"

Johannes kam sich auf einmal sehr dumm vor. Er hatte tatsächlich geglaubt, dass es nach den fünfzehn Euro vorbei sein würde oder jetzt eben wenigstens nach den zwanzig, und plötzlich begriff er, dass es vielleicht niemals ein Ende gab.

„Wie viel?", fragte Line.

„Zwanzig", flüsterte Johannes. „Er hat wieder das mit meiner ganzen Familie gesagt."

„Trotzdem!", sagte Line. „Das kannst du nicht machen!"

Die Schulglocke läutete zum Ende der Pause, und die Schüler strömten ins Schulgebäude.

Johannes packte Line an der Schulter.

„Und beschützt *du* Britta dann jede Nacht?", sagte er. „Sie haben ein Messer, das haben sie mir gezeigt! Beschützt Thomas sie vielleicht? Holt er sie ab vom Kellnern? *Jede Nacht?*"

Line befreite sich aus seinem Griff.

„Und woher kriegst du das Geld?", fragte sie angriffslustig. „Hast du so viel?"

Johannes schüttelte den Kopf. „Ich dachte, dass du vielleicht …", sagte er.

Line tippte sich gegen die Stirn. „Wo soll das denn wohl herkommen?", fragte sie.

An diesem Tag hatten Nis und Moa in der Wohnung keine Unordnung gemacht. Als er aus der Schule kam, fand Johannes sie vor dem Fernseher in Brittas Zimmer, wo sie mit der leer gegessenen Schnittenbrottüte saßen und auf den Bildschirm starrten.
„Und wenn ich jetzt Britta gewesen wäre?", sagte er ärgerlich und griff nach der Fernbedienung. „Dann hätte sie euch erwischt!"
„Es ist so spannend!", sagte Moa aufgeregt und biss sich auf ihre Fingerknöchel. „Wie kriegt ihr sie rein?"
„Wen?", fragte Johannes.
Moa zeigte auf zwei Männer auf dem Bildschirm, die sich prügelten.
„Die sind da doch nicht drin!", sagte Johannes und drückte auf die Fernbedienung. Die Männer verschwanden und der Bildschirm wurde schwarz. „Und außerdem ist das ein Schrottprogramm."
„Mir wollte sie nicht glauben!", sagte Nis zufrieden. „Ich hab versucht ihr zu erklären, dass da nur Strömekraft drin ist. Das weiß ich von Vedur."
„Und warum kann ich nicht trotzdem weitergucken?", fragte Moa. „Mir ist egal, ob das Männer sind oder nur Strömekraft."
„Das ist kein gutes Programm", sagte Johannes ungeduldig. „Gewaltkram."
Moa runzelte die Stirn. „Aber spannend", sagte sie entschieden.
Johannes ging in die Küche.

„Geld habt ihr nicht vielleicht?", fragte er und setzte einen Topf mit Wasser auf. „Mögt ihr Nudeln?"
Nis zuckte hilflos die Achseln. „Wir haben Hunger", sagte er. „Da mögen wir sie, egal, was sie sind. Was ist Geld?"
„Wenn man was kaufen will", sagte Johannes. Er hatte sich schon gedacht, dass die beiden ihm nicht helfen konnten. „Wie kriegt ihr denn euer Essen? Oder Klamotten?"
Nis sah aus, als hätte er keine genaue Vorstellung davon, was Klamotten sein könnten. „Wir holen es uns", sagte er. „Beim Bäcker. Oder beim Schlachter. Oder beim Bauern."
„Bei der Müllerin", sagte Moa. „Beim Gärtner."
„Ohne Geld?", fragte Johannes.
„Was ist Geld?", fragte Nis zum zweiten Mal.
Johannes schüttete ein Paket Spagetti ins sprudelnde Wasser. „Vergiss es", sagte er und winkte ab. „Außer dass ich es brauche, weil sie sonst Britta abstechen."
„Wer?", fragte Moa erschrocken.
Johannes erzählte von Kevin, während er Tomatenmark mit Wasser verrührte. Jeden Tag Fertigsoße war zu teuer, sagte Britta. An dem Beispiel hätte er den beiden vielleicht erklären können, was Geld war. Aber durch die Geschichte mit Kevin verstanden sie es auch so.
„So was tun die Menschen wirklich?", fragte Nis verwirrt. „Das ist kein Märchen?"
Johannes schüttete ein bisschen Salz in seine Soße und rührte um. „Schön wär's", sagte er.
„Abstechen?", fragte Moa. „Weil du ihnen etwas nicht geben willst, das ihnen gar nicht gehört?"
Johannes nickte. „Exakt", sagte er.

„Das ist *doch* ein Märchen, oder, Nis?", sagte Moa unsicher. „Das ist nur ein Märchen."

Nis sah nachdenklich aus. „Darum mochten wir die Sagen von den Menschen ja nie hören", sagte er. „Immer handelten sie von schrecklichen Dingen. Darum haben wir sie auch vergessen."

„Dass sie Sehkästen haben, hat uns aber keiner erzählt!", sagte Moa. „Und Tagmacher und Herde ohne Feuer! Die Märchen erzählen nur die Hälfte."

Johannes stellte drei Teller auf den Tisch.

„Beim Essen will ich nichts mehr davon hören!", sagte er. „Das verdirbt mir den ganzen Appetit."

Dann half er Nis und Moa auf den Küchentisch.

Nach der ersten Gabel sagte Nis, er hätte nicht mehr so gut gegessen seit dem riesigen Stück Kuchen an seinem Großen Tag, und Moa erklärte, Nudeln wären von jetzt an ihr Lieblingsessen. Johannes war froh, dass er gleich das ganze Paket gekocht hatte.

„Aber was habt *ihr* gestern den ganzen Tag gemacht?", fragte er und drehte seine Gabel.

„Wir haben uns die Menschenwelt angeguckt!", sagte Nis. „Und ständig mussten wir uns verstecken! Manche haben uns angestaunt." Johannes hatte Moa und ihm Kuchengabeln gegeben, damit knieten sie jetzt neben ihren Tellern auf dem Tisch. So ging das Essen ganz gut.

„Und Nis war plötzlich unsichtbar!", sagte Moa und kicherte.

„Quatsch!", sagte Nis böse. „Mich hat einfach nur einer zur Seite getreten. Und sich nicht mal entschuldigt!"

„Geht das denn?", fragte Johannes interessiert. „Könnt ihr das? Unsichtbar werden?"

Nis schüttelte heftig seinen Kopf. Eine Nudel sauste von der Gabel und traf Moa am Kinn. „Geschieht dir recht!", sagte er.
„In den Sagen aus Ganz Alter Zeit", sagte Moa und steckte die Nudel mit den Fingern in den Mund, „da kann es schon sein, dass davon berichtet wird. Du weißt doch, an seinem Großen Tag bekommt jeder seine Fibel …"
„Dass ihr die so wichtig nehmt!", sagte Johannes mit vollem Mund.
Nis griff an die silberne Fibel an seinem Gürtel. „Das ist meine!", sagte er stolz. „Nur mein Wort habe ich nicht."
Johannes starrte auf die Schnalle und lachte. „Das ist eine Fibel?", sagte er und beugte sich über den Tisch. „Dieses Ding? Ich dachte die ganze Zeit…" Dann runzelte er die Stirn. „Ich hab so was schon mal gesehen", sagte er langsam. „Ich bin mir ganz sicher. Es sah irgendwie anders aus, aber es ist so was gewesen. Ich bin mir ganz sicher."
Nis und Moa hörten auf zu essen.
„Wo?", rief Moa aufgeregt.
Johannes zuckte die Achseln. „Es sah irgendwie anders aus", murmelte er.
„Begreifst du denn nicht?", rief Nis. „Wenn du hier oben eine Fibel gesehen hast …"
„… kann die eigentlich nur Antak oder Vedur gehören!", schrie Moa. „Verstehst du denn nicht?"
Johannes nickte langsam. „Meine Güte!", sagte er. „Dann haben wir sie doch schon fast! Mir muss nur wieder einfallen …"
„Bitte!", rief Nis. „Denk drüber nach!"
Johannes lehnte sich zurück und schloss die Augen. Kraidling vor der Tafel fiel ihm ein. Kevin im Tunnel und in der Jungstoilette. Pokaschinski im Keller. „Nichts!", sagte er. „Gar nichts."

Er öffnete die Augen und rührte die Soße unter seine Nudeln. „Es geht am besten, wenn man gar nicht daran denkt", sagte er. „Behauptet Britta. Dann sucht das Gehirn ganz allein, und *plopp!*, auf einmal ist die Erinnerung da."
Nis sah ihn skeptisch an.
„Ihr müsst mich ablenken!", sagte Johannes. „Damit mein Gehirn insgeheim arbeiten kann. Erzählt das mal weiter von der Fibel und dem Wort."
Moa holte tief Luft. „An seinem Großen Tag", sagte sie, „bekommt also jeder von uns vom König seine Fibel und von Vater oder Mutter sein Wort. Der Junge vom Vater, das Mädchen von der Mutter, klar. Und zusammen verleihen ihm Fibel und Wort seine Kraft."
„Haben sie früher", sagte Nis und strich behutsam über seine Fibel. „Als wir noch oben in der Menschenwelt gelebt haben."
„Haben sie früher", sagte Moa. „So heißt es in den Märchen und Sagen. Welche Kraft das sein würde, hat niemand vorher gewusst, und heute erinnert sich wohl kaum einer mehr daran, welche Kräfte es überhaupt einmal gab."
„Bis auf den Hüter der Geschichte", sagte Nis.
Moa winkte ab. „Und darum könnte es natürlich sein", sagte sie. „Wenn Nis auch sein Wort schon hätte – aber das hat er ja nicht."
„Dass Nis unsichtbar werden könnte?", flüsterte Johannes ehrfurchtsvoll.
Moa sah Nis unsicher an. „Warum nicht?", fragte sie. „Er ist doch jetzt wieder oben in der Menschenwelt wie die Medlevinger damals, als sie alle ihre geheimen Kräfte hatten. Und wir L-Feen können schließlich bis heute schweben, und das ist ja auch nicht völlig normal."

„Aber er hat sein Wort noch nicht", sagte Johannes. „Darum würde es sowieso nicht gehen."
„Nein, es geht ja auch nicht!", sagte Nis wütend. „Weil es sowieso nicht geht! Weil ich nicht unsichtbar *war*! Und außerdem war niemals von *so einer* Kraft die Rede, in keinem einzigen Märchen!"
„Wenn du dich da mal nicht täuschst", flüsterte Moa und starrte erschrocken auf den leeren Platz neben seinem Teller.

„Nicht Thoril!", flüsterte Antak. „Nicht mein Sohn!"
Vedur schlug heftig gegen die Tür. Schon lange erwartete er nicht mehr, dass irgendwer sie hören konnte.
„Wir müssen ihn dazu bringen, dass er uns unsere Fibeln zurückgibt", flüsterte er. „Hörst du, Antak? Wenn wir unsere Kräfte hätten …"
„Was wäre dann?", sagte Antak bitter. „Was würden sie uns nützen? Denk nach!"
„Wenn meine Kraft auch für Menschen gelten würde!", rief Vedur. „Wenn ich auch Menschen winzig machen könnte …"
„Du kannst es nicht", sagte Antak. „Das weißt du! Und wenn ich es regnen ließe, würde er nur zornig werden. Nicht einmal unsere Kräfte könnten uns jetzt helfen. Nicht einmal, wenn wir unsere Fibeln hätten."
Vedur trat gegen die Tür. Draußen blieb es still.

24

Johannes starrte auf den Tisch, dorthin, wo eben noch Nis gesessen hatte. Die Kuchengabel schwebte langsam hin und her, leer zum Teller und voller Spagetti wieder zurück an einen Punkt in der Luft, an dem sie von der Gabel verschwanden wie von Zauberhand.
„Was starrt ihr mich so an?", sagte Nis' Stimme, und ganz offenbar mit vollem Mund. „Hab ich Nudeln auf dem Kittel? Klebt mir Soße um den Mund?" Und während die nächste Gabel voller Nudeln sich in Luft auflöste, hörte man einen Augenblick lang nur sein Kauen.
„Dann sagt es mir lieber, anstatt so zu glotzen!", sagte die körperlose Stimme ärgerlich. „Langsam werdet ihr mir unheimlich!"
„Wir dir?", murmelte Johannes. „Na, du bist lustig!"
Moa räusperte sich.
„Ich weiß, du findest mich immer ziemlich rechthaberisch, Nis", sagte sie, und sie konnte nicht verhindern, dass ihre Stimme zitterte. „Aber ich kann ja nichts dafür, wenn es nun mal so ist! Du bist unsichtbar, Nisse. Total unsichtbar."
„Absolut, völlig, ganz und gar", sagte Johannes. „Oh, du meine Güte!"
Er kniff die Augen zu, aber als er sie wieder öffnete, schwebte die Kuchengabel immer noch.
„Ha! Ha! Ha!", sagte Nis' Stimme böse. „Glaubt ihr, ihr könnt mich reinlegen, oder was? Ich seh mich ja wohl! Jetzt hört mal endlich

auf damit!", und die Gabel schabte über den leeren Teller, um auch noch den letzten Rest Soße aufzukratzen und in der Luft verschwinden zu lassen.

„Spürst du denn nichts?", fragte Johannes neugierig. Wenn er es sich richtig überlegte, musste man sich eigentlich nicht wundern, dass diese sonderbaren kleinen Wesen unsichtbar werden konnten. Eigentlich war das nicht erstaunlicher als die Tatsache, dass es sie überhaupt gab.

„Was soll ich spüren?", fragte die Stimme wütend.

„Dass es dich nicht mehr gibt!", rief Johannes. „Warte mal! Nicht bewegen!"

Er sprang so heftig auf, dass sein Stuhl zu schwanken begann, und flitzte ins Badezimmer. Über dem Waschbecken hing ein Spiegel, dessen untere rechte Ecke gesplittert war. Darum hatte Britta einen Aufkleber darüber geklebt, auf dem stand: „Ich mache mit!"

Johannes hob den Spiegel vorsichtig vom Haken.

Was Britta wohl sagen würde, wenn ich ihr von Nis und Moa erzählen würde, dachte Johannes vergnügt. Tot umfallen würde sie. Eigentlich alle, die ich kenne, würden das, jedenfalls die Erwachsenen.

„Hier!", sagte er, als er mit dem Spiegel in die Küche kam. „Kannst du selber sehen!"

Er hob den Spiegel hoch und hielt ihn genau vor die schwebende Gabel. Über dem Tisch gab es einen erstickten Schrei, dann schlug die Gabel auf den Teller.

„Hilfe!", schrie Nis voller Panik. „Ich bin weg! Johannes! Moa! Hilfe!"

„Nee, weg bist du nicht", sagte Moa freundlich. „*Da* bist du schon noch, wie man hört. Aber *unsichtbar*, Nisse, das bist du wirklich."

Sie seufzte. „Du hast es gut!", sagte sie. „Wenn das meine Kraft wäre – irre!"
„Unsichtbar!", flüsterte Nis verzweifelt. „Oh, nein!"
„Aber das ist doch genial!", sagte Moa. „Begreif doch mal, Nisse! Wenn wir jetzt Antak und Vedur suchen! Da kannst du jeden verfolgen, ohne dass er dich sieht, und jeden belauschen und dich überall verstecken!"
„Ich will aber, dass ihr mich sehen könnt!", rief Nisse ängstlich. „Ich kann mich doch auch sehen!"
„Dann mach dich doch einfach wieder sichtbar", sagte Moa ungeduldig. „Kein Problem."
„Aber wie denn!", schrie Nis, und allmählich überschlug sich seine Stimme. Johannes überlegte, wie er sich fühlen würde, wenn er auf einmal für alle anderen so durchsichtig wäre wie Luft. „Ich schaff das ja nicht!"
„Also wir L-Feen", sagte Moa würdevoll, „wenn wir wollen, dass unsere Kraft nicht mehr wirkt …"
„Schweben?", fragte Johannes interessiert.
Moa nickte. „Wir legen dann einfach beide Hände auf unsere Fibel, und das war's."
Sie hatte noch nicht ausgesprochen, da saß Nis wieder auf dem Tisch, mit weit aufgerissenen Augen.
„Na?", fragte er ängstlich. „Könnt ihr mich wieder sehen?"
Johannes nickte. „Das ist ja so stark, du!", sagte er begeistert. „Wie kann man nur so ein Glück haben!"

Die Frage war, sagte Moa, wie es kam, dass Nis unsichtbar wurde, ohne selber davon zu wissen und sogar ohne es zu wollen.

„Und ohne dass er sein Wort hat", sagte Johannes. „Ich denk, das braucht man."

Moa nickte nachdenklich. „Ohne geht es nicht", sagte sie. „Da bin ich mir ziemlich sicher. Er muss es gesagt haben. Ohne dass er davon wusste, versteht ihr? Gestern in der Stadt und eben auch. Was hast du gesagt, bevor du verschwunden bist, Nis?"

Nis spielte unglücklich mit seinem Gürtel. „Will ich auch gar nicht wissen!", murmelte er. „Ich bin froh, dass ich wieder zu sehen bin."

„Ja, aber wenn du es selber entscheiden könntest!", sagte Moa. „Wann du unsichtbar bist und wann nicht! Ich hab doch schon gesagt, wie nützlich das wäre!"

„Ihr hattet mir grade von früher erzählt", sagte Johannes. „Wisst ihr nicht mehr? Moa hat erzählt, was am Großen Tag alles passiert."

„Genau!", sagte Moa. „Und du hast gesagt, dass Nis dann ja vielleicht auch unsichtbar werden könnte, jetzt, wo er in der Menschenwelt ist."

„Und ich hab gesagt, von so einer Kraft war niemals die Rede", sagte Nis.

Moa schrie auf. „Du bist wieder weg!", rief sie.

Und so war es tatsächlich. Wo eben noch Nis gesessen hatte, gab es jetzt nur ein paar Spritzer Tomatensoße auf dem Tisch.

Ich hätte nie geglaubt, dass es *so* funktioniert, wenn es funktioniert, dachte Johannes andächtig. In der einen Sekunde ist er da und in der nächsten verschwunden, und dazwischen ist absolut gar nichts. Wie in einem Film, in dem sie zwei Szenen hintereinander geschnitten haben.

„Du hast es wieder getan!", schrie Moa. „Wir haben es, Nis, wir haben dein Wort!"

„Was?", sagte Nis erschrocken und war wieder da. Seine Hände krampften sich beide um die Fibel an seinem Gürtel. „War ich wieder weg?"
Johannes nickte. „Das ist ja so unglaublich!", sagte er. „Mach das noch mal!"
Nis nahm eine Hand von der Fibel. „Von so einer Kraft war niemals die Rede", sagte er zögernd und war wieder verschwunden.
„Wahnsinn!", schrie Johannes. „Komm zurück!"
Aber das hatte Nis schon ganz von allein getan. „Gut!", sagte er unsicher. „Also kann ich immer wieder sichtbar werden. Dann ist es vielleicht auch nicht so schlimm, unsichtbar zu sein."
„Ganz genau!", sagte Moa. „Und darum suchen wir jetzt dein Wort."
Nis nickte. „Okay", sagte er zögernd. Dann legte er wieder eine Hand auf seine Fibel und sagte den Satz noch einmal, aber jetzt ließ er eine lange Pause zwischen den einzelnen Worten. Erst als er bei „Kraft" angekommen war, war er plötzlich nicht mehr zu sehen.
„Das hätte man sich auch denken können", sagte Moa zufrieden. „Dass es *Kraft* sein muss und nicht ein Wort wie *von*. Oder *so* oder *einer*."
Nis war wieder aufgetaucht. „*Kraft* ist es", flüsterte er andächtig und achtete darauf, dass er die Fibel dabei nicht mit den Händen berührte. „*Kraft* ist mein Wort."
„Oh, Nisse!", rief Moa. „Ist das nicht wunderbar? Warum haben wir das jahrhundertelang nicht genutzt bei den Medlevingern? Warum verkriechen wir uns unten im Land, wo wir unsere Kräfte nicht wecken können? Erzähl mir das mal!"
Nis zuckte die Achseln. „Der König wird es wissen", sagte er. „Und Antak. Und Vedur."

In diesem Augenblick hörten sie von der Straße lautes Schimpfen. „Pokaschinski lädt die restlichen Platten für den Hof ab!", sagte Johannes und rannte in sein Zimmer. „Der Mistkerl!" Nis und Moa liefen hinterher. „Ob er gleich anfängt? Habt ihr schon mal überlegt, dass euer Gang unter den Rosen dann auch zubetoniert ist? Man kann die Platten von oben natürlich wieder wegklopfen, aber wenn von unten einer einfach so hochwill …" Er half den beiden auf die Fensterbank, damit sie nach draußen sehen konnten.
Moa presste ihre Nase gegen die Scheibe. „Geh mal raus, Nisse", sagte sie. „Geh mal unsichtbar raus und hör dir an, was sie reden. Das ist eine gute Übung für dich."
Johannes hob Nis von der Fensterbank. Er hatte das Gefühl, dass Nis jetzt, wo er unsichtbar und wieder sichtbar werden konnte, wann und wie er wollte, gar nicht mehr so viel gegen diese Fähigkeit einzuwenden hatte.
Johannes öffnete die Wohnungstür.
„Bis gleich, Nisse!", sagte er. „Pass auf dich auf!"
Nis winkte kurz zurück. Dann war die Stelle im Hausflur, an der er eben noch gestanden hatte, leer.

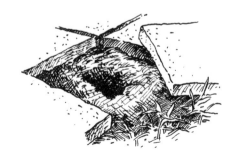

25

Den ganzen Tag streifte Thoril durch das Dorf. Am Nachmittag, als er, wie schon viele Male vorher, am Palasttor vorbeikam, rief jemand seinen Namen. Thoril blieb stehen.

„Thoril!", sagte der König und wischte sich seine erdverkrusteten Hände an der Gärtnerschürze ab. „Ich beobachte dich schon den ganzen Tag. Wie oft bist du jetzt hier vorbeigelaufen? Zwanzigmal? Dreißigmal?"

„Ich weiß nicht, Majestät", sagte Thoril und versuchte ehrerbietig auszusehen.

„Aber ich weiß es!", rief der König. „Weil ich gezählt habe, ich liebe nicht nur Pflanzen, sondern auch Zahlen, mein Junge! Siebenundzwanzig Mal sind es, du bist siebenundzwanzig Mal an meinem Palasttor vorbeigekommen! Was heißt", sagte der König und winkte mit dem Zeigefinger, „dass du siebenundzwanzig Mal durch das Dorf gelaufen bist seit heute Morgen. *Seit heute Morgen!*", rief der König. „Du bist unruhig, Thoril, und ich weiß auch warum."

„Entschuldigung, Majestät!", sagte Thoril und sah dem König fest in die Augen. „Aber ich bin nicht unruhig. Ganz und gar nicht. Ich kann nur im Gehen besser nachdenken. Über dies und das, nichts Besonderes."

„Und dafür lässt du die Schule ausfallen?", rief der König und schlug Thoril auf die Schulter. „Ich weiß, worüber du nachdenkst, Junge! Und ich sage dir: Mach keine Dummheiten!"

„Ich weiß nicht, wovon Sie reden, Majestät", sagte Thoril steif. „Darf ich gehen?"

Der König machte eine Handbewegung, als verscheuche er einen Schwarm Krähen.

„Aber mach keine Dummheiten, Junge!", sagte er. „Mach keine Dummheiten!"

Thoril verbeugte sich knapp.

Johannes ging zurück in sein Zimmer und stellte sich neben Moa ans Fenster.

„Ist Nis unten angekommen?", fragte er.

Moa zuckte die Achseln. „Wie soll ich denn das wissen?", fragte sie. „Sehen kann man ihn jedenfalls nicht." Sie seufzte. „Johannes", sagte sie. „Du bist natürlich ein Mensch. Aber nun sag doch mal ehrlich: Kannst du verstehen, dass wir Medlevinger solche Fähigkeiten haben und sie nicht nutzen? Schon seit Jahrhunderten nicht? Dass wir nur hier nach oben kommen müssten, und schon könnten wir vielleicht alle möglichen Dinge, an die sich heute bei uns niemand mehr auch nur erinnert? Und die so nützlich wären, du! Warum redet da keiner drüber? Warum erzählen sie uns, das wären alles nur Märchen?"

Johannes dachte nach. Auf der Straße schleppten Pokaschinski und der junge Mann Platten vom Wagen in den Keller. Von Nis war nichts zu sehen.

„Ich hab keine Ahnung", sagte er. „Aber wenn das bei uns wäre – also bei uns Menschen, verstehst du –, dann würde ich glauben, dass jemand Angst hat, etwas Schlimmes könnte passieren, wenn man davon wüsste. Und dass es deshalb geheim gehalten wird."

Moa nickte. „Weil einer vielleicht eine Kraft hat, die er falsch nutzen könnte?", sagte sie. „Zu irgendwas Schlimmem?"

„Kann sein", sagte Johannes. „Und ihr habt wirklich nichts davon gewusst?"

„Wenn ich es doch sage!", rief Moa. „Das waren alles nur Geschichten, die keiner hören wollte. Und ich sage dir, das ist Absicht."

„Das glaub ich auch!", sagte Johannes. Auf dem Pritschenwagen lagen nur noch wenige Platten. „Dahinten kommt Line, so ein Mist! Du musst dich verstecken." Er kicherte. „Unsichtbar werden könntest du nicht vielleicht?"

Moa schnaubte. „Könntest du ja wohl auch nicht!", sagte sie und huschte unter das Bett. Die Türklingel schrillte. „Wer ist Line?"

„Eine aus meiner Klasse", sagte Johannes und sah sich um, ob auch nichts mehr auf seine beiden Gäste hinwies. „Die darf dich nicht sehen! Erklär ich dir später!" Und er ging zur Wohnungstür. Er öffnete sie vorsichtiger als sonst und ließ die Tür auch noch eine Weile geöffnet, als Line schon längst im Flur stand.

„Warum machst du nicht wieder zu?", fragte Line. „Ich bin drin, Johannes, hallo! Hallo, Johannes, träumst du, oder was?"

„Was?", sagte Johannes. Schließlich konnte er nicht wissen, ob nicht vielleicht auch Nis mit Line ins Haus zurückgekommen war und mit ihr zusammen in die Wohnung wollte.

„Ich mach die Tür jetzt zu!", sagte er darum laut. Wenn Nis irgendwo unsichtbar stand, sollte er das wissen. Nicht dass Johannes ihn noch einklemmte, nur weil er ihn nicht sah.

„Na wunderbar", sagte Line. „Kündigst du seit neuestem alles vorher an, was du tust? Ich geh jetzt ins Zimmer, ich setz mich jetzt auf mein Bett ..."

„Halt!", sagte Johannes. „Nicht aufs Bett! Da setz ich mich lieber hin."

Durch die geöffnete Tür sah er den Fernseher in Brittas Zimmer. Er lief ohne Ton, und es war klar, wer ihn angeschaltet hatte. Wenn Moa unter seinem Bett auf dem Boden lag, hatte sie ihn wunderbar im Blick. Und natürlich wieder so eine Sendung, bei der man die Leichen nicht mehr zählen konnte und von der Britta immer sagte, das wäre nun aber wirklich der allerletzte Müll.

Line kniff die Augen zusammen. „Ist was?", fragte sie. „Hast du was? Warum bist du so komisch?"

„Es ist nur – wegen Kevin", sagte Johannes. „Ich zergrüble mir das Gehirn, woher ich das Geld kriegen soll."

„Na, viel hast du da ja nicht zu zergrübeln", sagte Line und lauerte, ob er jetzt auf sie losgehen würde. „Aber genau deshalb bin ich gekommen, Johannes. Damit wir uns zusammen was überlegen."

„Ja?", sagte Johannes. Er war froh, dass es unter dem Bett so still blieb. Er hätte Line gerne in alles eingeweiht. Aber sie war einfach eine alte Klatschbase.

„Touristenführungen?", sagte Line und sah aus, als hätte sie das Ei des Kolumbus auf die Spitze gestellt. „Weißt du? Oder Zeitungen austragen?"

„Ja, klar, ich denk drüber nach", sagte Johannes und warf einen Blick aus dem Fenster. Draußen zurrte der junge Mann eine Plane locker über die Pritsche und stieg ins Fahrerhäuschen. „Echt, ich denk drüber nach!" Irgendwie musste er Line klar machen, dass sie gehen sollte, obwohl sie gerade erst gekommen war.

„Und du musst mir versprechen", sagte Line, „dass du es nur noch dieses eine Mal machst mit Kevin. Und wenn sie dann wieder was wollen, gehst du zur Polizei. Die muss einfach was tun! Nur weil du Angst um Britta hast…"

„Okay, klar, vielleicht", sagte Johannes. In seinem Kopf tauchte ein Bild auf, schon die ganze Zeit, seit Line in die Wohnung gekommen war. Es war ein wichtiges Bild, das spürte er. Aber es verschwand jedes Mal, bevor er es festhalten konnte, es war zum Verrücktwerden. „Du, Line, ich muss dich jetzt leider rausschmeißen! Weil ich – erzähl ich dir heute Abend, okay? Jetzt passt es grade ganz schlecht, weil – erzähl ich dir heute Abend, okay? Ich komm bei dir vorbei."

„Heute Nacht schlaf ich bei Oma Ilse!", sagte Line ärgerlich. „Thomas arbeitet und ich soll nicht allein sein auf dem Schiff. Da ist nichts mit Vorbeikommen. Aber wenn du mich hier nicht haben willst, bitte!"

Und mit hoch erhobenem Kopf verschwand sie auf den Flur.

„Ich will dich doch haben!", schrie Johannes. „Es ist nur – jetzt grade passt es nicht so!"

Line machte die Wohnungstür auf.

„Und heute Abend passt es mir nicht!", sagte sie. „Und ich hab auch keine Ahnung, wann es mir mal wieder passt!" Und mit einem lauten Knall zog sie die Tür hinter sich zu.

„Also, die ist ja nun richtig nett!", sagte Moa und kroch unter dem Bett hervor. Sie klopfte sich den Staub von den Armen. „Kannst du den Ton anschalten, bitte? Warum sollte ich die denn nicht kennen lernen? Willst du die für dich alleine?"

Johannes drückte auf die Fernbedienung und der Bildschirm wurde schwarz.

„Nicht!", schrie Moa.

„Das ist schädlich für Kinder", sagte Joahnnes. „Line …"

Moa schüttelte ärgerlich den Kopf. „Für mich nicht!", sagte sie. „Warum hast du mich ihr nicht vorgestellt?"
„Weil sie eine Klatschbase ist", sagte Johannes. Jetzt war Line wütend auf ihn, und das konnte er nicht gut gebrauchen. „Hab ich doch schon gesagt! Die petzt alles ihrem Vater." Er versuchte, seinem Gedächtnis das Bild zu entlocken, das dort die ganze Zeit unscharf geflackert hatte, aber auf seiner inneren Leinwand rührte sich nichts. Er sah aus dem Fenster. „Nis ist immer noch unsichtbar."
„Klar, jetzt macht es ihm Spaß", sagte Moa. „Unsichtbar werden – das fände ich auch gut."
„Dafür kannst du später mal schweben", sagte Johannes. „Oder? Das ist doch auch nicht schlecht. Und Sachen wachsen lassen."
„Und mit Tieren reden", sagte Moa. „Das finde ich fast noch am besten. Das können alle L-Feen. Aber erst mal muss ich dreizehn werden."
„Vorher geht es nicht?", fragte Johannes.
Moa wand sich ein bisschen. „Vorher kriegt man eben seine Fibel nicht", sagte sie. „Und ohne Fibel geht gar nichts. Unser Wort haben wir natürlich schon. Alle L-Feen. Wir werden damit geboren."
„Und deins?", fragte Johannes.
„Xavaya", sagte Moa leise, und es klang so zauberisch, dass Johannes einen Augenblick lang fürchtete, gleich würde sie genau wie Nis unsichtbar werden. „Es ist nur …"
„Hm?", sagte Johannes.
„Ich wollte das nie, verstehst du? Ich finde L-Feen so affig! Da wollte ich keine werden." Sie seufzte. „Ich bin heimlich zum Anbetehain gegangen, wo die Truhe mit den Fibeln steht, und hab nach meiner gesucht. Immer wieder und wieder. Ich dachte …"

„Du dachtest was?", fragte Johannes. Das Bild wollte nicht schärfer werden.

„Dass ich sie vielleicht verstecken könnte", sagte Moa. „Oder wegwerfen. Irgend so was. Aber sie war gar nicht da."

„Nicht da?", fragte Johannes verblüfft.

Moa schüttelte den Kopf. „Sie war einfach nicht da", sagte sie. „Alle möglichen Fibeln haben in der Truhe gelegen, sie verstauen sie in Schachteln mit Namensschildern dran, weißt du. Aber die Schachtel, in der eigentlich meine Fibel sein sollte, war leer."

„Na, das war dann doch gut für dich!", sagte Johannes. „Wo du sie sowieso wegschmeißen wolltest!"

„Du verstehst das nicht!", rief Moa. „Wenn einer von uns stirbt, wird seine Fibel zurück in die Truhe gelegt. Für mich ..." Sie schwieg.

Johannes kniff die Brauen zusammen. Dann begriff er. „... muss erst noch einer sterben?", flüsterte er.

Moa zuckte hilflos die Achseln. „Anders kann ich es mir nicht erklären!", sagte sie. „Und das Schlimme ist, seit Vedur und Antak verschwunden sind ..."

„Ja?", fragte Johannes.

Moa schüttelte den Kopf. „Ach, nichts", murmelte sie.

„... fürchtest du, dass es einer von ihnen sein könnte", sagte Johannes, der langsam begriff. „Oder, Moa? Dass deine Fibel noch fehlt, ist für dich ein Zeichen, dass Vedur oder Antak sterben werden. Und deshalb willst du sie auch unbedingt finden, bevor es geschieht."

Moa starrte ihn an. „Oder?", fragte sie ängstlich. „Oder, Johannes?"

Johannes bewegte nachdenklich den Kopf hin und her.

„Vielleicht stirbt auch jemand ganz anders", sagte er und versuchte, zuversichtlich zu klingen „Es muss doch alte Leute geben bei euch."

Moa nickte. „Ich hätte niemals zum Hain gehen sollen!", sagte sie. „Dann wüsste ich es nicht, und dann würde ich mir jetzt nicht so schreckliche Sorgen machen."

„Und alles immer nur wegen dieser idiotischen Fibeln!", sagte Johannes.

Und im selben Augenblick war das Bild wieder da.

Jetzt wusste er es.

26

„Moa?", fragte Johannes leise.
Moa stand vor dem Fenster auf einem Stuhl und sah auf die Straße.
„Langsam könnte er aber auch kommen!", sagte sie unruhig. „Er muss ja nicht ewig unsichtbar bleiben!"
„Moa?", sagte Johannes wieder. „Es ist mir eingefallen."
Langsam setzte er sich auf sein Bett. Es konnte nicht sein. Es gab Dinge, die konnten nicht sein. Und doch war das Bild jetzt ganz klar und er schauderte. Niemals wäre er darauf gekommen, niemals.
„Was ist dir eingefallen?", fragte Moa.
Johannes sah die Fibel an Nis' Gürtel vor sich, unverwechselbar in ihrer seltsamen Form, silbern und schwer. Das war es gewesen, was es so schwierig gemacht hatte, die Erinnerung heraufzubeschwören. Die Farbe war es gewesen. Die Fibel, die er schon einmal gesehen hatte, die er sogar in der Hand gehalten hatte, ohne zu wissen, was er da hielt, war schwarz gewesen.
„Aber es kann nicht sein!", flüsterte Johannes. „Es kann doch nicht …"
„Geht es dir nicht gut, Johannes?", fragte Moa ängstlich und rutschte bäuchlings vom Stuhl.
„Ich weiß jetzt, bei wem ich die Fibel gesehen habe", flüsterte Johannes und starrte vor sich auf den Boden. „Aber es kann nicht – er kann es nicht sein."

„Bei wem?", fragte Moa aufgeregt und kletterte mühsam zu ihm auf das Bett. „Johannes, dann haben wir Antak und Vedur gefunden!"
Johannes dachte an die vielen Nachmittage, als er noch klein gewesen war, an denen sie zusammen Spiele gespielt hatten. Daran, wie er ihn getröstet hatte, unzählige Male, die Tränen abgewischt, die Nase geputzt. Wie sie gemeinsam gelacht hatten, alle vier. An die Einweihungsfeier auf der Barkasse.

„Ich hab sie bei Thomas gesehen", sagte er und er spürte, dass der Name ihm kaum über die Lippen wollte. „Dem Vater von Line."
Vor seinem inneren Auge lief wieder die Szene ab: Britta, die wütend war, weil Pokaschinski den Hof planieren wollte, und Thomas, der fröhlich in die Küche gekommen war, fröhlich wie meistens, und von seiner Fortbildung erzählt hatte. Der Britta dann die Bescheinigung vom Arbeitsamt gezeigt und dazu in seine Jackentasche gegriffen hatte.

Johannes sah wieder den sonderbar geformten schwarzen Gegenstand, wie er auf den Küchenboden schlug, ohne dass Thomas ihn beachtete. Es war die Farbe. Wäre die Fibel silbern gewesen, er hätte sich sofort erinnert.

„Von der Line von eben?", fragte Moa ungläubig. „Du meinst, dass ihr Vater ..."

Johannes schüttelte wild den Kopf. „Das hab ich doch nicht gesagt!", rief er. „Ich hab nur gesagt, dass er so eine Fibel hatte. Sie ist ihm aus der Tasche gefallen, als er bei uns war, und er hat sie gar nicht beachtet. Ich dachte, das ist ein Teil von seinem Moped."

„Gar nicht beachtet! Ha!", schrie Moa. „Er wollte nur nicht, dass ihr aufmerksam werdet!"

Johannes sackte auf seinem Bett zusammen. „Aber ich glaube es

nicht!", sagte er. „Er ist fast unser ältester Freund! Ich wollte immer so gerne Papa zu ihm sagen, als ich klein war. Er ist ein bisschen schusselig, aber er ist nett!"

„Außer dass er unsere Leute gefangen nimmt!", sagte Moa grimmig. Sie war so klein, aber das konnte man ganz schnell vergessen, wenn sie entschlossen war.

„Aber er muss es doch nicht sein", flüsterte Johannes.

„Wohnt er hier?", fragte Moa. „Kann er auf den Hof gekommen sein und Vedur und Antak abgefangen haben?"

Johannes schüttelte erleichtert den Kopf. „Nee!", sagte er. Daran hatte er noch gar nicht gedacht. „Nee, der wohnt unten im Hafen."

„Nein?", fragte Moa bohrend.

Johannes sah auf seine Hände. „Er hat aber einen Wohnungsschlüssel", murmelte er. Mehr sagte er nicht. Nicht, dass Thomas schon lange keine Arbeit mehr hatte und darum zu jeder Zeit in die Wohnung gehen konnte, auch wenn Britta und er nicht da waren. Und die Vorhänge auf der Barkasse!, dachte Johannes. Auf einmal passte alles zusammen. Damit niemand in die Kajüte sehen kann. Und niemand ihn finden kann, weil er nirgends gemeldet ist. Ich muss blind gewesen sein. Britta muss blind gewesen sein.

„Johannes?", sagte Moa.

Aber warum sollte er das tun?, dachte Johannes. Warum sollte er die beiden gefangen nehmen und einsperren? Was nützen ihm Antak und Vedur?

„Johannes!", sagte Moa ungeduldig. „Ich rede mit dir!"

Aber Thomas hatte die Fibel gehabt.

„Mach das Fenster auf, Johannes!", brüllte Moa in sein Ohr. „Hörst du nicht? Ich will auf die Fensterbank!"

Johannes nickte. Was auch immer der Grund war: Thomas hatte die Fibel gehabt.
Johannes öffnete das Fenster und Moa beugte sich nach draußen. „Nis!", schrie sie begeistert. „Nisse! Komm rein! Wir wissen jetzt, wo sie sind!"
Auf der Straße blieb es still.
„Wir wissen, wo die Fibel ist!", rief Moa dringlich. „Nisse, komm!" Johannes lehnte sich neben ihr aus dem Fenster. „Nis, sag was!", rief er. „Damit wir wissen, dass du noch lebst!"
Aber niemand antwortete ihnen.
„Er ist nicht mehr da!", flüsterte Moa.
Johannes drückte die Schultern durch. „Vielleicht ist er einfach nur ein bisschen spazieren gegangen", sagte er.

Nis war aufgeregt gewesen, als er unsichtbar auf die Straße getreten war. Er presste sich fest gegen die Hauswand und beobachtete, wie die beiden Männer ihre Platten schulterten, um sie in den Keller zu tragen. Manchmal streifte ihn ihr Blick, aber er sah sofort, dass sie ihn nicht bemerkten. Ein unglaubliches Glücksgefühl stieg in ihm auf.
Ich bin unsichtbar!, dachte Nis. Ich kann gehen, wohin ich möchte, und tun, was ich möchte, und niemand wird mich jemals wieder bemerken, außer wenn ich selber es will. Es ist, wie Moa gesagt hat, ich kann sie belauschen und ich kann sie verfolgen, und sie werden es niemals merken. Wenn wir erst wüssten, wer Vedur und Antak gefangen hält, könnte ich ihn beschatten. Meine Fibel und mein Wort sind die wertvollsten Waffen, die ein Junge besitzen kann.
Die Männer verschwanden im Haus, und gleich danach kam ein

Mädchen die Straße entlang und drückte auf einen Knopf neben der Tür. Vielleicht besucht sie Johannes, dachte Nis. So alt wie er ist sie ja ungefähr. So alt wie Johannes und Moa und ich. Und jetzt sitzen sie alle drei oben bei Johannes im Zimmer und unterhalten sich miteinander.

Nis lachte leise. Warum sollte er die drei nicht auch beobachten, ohne dass sie es merkten? Hinterher würde er ihnen alles erzählen, was sie getan hatten. Jede Wette ärgert Moa sich dann schwarz, dachte Nis zufrieden. Die alte Rechthaberin.

Er ging ganz dicht an den Wagen heran und zog sich an einem der beiden hinteren Räder nach oben. Es war unglaublich, was für Räder die Wagen der Menschen hatten, das war ihm in der Stadt schon aufgefallen. Dick und aus hartem, schwarzem Gummi, in dessen Rillen Hände und Füße eines Medlevingers leicht Halt finden konnten. Nicht solche dünnen Räder aus Holz mit Speichen und außen einem Reif aus Metall, wie jeder im Land sie benutzte. Bestimmt fuhr man in den Menschenwagen weich wie in Abrahams Schoß. Kein Schlagloch auf dem Weg und kein Stein konnte so ein Gefährt ins Rumpeln bringen, und dass ein Rad brach, geschah bestimmt auch nur selten.

Über dem Reifen sprang ein Blech vor wie ein Dach, und von dort konnte Nis sich mit Mühe nach oben auf die Pritsche ziehen. Die hintere Klappe hing nach unten und schaukelte ein bisschen.

Er hatte sich kaum auf dem Wagen umgesehen, da kamen die Männer wieder aus dem Haus.

„Na bitte, nur noch einmal!", sagte der Ältere der beiden, der Nis an den Wegepfleger zu Hause erinnerte, weil er genauso nach berauschenden Getränken roch. „Dann ist es geschafft!"

Der Jüngere sprang auf die Pritsche und reichte ihm die letzten Platten nach unten, und Nis presste sich fest in die entfernteste Ecke. Aber er wusste sowieso, dass sie ihn nicht sahen.

Sobald sie im Haus verschwunden waren, zog Nis sich am Seitenrand der Pritsche hoch und guckte zum Haus hinüber. So, liebe Moa, dachte er vergnügt.

Durch das geschlossene Fenster sah er Johannes in seinem Zimmer auf dem Bett sitzen und mit dem Mädchen reden, das eben ins Haus gegangen war. Also hatte er Recht gehabt, sie war ein Besuch für Johannes. Moa lag unter dem Bett und starrte über den Flur, und Nis grübelte einen Augenblick, was es dort wohl zu sehen gab, bevor er begriff. Plötzlich fuchtelte das Besuchsmädchen mit den Armen und Johannes sprang auf. Jetzt sah Nis genau, dass das Mädchen wütend war.

Ein bisschen wie Moa, dachte er. Sie sind anders als wir, aber wenn man genauer hinsieht, sind wir uns doch ziemlich ähnlich.

Johannes redete auf das Mädchen ein, aber das lief schon aus dem Zimmer. Jetzt kommt sie gleich aus dem Haus, dachte Nis. Ich könnte sie erschrecken.

Aber dazu kam er nicht mehr. Eine riesige, schmutzig gelbe Plane wurde über die Pritsche geworfen und streifte schmerzhaft sein Gesicht. Vor Schreck warf Nis sich auf den Boden. Es wurde dunkel, dann hörte er das Brummen, das die Wagen der Menschen, wie er inzwischen wusste, alle von sich gaben. Ein Ruck schleuderte ihn gegen die Pritschenwand. Sie fuhren.

Sie warteten den ganzen Nachmittag, aber Nis kam nicht zurück. Zwischendurch rief Britta an und erzählte, dass sie bei einer Freun-

din wäre, um mit ihr zu lernen, und Johannes erklärte, bei ihm wäre alles okay.

Ein paarmal riefen sie noch aus dem Fenster nach Nis, dann ging Johannes nach draußen, um ihn zu suchen. Moa blieb in der Wohnung, um ihn hereinzulassen, wenn er plötzlich doch noch allein zurückkommen sollte. Johannes hatte ihr extra einen Stuhl neben die Wohnungstür gestellt.

„Nis!", murmelte Johannes. Jetzt lief er bestimmt schon eine Stunde durch die Straßen am Hafen und blickte dabei suchend auf den Boden und in die Hauseingänge. Aber er glaubte eigentlich nicht, dass Nis sich wieder sichtbar gemacht hatte. Nicht, solange er mitten unter den Menschen herumlief.

„Nisse!", rief Johannes. Ein Autofahrer bremste scharf und zeigte ihm einen Vogel. Noch bevor er das Fenster heruntergekurbelt hatte, war Johannes auf die andere Straßenseite gerannt. „Nisse! Hallo, Nisse!"

Ein Maler im Overall schüttelte den Kopf und ein Junge auf einem Fahrrad rief im Vorbeifahren: „Balla balla, oder was?"

„Wen suchst du denn, mein Kind?", fragte eine Frau. „Ist dir dein Hund weggelaufen?"

Johannes sah erschrocken zu ihr hoch. Dann nickte er erleichtert. Natürlich!, dachte er und wagte, viel lauter zu rufen. Er würde jedem, der fragte, einfach erzählen, er suche seinen Hund.

Aber Nis tauchte nicht wieder auf. Es war unsinnig zu glauben, man könnte ihn finden, einfach, indem man durch irgendwelche Straßen lief.

Die Stadt war so groß, und Nis konnte überall sein.

„Na, ist dein – Meerschwein verschwunden?", grölte plötzlich eine

bekannte Stimme. Die Worte verschwammen, Bierdunst hüllte Johannes ein, und eine schwielige Hand mit schwarzen Rändern unter den Nägeln legte sich ihm schwer auf die Schulter.

„Nisse!", rief Herr Pokaschinski und torkelte ein wenig. „Heißt das so, ja? Das Schwein? Der kleine Nisse wird auch bald – umziehen müssen!", und Herr Pokaschinski lachte hämisch.

„Niemand wird umziehen!", schrie Johannes und riss sich los. „Niemand zieht um!"

„Du ... du kannst deiner Mutter sagen!", schrie Herr Pokaschinski ihm nach und kam aus dem Gleichgewicht. Er torkelte ein wenig, aber dann fing er sich wieder und stieß einen gewaltigen Rülpser aus. „Morgen fang ich an umzugraben! Sag der Püppi das!"

Johannes fing an zu rennen. Dieser Mistkerl, dachte er. Dieser eklige, versoffene Mistkerl. Wenn der Pollily anrührt, weiß ich nicht, was ich tu. Aber vielleicht ist wenigstens Nis längst zu Hause. Er kann sich doch nicht wirklich verlaufen haben.

Johannes war klar, dass es für den Kleinen dann schwierig werden würde. Schließlich konnte Nis nicht einfach stehen bleiben und irgendwen nach dem richtigen Weg fragen. Und seine Unsichtbarkeit half ihm in so einer Situation auch nicht.

„Ist er zurück?", rief Johannes, nachdem er die Wohnungstür aufgeschlossen hatte. Der Stuhl fiel polternd um. „Moa? Ist Nis zurück?"

„Hast du ihn nicht gefunden?", fragte Moa. Natürlich lag sie wieder bäuchlings vor dem Fernseher. Drei Männer mit Maschinenpistolen gingen drohend auf einen vierten zu, und die Musik dröhnte laut und gefährlich.

Johannes schaltete das Gerät aus.

„Er muss sich verlaufen haben", sagte er unglücklich.

Moa setzte sich auf. „Ich mach mir um Nis nicht so schrecklich viel Sorgen, weißt du", sagte sie. „Wir Medlevinger finden uns eigentlich immer ganz gut zurecht. Deshalb konnten wir ja auch nicht glauben, dass Antak und Vedur sich hier oben bei euch einfach nur verlaufen haben sollten."
„Und wenn er irgendwo sitzt und ganz verzweifelt auf uns wartet?", fragte Johannes.
„Erst mal befreien wir Antak und Vedur", sagte Moa energisch. Sie schien überhaupt keine Angst um Nis zu haben, und sonderbarerweise beruhigte das Johannes auch. „Heute Abend ist die Gelegenheit, und die dürfen wir nicht verpassen."
„Weil Thomas arbeitet", sagte Johannes und nickte. „Und Line ist bei Oma Ilse. Kein Mensch auf dem Schiff." Er seufzte. „Wie gut, dass Britta und Thomas schon immer ihre Schlüssel ausgetauscht haben."
Dabei wusste er genau, dass Britta nicht einverstanden gewesen wäre mit dem, was er tat. Niemals wäre sie einfach in Thomas' Wohnung gegangen, wenn er nicht da war, um darin herumzustöbern. Aber genau darauf verlässt er sich natürlich, dachte Johannes. Diesmal hat er sich getäuscht.
„Wenn es dunkel ist, gehen wir zur Barkasse", sagte Johannes. „Kannst du übrigens Englisch?"
Und er holte sein Buch aus der Tasche. Noch einmal sollte Herr Kraidling ihn nicht ohne Hausaufgaben erwischen.
„Mach den Sehkasten an!", sagte Moa. „Ich muss das noch gucken."

27

Nis lag unter der Plane und spürte, wie der Wagen über ebene Straßen fuhr. Er dachte daran, wie er zu Hause mit auf dem Bock gesessen hatte, wenn Korn zur Mühle oder Heu von den Wiesen in die Scheunen gefahren wurde, und spürte eine kleine Sehnsucht.

Aber ich kann ja jederzeit zurück!, dachte er. Jederzeit! Der Gang ist offen für mich.

Der Wagen hielt und fuhr wieder an, hielt noch einmal und fuhr wieder.

Die Masten!, dachte Nis stolz. Ich kenn mich aus. Immerzu halten wir jetzt an den Masten.

Der Wagen fuhr um eine Kurve, dann begann er zu rumpeln, fast wie die Wagen zu Hause im Land. Also wurde der Boden jetzt uneben. Der Wagen setzte vor und zurück, hin und her mit kurzem, scharfem Rucken, dann hörte das Brummen auf.

Angekommen!, dachte Nis.

Er wartete eine Weile, ob die Männer die Plane von der Pritsche entfernen würden, sodass er abspringen konnte, aber nichts rührte sich. Vorsichtig hob er die Plane selber ein wenig an.

Der Wagen stand auf einem Platz, auf dem schon viele andere Wagen abgestellt worden waren. Von seinem Ausguck aus sah Nis auf ein Wasser, das direkt unterhalb des Platzes ruhig im Halbschatten

lag. Ein offenes Boot rangierte mit einem ähnlichen Knattergeräusch auf dem Wasser hin und her wie sonst die Wagen auf den Straßen, und viele andere Boote, größer als alle, die Nis zu Hause je gesehen hatte, lagen an einem Steg vertäut. Menschen waren zwischen ihnen nirgends zu sehen.
Nis hob die Plane ein wenig höher und und kletterte über die Seite. Der Abstand zum Boden war groß, und außerdem war der Platz mit schweren, abgerundeten Steinen gepflastert. Nis schloss die Augen und ließ sich fallen.
Einen Augenblick blieb er liegen und wartete, ob ein Schmerz irgendwo ihm sagen würde, dass er sich ernsthaft verletzt hatte, aber er spürte nur ein Ziehen in den Händen, mit denen er sich beim Aufprall abgestützt hatte. Die Handflächen waren aufgeschürft, und zwischen Sand und Schmutz sah er eine blutige Schramme. Aber darauf achtete er nicht. Wichtig war jetzt, wohin der Wagen ihn gebracht hatte und wie er von dort zu Johannes zurückfinden sollte.
Nis stöhnte. Er sah auf den ersten Blick, dass er keine Ahnung hatte, wo er sich befand. Vor ihm schlug tief unten das Wasser mit kleinen Glucksern gegen eine Mauer. Es war ein sehr gerader und nicht besonders breiter Fluss. Auf der anderen Seite fuhren brummende, knatternde Wagen in dichter Kolonne, und Menschen gingen eilig an der Mauer entlang, die das Wasser weiter oben von ihrer Straße trennte.
In seinem Rücken stand eine unendlich scheinende Reihe hoher rotbrauner Häuser. Es war erstaunlich, dass bei so vielen Fenstern nirgendwo Menschen zu sehen waren.
Nis lief vorsichtig auf den nächstgelegenen Eingang zu, vor dem einladend mehrere Schilder mit dem gleichen großen Bild aufge-

stellt waren. Erschrocken blieb er stehen. Schreiende Menschen saßen in einem Boot, das im wilden Strudel in einen Abgrund gezogen wurde.

Kann dieser kleine Fluss so reißend werden?, dachte Nis verblüfft. Vielleicht bei Hochwasser. Vielleicht tritt er dann über seine steinernen Ufer. Die Menschen auf dem Schild hatten zwar ihre Münder weit aufgerissen in einem stummen Schrei, in ihren Augen erkannte er aber ein Lachen.

Nis ging einen Schritt näher und zuckte sofort wieder zurück. Aus dem Gebäude dröhnte dumpfe Musik, düster und drohend. Er hörte, wie eine Tür quietschend geöffnet und wieder zugeschlagen wurde. Ketten rasselten, und ein Mensch schrie auf wie in höchstem Schmerz.

Natürlich!, dachte Nis und kauerte sich erschrocken hinter die Treppe, die nach oben zur Eingangstür führte. In den Sagen war davon die Rede, und sie nannten es Kerker. Düstere, kalte Gebäude, in die die Menschen ihresgleichen in Schmutz und Dunkelheit sperrten. Aus dem Gebäude drang ein fürchterliches Schluchzen, dann wurde langsam eine Trommel geschlagen.

Nis drehte sich blitzschnell um. Auf der anderen Seite des Wassers fuhren noch immer die Wagen. Eine Frau hielt ein Kind an der Hand und hüpfte mit ihm lachend die Mauer am Wasser entlang.

Und so nah an all dem Schönen, dachte Nis. Aber vielleicht ist der Kerker deshalb durch ein Wasser von allem anderen getrennt. Wie sollen die Menschen glücklich und heiter sein können mit all ihren Sehkästen und Hin-und-her-Sprechmaschinen und gefederten Wagen, wenn sie in ihrem Rücken immer das Stöhnen und die Schreie der Gefangenen hören?

Erst jetzt sah er zur Eingangstür auf und schaffte es gerade noch, sich die Hand vor den Mund zu schlagen, um seinen Schrei zu ersticken. Dort oben hoch über seinem Kopf hing ein Käfig und schwang leicht im Wind, der über das Wasser kam. Darin kauerte zusammengeduckt ein Skelett und umklammerte mit seinen Knochenfingern die Gitterstäbe seines Gefängnisses, als hätte es bis zuletzt daran gerüttelt, immer noch in der Hoffnung auf Rettung. Und es war viel zu klein, um von einem Menschen zu stammen.

Aus dem Keller dröhnte ein hämisches Gelächter, so fürchterlich, wie Nis niemals jemanden hatte lachen hören, und er wartete keine Sekunde länger. Das Skelett war viel zu klein, um von einem Menschen zu stammen.

Das Gebäude vor ihm war ein Kerker, ja, das wohl. Aber kein Kerker für Menschen.

„Antak und Vedur!", flüsterte Nis, während er über eine kleine Brücke rannte, als wäre der Teufel hinter ihm her. „Sie halten dort Medlevinger gefangen! Sie foltern sie!"

Die Angst schüttelte ihn so, dass er mitten auf der Brücke stehen bleiben musste. Wie konnten die Menschen so etwas tun? Wie konnten sie anschließend sogar noch das Skelett eines getöteten Medlevingers in einem Käfig prahlerisch vor die Tür hängen?

Die Menschen waren fürchterlich, das hatten die alten Sagen berichtet. Nis begann zu begreifen, warum der König nicht wollte, dass irgendwer im Land von der Menschenwelt erfuhr.

„Alle heiligen Geister!", murmelte er.

Er musste zurück. Er musste Johannes und Moa von seiner Entdeckung erzählen, sofort. Hatte Johannes denn nicht gewusst, dass es diesen Kerker gab? Konnte es wirklich sein, dass er nichts ge-

ahnt hatte von der Existenz der Medlevinger, wenn so ganz in seiner Nähe dieser Käfig mit dem Skelett hing?

Rechts und links von der kleinen Brücke erstreckte sich wie in einer tiefen Schlucht ein zweiter Fluss, viel schmaler noch als der erste und zu beiden Seiten von den hohen rotbraunen Häusern wie von unbezwingbaren Mauern begrenzt. In diese Schlucht fiel kein Sonnenstrahl.

Aber als Nis die andere Seite erreicht hatte, kam er wieder ins Freie. Gleichzeitig trat hinter den Wolken die Sonne hervor, und erst jetzt spürte er, wie kalt ihm vorher gewesen war. Wieder lag vor ihm ein Fluss, breiter diesmal, und die hohen roten Häuser sahen ein wenig freundlicher aus. Gleichmäßig zogen sich Reihen von Fenstern in ungezählten Stockwerken über sie hin, unterbrochen von kleinen Giebeln, unter denen aus einer Luke Seile heraushingen. An ihnen waren unten schwere metallene Haken befestigt, wie sie zu Hause auch die Müllerin benutzte, um Getreidesäcke auf ihren Mahlboden zu heben.

Unter der Giebelluke unterbrachen weitere Luken das Mauerwerk, breiter als die Fenster daneben, und Nis begriff, dass die Lasten, die man an den Seilen nach oben hievte, hier in die Gebäude gezogen wurden.

Dies mussten also Lagerhäuser sein. Viele der untersten Luken waren geöffnet, und überall sah Nis gestapelte Teppiche in verschiedensten Farben. Dunkelhaarige Männer saßen daneben und tippten mit den Fingern auf kleinen Maschinen, als spielten sie lautlos ein Musikinstrument.

Nis war dankbar, dass ihn niemand sehen konnte. Er lief an der Häuserreihe entlang bis zu ihrem Ende. Vor einer der geöffneten

Luken lag ein Teppichstapel auf einem Holzrost. Die Farben leuchteten in der Sonne, und Nis spürte, wie schwer seine Beine geworden waren vom Laufen.

Nur eine Minute, dachte er und sah sehnsuchtsvoll zu den weichen Teppichen hoch. Dann such ich weiter nach dem Weg. Ich muss Johannes vom Kerker erzählen. Antak und Vedur! Ich muss mich beeilen!

Aber er wusste auch, dass er nicht mehr lange durchhalten konnte. Die Straßen der Menschen waren so steinig und so unendlich lang. Wenn er jetzt nicht eine kleine Pause machte, würde er es niemals schaffen.

Es war einfach, den Teppichberg zu erklimmen. Die Wolle war weich und warm, und die Sonne schien einladend darauf. Nur eine Minute!, dachte Nis wieder und rollte sich auf die Seite.

Er spürte die Wärme der Sonne und er spürte die Wärme des Wollflausches unter sich wie zu Hause sein Schlaffell. Dass er einschlief, spürte er nicht.

28

Als es dunkel wurde, ging Thoril allein den Weg zur Werkstatt.
Das Dorf war in Aufruhr. Dass Antak fortgegangen und nicht zurückgekommen war, hatte man sich zu erklären versucht, dafür konnte es viele Gründe geben; dass dann später auch Vedur gefehlt hatte, wunderte niemanden so recht, schließlich wussten alle seit langem, wie sonderbar er war. Aber dass nun zwei Kinder verschwunden waren, löste Angst aus nicht nur bei den Müttern. Immer wieder hörte man auch die Namen Retjak, Ailiss und Artabak.
Thoril ging langsam und wie gegen einen Widerstand. Manchmal blieb er stehen und sah zurück; danach war es, als gäbe er sich selbst einen Befehl, und er ging weiter.
Vor der Werkstatt prüfte er kurz, ob ihn auch niemand beobachtete, dann drückte er die Tür auf und ging durch den dämmerigen Raum direkt auf den Schrank zu. Mit einer schnellen Bewegung zog er ihn von der Wand, als hätte er das schon tausendmal getan, und fuhr mit den Fingern die zersplitterte Zarge entlang. Alles war, wie er es erwartet hatte.
Einen Augenblick zögerte Thoril, dann trat er in den dunklen Gang. Er wusste, was er wusste, und darum gab es keine andere Möglichkeit.

Sie hatten gewartet, bis die Turmuhr am Michel Mitternacht schlug. Britta war noch lange nicht zurück, und Moa war auf dem Bett eingeschlafen. Johannes gähnte auch.

„Moa!", flüsterte er. „Aufwachen! Nachher kommt Britta wieder, und dann muss ich auch im Bett liegen!"
Als sie aus der Haustür traten, war es ringsumher ruhig. Nur wenige hundert Meter entfernt glitzerten die bunten Lichter der Reeperbahn und von irgendwoher hörte man undeutlich Musik und Lachen. Aber auf dem Dom hatte das Riesenrad aufgehört sich zu drehen und auch hier in der Straße war alles wie ausgestorben. Nur in wenigen Fenstern brannte noch Licht. Kein Auto durchbrach die nächtliche Stille.
„Wir müssen runter zum Wasser!", sagte Johannes. In den ausgestorbenen Straßen hallten ihre Schritte auf dem Kopfsteinpflaster.
„Geht es ein kleines bisschen schneller?"
„Wenn ich jetzt meine Fibel hätte!", keuchte Moa. „Dann könnte ich schweben! Dann wäre ich genauso schnell wie du!"
Unter dem Mäuseturm waren die Schiffe am Schwimmponton nur schwarze Schatten in der Dunkelheit.
„Leise!", flüsterte Johannes. In seiner Hosentasche umklammerte er den Schlüssel. Er war alt und schwer und groß. Der Ponton bewegte sich leicht auf dem Wasser, und Moa zuckte zusammen.
„Keine Angst!", flüsterte Johannes. „Alles in Ordnung!"
Auf der „Cordelia Zwo" war es still. Trotzdem kauerten Johannes und Moa sich eine Weile an Deck zusammen und warteten. In der Kajüte rührte sich nichts.
„Wenn einer kommt, rennst du!", sagte Johannes und drehte den Schlüssel im Schloss. Ganz leicht glitt die Niedergangstür zurück, und er stieg rückwärts die wenigen Stufen in die Kajüte hinunter. Moa folgte ihm mit vorsichtigen kleinen Schritten.
„Ich mach jetzt die Taschenlampe an, krieg keinen Schreck!", flüsterte Johannes.

Die Kajüte war aufgeräumt. Nur zwei Tassen standen auf dem Tisch, und daneben lag aufgeschlagen Thomas' Buch.
„Antak?", rief Johannes leise. „Vedur?"
Niemand antwortete ihm.
„Glaubst du wirklich, dass er sie hier eingesperrt hat?", fragte Moa skeptisch und sah sich um.
„Antak?", rief Johannes wieder. „Vedur?"
„Es ist doch so eng hier!", sagte Moa. „Und wenn das Mädchen auch noch hier wohnt …"
„Antak?", rief Johannes und öffnete mit zittrigen Fingern eins der Schapps, in denen Thomas und Line ihre Kleidung und ihr Geschirr verstaut hatten. „Vedur?"
„Die würde das doch merken!", sagte Moa und kroch unter die Bank. „Oder glaubst du, die ist in die Entführung eingeweiht? Deine eigene Freundin?"
Johannes lehnte sich gegen den Tisch. „Nee, hier hat er sie nicht versteckt", murmelte er. „Aber wo dann?"
„Vielleicht hast du dich geirrt", sagte Moa. „Vielleicht war es doch keine Fibel, was du bei ihm gesehen hast. Du hast damals ja sowieso gedacht, es wäre ein Teil von seinem – weiß nicht mehr, wie das noch heißt."
Am Durchgang zum Steuerstand stand ein alter, halbhoher Schrank, auf dem Thomas seinen Wasserkocher abgestellt hatte. Johannes öffnete eine der beiden Türen, und sofort fielen ihm Bücher und Papiere entgegen. Er erkannte ein Mathebuch, Lines Englischheft.
„Hier auch nicht", sagte er enttäuscht und öffnete die zweite Tür.
Die schwarze Fibel fiel heraus und schlug dumpf auf den Boden.

Nis erwachte mit einem Ruck. Sein Schlaffell bewegte sich, und er öffnete erschrocken die Augen.
Über sich sah er den Himmel und einen schweren metallenen Haken, an dem sein Bett in die Luft gehoben wurde. Es schwankte leicht, und er krallte seine Finger in den Wollflausch.
„Zieh rein!", sagte eine dunkle Männerstimme, und die Teppiche schaukelten stärker. „Abladen können wir morgen!"
Ein Mann beugte sich über Nis, ohne ihn zu sehen, und löste den Haken. Er rief einem anderen in einer fremden Sprache etwas zu, und der andere lachte. Dann schlug eine Tür.
So leise er konnte, sprang Nis von seinem Teppichstapel. Auch wenn der Mann ihn nicht sehen konnte, konnte es doch passieren, dass er ihn durch Zufall berührte.
Um ihn herum war es dämmerig. Er befand sich in einem großen Raum mit hölzernem Boden und grauen Wänden. Alles roch nach Alter und Staub, und ein Teppichstapel grenzte an den nächsten.
„Zieh die Luke zu!", rief die Männerstimme wieder. „Ich schließ schon ab!" Dann wurde es dunkel.
Nis schrak zusammen. Nur wenige Schritte entfernt jenseits der Brücke saßen Antak und Vedur in einem Kerker, und er war der Einzige, der davon wusste. Und anstatt sofort zu Johannes zu laufen und Hilfe zu holen, hatte er sich ausgeruht und war eingeschlafen!
Voller Angst lief er zu der Luke, durch die er eben auf der Teppichpalette in den Lagerraum geschwebt war, aber wie sehr er auch daran rüttelte, sie blieb verschlossen; und eine Tür in der Nachbarwand ebenso.
Ich bin gefangen, dachte Nis, und jetzt schlug die Angst über ihm

zusammen wie eine dunkle Woge. Anstatt Antak und Vedur zu befreien, habe ich mich auch noch selbst gefangen nehmen lassen!
Er warf sich auf den Boden und schlug seine Hände vor die Augen.
Er hätte selber nicht sagen können, wie lange er so lag, ohne sich zu rühren.
Aber dann fing sein Herz an, wieder ruhiger zu schlagen. Ich sollte mich lieber zusammennehmen, dachte Nis. Es wird ja auch wieder Morgen und spätestens dann kommen die Männer zurück und öffnen die Luke. Dann kann ich nach draußen springen und Johannes Bescheid geben.
Daran, was in dem furchtbaren Kerker in der Zwischenzeit mit den Gefangenen geschah, durfte er nicht denken.
Sein Magen knurrte laut und erinnerte ihn, wie lange er nichts mehr gegessen hatte. Am besten, ich schlafe einfach wieder, dachte Nis. Es gibt kein Essen und ich komme hier nicht raus, das habe ich doch nun festgestellt. Egal, ob ich wach bin oder schlafe, ich muss warten, bis die Männer die Luke öffnen. Und es ist besser, wenn ich morgen ausgeschlafen bin.
Langsam ging er zurück zu dem Teppichstapel, der ihm schon einmal als Schlaffell gedient hatte, und rollte sich in der Dunkelheit zusammen. Aber dieses Mal wollte der Schlaf sich nicht einstellen.

„Die Fibel!", flüsterte Moa. Sie saß auf dem Boden der Kajüte und hielt das schwarze Metall in ihren beiden Händen. „Du hattest Recht! Das ist eine Fibel!" Und sie strich behutsam mit den Fingern über die vom Alter geschwärzte Oberfläche.
„Dann wissen wir wenigstens das", sagte Johannes grimmig. „Da

kann er sich jedenfalls nicht rausreden! Irgendwo muss er also auch Antak und Vedur versteckt halten."

Fast zärtlich fuhr Moa mit dem Zeigefinger den Verzierungen nach. „Johannes?", sagte sie. „Aber ich glaube nicht …"

„Wenn Nis jetzt hier wäre!", sagte Johannes ungeduldig. „Er muss ihn beschatten! Den kann Thomas doch nicht sehen! Und irgendwann muss er ja zu ihrem Gefängnis gehen. Nis muss nur immer an ihm dranbleiben und darf ihn keine Sekunde aus den Augen lassen!"

Moa sah zu ihm auf, während ihre Finger weiter das Metall streichelten. „Ich glaube nicht, dass diese Fibel Antak oder Vedur gehört", sagte sie nachdenklich. „Guck sie doch an."

„Nein?", sagte Johannes und nahm die Fibel nun selber in die Hand. „Und? Was ist daran falsch?"

„Sie ist alt!", sagte Moa. „Uralt! Siehst du das nicht? Sie ist schon unendlich lange nicht mehr geputzt worden, sonst wäre das Silber doch nicht so schwarz!"

Johannes nickte.

„Als wäre sie Jahrhunderte nicht mehr geputzt worden!", flüsterte Moa.

„Jahrhunderte, Quatsch!", sagte Johannes ungeduldig. „Aber wem soll sie denn dann gehören? Wenn sie nicht Antak und Vedur gehört? Vermisst ihr noch jemanden bei euch?"

Moa schüttelte den Kopf. „Niemanden", sagte sie. „Niemanden, wirklich! Ich verstehe das nicht. Das kann gar nicht sein, du, Johannes!"

In diesem Augenblick hörten sie auf der nächtlichen Straße über dem Kanal ein Knattern. Dann wurde es wieder still.

„Das Moped!", sagte Johannes und stopfte alle Papiere zurück in den Schrank. „Gleich ist Thomas hier!"
Er schlug die Schranktür zu und lief den Niedergang hoch. „Beeil dich!"
Seine Schritte hallten, als er den Ponton entlangrannte. An der Treppe zögerte er einen Augenblick. Wenn er sich nach links zur Straße wandte, um nach Hause zu kommen, würde er Thomas direkt in die Arme laufen. Er bog nach rechts ab und rannte über die hölzerne Brücke bis in die Speicherstadt, wo die langen Reihen der Lagerhäuser in der Dunkelheit wie schwarze Burgmauern drohten. Gleich am ersten Eingang kauerte er sich neben eine Treppe und atmete schwer.
Erst jetzt fiel ihm Moa wieder ein. Hatte er ihre Schritte hinter sich gehört, als er über die Brücke gelaufen war? Moa konnte nicht unsichtbar werden! Wenn Thomas nun auch Moa noch gefangen hatte …
„Moa?", rief Johannes leise. „Moa, bist du hier irgendwo?"
In seinem Rücken hörte er ein leises, merkwürdiges Rauschen. Er drehte sich um.
Nur wenige Schritte hinter ihm schwebte Moa vor den schwarzen Schatten der Speicher über dem Kopfsteinpflaster.
„Es ist meine, Johannes, es ist meine!", flüsterte Moa, und sie taumelte ein wenig, als ihre Füße bei der Landung den Boden berührten. „Es ist meine Fibel, Johannes! Sie gehorcht meinem Wort!"
Auf der anderen Seite des Zollkanals ging Thomas mit schnellen Schritten über den Ponton und verschwand im Niedergang seiner Barkasse. Johannes sah, wie er stutzte. Soll er doch denken, dass er selber vergessen hat, die Tür abzuschließen, dachte Johannes.

„Dich lasse ich gehen", sagte der Mensch und deutete auf Antak.
„Hüter der Geschichte! Damit du mir deinen Sohn bringst. Du bist mit ihm schon oben gewesen; er wird sich nicht wundern, wenn du ihn holst."
„Und meine Fibel?", sagte Antak. „Ich kann nicht ohne meine Fibel zurück! Jeder würde mich fragen."
„Dann denk dir etwas aus!", sagte der Mensch. „Du wirst deinen Gürtel knoten müssen." Er lachte böse. „Und wenn du nicht zurückkommst", sagte er und zerrte Vedur zu sich hin, „dann weiß ich nicht, was aus deinem Freund hier wird. Er war nicht Teil unserer Abmachung. Er nützt mir nichts. Deinem Sohn und dir wird es gut gehen bei mir. Aber er hier nützt mir nichts. Es könnte sein, dass ihm etwas passiert, wenn du nicht zurückkommst und mir deinen Sohn bringst." Der Mensch lächelte. „Ich bin der Kain. Ein Medlevinger ist für mich nur ein Medlevinger."
„Dann gehe ich nicht", sagte Antak.
Der Kain hob wild seine Hand, als ob er ihn schlagen wollte, dann ließ er sie sinken.
Er lächelte mühsam. „Ich beweise dir, dass ihr keine Angst haben müsst", flüsterte er. Sein Atem ging heftig. „Du und dein Sohn. Ich bestrafe dich nicht. Aber ich komme wieder. Überlege gut, was du mir dann zur Antwort gibst."
Die Tür fiel zu.

29

Nis hatte sich lange von einer Seite auf die andere gewälzt. Wie alle Medlevinger brauchte er keine Uhr, um zu spüren, wie viel Zeit verging, und so wusste er, dass die Nacht noch lange nicht vorüber war. Angst hatte er keine in der Dunkelheit, aber er musste sich zusammennehmen, um nicht zu weinen. Nie hätte ihm das passieren dürfen. Er versuchte nicht an Antak und Vedur zu denken und daran, was gerade jetzt in dem Kerker jenseits der Brücke mit ihnen geschah.

„Alle heiligen Geister!", flüsterte Nis. „Es darf einfach noch nicht zu spät sein!"

Er schreckte hoch. Draußen vor der Tür hörte er leise Schritte und Stimmen, dann drehte sich ein Schlüssel im Schloss.

„Wie soll ich das verstehen?", fragte eine Männerstimme, und das Licht wurde eingeschaltet.

Nis kniff die Augen zusammen, so blendete ihn die plötzliche Helligkeit. Er kannte die Stimme. Sie gehörte dem Mann, der am Abend gesagt hatte, dass die anderen Männer die Teppiche erst am nächsten Tag von den Paletten laden sollten.

„Ich hab dir das Geld gegeben, und du hast zugesagt ..."

Nis beugte sich vor, aber die beiden wurden von einem Pfeiler verdeckt und er konnte nur einen Rücken erkennen und einen Arm, der beim Sprechen gestikulierte.

„Du bekommst es doch wieder, Matewka!", sagte eine andere Stimme flehend. „Verstehst du denn nicht, es hat eine kleine Verzögerung gegeben!"

„Das sagst du nun schon seit Wochen!", rief Matewka. „Du lebst in Saus und Braus …"

„Na, so kann man das nun wirklich nicht nennen!", sagte die andere Stimme begütigend, und Nis überlegte, ob er sie vorher schon einmal gehört hatte. „Matewka, ich bin bald so weit! Gib mir nur noch ein paar Tage!"

„In purem Gold, hast du gesagt!", sagte Matewka, und seine Stimme vibrierte vor unterdrückter Wut. „Wir haben früher schon Geschäfte gemacht, und du bist immer zuverlässig gewesen wie ein Bankbeamter! Darum hab ich dir vertraut. Aber dieses Mal …"

„Matewka!", sagte die Stimme bittend.

„In purem Gold!", sagte Matewka. „Wie ich überhaupt nur so dämlich sein konnte, so einen Blödsinn zu glauben!"

„Du kannst mir aber glauben, Matewka!", sagte die Stimme wieder. „Du würdest es ewig bereuen, wenn du mich jetzt beseitigen würdest! Was hast du denn dann? Gar nichts hast du, nur eine Leiche am Hals! Gib mir noch eine Woche Zeit, dann kriegst du es wieder, doppelt und dreifach!"

Matewkas Stimme klang drohend. „Gut, eine Woche noch!", sagte er. „Aber dann …!", und Nis sah, wie er mit der Hand in einer knappen Bewegung an seinem Hals entlangfuhr. „Wir lassen nicht mit uns spielen, verstehst du!"

„Ich schwöre!", flüsterte die Stimme. „Ich schwöre, Matewka!"

Matewka öffnete die Tür. „In einer Woche!", sagte er drohend. „Sonst wanderst du am besten gleich nach Australien aus!"

Nis sah ihre Rücken, wie sie in der halb geöffneten Tür standen. Hab ich den schon irgendwo gesehen?, dachte er. Hab ich den schon gesehen?

Der Rückweg war kurz gewesen. Moa war die ganze Zeit neben Johannes hergeflattert, und zwischendurch hatte sie kleine, helle Freudenschreie in die Nacht hinausgeschickt.
„Psst!", sagte Johannes, als er die Haustür aufschloss. „Du weckst doch das ganze Haus auf!"
„Morgen putze ich sie!", sagte Moa und gähnte. „Meine Fibel! Wieso ist meine Fibel so alt? Und wieso liegt sie nicht im Anbetehain, wo sie hingehört? Wieso finde ich sie in der Menschenwelt? Verstehst du das?"
Johannes ließ sich auf einen Küchenstuhl fallen. Die Küchenuhr zeigte Viertel nach eins.
„Nee", sagte er. „Das kannst du wohl auch kaum erwarten. Aber wenigstens brauchst du jetzt keine Angst mehr zu haben, dass Antak und Vedur dafür sterben müssen."
Moa stellte sich vor die Fensterbank. „Xavaya!", sagte sie.
Johannes schrie auf. Der Schnittlauch in Brittas Kräuterkasten streifte die Zimmerdecke.
„Bist du verrückt? Was soll Britta denn denken, wenn sie vom Kellnern kommt!"
„Xavaya!", rief Moa begeistert, und die letzten drei Stängel Petersilie schossen in die Höhe.
„Hör auf, du Blödi!", schrie Johannes und zog die Schublade mit der Küchenschere auf. „Ich kann das jetzt alles wieder abschneiden!"

„Es funktioniert!", sagte Moa und schlug vor dem Küchenfenster Purzelbäume in der Luft. „Ich kann auch wachsen lassen! Ich kann schweben und ich kann wachsen lassen und ich ..."
„Du bist ja total durchgeknallt!", sagte Johannes wütend, während er Petersilie und Schnittlauch wieder auf eine normale Länge zurückschnitt. Die Petersilie verlor dabei leider ihre riesigen gekräuselten Blätter. „Ich denk, du wolltest gar keine L-Fee werden?"
„Ach, das war doch vor hundert Jahren!", schrie Moa. „Ich säusele einfach nicht! Oder säusele ich etwa? Dann bin ich auch nicht peinlich!"
„Nee, dass du säuselst, kann man wirklich nicht behaupten", sagte Johannes. „So laut, wie du grade bist, weckst du alle Nachbarn auf, und ich krieg den Ärger."
Und genau in diesem Augenblick klopfte von draußen jemand an die Tür zum Hof.
„Da siehst du es!", sagte Johannes erschrocken.
Dann fiel ihm ein, dass kein Nachbar mitten in der Nacht über den Hof kommen würde, um sich bei Britta zu beschweren.

„Warum gehst du nicht?", flüsterte Vedur. „Wenigstens du wärest dann frei! Geh zurück ins Land und komm nicht mehr wieder! Warum sollen wir beide sterben!"
„Ich bin schuld!", flüsterte Antak. „Und ich soll frei sein, während er dich ..." Einen Augenblick war er still. „Der König vermutet, was geschehen ist. Und Thoril weiß es sogar. Wird er mich nicht sein Leben lang fragen, was aus dir geworden ist? Wie soll ich dort weiterleben?"

„*Du könntest den König bitten, Hilfe zu schicken*", flüsterte Vedur. Antak lachte bitter. „*Du weißt, was er sagen wird*", sagte er. „*Ich bleibe. Wenigstens das kann ich für meinen Sohn und mein Volk tun.*"

3. Teil

Die Suche nach dem Kain

30

Im ersten Moment glaubte Johannes, Nis wäre zurückgekommen, und eine Welle der Erleichterung überflutete ihn.
„Nisse!", rief er. „Wir haben dich überall gesucht!"
In der Hoftür stand eine kleine Gestalt, etwa so groß wie Nis und gekleidet wie er nach seiner Ankunft. Die Küchenlampe schien auf seine Fibel und ließ sie glänzen.
„Hallo", sagte der Kleine unsicher und trat vorsichtig in die Küche. Sein Haar leuchtete wie poliertes Kupfer. „Ich hab Moa am Fenster gesehen."
Moa sprang auf ihn zu.
„Thoril!", schrie sie. „Was tust du denn hier?"
„Ich dachte, du bist Nis", sagte Johannes verblüfft. „Du meine Güte, noch einer! Langsam wird es ein kleines bisschen voll hier."
Aber als er das erschrockene Gesicht des Jungen sah, schüttelte er beschwichtigend den Kopf.
„War nur Quatsch", sagte er. „Du bist auch durch den Gang gekommen?"
„Ich bin Thoril, Antaks Sohn", sagte der Kleine und verbeugte sich. „Und ich bin gekommen, um meinen Vater und mit ihm auch Vedur zu befreien. Und wenn es sein muss, auch Nis und Moa."
„Willst du was essen?", fragte Johannes. Er durfte nicht daran denken, wie müde er morgen in der Schule sein würde. „Trinken?"

Der Kleine nickte erstaunt, und Johannes stellte ein Glas vor ihm auf den Boden.

„Ich bin gekommen, um sie zu befreien", sagte Thoril und seine Stimme zitterte. „Jetzt, wo ich hier bin, kannst du sie gehen lassen."
Und er sah aus, aus ob er gleich weinen wollte.

Johannes seufzte. „Nicht schon wieder", sagte er. „Ich hab keinen entführt! Moa, erklär du es ihm!"

Moa nickte. „Er ist es nicht!", sagte sie. „Er hält mich nicht gefangen. Er hilft uns nur suchen, Nisse und mir! Und wir wissen jetzt auch, wer Antak und Vedur versteckt hält."

Der Junge sah verwirrt aus. „Er ist es nicht?", fragte er.

Moa schüttelte den Kopf.

„Dann sagt mir, wer es ist", sagte Thoril. „Ich kann sie befreien."

„Eingebildet bist du überhaupt nicht, was?", sagte Moa, und Johannes konnte gerade noch ihre Hand festhalten, bevor sie wieder an ihre Fibel griff. Er hatte keine Lust, die ganze Nacht Schnittlauch zu schneiden. „Was glaubst du, warum Nisse und ich hier sind? Glaubst du, befreien geht so einfach?"

Thoril griff nach dem Glas, aber er trank nicht daraus.

„Wenn er mich erst hat, wird er die anderen beiden freilassen", sagte er unglücklich. „Ich bin es ja, den er sucht. Ich bin nur zu feige gewesen." Und er starrte Johannes verzweifelt an.

„Wie, er sucht *dich*?", fragte Johannes. „Und *wer*?"

„Der Kain", murmelte Thoril. „Nur mich sucht der Kain."

In Moas Augen leuchtete eine Erinnerung auf. „Du meinst – die Geschichte ist wahr?", flüsterte sie.

Thoril sah sie müde an. „Alles ist wahr!", sagte er.

„Dann bist du ein …? Nein!", sagte Moa. „Das sind doch Märchen!"

Thoril schüttelte den Kopf. „Nur mich sucht der Kain", sagte er leise. „Und ich bin gekommen, um die anderen zu befreien. Wenn er mich hat, wird er sie im Austausch gehen lassen."
Britta geht auch jeden Morgen zur Schule und ist um diese Zeit noch nicht im Bett, dachte Johannes und gähnte. Schlaf ist wirklich nicht so wichtig, wie immer behauptet wird.
„Könntet ihr mir vielleicht mal erklären, worüber ihr die ganze Zeit redet?", fragte er.
Thoril nickte. „Es ist eine lange Geschichte", sagte er.

„In den Alten Zeiten", sagte Thoril und setzte sich auf dem Boden vor Johannes' Bett bequemer zurecht, „lebten die Menschen und die Medlevinger viele Jahrhunderte hier oben auf der Erde, die damals unsere gemeinsame Heimat war. Jahrtausende vielleicht", sagte Thoril. „So genau weiß ich das nicht."
„Immerhin", sagte Johannes gespannt.
Thoril nickte. „Antak, mein Vater, ist, wie sein Vater vor ihm und dessen Vater auch, Hüter der Geschichte, und nach seinem Tod werde ich das Amt von ihm erben. Darum hat er mich eingeweiht, bald nach meinem Großen Tag. Er musste es sowieso."
„Musste es sowieso?", fragte Moa.
Thoril winkte ab. „Sie lebten damals zusammen, Menschen und Medlevinger, und für beide war es gut so, wie es war. Denn die Menschen waren groß und stark und voller Neugierde und entdeckten viele neue Dinge; die Medlevinger aber besaßen ihre geheimen Kräfte, die auch den Menschen bisweilen nützlich sein konnten. So tauschten sie ihr Können und ihr Wissen, ihre Kraft und ihre Fähigkeiten miteinander, und es war gut für alle. Es

herrschte ein Gleichgewicht, damals: in ihren großen Häusern die Menschen, mit Waffen, mit denen sie uns schon immer leicht hätten vernichten können; und die Medlevinger in ihren kleinen Dörfern zwischen Feldern und Wäldern.

Die Medlevinger bewunderten die Menschen. Nicht wegen ihrer Größe und ihrer Kraft, sondern wegen ihres Erfindungsgeistes; denn wenn uns Medlevingern etwas fehlt, dann ist es die Neugierde, die vorwärts treibt. Wir sind zufrieden mit dem, was wir haben …"

„Na ja!", sagte Moa mit Nachdruck, aber Thoril ließ sich nicht unterbrechen.

„… und am wichtigsten von allem war uns immer, dass wir in Ruhe und in Freundlichkeit miteinander leben konnten. Manchmal, wenn wir Hilfe benötigten, gingen einige von uns in die Orte der Menschen, und die Menschen kamen und halfen uns mit ihrer Größe, ihrer Kraft und ihrem Erfindungsgeist. Manche gutmütig und ohne etwas zu fordern; andere forderten als Lohn für ihren Beistand, dass wir ihnen mit einer unserer geheimen Kräfte helfen sollten. Das war für uns nicht immer leicht."

„Nein?", fragte Johannes. „Ich finde, es klingt fair."

Thoril nickte. „Das sicherlich", sagte er. „Aber es konnte geschehen, dass ein Menschenherrscher verlangte, einer von uns, der sich unsichtbar machen konnte, solle seinen Gegner für ihn ausspionieren, damit er ihn und sein Land desto besser angreifen und vernichten könne; oder ein Regenmacher solle die Ländereien seiner Feinde überfluten. Ähnliches geschah häufig, und so etwas ist ganz und gar gegen die Gepflogenheiten der Medlevinger. So kam es auch damals schon manchmal zu Streit mit den Menschen, aber er

konnte noch jedes Mal beigelegt werden, denn viel zu wichtig war für beide Seiten immer wieder die Hilfe der anderen."
„Und wieso hab ich noch nie davon gehört?", fragte Johannes ungläubig. „Wenn das angeblich über Jahrtausende so gegangen ist?"
„Wir haben es doch auch vergessen!", sagte Moa. „Warum solltet ihr dann nicht?"
„Du hast davon gehört", sagte Thoril müde. „Aber ebenso wie wir hat euer Volk es mehr und mehr in den Bereich der Märchen und Sagen verbannt. Es gibt bei euch Geschichten von Feen und Trollen, von Heinzelmännchen und Waldgeistern, von Elfen und ..."
„L-Feen?", fragte Moa schrill.
Thoril schüttelte den Kopf. „Sie haben das Wort über die Jahrhunderte vergessen", sagte er. „Warum sollten sie auch nicht, wenn sie glaubten, L-Feen gäbe es nicht? Wer hätte ihnen erklären sollen, dass das ‚L' für Land steht? Es gibt Gegenden, in denen das Wissen noch lebendiger ist, aber dort, wo wie hier die Wissenschaft herrscht, kommen wir nur noch in den Geschichten für Kinder vor. Denn je tiefer die gemeinsame Zeit in der Vergangenheit versank, desto unglaubwürdiger erschien den Menschen, was von den Medlevingern überliefert war. Sie lehrten es nicht mehr in ihren Schulen, sie vergaßen es an ihren Universitäten, es wurde zum Märchen."
„Wahnsinn!", flüsterte Johannes.
„Sogar Ehen gab es früher zwischen unseren beiden Völkern wie zwischen anderen befreundeten Völkern auch", sagte Thoril. „Und die Kinder schlugen entweder nach der einen oder anderen Seite, gehörten, wenn sie erwachsen wurden, entweder dem einen Volk an oder dem anderen. Selbst wenn sie Geschwister waren, konnte

es sein, dass einer als Medlevinger, der andere als Mensch geboren wurde. So waren die Bande zwischen uns eng, aber ebendas wurde dann auch zu unserem Verderben."

„Kain und Abel!", flüsterte Moa und starrte Thoril ungläubig an.

Thoril nickte. „Zuerst aber muss ich noch von einer geheimen Kraft berichten, die selten war unter den Medlevingern", sagte er, und Johannes spürte, dass jetzt etwas kam, worüber Thoril am liebsten geschwiegen hätte. Fast sah es aus, als zitterte er. „Das war die Kraft, jeden beliebigen Gegenstand in Gold zu verwandeln."

„Die Goldler!", murmelte Moa.

„Nur selten wurde ein Medlevinger mit der Fähigkeit zum Goldmachen geboren, und wenn, dann hatte es für ihn wie für unser Volk eigentlich keine Bedeutung. Denn uns Medlevingern war Reichtum schon immer gleichgültig, wir waren zufrieden, wenn wir satt wurden und es warm und gemütlich hatten und viele Freunde um uns herum", sagte Thoril. „Feste, Lachen und ernste Gespräche, ein gutes Essen und ein guter Tanz, Trost bei Traurigkeit und Freunde, die unsere Freude teilten, ein Bad im Mondschein und ein Tag faul auf der Wiese im Gras – das war es schon damals, was wir uns wünschten. Trotzdem waren die Goldler wichtig für uns."

Thoril seufzte.

„Denn natürlich waren die Menschen anders als wir", sagte er. „Sie liebten das Gold, immer schon, und immer wieder war es darüber zu Auseinandersetzungen gekommen. Am liebsten hätten wir den Menschen verschwiegen, dass es Medlevinger mit dieser Kraft gab, aber wenn wir ihre Hilfe brauchten, ihre Größe, ihre Stärke, ihren Erfindungsgeist – dann gab es immer das Gold, das wir ihnen anbieten konnten im Tausch."

„Und wir Menschen sind nie – gierig geworden?", flüsterte Johannes. „Wenn wir doch so viel stärker waren?"
Thoril schüttelte den Kopf. „Nicht in den ersten Jahrtausenden", sagte er. „Auch den Menschen war ja das Zusammenleben mit den Medlevingern wichtig, auch neben dem Gold gab es genügend Vorteile für sie. Manchmal ist es ihnen vielleicht schwer gefallen. Trotzdem ließen sie uns in Ruhe. – Eines Tages aber verliebten sich ein Mensch und eine Medlevingerin, wie man es schon tausendmal vorher erlebt hatte. Zwei Söhne hatten sie, von denen der ältere, wie das manchmal geschah, als Mensch wie sein Vater, der jüngere als Medlevinger wie die Mutter geboren wurde. Und als auf der Feier seines Großen Tages der jüngere seine Fibel und sein Wort empfing, vom Großvater diesmal, sah jeder gleich in der ersten Stunde, worin seine Kraft bestand. Er verwandelte, zur Freude der Kinder, die Glanz und Glitzer liebten, das gesamte Festgeschirr in funkelndes Gold."
„Nein!", flüsterte Johannes.
„Die Brüder wurden erwachsen und lebten bei ihren Völkern, der ältere bei den Menschen und der jüngere bei uns; sie heirateten und bekamen Kinder, und ab und zu besuchten sie einander mit ihren Familien. Alles schien, wie es immer gewesen war."
Er machte eine Pause.
„Du hattest vorhin gefragt, ob die Menschen nie gierig geworden sind", sagte Thoril. „Nun, natürlich ab und zu. Aber wie ich gesagt habe, sie wussten um den Wert der Medlevinger. Jetzt aber begann eine Zeit, in der sich bei den Menschen alles ändern sollte. Dazu gehörte, dass ein Mann, dessen Name Kolumbus war, mit einem Schiff, groß wie eine Kirche, um die halbe Welt segelte und dort neue Länder entdeckte, in denen es unendlich viel Gold und Silber gab."

„1492", sagte Johannes stolz. „Und übrigens waren es drei Schiffe, die ‚Pinta', die ‚Niña' und die ‚Santa Maria'. Nur mal so."
Moa knuffte ihn in die Seite. „Still!", sagte sie. „Als ob das wichtig wäre!"
„In ihrer alten Welt hatten die Menschen mühsam nach Gold schürfen müssen", sagte Thoril, „in den Bergwerken tief unter der Erde oder in Flüssen. Aber in diesen neu entdeckten Ländern gab es plötzlich, so hieß es, unendlich viel davon, Gold und mehr noch Silber. So viel, dass die Kunde sich schneller als Feuer verbreitete."
„Die Inkas", sagte Johannes wissend. „Klar, das war Wahnsinn." Es war eben doch nicht so schlecht, wenn man ab und zu fernsah.
„Und jetzt geschah, wonach du gefragt hast", sagte Thoril. „Mit Schiffen voller Soldaten und Waffen fuhren die Menschen über das Meer von der Alten in die Neue Welt, um zu rauben und zu plündern. Sie töteten die Besitzer des Goldes, des Silbers, ganze Völker rotteten sie aus, und schafften die Schätze nach Hause: Schmuck und Münzen und Krüge und Becher und heilige Gegenstände, so viele, dass manches Schiff unter der Last sank. Sie gewöhnten sich daran, bedenkenlos für Gold zu töten."
Es wurde still im Zimmer. Johannes räusperte sich. „Und dann?", fragte er. Seine Stimme krächzte.
„Dann wurde auch der ältere der beiden Brüder von der Goldgier angesteckt. Er war Bauer geworden wie sein Vater auch, vielleicht ausgebeutet und gequält von seinem Grundherrn, vielleicht manchmal hungrig. Und er hatte von dem unglaublichen Reichtum gehört, der aus der Neuen Welt jeden Tag in die Alte strömte. Da erinnerte er sich."

Johannes krallte die Finger in seine Bettdecke. Die Müdigkeit von vorhin war verschwunden.

„Er lud seinen Bruder zu sich ein", sagte Thoril, „und forderte ihn auf, Gold zu machen. Und der Jüngere gehorchte, obwohl er das nach den Regeln der Medlevinger nicht hätte tun dürfen. Er verwandelte das Geschirr und die Möbel, sogar das Vieh und das Haus des Älteren in pures Gold. Aber als er wieder gehen wollte, stellte sein Bruder sich ihm in den Weg."

„Er wollte noch mehr?", fragte Johannes.

„Er wollte, dass der Jüngere für immer blieb", sagte Thoril. „*Für immer*. Damit er ihm Gold machen konnte, wann immer er es von ihm verlangte."

„Saugierig!", sagte Johannes erschüttert. „So ein Schwein."

„Aber der Jüngere wollte nicht. Er wollte gehen", sagte Thoril. „Zurück zu seiner Frau und seinen Kindern, zurück zu seinem Volk. Und das sagte er dem Bruder auch."

„Er sagte ihm", rief Moa mit schriller Stimme, „er würde niemals mehr irgendetwas in Gold für ihn verwandeln, wenn der Bruder ihn noch länger gegen seinen Willen festhielte. Aber der Ältere …"

„Du kennst die Geschichte?", fragte Johannes erstaunt.

Moa nickte. Auf ihren Wangen zeigten sich rötliche Flecken. „Jeder kennt sie im Land, jeder!", sagte sie. „Aber niemand glaubt, dass sie wirklich passiert ist! Es ist ein Märchen, Johannes! Das hab ich immer geglaubt!"

„Der Ältere wurde zornig", sagte Thoril ruhig, „und so kam es zum Streit, in dessen Verlauf der ältere Bruder den jüngeren erschlug. Ob in voller Absicht oder ob er später selber über seine Tat erschrak, wissen wir nicht. Nur so viel: dass er ihn erschlug,

den eigenen Bruder, und ihm seine Fibel stahl, in der Hoffnung vielleicht, sie würde auch in seiner Hand alles in Gold verwandeln."

Johannes nickte. Er fragte sich, ob er das Ende überraschend fand, und stellte fest, dass er es eigentlich erwartet hatte. Wenn es um Gold ging, konnte alles passieren.

„Da wussten die Medlevinger, dass die Zeit der Gemeinsamkeit mit den Menschen vorbei war", sagte Thoril. „Die Gier nach Gold würde für die Menschen von jetzt an alles rechtfertigen. Der König beriet sich mit den weisen Männern und Frauen und mit den L-Feen, und sie kamen zu dem Schluss, dass sie nicht mehr sicher wären unter den Menschen."

„Nur wegen so einem Raffzahn", sagte Johannes düster, aber Thoril schüttelte den Kopf.

„Wäre es nur der eine gewesen, man hätte auf Bestrafung drängen können", sagte er. „Aber es war eine Stimmung über die Menschen gekommen, die die Medlevinger zittern ließ. So zogen wir hinunter ins Land, fort von ihnen, auch wenn das bedeutete, dass wir dort all die geheimen Kräfte verloren, die uns im Austausch mit den Menschen nützlich gewesen waren. Sie stellten sich einfach nicht mehr ein. Nur die Kraft der L-Feen blieb uns erhalten, und so gab es niemals Hunger unter uns, auch ohne die Hilfe der Menschen. Wir zogen hinunter ins Land – und dort haben wir bis heute gelebt."

„Unter der Erde?", fragte Johannes. „Schwer zu glauben."

„Du hast selber gesehen, von wo wir gekommen sind", sagte Thoril. „Und unter der Erde ist es ja nicht. Auch wir haben dort den Himmel über uns."

Johannes dachte einen Augenblick nach. „Wie Australien vielleicht?", sagte er dann. „Das liegt ja auch untendrunter."
Thoril schüttelte den Kopf. „Von Australien habe ich nie gehört", sagte er.
„Nee, das war damals natürlich auch noch nicht entdeckt", sagte Johannes. „Erzähl weiter."
„Der König beschloss – und mit ihm der Hüter der Geschichte, die weisen Männer und Frauen und die L-Feen jener Zeit –, dass es am besten wäre, wenn alle Erinnerung an die Menschen verloren ginge. Damit niemals mehr ein Medlevinger ..."
Er schluckte.
„In den Schulen wurde nicht mehr davon berichtet, und wenn irgendwo Geschichten über die Menschen erzählt wurden, beeilte man sich zu versichern, dass es sich um Märchen handele, um Sagen, nichts davon wäre wirklich geschehen. Von den Sagen aber blieb eine bis heute erhalten, weil sie so grausam und so schrecklich war: die Geschichte von Kain und Abel und dem Brudermord zwischen Menschen und Medlevingern."
„Wir haben auch eine Geschichte von Kain und Abel", sagte Johannes. „Die ist ein bisschen anders."
„Ich weiß", sagte Thoril. „Nach dieser Geschichte aus eurem Großen Buch sind die beiden in unserer Sage benannt. Antak hat es mir erzählt."
Er sah Johannes an. „Das ist die Geschichte", sagte er. „Und niemand im Land wusste von ihr außer Antak und dem König."
„Und Vedur", sagte Moa energisch, aber Thoril schüttelte den Kopf.
„Vedur kommt später ins Spiel", sagte er, und seine Stimme klang

auf einmal klein und als hätte er am liebsten nicht weitergesprochen. „Und jetzt will ich euch erzählen, was im letzten Jahr geschah."

Johannes horchte in sich hinein. Kein Hauch von Müdigkeit.

„Erzähl", sagte er.

31

„Viele Jahrhunderte lebten danach unsere Völker getrennt voneinander, und das Wissen über die Vergangenheit war bei beiden zum Märchen geworden", sagte Thoril. „Nur der König und der Hüter der Geschichte kannten die Wahrheit im Land, und bei den Menschen stand es noch schlechter. Eine Familie aber gab es unter ihnen, die das Wissen, wie Antak dann herausfinden sollte, von Generation zu Generation weitergegeben hatte, zusammen mit der Fibel: die Familie Kains."
Johannes sah zu Moa, die die Fibel an ihrem Gürtel ansah und zitterte.
„Über Jahrhunderte blieb dort das Wissen erhalten, verbunden mit der Hoffnung, man könnte es eines Tages wieder nutzen: indem man herausfände, wo die Medlevinger sich aufhielten, und sie zum Goldmachen zwänge.
Da aber die Medlevinger sich über Hunderte von Jahren an den Beschluss hielten", flüsterte Thoril und sah weder Moa noch Johannes dabei an, „da in all diesen Jahren weder König noch Hüter der Geschichte der Versuchung nachgaben, den Weg zur Menschenwelt, der nur ihnen noch bekannt war, auch zu gehen …" Er hörte auf zu sprechen, weil seine Stimme fast unhörbar geworden war. Als er wieder ansetzte, klang sie fester. „Darum scheiterte die Familie Kains, so hat Antak es mir erzählt. Kein Medlevinger erschien jemals in der Menschenwelt."

„Bis dann eines Tages", sagte Moa und sah ihn herausfordernd an, aber Thoril hätte die Aufforderung gar nicht gebraucht.

„Bis dann eines Tages Antak das Amt des Hüters der Geschichte von seinem Vater übernahm", sagte er entschlossen. „Mein Vater Antak. Und vom ersten Tag an quälte ihn der Wunsch, die Menschenwelt zu besuchen und mit eigenen Augen zu sehen, ob all das, was man sich darüber erzählte, auch der Wahrheit entspräche."

„Das kann ich verstehen", sagte Johannes. „Würde mir umgekehrt genauso gehen."

„Viele Jahre gelang es ihm, den Wunsch zu unterdrücken", sagte Thoril. „Aber dann, eines Abends, hielt er es nicht mehr aus. Er fragte sich, was denn schon geschehen könne, wenn er ginge. Er beschloss, vorsichtig zu sein. Er redete sich ein, dass es sogar Aufgabe eines Hüters der Geschichte wäre, das Wissen über die Menschenwelt zu mehren."

„Klar, Ausreden findet man immer!", sagte Moa voller Verachtung. Aber Thoril sprach einfach weiter.

„Ihr könnt euch denken, wie es ihm ging, als er zum ersten Mal die Menschenwelt sah", sagte er. „Ihr seid doch hier, ihr müsst ihn doch verstehen. Niemals hätte er sich vorstellen können, dass die Menschen in den wenigen Jahrhunderten seit der Trennung so unendlich viele Erfindungen gemacht, so unendlich viel Wohlstand und Wissen angehäuft hatten."

„Nicht überall!", sagte Johannes schnell. „Es gibt auch Länder, da sieht es ganz schön anders aus!" Aber es war, als hätte Thoril ihn gar nicht gehört.

„Die Helligkeit in den Straßen bei Nacht", sagte er. „Die Wärme in den Häusern im Winter. Die Wagen, mit denen sie schneller fahren

können, als der Hirsch springt. Die Vögel aus Metall, mit denen sie den Himmel durchstreifen: Zuerst konnte Antak all das gar nicht glauben."

Thoril machte wieder eine Pause, aber dieses Mal unterbrachen Johannes und Moa ihn nicht.

„Er kam wieder und wieder, bei Tag und bei Nacht, und dabei war er so geschickt, dass ihn niemand entdeckte. Und schließlich sprach er mit dem König."

„Was hatte der König denn damit zu tun?", fragte Johannes.

„Kannst du dir das nicht denken?", sagte Thoril. „Antak schlug dem König vor, dass wir wieder Beziehungen aufnehmen sollten zu den Menschen. Dass wir ihnen wie damals unsere geheimen Kräfte anbieten sollten. Damit auch wir Medlevinger teilhaben könnten an ihren Erfindungen."

„Aber der König sagte nein", sagte Moa.

„Der König sagte nein", bestätigte Thoril. „Er erklärte Antak, dass alles, was Antak ihm berichtet hatte, ihn nur noch wachsamer mache den Menschen gegenüber. Nichts davon klänge, als hätten sie sich geändert, und der Beschluss aus den Ganz Alten Zeiten hätte noch immer seine Gültigkeit. Er sei bereit, Antaks Vergehen zu vergessen; aber er verlange von ihm, dass seine Besuche bei den Menschen ein Ende hätten."

„Aber Antak dachte gar nicht daran", sagte Moa.

Thoril nickte. „Er verschwand weiterhin nach oben, nur vielleicht ein wenig vorsichtiger als vorher, und wie bei seinen vorherigen Ausflügen wurde er von den Menschen nicht entdeckt. Bis er eines Tages auf den Nachfahren Kains stieß."

Moa schlug sich die Hand vor den Mund.

„Es war natürlich ein Zufall", sagte Thoril. „Ebenso gut hätten sie sich niemals begegnen können. Aber als es geschah, auf einer Straße nicht weit von hier, begriff der Erbe Kains sofort, wen er vor sich hatte. Es war ein Leichtes für ihn, Antak in seine Gewalt zu bringen und ihn in seine Wohnung zu schleppen."

„Und seitdem hält er ihn gefangen!", flüsterte Johannes.

Moa tippte sich an die Stirn. „Quatsch!", sagte sie. „Woher könnte Thoril denn dann die Geschichte kennen!"

„Er brachte Antak in seine Wohnung und zeigte ihm die Fibel", sagte Thoril. „Und dass er Kain hieß, zeigte er ihm auch auf einem glänzenden Kärtchen mit seinem Bild darauf. Antak hat sehr gelacht, als er mir davon erzählt hat."

„Gelacht?", fragte Johannes verwirrt. „Was fand er so komisch? Das Papier? Das war jede Wette sein Personalausweis."

„Den Namen, glaube ich", sagte Thoril. „Dass er Kain hieß. Das fand er komisch. Ich weiß nicht."

Aber jetzt war Moa aufgesprungen. „Dann hat er doch auch seinen restlichen Namen gesehen!", rief sie. „Wie hieß er denn sonst noch, dieser Kain?" Und vor Aufregung flatterte sie einmal quer durch das Zimmer.

Thoril zuckte die Achseln. „Das hat Antak mir nicht erzählt", sagte Thoril. „Dass er tatsächlich Kain hieße, hat er gesagt und dabei immer wieder gelacht. – Der Kain jedenfalls fragte Antak, ob er Gold machen könne, und als Antak ihm sagte, dass er nicht einmal wisse, welches seine geheime Fähigkeit wäre, ließ er es ihn ausprobieren. Aber das Einzige, was geschah, wenn Antak seine Hand an die Fibel legte und sein Wort sprach, war, dass sich der Himmel verdüsterte und es anfing zu regnen. Antak war ein Regenmacher."

„Aber das ist doch auch unglaublich toll!", sagte Johannes aufgeregt. „Stell dir mal vor, all die Wüsten! All die Menschen, die verhungern, nur weil irgendwo nicht genug Regen fällt!"
„Der Kain war enttäuscht", sagte Thoril. „Es stimmt, was du sagst, einen Augenblick lang überlegte er tatsächlich, ob nicht auch auf diese Weise Gold zu beschaffen wäre, aber er verwarf den Gedanken schnell wieder. Er hätte Antak dann anderen Menschen zeigen müssen, und das widersprach seinem Plan."
„Nämlich?", fragte Johannes.
„Er wollte *Gold*", sagte Thoril. „Wie schon sein Vorfahr wollte er *Gold*. Nur zu diesem Zweck hatte seine Familie das Wissen über Generationen weitergegeben. Und er schlug Antak ein Geschäft vor." Thoril stockte. „Mein Vater sollte ihm einen Goldler beschaffen, dann wollte er auch ihm all das geben, was für Menschen so selbstverständlich ist. Er versprach ihm ein Haus in der Menschenwelt, einen schnellen Wagen, nach seinen Maßen gebaut, einen Silbervogel, Wärme und Licht. Und Antak stimmte zu."
„Ich denke, ihr Medlevinger interessiert euch nicht für all diese Dinge?", fragte Johannes. „Was ich sowieso nicht glaube, nimm bloß mal Moa hier! Die kann gar nicht genug grässliche Filme sehen!"
„Sei still!", sagte Moa und knuffte ihn wie vorhin in die Seite. „Ich würde dafür doch niemals mein Volk verraten!"
„Das tat Antak ja auch nicht", sagte Thoril. „Er redete sich ein, dass es den Medlevingern sogar von Nutzen wäre, wenn er dem Kain Forderungen stellen könnte. Und dass der Kain den Goldler nicht töten würde, schien ihm ziemlich wahrscheinlich. Denn dann hätte er ihm nichts mehr genützt. Jedenfalls nahm Antak die Tropfen an, die der Kain ihm gab: Wenn man sie jemandem einflößte, fiel er in

tiefen Schlaf und erinnerte sich hinterher nicht mehr daran, was vorgefallen war."
„Und das war dann die Geschichte mit Retjak, Ailiss und Artabak", sagte Moa grimmig.
Thoril nickte. „Antak gab ihnen die Tropfen in einem Glas Wein", sagte er, „und danach führte er sie durch den Gang in die Menschenwelt, wo er sie ihr Wort sagen ließ: So konnte er ihre geheimen Kräfte erkennen und sehen, ob sie Goldler waren."
„Und hinterher hat er sie dann einfach beim Anbetehain ins Gras gelegt", sagte Moa. „Wie gemein."
„Keiner von ihnen war ein Goldler. Aber dann kam mein Großer Tag." Thoril schluckte. „Mein Vater weihte mich ein in sein Geheimnis", flüsterte er. „Er erzählte mir die ganze Geschichte und nahm mich mit nach oben, gleich an einem der ersten Tage danach. Und wie zum Spaß ließ er auch mich mein Wort sagen." Er schluckte. „Und ich – war Goldler."
„Du bist ein Goldler?", schrie Moa und trommelte auf seinen Rücken. „Bist du verrückt? Du bist wirklich ein Goldler?"
Thoril nickte. „Natürlich begriff Antak sofort, was das bedeutete", sagte er. „Denn Goldler sind selten, und so war kaum zu erwarten, dass es außer mir noch einen weiteren gab. Also hätte er dem Erben Kains seinen eigenen Sohn ausliefern müssen."
„Und da hat er kalte Füße gekriegt", sagte Johannes.
„Schon einmal war ein Goldler von einem Kain getötet worden", sagte Thoril. „Darum wollte er mich nicht ausliefern. Nicht seinen eigenen Sohn."
„Merkst du jetzt, wie fies er war?", schrie Moa. „Einen anderen, ja bitte, ja gerne, aber seinen eigenen Sohn …"

„Antak grübelte lange. Dann hoffte er, wenn er nur genügend Zeit verstreichen ließe, könne er dem Kain weismachen, er hätte inzwischen allen Medlevingern die Tropfen gegeben und die Fähigkeiten aller überprüft: Und keiner war ein Goldler. Immer wieder ging er in den vergangenen Monaten nach oben und immer wieder berichtete er dem Kain von seinen Misserfolgen. Bis er endlich dachte, jetzt wäre seine Geschichte glaubwürdig. Vor zwei Wochen also verschwand er zum letzten Mal: Er hätte jeden Einzelnen überprüft im Medlevinger-Land, wollte er sagen und so verhindern, dass der Kain weitersuchte. Er wollte ihn überreden, für immer die Hoffnung aufzugeben. – Von diesem Besuch ist er nicht zurückgekehrt."

„Und das ist alles", flüsterte Johannes.

„Das ist alles", sagte Thoril.

„Wieso alles?", fragte Moa unfreundlich. „Und was ist mit Vedur?"

„Ach ja, Vedur!", sagte Thoril. „Könnt ihr es euch nicht selber denken? Der König traute meinem Vater nicht. Er beobachtete ihn, und bald schon war klar: Antak ging auch weiterhin nach oben in die Menschenwelt. Was hätte der König tun können? Bestrafen konnte er Antak nicht, denn dann hätten alle Medlevinger erfahren, was ja gerade geheim bleiben sollte: dass es die Menschenwelt gab. So kam er auf den Gedanken, nur einen Einzigen, den er für vertrauenswürdig hielt, einzuweihen: Vedur, den Lehrer. Von nun an sollte es seine Aufgabe sein, Antak zu beobachten und zu verhindern, dass noch Schlimmeres geschähe."

„Und darum wurde Vedur zum Erfinder", sagte Moa.

Thoril nickte. „Mit der Werkstatt tarnte er den Zugang zur Menschenwelt", sagte er. „Und hatte so eine Ausrede, warum er sich im-

mer dort aufhalten musste. Aber dafür nahm er in Kauf, dass bald das Gerücht ging, er hätte seinen Verstand verloren, und während ihm das zu Anfang noch bei seiner Tarnung nützlich war, begann er später darunter zu leiden. So beschaffte er sich von oben all jene Gegenstände, die er dann als seine Erfindungen präsentieren konnte – was ihm niemals wirklich gelang."
„Der arme Vedur", sagte Moa.
„Natürlich wusste Antak vom ersten Tag an, warum Vedur sich jetzt immerzu in seiner Werkstatt aufhielt", sagte Thoril. „Er freute sich nicht darüber. Aber es hinderte ihn auch nicht daran, weiterhin zu tun, was er tun wollte."
„Und als Antak so lange nicht zurückkam ...", sagte Moa.
„... wusste Vedur, dass ihm etwas geschehen sein musste", sagte Thoril. „Oder dass er etwas aushecke dort oben. Darum musste er ihm nach."
„Und jetzt sind sie beide gefangen", sagte Moa. „Na, herzlichen Dank."
Johannes gähnte. „Das war alles sehr spannend", murmelte er. „Das war alles sehr ... Aber vielleicht könnten wir morgen ..."
Und er war eingeschlafen.

32

Johannes wurde von Moa geweckt, die auf Zehenspitzen vor seinem Bett stand und wild auf seine Brust trommelte. „Hör mal!", flüsterte sie.
In diesem Augenblick klirrte etwas gegen die Fensterscheibe. „Nis!", schrie Johannes und riss das Fenster auf. Die Morgensonne ließ ihre ersten Strahlen über die Dächer wandern, aber auf der Straße war niemand zu sehen.
„Du musst dich schon sichtbar machen, wenn ich glauben soll, dass du hier bist!", rief Johannes flüsternd. „Nisse? Ah, da!"
Unter dem Zimmerfenster stand Nis schlotternd in der Kälte des Morgens. „Lass mich rein!", flüsterte er. „Ich hab was entdeckt! Schnell!"
Johannes zog das Fenster zu und schlich, so leise er konnte, zur Wohnungstür. Er wusste nicht, wann Britta in der Nacht zurückgekommen war, aber er hoffte, dass sie tief und fest schlief.
Im Treppenhaus war der Steinboden unter seinen bloßen Füßen eisig. „Komm schnell!", sagte Johannes und hielt die Haustür auf. „Hier ist auch was passiert!"
In seinem Zimmer saßen Moa und Thoril nebeneinander auf dem Bett und starrten ihnen entgegen. Nis blieb wie angewurzelt stehen. „Thoril?", flüsterte er, und Johannes sah, wie er seine Hände zu Fäusten ballte. „Wieso hast du den denn reingelassen? Wenn der jetzt hier wohnen soll, hau ich aber ab!"

„Quatsch, Nis, nun reg dich mal nicht so auf!", sagte Johannes. „Thoril ist gekommen, um uns zu helfen eure Väter zu finden, die ganze Geschichte erzähl ich dir später. Wo bist du gewesen? Wir haben solche Angst um dich gehabt!"
Nis ließ sich auf den Teppich fallen. „Ich weiß jetzt, wo sie sind!", sagte er mit einem Seitenblick auf Thoril. „Und es muss schnell gehen! Sie foltern sie!"
Thoril sprang auf. „Wer?", schrie er.
Johannes war mit einem Satz an der Zimmertür und schloss sie ab. „Seid ihr wahnsinnig geworden?", flüsterte er. „Was glaubt ihr denn, wer bei dem Krach schlafen kann? Wollt ihr mir unbedingt Britta auf den Hals hetzen?"
„Sie sind in einem Kerker!", flüsterte Nis aufgeregt. „Und ich finde ihn auch wieder! Ich habe sie stöhnen hören und das Gelächter ihrer Peiniger, aber dann war ich so müde und bin eingeschlafen..."
Er holte tief Luft. „Ich finde es aber wieder!", sagte Nis flehend. „Du musst kommen, Johannes, sofort! Sie werden gefoltert!"
„Wo?", fragte Johannes verblüfft. „Woher weißt du, dass es ein Kerker ist?"
„Ich bin mit einem Wagen gefahren", sagte Nis. „Fragt jetzt nicht nach. Und als er anhielt, waren wir auf einer Insel zwischen zwei Flüssen oder mehr, und drauf standen hohe rote Häuser, alle fast gleich. Und vor einem von ihnen", er schauderte, „hing der Käfig."
„Käfig?", fragte Thoril gespannt.
Nis nickte ängstlich. „Ein Käfig mit einem Skelett", flüsterte er. „Mit einem Medlevingerskelett!"
„Mit einem Skelett?", fragte Johannes und zog die Stirn in Falten. „Und wo soll das sein?"

„Wo manchmal das Hochwasser kommt", sagte Nis erschöpft. „Es gibt ein großes Bild davon vor der Kerkertür. Von drinnen hört man die Ketten rasseln, und der Käfig mit dem Skelett schwingt im Wind."

„Und das ist auf einer Insel?", fragte Johannes. „Lauter Brücken vielleicht? Und die Gebäude sind ziemlich hoch und haben Luken, durch die Lasten gezogen werden können?"

„Du kennst den Kerker?", fragte Nis empört. „Warum hast du das nicht gesagt? Da sind sie, genau! Wir müssen uns beeilen!"

Aber Johannes hatte sich schon rücklings auf sein Bett geworfen und lachte so, dass er sich einen Zipfel der Bettdecke in den Mund stopfen musste, damit er Britta nicht weckte.

Die drei Kleinen starrten ihn böse an.

Nach einer Weile setzte Johannes sich wieder auf. Er holte tief Luft. „Entschuldigung, ich weiß, das ist nicht komisch!", sagte er. „Aber es ist kein Kerker, Nis. Und da wird auch hundertpro niemand gefoltert. Es ist einfach so ein Freizeitding, weißt du? Sie spielen da gruselige Sachen aus der Hamburger Geschichte nach. In der Speicherstadt. Es heißt Dungeon." Er überlegte. „Und das heißt Kerker auf Englisch", sagte er überrascht. „Also hast du gar nicht mal so falsch gelegen."

„Sie foltern da keine Medlevinger?", fragte Nis ängstlich. „Und das Skelett?"

Johannes schüttelte den Kopf. „Alles nur Plastik", sagte er und sah in drei verständnislose Gesichter. „Erklär ich euch später. Und außerdem wissen wir jetzt sowieso, wer Antak und Vedur gefangen hält, ziemlich sicher."

Dann sah er auf seine Armbanduhr. „Eine Stunde kann ich noch

schlafen!", sagte Johannes. „Und das tu ich jetzt auch." Dann fielen seine Augen zu.

„Warum bist du überhaupt hergekommen?", fragte Nis und sah Thoril noch immer misstrauisch an.

Und während Johannes an diesem frühen Morgen eine letzte Stunde schlief, erzählte Thoril seine Geschichte noch einmal.

Keiner von ihnen hatte bemerkt, dass draußen vor dem Fenster eine Gestalt fest gegen die Wand gepresst stand und versuchte zu lauschen.

33

Als Johannes zum zweiten Mal an diesem Morgen erwachte, fiel sein Blick als Erstes auf Moa. Sie saß auf dem Boden und starrte voller Abscheu ihre Fibel an, die sie vor sich auf den Teppich gelegt hatte.
„Wenn ich mir vorstelle, dass ausgerechnet meine Fibel einmal diesem Kain gehört hat!", sagte sie, als sie merkte, dass Johannes aufgewacht war. „Ausgerechnet meine! Das ist so ungerecht!"
„Ja, das ist kein toller Gedanke", sagte Johannes nachdenklich. „Putz sie doch mal, dann sieht sie gleich ganz anders aus. Britta hat sich mal so Zeugs für ihr silbernes Konfirmationsbesteck gekauft, als sie Freunde eingeladen hatte. Aber sie hat es dann doch nicht gemacht. Die Tube ist noch voll."
„Auch wenn sie dann silbern ist!", flüsterte Moa. „Ich finde die Vorstellung so grässlich!"
Unter dem Bett wühlte sich langsam und verstrubbelt Nis heraus. „Hallo", flüsterte er. „Guten Morgen, Johannes! Thoril hat mir alles erklärt."
„Der Arme, gleich zweimal in einer Nacht", sagte Johannes. „Aber du hast noch immer nicht erzählt, warum du so lange weg warst, Nis."
Nis wand sich ein bisschen. „Ich war so müde!", sagte er. „Nachdem ich gestern den Kerker gefunden hatte. Und da bin ich einge-

schlafen, und da bin ich aus Versehen gefangen genommen worden."

„Aus Versehen?", sagte Johannes verblüfft. „Na, so was ist neu."

„Weil er doch unsichtbar war!", sagte Moa. „Aber in seinem Gefängnis hat er ein komisches Gespräch mit angehört, Johannes. Und ich hab gedacht – weil es dabei um Gold ging ..."

Moa nickte Nis aufmunternd zu, und während der berichtete, zog Johannes sich langsam an. Irgendwann würde er auch mal wieder duschen müssen.

„Das hast du gehört?", fragte er, als Nis fertig war. „In der Speicherstadt?"

„*Du* sagst, dass es da so heißt", sagte Nis.

Johannes nickte. Er spürte ein Kribbeln, dass er am liebsten herumgetanzt wäre. Aber er wollte Britta nicht wecken.

„Wann war das, Nis?", fragte er aufgeregt. „Hattest du eine Uhr?"

Nis sah ihn verständnislos an. „Der Höhepunkt der Nacht war noch nicht lange überschritten", sagte er dann. „Aber schon eine Weile."

„Na toll", sagte Johannes, aber dann verstand er plötzlich. „Du meinst, es war nach Mitternacht, nicht direkt, aber auch nicht so ganz viel später?", fragte er, und jetzt lief er doch wenigstens im Zimmer herum. „Moa, Mensch, begreifst du nicht, was das heißt?"

Moa schüttelte fragend den Kopf.

„Alles passt!", flüsterte Johannes aufgeregt. „Alles passt haargenau! Denk doch mal nach, Moa, kurz nach Mitternacht sind wir losgegangen, um die Barkasse zu durchsuchen. Und kaum hatten wir die Fibel gefunden, kam Thomas zurück: nach Mitternacht, nicht direkt, aber auch nicht viel später. Und die Barkasse liegt keine zehn Schritte von der Speicherstadt entfernt, wo Nis das

Gespräch belauscht hat, und in dem Gespräch ging es um Gold! Thomas hat nicht nur die Fibel in seinem Schrank aufbewahrt, er hat auch damit gerechnet, in kürzester Zeit viel Gold zu besitzen! Moa, Mensch! Nis! Wir haben den Kain! Wir haben ihn wirklich!"

„Aber Antak und Vedur haben wir nicht", sagte Moa düster. „Sag nicht immer Mensch zu mir, das ist beleidigend für eine Medlevingerin. Auf seinem Schiff waren die beiden nicht. Und die suchen wir schließlich."

Draußen wurde gegen die Zimmertür geklopft. „Führst du Selbstgespräche?", rief Britta. „Meine Güte, schon wieder abgeschlossen! Was machst du da eigentlich immer, Johannes?"

„Wie? Was?", rief Johannes und scheuchte gleichzeitig die drei unter sein Bett. „Bist du das, Mama? Ich hab bestimmt – ich hab was Grässliches geträumt!"

„Seit wann sprichst du im Schlaf?", fragte Britta, aber an ihrer Stimme hörte Johannes, dass sie schon wieder auf dem Weg zum Bad war. „Und über diese Abschließerei reden wir noch! Beeil dich!"

Johannes ging vor dem Bett in die Knie und legte einen Finger auf die Lippen.

„Du musst zurück zum Hafen, Nis", flüsterte er dann. „Du musst Thomas beschatten, unsichtbar! Moa erklärt dir genau, wo es ist. Das ist unsere einzige Möglichkeit, Antak und Vedur zu finden!" Und er spürte, dass er die Aufregung kaum mehr ertrug. „Und pass mal auf …" Er kramte in seiner Schultasche. „Nimm mein Handy mit! Dann brauchst du einfach nur anzurufen."

Nis starrte auf das längliche schwarze Ding mit den Tasten und

dem eckigen Glasfenster, das aussah wie bei einem Sehkasten. „Was ist das?"

„Damit kannst du mich anrufen!", flüsterte Johannes. „Dann musst du nicht extra hierher zurückrennen, wenn du mir erzählen willst, wo er sie versteckt!"

„Johannes?", rief Britta auf dem Flur. „Sprichst du schon wieder mit dir selber?"

„Ich sing doch nur!", rief Johannes und verdrehte die Augen. „Schalala, lalalalala!"

„Was ist anrufen?", flüsterte Nis verzeifelt. „Was soll ich tun?"

Johannes sang weiter und schrieb dabei Zahlen auf das Einwickelpapier einer Schokoladentafel, das auf dem Boden gelegen hatte. „Das ist unsere Telefonnummer!", flüsterte er. „Schalala! Und das ist die PIN! Lala! Lalala!"

„Was?", fragte Nis verzweifelt. „Ich weiß doch überhaupt nicht…"

„Es ist für die Hin-und-her-Sprechmaschine!", flüsterte Moa. „Oder, Johannes?"

„Schalala, schubidu!", sang Johannes. „Genau! Du rufst einfach an! Lala, lala! Ich muss zur Schule, wenn ich nicht komme, schöpft Thomas vielleicht Verdacht, wenn Line ihm was erzählt. Schubi dubi du! Und wenn ich heute Mittag zurückkomme…"

Er hielt den rechten Daumen in die Höhe. „Viel Glück, Nisse!", flüsterte er. „Jetzt hängt alles von dir ab." Dann sang er weiter, während er zu Britta in die Küche ging, um zu frühstücken.

„Aber ich weiß doch gar nicht, wie das geht!", flüsterte Nis wieder.

Thoril hob das Gerät auf. „Antak hat mir so vieles erzählt", sagte er. „Vielleicht kann ich es herausfinden."

34

Als nach Johannes auch Britta die Wohnung verlassen hatte, kamen Moa, Thoril und Nis unter dem Bett hervor.
„Gleich geh ich los!", sagte Nis. „Aber erst mal muss ich wirklich was essen."
Thoril lief neugierig hinter ihnen her über den Flur zur Küche.
„Antak hat mir so viel von der Menschenwelt erzählt!", sagte er. „Jetzt kann ich verstehen, dass er so oft oben war."
„Ohne deinen Antak hätten wir den ganzen Ärger hier jetzt nicht!", sagte Nis und kletterte auf einen Küchenstuhl. Bevor er von dort aus auf der Platte neben dem Herd zum Kühlschrank weiterlief, schaltete er den Selberredner ein. Männer sangen, und Musikinstrumente spielten dröhnend die Begleitung. „Da, bitte! Hat Vedur gelogen, wenn er gesagt hat, mit Strömekraft funktionieren seine Erfindungen? Aber du musstest dich immer lustig machen!"
Sobald die Musik eingesetzt hatte, drückte Thoril sich vor Schreck die Hände gegen die Ohren, aber als er sah, dass Nis und Moa ganz ruhig Teller aus einem Schrank holten, nahm er sie wieder herunter.
„Er hat gelogen, wenn er behauptet hat, er hätte sie erfunden", sagte er.
„Weil dein Antak ihn zu dem Versteckspiel gezwungen hat!", sagte Nis. Er konnte Thoril einfach nicht von einer Minute zur anderen

verzeihen. „Sonst wäre Vedur immer noch Lehrer."
„Jetzt hör aber mal auf, Nisse!", sagte Moa und zerrte eine lange Wurst aus dem Kühlschrank. Dann warf sie ein Stück Käse hinterher. „Milch? Da muss mir aber einer helfen."
Nis und Thoril schüttelten beide den Kopf.
„Wieder das Braune?", fragte Moa und griff nach einer halb leeren Colaflasche in der Türhalterung. „Schnell! Mit anfassen!"
Thoril griff zu, bevor sie die Flasche fallen lassen konnte.
„Immerhin ist Thoril freiwillig gekommen, um sich gegen Vedur und Antak austauschen zu lassen", sagte Moa. „Das finde ich ziemlich mutig von ihm."
„Der kann leicht reden!", sagte Nis und schnitt sich mit einem riesigen Messer eine Scheibe Wurst ab. „Solange wir nicht mal genau wissen, wer der Kain ist, muss Thoril ja auch nicht beweisen, dass er es wirklich tut."
„Na, wer es ist, wissen wir doch inzwischen!", sagte Moa. „Und wenn du ihn auch noch den ganzen Tag beobachtest, wissen wir heute Abend vielleicht endlich, wo er Antak und Vedur versteckt hält. Und wenn der Junge uns hilft, befreien wir sie. Auch ohne dass Thoril sich ihm ausliefern muss."
Nis grunzte. „Ich könnte ja ein bisschen von der Wurst mitnehmen", sagte er. Aber Moa schlug ihm auf die Hand, als er wieder nach dem Messer greifen wollte.
„Damit er dich kauen hört, wenn du ihm nachschleichst?", fragte sie. „Unsichtbar, aber durch einen lauten Rülpser entdeckt? Ich hab noch nie gehört, dass jemand bei der Verfolgung Wurst isst."
„Lass ihn doch!", sagte Thoril, ohne Nis dabei anzusehen. „Bestimmt passt er auf. Und er muss ja sowieso auch das Sprechding

mitnehmen." Er tippte auf die Tasten des schwarzen Gerätes, das Johannes ihnen dagelassen hatte.

„Von dir brauch ich keine Unterstützung!", sagte Nis und legte das Messer zurück. Aber er sah doch zu, wie Thoril langsam eine Taste nach der anderen drückte. Plötzlich wurde es hell hinter dem Glasfenster.

„Der Anschalter!", sagte Thoril aufgeregt. „Und jetzt brauch ich den Zettel." Er las die Zahlen, die Johannes aufgeschrieben hatte, und tippte dann wieder auf die Tasten. Ein sonderbares leises Geräusch ertönte.

„Jetzt geht es", sagte Thoril und seine Stimme zitterte vor Aufregung. „Es ist alles wahr, was Antak mir erzählt hat! Die Menschenwelt ist so ..." Er machte eine Pause. „Ich würde so gerne ein bisschen länger hier oben bleiben!"

„Na, kannst du ja vielleicht auch", sagte Nis unfreundlich. „Kannst du vielleicht ewig und bis du tot bist. Bei deinem Kain."

Moa boxte Nis in die Seite. „Wenn du dich nicht unsichtbar machen könntest, würde ich dir jetzt eine scheuern!", sagte sie. „Aber so brauchen wir dich ja noch."

Thoril hielt Nis das Gerät hin. „Zuerst den hier", sagte er. „Das ist der Anschalter. Und wenn das Licht kommt, tippst du die Zahl vom Zettel ein. Die zweite. Und wenn du nach dem Ton noch die erste eintippst, kannst du mit Johannes reden. Auch wenn er hier in der Wohnung ist."

„Ohne Seil?", fragte Nis kämpferisch. „Und wo kommt da die Strömekraft her?"

„Das ist doch egal!", schrie Moa. „Hauptsache, es funktioniert!"

„Es funktioniert", sagte Thoril, und seine Stimme zitterte vor Auf-

regung. „Ich kann es euch zeigen." Er las die Zahlen vom Schokoladenpapier ab und tippte sie ein. Aus dem Flur kam ein schrilles Geräusch. „Hebt den Hörer ab!", rief Thoril. Das Geräusch kam ein zweites Mal. „Dann können wir reden!"
Moa hatte gar nicht abgewartet, bis er zu Ende gesprochen hatte. Beim dritten schrillen Ton war sie auf dem Flur und zog sich an dem kleinen Schränkchen hoch, auf dem die Hin-und-her-Sprechmaschine stand. Nis kam langsam hinterher.
„Los, hier hoch!", rief Moa. Die Maschine schrillte zum vierten Mal, und Nis zog sich zu Moa nach oben. „Du musst das Ding an der Schnur hochheben!"
Nis zögerte einen Augenblick, dann nahm er das sonderbar geformte Teil und hielt es mit beiden Händen gegen sein rechtes Ohr. „Nis?", sagte eine Stimme, die er gleichzeitig mit dem linken Ohr aus der Küche hörte. „Bist du das?"
„Es funktioniert!", schrie Nis aufgeregt. „Bei Vedur hat es nie funktioniert, aber hier kann man es hören!"
„Sag was!", schrie Moa. „Sag was zu Thoril!"
„Hallo, Thoril, du Idiot", sagte Nis. „Hier spricht Nisse."
„Du musst in die untere Hälfte reden!", schrie Thoril aus der Küche. „Noch mal!"
„Ich denk ja gar nicht dran, du rothaariger Angeber!", schrie Nis und knallte das Teil an der Schnur zurück auf die Hin-und-her-Sprechmaschine.
Aber gleichzeitig spürte er eine unglaubliche Aufregung. Er würde das schwarze Gerät mitnehmen, wenn er Thomas beschattete. Dann konnte er mit Johannes sprechen, ohne in seiner Nähe zu sein. Langsam konnte er fast alles genau wie ein Mensch.

Das letzte Stück zur Schule rannte Johannes. Er war zu spät aufgewacht und hatte zu lange mit Nis, Moa und Thoril geredet. Wenn er nicht ganz unglaubliches Glück hatte, würde er ausgerechnet bei Herrn Kraidling zum zweiten Mal zu spät kommen.

Im Schulgebäude war es still. Hinter den Türen waren nur noch ab und zu das Scharren der Stühle auf dem Linoleum und die Stimmen der Lehrer zu hören. Mist!, dachte Johannes. Und natürlich heute, wo ich die Hausaufgaben schon wieder nicht habe. Arme Britta, jetzt beschwert er sich bestimmt bei ihr.

Aber je näher er seinem Klassenraum kam, desto lauter wurde es. Stimmen kreischten und Stühle wurden gerückt. Nach Unterricht bei Herrn Kraidling klangen die Geräusche ganz sicher nicht.

Als Johannes seine Jacke an den Haken hängte, wurde er fast von einem Apfelbutzen getroffen, der durch die halb offene Tür auf den Flur sauste und offensichtlich nicht für ihn bestimmt gewesen war. Eine Welle der Erleichterung durchflutete ihn, und als er das Durcheinander in der Klasse sah, fühlte er sich fast glücklich.

„Wieso ist Kraidling noch nicht da?", fragte er und ließ sich neben Line auf seinen Stuhl sinken.

„Fehlt heute", sagte sie und bemalte sich vorsichtig mit grünem Nagellack die Nägel an ihrer linken Hand. „Vertretung kommt gleich. Nicht ruckeln jetzt, sonst mal ich über."

„Und wieso gab's keine Telefonkette?", fragte Johannes erstaunt. Er hätte eine ganze Stunde länger schlafen können. Er merkte, wie die Müdigkeit zurückkam.

„Keine Ahnung", sagte Line. „Nicht! Wenn du gegen mich stößt, muss das alles wieder ab! Er hat sich wohl heute Morgen erst krank gemeldet. Oder überhaupt nicht. Frag mich nicht."

Johannes sah auf ihre Hand. „Grün!", sagte er. „Findest du das gut?"
Line zuckte die Achseln. „War ein Giveaway bei einer Zeitschrift", sagte sie. „Hab ich doch nicht ausgesucht."
„Kraidling fehlt doch nie", sagte Johannes nachdenklich. „Komisch eigentlich. Aber auch geil. Ich hab die Hausis nicht."
„Vielleicht hat der die ganze letzte Nacht durchgemacht und ist deshalb heute nicht aus dem Bett gekommen", sagte Line und kicherte. „Kraidlings wildes Nachtleben! Seh ich so richtig vor mir."
„Glaubst du doch selber nicht", sagte Johannes. Herrn Kraidling im Nachtclub konnte er sich nicht vorstellen, nicht mal in der Disco. „Den interessiert doch nichts als seine Dunkelkammer."
Dann durchzuckte es ihn wie ein elektrischer Schlag. Er hatte es völlig vergessen! Hier saß er und unterhielt sich mit Line wie an jedem Morgen, und dabei wusste er jetzt, dass ihr Vater der Kain war, der Antak und Vedur gefangen hielt. Johannes rückte seinen Stuhl ein Stück zur Seite.
Aber dass Line davon weiß, kann ich einfach nicht glauben, dachte er. So gut kann sie sich nicht verstellen, sie hätte sich längst verplappert. Arme Line! Ich weiß nicht, was ich täte, wenn ich plötzlich erfahren würde, dass Britta eine Verbrecherin ist.
„Line?", sagte er. „Britta und ich haben uns gestern gestritten. Britta behauptet, Thomas hat noch einen zweiten Vornamen, und ich hab gesagt, nee, hat er nicht. Wir haben sogar um was gewettet, um ein Eis."
„Über so was streitet ihr euch?", sagte Line und drehte sich mit einem Ruck verblüfft zu ihm. „Mist, Mist, Mist, jetzt hab ich übergemalt!"
Johannes sah einen Augenblick zu, wie Line auf ein Papiertaschen-

tuch spuckte und an ihrem Mittelfinger herumrubbelte. „Also wer hatte nun Recht?", fragte er, als Line offensichtlich fand, dass der Schaden behoben war, und wieder mit dem Pinseln anfing.
„Britta hatte Recht", sagte sie. „Er hat."
Johannes fühlte, wie ihn eine Kältewelle überflutete. Also doch. Das war seine letzte Hoffnung gewesen: dass Thomas vielleicht nicht Kain hieß. Dann konnte er es nicht sein. Antak hatte den Namen gesehen.
„Er heißt Markus", sagte Line. „Thomas Markus Maggewie. Na, auch nicht besonders begeisternd."
Johannes ließ seine Schultern sinken. „Mehr nicht?", fragte er.
„Wieso, habt ihr gewettet, dass er mindestens *drei* Vornamen hat?", fragte Line. „Reichen nicht zwei?"
Johannes nickte. „Muss ich ihr wohl das Eis zahlen", sagte er. „Und noch mehr hat er wirklich nicht? Ich meine, es könnte doch sein, dass er noch einen Vornamen hat, von dem du nichts weißt. Weil er ihm vielleicht peinlich ist. Aber im Personalausweis steht er drin."
„Du tickst ja nicht mehr richtig!", sagte Line und spreizte ihre Finger. Dann blies sie darauf. „Gar nicht so schlecht, oder? Grün? Ich mal mit Gold noch Muster drauf."
„Könnte doch sein!", sagte Johannes. „Kannst du nicht mal für mich in seinem Perso nachgucken, Line? Heimlich? Weil, wenn er dir den Namen bisher verheimlicht hat, dann sagt er ihn dir ja garantiert auch nicht, wenn du ihn jetzt noch mal fragst."
„Du bist wirklich der komischste Typ, den ich kenne!", sagte Line und tippte sich an die Stirn. „Echt jetzt! Nun soll er auch noch einen peinlichen Namen haben! Du bist ja selber peinlich!"
„Nee, Line, ganz im Ernst!", sagte Johannes. „Guck, weil, ab drei

Vornamen hätte *ich* wieder gewonnen! Dann muss Britta mir das Eis ausgeben, verstehst du? Darum, wenn er vielleicht…"
„Frag ihn doch selber", sagte Line. „Ich spionier doch Thomas nicht nach, nur weil ihr eine völlig idiotische Wette laufen habt!"
Vom Nachbartisch kam Senem zu ihnen herüber. „Cool!", sagte sie. „Grün!"
Johannes sackte in sich zusammen. Dann musste er es eben selber herausfinden.

35

Unsichtbar zu sein war wunderbar, erst jetzt am zweiten Tag merkte Nis es wirklich. Er hockte am Ende des Schwimmpontons in der Sonne und beobachtete das Treiben oben auf der Straße, auf der Fußgängerbrücke zur Speicherstadt, auf den Booten. Einmal hatten zwei Männer sich unterhalten, nur drei Boote von der „Cordelia Zwo" entfernt, und Nis hatte sich angeschlichen und neben sie gestellt, um zu lauschen, und sie hatten weitergeredet, als wäre er gar nicht da. Aber sie hatten sich nur über einen defekten Bootsmotor unterhalten und darüber, dass die Frau des einen Mannes seit kurzem Rheuma in den Händen hatte. Einen Augenblick hatte Nis überlegt, ob das vielleicht alles nur Tarnung war, aber dann war er auf seinen Beobachterposten neben der „Cordelia" zurückgekehrt und hatte sein Gesicht in die Sonne gehalten.
Ab und zu hatte er das schwarze Ding unter dem Gürtel hervorgezogen und sich zu erinnern versucht, was er tun musste, um mit Johannes zu sprechen. Das Gerät war schwer und unhandlich, und er hatte Angst, dass es ihm aus dem Gürtel rutschen würde. Zu Hause im Land hätte er es in einen Rucksack stecken können oder in einen Beutel, aber als sie bei Johannes in der Wohnung gesucht hatten, waren alle Taschen, die sie finden konnten, viel zu groß und zu schwer für ihn gewesen. Der Gürtel war für das Gerät der sicherste Ort, wenn er seine Hände frei haben wollte.

Nis gähnte. Die Nacht war kurz gewesen für ihn, und das sonnengewärmte Holz in seinem Rücken und die Sonne im Gesicht machten ihn schläfrig. Er überlegte gerade, wie er sich wach halten könnte, als aus der „Cordelia Zwo" ein fürchterliches schepperndes Klingeln kam, das kurz darauf wie abgeschnitten endete. Dann hörte er es an Bord rumoren.

Aus alter Gewohnheit kauerte Nis sich zusammen. Gleich würde der Kain sein Schiff verlassen, und Nis spürte, wie sein Herz schneller schlug. Er musste sich immer wieder sagen, dass er nicht in Gefahr war. Er war unsichtbar, unsichtbar, unsichtbar, und der Kain konnte ihn nicht entdecken.

Die Tür zur Kajüte wurde geöffnet und ein Mann trat an Deck. Er hatte ein Handtuch über die Schultern geworfen und blinzelte in die Sonne. Dann gähnte er laut.

Nis presste sich gegen die Wand der schwimmenden Sportbootschule. Er sieht mich nicht, dachte er. Er sieht mich nicht! Aber hab ich *ihn* schon mal gesehen? Ist er der Mann, der nachts im Teppichlager war? Ich müsste seine Stimme hören, um es zu wissen, aber mit wem soll er hier schon reden, am Liegeplatz, so ganz allein.

Der Mann verschwand wieder in der Kajüte, dann hörte Nis plötzlich ein lautes Knattern. Er sog die Luft ein. Inzwischen war er lange genug in der Menschenwelt, um zu wissen, was das Knattern bei einem Wagen ohne Pferd und einem Schiff ohne Segel bedeutete.

Noch einmal kam der Kain heraus und sprang auf den Anleger. Mit ein paar geübten Griffen löste er die Leine, sprang zurück und ging unter Deck. Das Knattern wurde lauter.

Voller Angst sah Nis sich um. Der Kain wollte den Hafen verlassen. Was, wenn er Vedur und Antak an einem Ort gefangen hielt, den man nur über das Wasser erreichte?
Ich bin unsichtbar, dachte Nis. Also bin ich der Einzige, der es tun kann.
Das Knattern veränderte sich, und das Heck der Barkasse begann langsam zur Seite zu schwingen.
Nis holte einmal tief Luft, dann sprang er.

Als Nis gegangen war, winkte Moa Thoril in Brittas Zimmer.
„Jetzt zeig ich dir das Beste", sagte sie und griff nach dem eckigen Gerät, das Johannes Fernbedienung nannte. „Leg dich auf den Boden. Jetzt kommt der Sehkasten."
Ein Bild flackerte auf, aber Moa war nicht zufrieden. Sie suchte so lange, bis sie eine Gruppe von Männern gefunden hatte, die einander anbrüllten.
„Spannend, oder?", fragte sie und schmiss sich neben Thoril auf den Teppich. „Das kannst du hier den ganzen Tag gucken! Ich weiß auch nicht so richtig, ob wir es nicht doch wieder mit den Menschen versuchen sollten. Außer dass sie immerzu rennen und es eilig haben. Aber das müssten wir ihnen ja nicht nachmachen."
Thoril starrte gebannt auf das Glas, hinter dem ein Mann einem anderen gerade ein merkwürdig geformtes Ding an den Kopf hielt und abdrückte. Der Getroffene drehte sich einmal um seine eigene Achse und stürzte zu Boden. „Aber es ist wie in den Sagen", sagte Thoril nach einer Weile. „Sie bekämpfen und töten einander."
Moa winkte ab. „Doch nur die in dem Kasten!", sagte sie überlegen. „Und die sind ja nicht echt, hat Johannes erklärt. Die sind nur

aus Strömekraft, verstehst du? Echte Menschen kämpfen wahrscheinlich auch nicht mehr als wir."
Thoril sah ein bisschen skeptisch aus. „Und was gibt es noch dadrin?", fragte er.
In diesem Moment hörten sie vom Hof her ein Geräusch.
„Leise!", flüsterte Moa und schaltete den Ton ab. „Ich geh gucken. Vielleicht ist dem komischen dicken Tier was passiert."
Thoril lief hinter ihr her. Gemeinsam guckten sie durch die Scheibe der Hoftür nach draußen.
Im Hof stand der Mann, den Moa am Nachmittag vorher schon gesehen und den Johannes Pokaschinski genannt hatte. Er hatte einen Spaten in der Hand, wie ihn auch die Medlevinger im Land benutzten, wenn sie in ihren Gärten arbeiteten, und maß mit großen Schritten den Hof ab.
„Er will überall Steine auf den Hof legen!", flüsterte Moa. „Alles Gras soll weg. Die Menschen mögen keine Pflanzen."
„Bis auf den Jungen", sagte Thoril. „Oder? Und seine Mutter."
Moa nickte und presste ihre Nase gegen die Scheibe. Auf dem Hof begann der Mann jetzt zu graben, genau neben den Rosen.
„Unser Gang!", flüsterte Moa aufgeregt. „So entdeckt er doch unseren Gang!"
„Er versteht doch nicht, was das ist", sagte Thoril beruhigend und hoffte, dass er Recht hatte. „Er will nur seine Steine legen."
Der Mann streifte sich Handschuhe über und zog mit einem Ruck eine Rose aus dem Boden. Er schleuderte sie in die hinterste Ecke des Hofes, danach packte er die nächste.
„Das darf er doch nicht!", flüsterte Moa unglücklich. „Die gehören doch der Mutter! Das darf er doch nicht!"

„Psst, Moa, sei still!", flüsterte Thoril. „Was willst du denn machen? Er soll uns schließlich nicht entdecken!"

Moa steckte sich eine Faust in den Mund, um nicht laut zu schreien, und schloss die Augen. Aber als sie sie wieder öffnete, war der Mann zum Tierhaus gegangen und öffnete jetzt die Gittertür.

„Thoril!", schrie Moa. Sie versuchte, einen Stuhl zur Hoftür zu schieben. „Hilf mir! Er tut dem Tier was! Dem komischen dicken Tier!"

Mit ihrer ganzen Kraft drückte Moa die Tür auf und sauste mit einer Geschwindigkeit, die sie selber verblüffte, durch die Luft auf Pokaschinski zu.

„Lass das, du – Mensch!", schrie sie, und weil sie ihren Schwung beim Schweben noch nicht genügend einschätzen konnte, prallte sie heftig gegen seinen Rücken. „Lass sofort das Tier los!"

Aus dem Käfig kam ein wildes, ängstliches Fiepen, und Moa griff dem Mann in die Haare und riss seinen Kopf zurück.

„Das hast du dir wohl so gedacht!", schrie sie und sauste im Sturzflug auf die Käfigtür zu. „Noch einmal, und ich kratz dir die Augen aus, das kannst du mir glauben!"

Der Mann torkelte zurück, und Moa roch die Ausdünstung von berauschenden Getränken, wie sie sie vom Wegepfleger kannte. Der Mensch versuchte sich umzudrehen und kam dabei ins Schwanken.

„Weg!", schrie Moa und suchte gleichzeitig im Stroh nach dem dicken Tier. „Verschwinde jetzt, Berauschter! Und wenn ich dich noch einmal im Hof sehe, dann!" Und sie schüttelte im Schweben ihre kleine Faust vor seinen schreckgeweiteten Augen.

Da rannte der Mensch. Er ließ seinen Spaten liegen und verschwand auf der Treppe zum Keller.

„So!", sagte Moa erleichtert und streichelte dem Tier über den Rücken. „Der tut dir nichts mehr."

Im selben Moment zuckte sie zusammen.

„Der Mann!", fiepte das Tier so erregt, dass es zitterte. Es war deutlich zu verstehen. „Der Mann hat …!"

Ein wildes Glücksgefühl durchflutete Moa.

„Ich kann mit den Tieren reden, Thoril!", brüllte sie quer über den Hof. „Ich versteh das dicke Tier!"

In der Hoftür stand Thoril und legte verzweifelt seinen Finger auf die Lippen. Dann winkte er ihr mit großen, aufgeregten Bewegungen, dass sie zurückkommen sollte.

Moa atmete tief durch. „Ich muss wieder rein, komisches Tier!", sagte sie. „Thoril hat Recht, es muss uns ja nicht unbedingt jemand sehen. Und du kannst ganz beruhigt sein. Der Berauschte traut sich bestimmt nicht mehr, dir was zu tun."

„Danke!", sagte das Tier zappelnd, und Moa dachte erstaunt, dass es wirklich immer noch ein Fiepen war, aber gleichzeitig hatte sie es ganz deutlich verstanden. „Der Mann hat …"

Aber Moa war schon zurückgeflogen.

„Du bist wohl wahnsinnig geworden!", flüsterte Thoril, als sie neben ihm landete. „Wenn dich jemand gesehen hat!"

„Sollte ich zusehen, wie er dem Tier was tut?", fragte Moa. „Hättest du das gemacht?"

Thoril schüttelte den Kopf. „Nein, vielleicht nicht", sagte er.

„Und siehst du etwa, dass irgendwer sein Fenster aufreißt?", fragte Moa. „Gesehen hat mich nur der Berauschte."

„Hoffentlich hast du Recht", sagte Thoril.
„Das wäre ja noch schöner", sagte Moa kämpferisch. „Dass hier einer an unserem Gang rumbuddelt. Das lass ich nicht zu."

Nis landete auf Händen und Knien, gerade als das Heck der Barkasse sich so weit vom Ponton entfernt hatte, dass ein Sprung unmöglich geworden wäre. Als er aufkam, gab es ein dumpfes Geräusch, aber Nis lauschte nur einen Augenblick ins Innere des Schiffes, ob der Kain ihn gehört hatte. Das Knattern war so laut, bestimmt hatte der Mensch in der Kajüte den Aufprall nicht bemerkt.
Das Deck vibrierte unter seinen Füßen, und Nis musste eine Welle von Angst unterdrücken, die ihn zu überschwemmen drohte. Er ballte beide Hände zu Fäusten und presste sie fest gegen seine Schläfen. Was soll schon geschehen?, wiederholte er stumm immer wieder, was soll denn schon geschehen? Ich bin unsichtbar, unsichtbar, unsichtbar, und wenn ich kein lautes Geräusch mache, wird er mich niemals entdecken. Und selbst wenn ich gegen irgendetwas stoße, wenn etwas zu Boden fällt: Was kann er dann finden? Er wird glauben, er hätte sich getäuscht. Ich muss keine Angst haben, es gibt überhaupt keinen Grund.
Langsam manövrierte der Kain die „Cordelia Zwo" um die Sportbootschule herum und unter einer Brücke hindurch, und Nis schlich vorsichtig an der Reling entlang zum Bug der Barkasse. Vor ihnen weitete sich das Wasser; jetzt sah er, dass es in einen breiten Strom mündete, dessen Ufer mit Mauern befestigt und von sonderbaren hohen Türmen und Gerüsten aus Stahl gekrönt waren. Geräusche, wie er sie noch nie gehört hatte, kamen über den Fluss,

und einen Augenblick hielt er sich die Ohren zu. Die „Cordelia Zwo" verlangsamte ihre Fahrt, bis sie an der Mündung in den Strom, schlingernd und stampfend auf dem unruhigen Wasser, fast zum Stillstand kam.

Der Fluss war belebt. Schiffe verschiedenster Größen fuhren ihn hinauf und hinab und verschwanden in unzähligen Seitenarmen; Schiffshörner dröhnten, und Nis klammerte sich an das Metall der Reling, als das Knattern wieder lauter wurde und die Cordelia nach vorne schoss. Nis kniff die Augen zu. Der Fluss war breit, und er versuchte, nicht daran zu denken, was passieren würde, wenn sie mit einem anderen Schiff zusammenstießen.

Alle heiligen Geister!, dachte Nis. Diese Menschen sind wahnsinnig!

Das Knattern blieb gleichmäßig, das Deck vibrierte, und Nis öffnete die Augen einen Spalt. Dann stieß er einen Schrei aus. Mit einem tiefen Brummen glitt ein Schiff auf sie zu, so gigantisch groß, dass selbst die Menschenhäuser, die er bisher gesehen hatte, alle darin hätten verschwinden können. An Bord waren riesige Kästen aufgetürmt.

Alle heiligen Geister, dachte er wieder. Alle heiligen Geister!

Der Kain im Steuerstand blieb ruhig, als hätte er das Schiff nicht gesehen, und Nis begriff zitternd, dass es ihm gleichgültig war: Er hatte keine Angst. Direkt vor dem Bug des Riesen schossen sie vorbei, um in der Mitte des Stromes noch einmal die Fahrt zu verlangsamen und ein weiteres Riesenschiff passieren zu lassen. Die Heckwelle des Schiffes brachte die Barkasse kurz ins Schlingern, dann fuhren sie auf der anderen Seite des Stromes in einen ruhigen Seitenarm, und Nis atmete auf. Er durfte sich nicht immer so

schnell einschüchtern lassen. Die Menschenwelt war nun einmal die Menschenwelt, und dort war alles anders.

Ich muss an meine Aufgabe denken, dachte er. Nur das ist jetzt wichtig. Ich bin der Einzige, der sie erfüllen kann, und ich werde Antak und Vedur finden.

36

Nach der Schule trennten sie sich kurz vor dem Neuen Krahn. „Immerzu arbeitet Thomas jetzt nachts!", sagte Line und gab einer leeren Chipstüte, die über dem Bürgersteig auf sie zugetorkelt kam, einen heftigen Tritt. „Ich bin froh, wenn diese Fortbildung anfängt und ich zum Schlafen nicht mehr immer zu Oma Ilse muss. Na, ist andererseits auch gut, wenn er mal ein bisschen Geld verdient."
„Klar", sagte Johannes. Einen Augenblick überlegte er, ob er Line nicht doch erzählen sollte, was er wusste. Dann ließ er es. Sie würde früh genug unglücklich werden.
„Tschaui!", rief Johannes und guckte hinter Line her, wie sie eilig und mit wehenden Haaren den Cremon hochlief.
Johannes sah nach unten auf den Zollkanal, auf dem kein einziges Boot unterwegs war. Die Sonne warf spiegelnde Lichtpunkte auf das dunkle Wasser und die Luft roch nach Frühling. Man kann auch heute noch zur See fahren, dachte Johannes und zog die Nase kraus, um den Geruch nach Hafen und Schiffsdiesel einzuatmen. Nicht mehr wie in den Zeiten von „Moby Dick" oder der „Schatzinsel" vielleicht. Aber irgendeinen Job finde ich da schon.
Zu Hause guckte er als Erstes in den Briefkasten im Hausflur. Durch den schmalen Schlitz schimmerte es weiß, aber was ihm entgegenfiel, als er die Klappe noch nicht einmal halb geöffnet hatte, war kein Brief und keine Werbung, sondern einfach ein zusammengefalteter Zettel.

Johannes wartete nicht, bis er in der Wohnung war. Seine Finger zitterten ein wenig, als er das Papier noch im Treppenhaus auseinander faltete.

„Heute Nachmittag, drei Uhr" stand da in einer Schrift, die noch um einiges fürchterlicher war als seine eigene, „Deichstraße. Twenty nicht vergessen." Eine Unterschrift gab es nicht.

„Twenty nicht vergessen!", flüsterte Johannes und stieg die Treppe hoch wie ein alter Mann. Bei all der Aufregung wegen der Fibel und Antak und Vedur hatte er Kevin ganz vergessen. Gestern Nachmittag hatte er mit Line noch darüber geredet, wie er die zwanzig Euro verdienen sollte. Aber danach war dann plötzlich Nis verschwunden und Thoril hatte die Geschichte der Medlevinger erzählt und er hatte begreifen müssen, dass sein alter Freund Thomas wahrscheinlich der fürchterliche Kain war, der die Väter von Nis und Thoril gefangen hielt. Kevin war da auf einmal vollkommen unwichtig gewesen.

Aber jetzt war er das nicht mehr. Johannes schloss die Wohnungstür auf. *Twenty nicht vergessen.* Er dachte an die Jungstoilette in der Schule, an den Elbtunnel und an Brittas allnächtlichen langen Weg durch die Dunkelheit nach Hause, und es schauderte ihn. Er hätte Kevin nicht vergessen dürfen. Er hätte sich Gedanken machen müssen, wie er an die zwanzig Euro kommen sollte. Jetzt blieb als letzte Hoffnung, dass Britta vielleicht noch eine eiserne Reserve in der leeren Kaffeebüchse im Küchenschrank aufbewahrt hatte. Johannes hatte Britta noch nie bestohlen, aber hier ging es schließlich auch darum, sie zu beschützen.

„Scheiße, Scheiße, Scheiße!", sagte er und kickte einen Schuh beiseite, der mitten im Flur lag. „Thoril? Moa?"

Hinter der angelehnten Tür kamen aus Brittas Zimmer die Geräusche eines Schusswechsels.

„Ich glaub, ihr habt sie nicht mehr alle!", rief Johannes, als er die Tür mit dem Fuß aufgestoßen hatte. Auf dem Teppich lagen Moa und Thoril ausgestreckt zwischen bräunlichen Apfelbutzen, Käserinde und Brotkrumen und starrten gemeinsam auf den Fernseher.

„Psssst!", flüsterte Moa. „Ist gleich zu Ende!"

„Ist *jetzt* zu Ende!", sagte Johannes ärgerlich und schaltete aus. „Ihr sollt nicht immer in Brittas Zimmer sein! Jetzt guckt euch mal das Chaos an, das ihr gemacht habt!"

Die beiden sahen unwillig auf. „Ist ja schon gleich wieder weggeräumt!", sagte Moa maulig. „Dieser Sehkasten ist das Beste, was ihr Menschen erfunden habt!"

Johannes ging in die Küche und ließ Moa und Thoril ihre Essensreste selber vom Boden in eine Gefriertüte sammeln.

„Und, war irgendwas los?", fragte er, während er die Tüte in den Müll warf. „Hat Nis sich schon gemeldet?"

Thoril schüttelte den Kopf. „Aber ein Mann hat im Hof gegraben", sagte er. „Wenn Moa ihn nicht verscheucht hätte, hätte er vielleicht mehr von unserem Gang entdeckt, als uns lieb sein kann."

„Moa hat Pokaschinski verscheucht?", fragte Johannes verblüfft.

Moa flatterte vor dem Kühlschrank wild auf und ab und ließ ihre Fäuste abwechselnd vorschnellen. „Angriff! Attacke!", schrie sie. „Dein letztes Stündlein hat geschlagen! Ich puste dir das Gehirn aus der Birne!"

„Das hast du zu ihm gesagt?", fragte Johannes erschüttert und ließ sich auf einen Küchenstuhl fallen.

Moa nickte wild. „Die Familie lässt nicht mit sich spaßen, Luigi!",

schrie sie und hob ab, um zwanzig Zentimeter über dem Boden eine kleine Runde um den Küchentisch zu drehen. „Her mit der Kohle, sonst kannst du dir die Primeln von unten begucken!"
„Natürlich nicht", sagte Thoril beruhigend. „Sie ist auf ihn losgegangen, als er das dicke Tier aus dem Käfig nehmen wollte. Sie hatte Angst, dass er ihm etwas tut."
„Ich bin eine L-Fee!", schrie Moa und landete mit einem dumpfen Aufprall hart vor Johannes' Füßen. „Und wir L-Feen sind die Beschützer der Tiere!"
„Ja, Gott sei Dank", sagte Johannes. „Aber hat er dich – trotzdem, hat Pokaschinski dich etwa gesehen?"
„Gesehen?", schrie Moa, und schon wieder boxte sie mit ihren Fäusten wild durch die Luft. „Gezittert hat er vor mir! Ich bin auf seinem Rücken gelandet, und dann hab ich ihm …"
„Aber dann weiß er jetzt doch Bescheid!", rief Johannes verzweifelt. „Verstehst du denn nicht! Die ganze Zeit versuche ich mühsam, euch zu verstecken, und du …"
Thoril legte ihm beruhigend eine Hand auf den Arm.
„Ich hab sie ganz schnell zurückgerufen", sagte er. „Ich glaube nicht, dass sie außer dem Mann irgendjemand gesehen hat, Johannes. Und der Mann war berauscht, sagt Moa. Sie hat es gerochen. Und so hat er auch ausgesehen."
„Berauscht?", fragte Johannes.
„Wenn er wieder nüchtern ist, wird er denken, dass er sich im Rausch alles eingebildet hat", sagte Thoril. „So ist es beim Wegepfleger bei uns im Land. Er wird sich schämen und mit niemandem darüber reden."
Johannes nickte. „Wenn euch wirklich sonst niemand gesehen hat",

sagte er unruhig. „Weil, sonst – wenn einer zur Polizei geht oder zum Fernsehen …" Er sah Moa unglücklich an. „Du bist so dumm, Moa!"

„Und mit den Tieren reden kann ich auch", sagte Moa, die sich jetzt vor seinen Füßen auf den Boden gesetzt hatte und verschnaufte. „Ich versteh dein kleines Tier, Johannes! Und dein Tier versteht mich."

„Echt jetzt?", sagte Johannes, und auf einen Schlag hatte er alle Ängste vergessen. „Als ob sie spricht wie ein Mensch? Meine Pollily?"

„Wie ein Medlevinger", sagte Moa und nickte energisch. „Haargenau so."

Johannes seufzte. Fliegen können. Mit den Tieren reden können. Unsichtbar werden. Warum hatte er nicht auch als Medlevinger geboren werden können? Warum musste er ein Mensch sein? Das Leben war ungerecht.

„Und jetzt?", fragte Thoril und riss ihn aus seinen Gedanken. „Was machen wir heute Nachmittag?"

Da fiel es Johannes auf einen Schlag wieder ein. *Twenty nicht vergessen.*

Kevin wartete auf ihn.

Sie fuhren nur noch eine kleine Weile, dann bogen sie in ein abgelegenes Hafenbecken ein. Hier hörte man die Geräusche vom Fluss nur noch von ferne. An einem Steg legte der Kain an, sprang vom Schiff und machte es mit einer Leine fest.

Nis war sprungbereit. Die Hafenanlagen in diesem Becken wirkten verlassen und als würden sie kaum mehr genutzt. Ein verfalle-

nes Gebäude stand nur ein paar Schritte vom Wasser entfernt, und außer den Flussgeräuschen, die gedämpft zu ihnen herüberdrangen, war alles still.

Hier also!, dachte Nis, und sein Herz schlug schneller. Gerade so hätte man es doch vermuten können, einsam und abgelegen von aller Welt. In diesem nicht mehr genutzten Hafenbecken also hielt er sie gefangen.

Der Kain sprang an Land und ging mit schnellen Schritten auf das verfallene Gebäude zu.

Nis' Hände zitterten, als er das Gerät aus dem Gürtel hob und auf den Anmacher drückte. Er wartete, bis das Fenster erleuchtet war.

An Land war der Kain jetzt bei dem Gebäude angekommen und zog ein Schlüsselbund aus der Tasche. Er öffnete eine rostige Metalltür und verschwand im Innern.

Ich muss Johannes Bescheid geben!, dachte Nis aufgeregt. Mit der Linken hielt er das Gerät umklammert, während er mit der Rechten unter dem Kittel nach dem Papier suchte, auf dem Johannes ihm die Zahlen notiert hatte, die er nun eingeben musste. Dann hatte er es endlich gefunden, zog es vorsichtig heraus und glättete es mit dem rechten Ellenbogen auf seinem Knie.

In diesem Augenblick wurde die Tür des Gebäudes wieder geöffnet und der Kain trat heraus. Jetzt trug er eine Kiste, die offensichtlich so schwer war, dass er sie kaum alleine heben konnte. Auf halbem Weg setzte er sie ab und wischte sich über die Stirn, dann ging er mit seiner Last weiter auf die Barkasse zu.

Als er an Bord kam, langsam und vorsichtig dieses Mal, machte Nis erschrocken einen Satz rückwärts. Er spürte, wie er auf ein Tau trat, stolperte und konnte sich gerade noch mit der rechten Hand

auf dem Deck abstützen. Trotzdem gab es beim Aufprall ein dumpfes Geräusch.

Der Kain drehte ruckartig den Kopf, verlor fast das Gleichgewicht und starrte ihm genau ins Gesicht; aber an seinen suchenden Augen erkannte Nis, dass er ihn nicht sah. Stattdessen wanderte der Blick des Kain jetzt verblüfft weiter zum Wasser, wo gerade das Einwickelpapier einer Schokoladentafel in langsamem Sinkflug auf die Wasseroberfläche zutaumelte.

Mit einem Knall setzte der Kain die Kiste ab.

„Was, verdammt …?", sagte er und war mit einem Satz an der Stelle, von der das Papier losgeflattert sein musste. Es gelang Nis gerade noch, sich gegen die Wand der Kajüte zu pressen.

„Woher ist das denn eben gekommen?", murmelte der Kain und begann einen Rundgang einmal um die ganze Barkasse. „Und gehört hab ich auch was!"

Aber Nis merkte doch, dass seine Stimme nicht allzu beunruhigt klang. Ist es die Stimme von heute Nacht?, dachte er aufgeregt. Sie muss es ja sein! Aber im Lagerraum bei Nacht und am Tag auf dem Wasser, das lässt sich nicht vergleichen.

Als der Kain von der anderen Seite wieder zu seinem Ausgangsort zurückkam, schien er beruhigt. „Hat am Anleger wahrscheinlich einer von der Straße sein Schokopapier runtergeschmissen", murmelte er. „Ich könnte die Touristen erwürgen."

Dann startete er die Maschine.

Nis entspannte sich. Sobald die Barkasse Fahrt machte, kniete er sich vor die Kiste auf das Deck. „Vedur?", flüsterte er durch die schmalen Ritzen zwischen den Holzleisten. „Antak? Könnt ihr mich hören?"

In der Kiste blieb alles still. Er hat sie vielleicht betäubt, dachte Nis. Oh, alle heiligen Geister, macht, dass sie nur deshalb nicht antworten, weil sie betäubt sind. „Vedur?", flüsterte er wieder. „Antak?"
Während der gesamten Rückfahrt kniete Nis neben der Kiste und horchte. Von drinnen kam kein Geräusch, und er fühlte, wie seine Angst wieder wuchs.
Als sie diesmal den Strom überquerten, sah Nis nicht einmal mehr auf. Was hatte der Kain mit Vedur und Antak gemacht, dass sie so still waren?
Am Anleger stand ein Mann und erwartete sie. Der Kain warf ihm das Tau zu, und der Mann schlang es geschickt um den Poller.
„Hat es geklappt?", fragte er, sobald die Maschine still geworden war.
Der Kain kam aus dem Steuerstand, ohne die Kiste anzusehen.
„Alles problemlos", sagte er und winkte den Mann an Bord.
Und ich hab das Papier mit der Nummer verloren, dachte Nis, oh, warum musste ich die Nummer verlieren? Bis ich jetzt wieder bei Johannes bin, vergeht so viel Zeit!
Er nahm einen kleinen Anlauf und sprang auf den Ponton. Noch bevor seine Füße auf dem Holz aufsetzten, hörte er den harten Aufprall.
„Was, verdammt …?", sagte die Stimme des Kain wie schon einmal, dann war er schon an Deck.
Er bückte sich.
Als er wieder hochkam, sah Nis die Verwirrung auf seinem Gesicht.
„Ich lass mich einliefern", murmelte er und drehte etwas in den Händen. „Nee, gleich glaub ich, ich bin durchgeknallt."

Aus der Kajüte kam eine Stimme. „Was ist denn los, Thomas? Ist was?"

Der Kain suchte mit den Augen den Himmel ab, dann lachte er plötzlich auf.

„Da hat einer von der Straße sein Handy zu uns runtergeschmissen!", sagte er. „Na, im Vergleich zu Papiermüll ist das echt ein Fortschritt. Verrückte Touristen! Nee, schon alles okay."

Und er verschwand wieder unter Deck.

Nis rannte.

37

„Wer ist Kevin?", fragte Thoril.
„Einer aus meiner Schule", sagte Johannes unglücklich. „Er erpresst mich."
An Thorils verwirrtem Gesicht konnte er sehen, dass der nicht verstand.
„Er will die Mutter abstechen!", sagte Moa wissend. „Wenn Johannes ihm nicht etwas gibt, das ihm gar nicht gehört! Es heißt Geld."
„Davon hat Antak erzählt", sagte Thoril. „Kleine Münzen, wie es sie auch in den Ganz Alten Zeiten schon gab. Aber auch Papier."
Johannes nickte. „Heute Nachmittag muss ich ihm das bringen!", sagte er und sah auf seine Armbanduhr. „In einer Stunde schon! Und ich hab keine Ahnung, wo ich das herkriegen soll!"
„In einer Stunde?", fragte Moa. „Gibt es dann heute kein Mittagessen?"
Thoril tippte sich an die Stirn. „Du hast doch den ganzen Morgen nur gegessen!", sagte er. „Und woher bekommt man das Geld?"
„Man arbeitet dafür", sagte Johannes. „Aber Kinder dürfen noch nicht arbeiten, verstehst du. Darum kriegen sie nur Taschengeld. Und mein ganzes Taschengeld hat er schon."
Thoril nickte, als ob er verstünde, aber immer noch sah er verwirrt aus. „Alles ist immer so schwierig bei euch Menschen", sagte er.

„Und eine andere Möglichkeit, Geld zu bekommen, als aus der Tasche, hast du nicht?"
Aber Johannes hatte schon die Tür zu einem der Oberschränke geöffnet. „Doch!", sagte er und nahm die altmodische Kaffeedose mit dem Goldsiegel heraus, die Brittas Geheimversteck war. „Ich könnte mir was – ausleihen."
Aber in der Dose lagen nur ein Fahrradschlüssel, ein Gummiband, der vergessene Gutschein einer Backshopkette und eine alte, schon ganz fremd aussehende D-Mark.
„Mist!", sagte Johannes und sank auf den Stuhl zurück. Damit war auch seine letzte Hoffnung verflogen.
Er würde trotzdem in die Deichstraße gehen müssen, es gab keine andere Lösung. Wenn er heute Nachmittag dort nicht auftauchte, würden Kevin und seine Freunde Britta auflauern. Vielleicht würden sie sie nicht wirklich gleich abstechen. Vielleicht würde es zuerst nur ein Denkzettel sein, um Johannes zu zeigen, dass sie es ernst meinten. Aber dass er einfach ungestraft so tun könnte, als hätte er Kevins Mitteilung niemals bekommen, glaubte Johannes nicht eine Sekunde.
Er kritzelte eine gezackte Linie auf Brittas Einkaufsblock auf dem Küchentisch. „Kevin", schrieb er und strich es gleich wieder durch. „Kevin. Kevin."
Mit einer wütenden Bewegung riss er den Zettel ab und warf ihn in den Mülleimer. Er durfte jetzt nicht durchdrehen vor lauter Angst.
Trotzdem war da etwas gewesen. Er hatte etwas gesehen, das wichtig war, gerade eben. Oder er wurde nur langsam verrückt.
„So ein großer, dreckiger Mist!", sagte Johannes.

„Ja?", fragte Thoril und sah Johannes forschend an. „Arbeiten darfst du nicht."

Johannes schüttelte den Kopf. „Du brauchst gar nicht zu grübeln", sagte er düster. „Es ist ziemlich nett von dir, dass du mir helfen willst, Thoril. Aber es klappt nicht, weißt du. So ist das einfach bei uns. In einer Stunde kann ich nicht mehr genug Geld beschaffen."

Thoril nickte nachdenklich. „Geld nicht", sagte er.

„Nee, Geld nicht!", sagte Johannes. „Und Knöpfe nimmt er nicht."

Eine Weile war Thoril still, dann zupfte er Johannes am Hosenbein. „Aber Gold?", flüsterte er. „Gold würde er nehmen?"

Johannes starrte ihn an.

„Ich bin ein Goldler", sagte Thoril und sah zu ihm auf. „Und es würde nicht gegen die Regeln verstoßen."

„Es würde nicht gegen die Regeln verstoßen!", schrie Moa begeistert und flatterte schon wieder. „Mach ihm Gold, Thoril, mach ihm Gold!"

Johannes atmete schnaubend aus. „Echtes Gold?", flüsterte er.

„Was glaubst du denn wohl, warum der Kain ihn unbedingt haben will?", schrie Moa triumphierend, und fast wäre sie gegen ein Stuhlbein geflogen. „Vollkommen echtes Menschengold kann er dir machen! Wie in den Ganz Alten Zeiten! Und dann sticht dieser Kevin euch nicht mehr ab."

Joahnnes nickte nachdenklich. „Ich weiß noch nicht mal, ob Kevin echtes Gold erkennt", sagte er. „Würde ich ja auch nicht."

„Man muss reinbeißen", sagte Thoril. „So haben sie es früher geprüft. Mein Gold ist reines Gold, das ist weich."

„Ja?", sagte Johannes. Er erinnerte sich, dass er das bei „Pippi Langstrumpf" im Fernsehen auch schon gesehen hatte. Aber er

hätte niemals geglaubt, dass so etwas jemals wichtig für ihn werden könnte.

„Wie viel brauchst du?", fragte Thoril und räusperte sich verlegen. „Ich könnte" – er sah sich um – „einen Stuhl verwandeln."

„Bist du verrückt!", schrie Johannes. „Für den grässlichen Kevin? Ein Stuhl ist viel zu groß! Einen Löffel vielleicht. Oder, warte mal, nee, für den ist das auch noch zu viel. Verwandele mal die D-Mark."

Thoril sah ein bisschen enttäuscht auf die kleine Münze in Johannes' Hand. „So wenig?", fragte er.

Johannes nickte. „Es *gibt* Goldmünzen", sagte er. „Das glaubt er mir vielleicht."

Thoril seufzte. Er legte eine Hand an seine Fibel, in der anderen hielt er die Münze. „Liroht!", sagte er und öffnete die Finger. „Da, bitte."

Johannes starrte erschrocken auf Thorils Handfläche. Das alte, schäbige Markstück glänzte und funkelte.

„So schnell geht das?", fragte er und nahm es vorsichtig und als könne es sich durch die bloße Berührung wieder zurückverwandeln, in die eigene Hand.

Thoril zuckte die Achseln. „Kein Problem", sagte er verlegen.

„Weißt du, dass du mich gerettet hast?", sagte Johannes, und am liebsten hätte er Thoril umarmt. „Ich geh dann jetzt! Und ihr bleibt lieber nur in meinem Zimmer, Britta kommt gleich."

In der Tür drehte er sich noch einmal um. „Nicht fernsehen, Moa!", sagte er streng.

Moa kniff die Lippen zusammen. „Pppph!", sagte sie.

„Du hast dich entschieden?", fragte der Mensch.
Antak sah nicht auf.
„Du glaubst, so schützt du deinen Sohn? Dann wird dein ganzes Volk dafür zahlen müssen, dass du nicht tust, was Kain von dir verlangt! Dein ganzes Volk und dein Sohn mit ihm!"
Antak zitterte.
„Ich werde dein Volk vernichten, Hüter der Geschichte", sagte der Mensch und seine Stimme klang fast glücklich dabei. „Niemand widersetzt sich Kain ungestraft! In die Luft werde ich es jagen, dein ganzes Volk, und deinen Sohn mit ihm. Was nützen Kain die Medlevinger, wenn du ihm den Goldler nicht bringst?"
Vedur packte Antak an der Schulter.
„Ich werde mir Sprengstoff dafür besorgen", sagte der Mensch. „Wisst ihr, was Sprengstoff ist? Ein paar Tage kann das dauern. So lange hast du noch Zeit, deine Meinung zu ändern, Antak."
Er beugte sich vor, bis sein Kopf Antak fast berührte. „Sei nicht dumm!", flüsterte er. „Sei nicht dumm!"
Dann wurde es wieder dunkel.

38

Johannes lief am Gebäude der Feuerwehr vorbei, überquerte die Admiralitätsstraße und danach den vierspurigen Rödingsmarkt gerade, als über seinem Kopf eine U-Bahn auf dem stählernen Viadukt in Richtung Innenstadt donnerte. Bevor er nach links in die Deichstraße einbog, warf er einen kurzen Blick über die Ufermauer beim Mäuseturm und zuckte zusammen. Die „Cordelia Zwo" fehlte. Ihr Platz am Anleger war leer.

Wir kommen zu spät!, dachte Johannes, und Panik stieg in ihm auf. Wie konnte ich heute Morgen einfach ganz normal in die Schule gehen, wenn ich doch wusste, wer Antak und Vedur gefangen hält! Wie konnte ich den kleinen Nis schicken, der sich überhaupt nicht auskennt bei uns, nur weil er sich unsichtbar machen kann! Er wusste ja noch nicht mal, wie ein Handy funktioniert!

„Na, wieder ganz pünktlich?", sagte eine Stimme hinter ihm, und die Hand, die sich ihm auf die Schulter legte, roch nach Rauch. „Hab ich doch gewusst! Auf den Kleinen ist Verlass."

Aus dem schmalen Durchgang zum Nikolaifleet gleich neben dem Kolonialwarenladen kamen Sascha und Patrick. „Aber ob er die Kohle hat, Kev?", sagte Sascha nachdenklich. „Pünktlich allein bringt es ja nicht."

„Nee, pünktlich allein bringt es nicht", sagte Kevin und nahm seine Hand von Johannes' Schulter. Jetzt am Nachmittag beschien

die Sonne die Fachwerkfassaden der Häuser, und Touristen mit Stadtplänen in den Händen blieben auf ihrem Weg zu den Landungsbrücken stehen und lasen die Erklärungen auf den blauen Emailschildern, die an vielen Gebäuden der Altstadt angebracht waren.

Aber tun kann Kevin mir hier nichts, dachte Johannes. Nicht, solange hier die Touris rumstapfen. Meinetwegen könnten es gerne noch viel mehr sein.

„Ich glaub, er hat es dabei, Dicker", sagte Kevin, als stünde Johannes nicht direkt neben ihm. „Ich glaub, er hat verstanden, was wir ihm neulich erklärt haben. So dumm ist er ja nicht."

„Nee, so dumm ist er ja nicht!", rief Patrick.

„Und, wo ist das Geld für den guten Onkel Kevin?", fragte er. „Wo ist die – wie hieß das noch, Sascha?"

„Aufwandsentschädigung", sagte Sascha und trat mit einer drehenden Fußbewegung seine Zigarette auf dem Kopfsteinpflaster aus. „Aufwandsentschädigung, Chef."

„Genau", sagte Kevin und steckte beide Hände in die Taschen seiner Jacke. „Gib Sascha die Kohle, der ist mein Verwalter."

Johannes spürte die Münze heiß in seiner Hand.

„Ich hatte kein Geld mehr", flüsterte er. Eine Wolke zog an der Sonne vorbei, und ihn fröstelte. „Darum hab ich dir einfach – meine Mutter hat eine Münzsammlung, also."

„Kein Scheiß hier, Kleiner!", sagte Kevin drohend und kam noch einen Schritt näher. Von einer Sekunde zur anderen hatte sein Gesicht sich verändert. „Versuch nicht, mich zu bescheißen!"

„Nee, versuch ich ja nicht!", sagte Johannes erschrocken und öffnete seine Hand. Auch ohne dass die Sonne darauf schien, blitzte

das goldene Markstück auf. „Das ist echtes Gold! Das ist viel mehr wert als zwanzig! Ehrlich wahr jetzt!"
Kevin beugte sich misstrauisch über die Münze und winkte Sascha heran. „Was sagst du, Dicker?", fragte er.
Mit spitzen Fingern nahm Sascha die Münze und hielt sie ins Licht. „Eine Mark", sagte er. „Eine so von früher, Chef. Aber Gold."
„Und, ist die echt, Dicker?", sagte Kevin, als ob er glaubte, dass Sascha sich in diesen Dingen auskennen müsste.
„Musst du reinbeißen", sagte Sascha und nahm die Münze in den Mund. Wahrscheinlich kannte er den Trick auch aus den „Pippi Langstrumpf"-Filmen. „Wow, meine Fresse! Alter, die ist echt, Alter!"
„Ist sie nicht!", brüllte Kevin.
„Die ist weich", sagte Sascha. „Soll ich bei der Bank fragen?"
Kevin packte Johannes am Ärmel. „Wenn du mich bescheißt!", flüsterte er drohend, und seine Augen traten fast aus ihren Höhlen vor Wut. „Dann *chchchrm!*", und er zog die Handkante der rechten Hand blitzschnell einmal an seiner Gurgel vorbei. „Mich bescheißt keiner, Kleiner!"
„Genau, Chef, schlag ihn tot, Alter!", schrie Patrick. „Mach ihn platt, Alter, Chef, mach ihn kaputt!"
„Aber die ist wirklich echt!", schrie Johannes. Er konnte nicht begreifen, wieso die Touristen den Michel mit dem Fahrstuhl hinauf- und hinunterfuhren und stundenlang an der Alster entlangspazierten, und nur für die Deichstraße interessierte sich keiner. Das Kopfsteinpflaster zwischen den Fachwerkhäusern lag jetzt wie leer gefegt.
„Zwanzig Euro hatte ich gesagt!", schrie Kevin. „Hä? Hä? Hatte

ich das gesagt, Kleiner, oder? Oder?" Und er schüttelte Johannes, dass seine Zähne aufeinander schlugen.
Neben Johannes' Gesicht tauchte plötzlich ein Messer auf. „Hattest du gesagt, Chef, Alter!", schrie Patrick. „Hattest du voll gesagt!"
Patrick kam näher. „Soll ich ihm zeigen, was wir mit einem machen, der Scheiße baut, Chef?", fragte er. „Soll ich ihm die Fresse …?"
In diesem Moment sauste sein Messer durch die Luft. Aber anstatt klirrend auf das Pflaster zu schlagen, hielt es zwanzig Zentimeter über dem Boden an und schwebte.
„Angriff! Attacke!", schrie eine Stimme, der der Körper fehlte. „Dein letztes Stündlein hat geschlagen! Ich puste dir das Gehirn aus der Birne!"
Patrick schlug die Hände vor sein Gesicht und zitterte.

Nis kannte den Weg von der Barkasse zur Wohnung. Zuerst musste er an einem Mast die Straße oberhalb des Wassers überqueren, dann kam das schlimmste Stück. Zwischen krummen Häusern war die Straße mit großen runden Steinen gepflastert. Letzte Nacht war er hier einmal ausgerutscht und gestürzt.
Menschen, die im Gehen Karten lasen, kamen ihm entgegen; dann stoppte Nis mit einem Ruck. Vor ihm, nur wenige Schritte die Straße hinauf, stand Johannes mit drei Menschenjungen. Einer von ihnen hielt seinen Arm umklammert und schrie ihn an, und Nis sah auf einen Blick, dass man kaum wütender sein konnte.
Sind das die Helfer des Kain?, dachte Nis erschrocken. Alle heiligen Geister, sie sind uns auf die Schliche gekommen! Und immer noch unsichtbar lief er auf die Gruppe zu, während sein Herz wie wild hämmerte.

„Genau, Chef, schlag ihn tot, Alter!", schrie einer der Jungen, und Nis wich zurück. Die Menschen waren *doch* genau wie in den Sagen. Es waren nicht nur die Gestalten in den Sehkästen, die miteinander kämpften.

„Zwanzig Euro hatte ich gesagt!", schrie der größte der Jungen, der Johannes immer noch wie im Schraubstock hielt. „Hä? Hä? Hatte ich das gesagt, Kleiner, oder? Oder?"

Nis begriff, und eine Welle der Erleichterung überflutete ihn. Die drei Jungen, wie schrecklich sie auch sein mochten, hatten nichts mit dem Kain zu tun und nichts mit Antak und Vedur. Er erinnerte sich, was Johannes von dem Jungen an seiner Schule erzählt hatte und wie erschrocken Moa gewesen war, die nicht glauben wollte, dass Menschen wirklich so etwas taten.

Aber sie tun es, dachte Nis, und es schüttelte ihn. Sie zeigen es in den Sehkästen, weil sie es in der Wirklichkeit tun. Oder sie tun es in der Wirklichkeit, weil sie es in den Sehkästen zeigen. Es spielt keine Rolle, dass die kleinen Figuren hinter dem Glas nur aus Strömekraft sind. Die wirklichen Menschen sind ganz genauso.

In diesem Moment zog einer der beiden anderen Jungen ein Messer aus dem Strumpf. „Soll ich ihm die Fresse …?", fragte er und hielt Johannes das Messer unter das Kinn.

Nis dachte nicht nach. Seine Angst war riesengroß, aber noch größer war seine Wut. Mit einem Satz sprang er hoch und packte das Messer. Noch während er zugriff, fürchtete er, dass der andere nicht loslassen würde. Der Junge war so viel stärker als er.

Aber die Überraschung reichte aus. Nis musste nicht einmal besonders fest ziehen, schon lag das Messer in seiner Hand, und er hielt es fest umklammert, während er hart auf dem Pflaster landete.

„Angriff! Attacke!", schrie er wütend. Wenigstens konnte er sich noch daran erinnern, was sie im Sehkasten in solchen Momenten sagten. „Dein letztes Stündlein hat geschlagen! Ich puste dir das Gehirn aus der Birne!"
Der Junge, dem er das Messer abgenommen hatte, schlug seine Hände vor das Gesicht und zitterte.

Die Erleichterung war so groß, dass Johannes spürte, wie seine Beine nachgeben wollten. Nis hatte ihn gerettet. Wenn er jetzt keinen Fehler machte, war er seine Erpresser vielleicht für immer los.
„Ich danke dir, ich danke dir!", sagte er, so feierlich das mit seiner zitternden Stimme ging, und verbeugte sich in die Richtung, in der Nis jetzt stehen musste und immer noch das Messer in der Hand hielt. Johannes griff danach, und in dem Bruchteil der Sekunde, bevor Nis ihm das Messer überließ, spürte er die Finger des Kleinen. Das Gefühl war tröstlich.
„Ich danke dir – Großer Geist über dem Wasser und über dem Land!", sagte er. Er war froh, dass ihm wenigstens das eingefallen war. Hoffentlich spielte Nis seine Rolle jetzt richtig.
Aber das fiel ihm anscheinend schwer. Vielleicht war er einfach noch nicht lange genug in der Menschenwelt.
„Bitte", murmelte er zaghaft. Dann merkte er offenbar, dass das nicht ausreiche „Die Familie lässt ja, wie du weißt, nicht mit sich spaßen!", rief er. „Her mit der Kohle, sonst können die Typen gleich die Primeln von unten begucken!"
Johannes war starr vor Verblüffung, aber Sascha ließ schon voller Panik die Goldmünze fallen. Klirrend trudelte sie über das Pflaster.
„War doch nur Spaß, Alter, Dicker!", sagte er bittend und machte

drei Schritte rückwärts. „Hast du doch nicht ernst genommen, oder? Wir waren doch schon immer deine Kumpel!"
Johannes griff nach dem Goldstück. Er begriff, dass er die drei jetzt nicht einfach laufen lassen durfte. Solche wie Kevin, sagte Britta, konnten immer nur entweder der King sein oder der Zwerg, dazwischen gab es nichts für sie. Darum mussten sie die anderen auch quälen, damit sie sich selber nicht als Zwerg fühlen mussten.
„Halt!", rief Johannes, und seine Stimme überschlug sich. „Auf die Knie, alle drei!", und plötzlich spürte er ein unglaubliches Glücksgefühl. Er war gerettet, und er glaubte nicht, dass Kevin ihn jemals wieder bedrohen würde. Aber als Kevin und Sascha und Patrick da vor ihm auf dem Pflaster knieten und nicht wagten, zu ihm aufzusehen, spürte er auch noch etwas anderes.
Ich bin doch nicht wie Kevin, dachte er erschrocken. Entweder King oder Zwerg. Aber eben hab ich ganz genau gespürt, wie es sich anfühlt, wenn man Macht über andere hat. Wenn sie vor einem schlottern. Dass man sich groß fühlt dabei, unbesiegbar. Er atmete pfeifend aus.
„Großer Geist!", sagte Johannes und guckte suchend auf den Boden, dorthin, wo er Nis vermutete. „Sage ihnen, dass du auf immer deine schützende Hand über mich hältst und auch über alle anderen Kinder an meiner Schule, so ungefähr bis Klasse acht! Und dass du da sein wirst wie ein Sturmwind, wenn die drei noch mal jemanden erpressen oder quälen oder sonst was machen."
Eine winzige Sekunde fürchtete er, Nis könnte verschwunden sein, aber da hörte er auch schon die Stimme vom Straßenpflaster.
„Ich halte auf immer meine schützende Hand über dich und über

alle Kinder an deiner Schule bis ungefähr Klasse – welche Klasse noch mal?", fragte Nis verwirrt.
„Acht, Großer Geist!", sagte Johannes. „Aber auch größere, wenn sie schwächer sind als Kevin."
„Bis ungefähr Klasse acht!", sagte Nis, und jetzt klang seine Stimme endlich fest. „Und ich werde da sein wie ein Sturmwind, wenn ihr drei noch mal so was macht wie eben, und dann könnt ihr die Primeln von unten begucken, Luigi."
„Habt ihr verstanden?", fragte Johannes. „Habt ihr gehört, was der Große Geist euch gesagt hat?"
Die drei nickten, aber noch immer wagten sie nicht, zu ihm hochzusehen.
„Niemand wird euch diese Geschichte glauben, wenn ihr sie erzählt, also braucht ihr gar nicht erst versuchen zu petzen. Und der Geist ist immer da, Tag und Nacht."
„Sommers und winters!", schrie Nis unsichtbar, und die drei zuckten zusammen.
„Und wann immer er sich euch nähert", sagte Johannes, „werdet ihr ihm von jetzt an eure Reverenz erweisen und vor ihm auf eure ungewaschenen Knie fallen. Verstanden?"
„Verstanden", murmelte Sascha, und bevor Johannes die beiden anderen auffordern konnte, sich ihm anzuschließen, fiel Nis ihm ins Wort.
„Und Johannes werdet ihr auch eure Reverenz erweisen, sonst puste ich euch das Gehirn aus der Birne!", sagte er fröhlich. „Die Familie lässt nicht mit sich spaßen, Luigi!"
Johannes schüttelte erschrocken den Kopf. Er stellte sich vor, wie von jetzt an Kevin und seine beiden Kumpel in der Schule in jeder

Pause vor ihm auf die Knie fallen würden. Das ging nicht. Das ging einfach nicht.

„Aber verbeugen reicht, oder, Großer Geist?", sagte er darum schnell. „Bei mir reicht es ja, wenn sie nur mal kurz das Haupt neigen."

„So sei es", sagte der unsichtbare Nis. „Und jetzt könnt ihr flitzen."

„Ab!", sagte Johannes und machte eine Handbewegung, mit der man sonst Tauben verscheucht.

Er hätte nicht geglaubt, dass die drei so schnell rennen konnten.

39

Johannes hatte sich bei Nis bedankt, aber Nis hatte nur abgewinkt. Er hatte gedrängt, dass sie sofort zur „Cordelia" zurückkehren sollten, aber als sie dort ankamen, war das Deck leer, und von einer Kiste oder von Thomas war nichts zu sehen. Ein paar Boote weiter standen drei Männer mit Werkzeug und schraubten an einem Schiffsmotor herum, und Johannes begriff, dass es zu auffällig gewesen wäre, wenn er jetzt die Barkasse allzu genau inspiziert hätte. Darum rüttelte er nur einmal kurz an der Niedergangstür und sprang dann wieder auf den Ponton. Er wusste, Nis würde sowieso durch alle Fenster spähen.
„Ist Thomas nicht da?", fragte Johannes einen der Männer, der seine Seglermütze tief in den Nacken geschoben hatte. Quer über seine Stirn verlief ein öliger Streifen.
„Arbeitet", sagte der Mann, ohne aufzusehen. „Kolbenfresser, hatte ich doch gesagt."
„Danke!", sagte Johannes höflich. Britta hätte sicher auch noch „für die freundliche und ausführliche Auskunft" hinzugefügt. Aber er konnte sich zusammenreißen.
Jemand zupfte an seinem Hosenbein.
„Und?", fragte Johannes leise, als sie an den Männern vorbei und auf der Treppe waren. „Hat er die Kiste in die Kajüte geschleppt?"
„Drinnen ist nichts", sagte Nis, und Johannes wunderte sich, wie

sehr er sich schon daran gewöhnt hatte, mit einem Unsichtbaren zu reden. Dabei hätte er sich noch vor ein paar Tagen totgelacht, wenn ihm das jemand vorhergesagt hätte.

„Aber er hat sie ja nicht hierher gebracht, um sie dann noch superweit zu transportieren!", sagte Johannes nachdenklich. „Wenn die Kiste doch so schwer zu schleppen war. Sie muss irgendwo hier in der Nähe sein. Nis? Nis, bist du noch da?"

Hinter ihm schnaufte jemand. „Nicht so schnell!", rief eine unsichtbare Stimme. „Du weißt doch, dass meine Beine kürzer sind!"

„Tut mir Leid", sagte Johannes. „Aber ich hab doch Recht, oder? Und darum muss ich heute Nacht noch mal los. Line ist bei Oma Ilse, Thomas arbeitet, und vielleicht gibt es auf der Barkasse ja irgendeinen Hinweis, wo er sie hingebracht hat. In die Speicherstadt vielleicht? Zu deinen Teppichen?"

„Nicht so schnell!", schrie Nis hinter ihm.

Darum kamen sie erst zu Hause an, als Britta längst da war.

Schon als Johannes die Wohnungstür aufschloss, hörte er aufgeregte Stimmen aus der Küche.

Sie hat Moa und Thoril entdeckt!, dachte Johannes. Jetzt bin ich gespannt, ob sie glaubt, dass sie verrückt ist oder dass die beiden bedauernswerte Geschöpfe sind. Solange Moa nicht anfängt zu schweben, ist vielleicht noch was zu retten.

Aber dann standen in der Küche nur Britta, Idelung und Line am Fenster und starrten in den Hof.

„Johannes!", rief Britta. „Das musst du dir angucken!"

„Pokaschinski hat gebuddelt, ich weiß", sagte Johannes erleichtert. Für dieses Mal waren sie also noch einmal unentdeckt geblieben.

„Und deine Rosen rausgerissen. Tut mir Leid, Mama. Vielleicht kann man sie wieder reinsetzen."
„Ach was!", schrie Britta aufgeregt. „Davon rede ich doch gar nicht!" Und sie trat einen Schritt zur Seite, damit auch für Johannes ein Platz am Fenster frei wurde.
Gleich, als er in die Küche gekommen war, hatte Johannes das Gefühl gehabt, dass es dort dunkler war als sonst. Jetzt wusste er, warum. Erst als er die Augen einmal zugekniffen und danach ein zweites Mal geöffnet hatte, glaubte er wirklich, was er sah.
„Das ist doch unglaublich!", schrie Britta. „Das fasst man doch nicht! Wie kann denn so was passieren?"
„Keine Ahnung!", sagte Johannes erschrocken. Dabei hatte er Moa noch extra gebeten, in seinem Zimmer zu bleiben.
Fast der gesamte Hof war, bis hoch zu den Dächern, ausgefüllt mit riesigen Bambusstauden, die, unten noch schmal und zart, aus Brittas Töpfen wuchsen. Etwa auf Höhe des ersten Stockwerks sprangen sie auseinander, breiteten sich auch zur Seite aus und verdunkelten den Himmel. Niemals hätte Johannes sich vorstellen können, dass Bambus so gigantisch sein konnte.
„Ich hab Kurt runtergerufen", sagte Britta. „Bei dem ragt das schon über den Balkon."
„Hast du den kürzlich gedüngt?", fragte Idelung. „Irgend so ein neuer Superdünger?"
Britta schüttelte wild den Kopf.
„Ich glaub, es ist die Umweltverschmutzung", sagte Line. „Da gehen doch so Sachen in die Luft – Algen wachsen dadurch doch auch wie verrückt."
Idelung nickte zustimmend. „Das könnte die Erklärung sein", sagte

er. „Wenn auch natürlich eine ziemlich erschreckende."
„Dann müssen wir die Zeitung informieren!", sagte Britta. „Das ist ja der reinste Wahnsinn!"
„Nee, nicht die Zeitung, Mama!", schrie Johannes.
„Nein, Britta, ich glaube, Johannes hat Recht", sagte Idelung und nickte Johannes zu. „Wer weiß, was du damit lostrittst! Die kriegen wir doch hier niemals mehr raus und nachher berichten die noch sonst was. Liefer dich niemals der Zeitung aus oder dem Fernsehen! Und wenn Line Recht hat und es hängt mit der Luftverschmutzung zusammen, dann passiert es woanders ja auch. Sollen die sich doch mit den Zeitungsleuten rumschlagen."
„Genau!", sagte Johannes dankbar.
„Und wie wollt ihr die Nachbarn daran hindern?", fragte Britta. „Die sehen das doch auch!"
„Viele arbeiten um diese Zeit doch noch", sagte Idelung. „Und wenn sie nach Hause kommen, ist alles verschwunden." Er guckte sich in der Küche um. „Ihr habt doch bestimmt eine Säge", sagte er. „Unten ist das ja gar nicht so schlimm. Und wenn es erst mal ab ist, zersägen wir den Kram."
„Okay", sagte Johannes.

Sie hatten nicht halb so lange gebraucht, wie Johannes befürchtet hatte, da lag der Bambus schon zerkleinert auf einem ziemlich hohen Haufen mitten im Hof. Die Pflanztöpfe hatten sie vorsichtshalber nach drinnen getragen, um ihre Spuren zu verwischen.
„So, bitte sehr!", sagte Idelung vergnügt und rieb sich die Hände an seinen Jeansnähten ab. „Wenn jetzt einer rausguckt, denkt der doch bestimmt, der Haufen gehört zu den Sachen, die dieser Poka-

schinski da grade veranstaltet. Wenn uns keiner beobachtet hat, ist der der Einzige, der uns jetzt noch Ärger machen kann."
„Und das macht der auch, jede Wette!", sagte Britta düster.
Johannes dachte daran, was Thoril und Moa ihm von ihrem Zusammentreffen mit Pokaschinski am Vormittag erzählt hatten. „Da bin ich noch nicht mal so sicher", sagte er nachdenklich. „Abwarten."
Erst jetzt wurde ihm plötzlich bewusst, dass Line die ganze Zeit mitgeholfen hatte. „Warum bist *du* eigentlich da?", fragte er. „Warum bist du nicht auf der ‚Cordelia'?"
Britta winkte Idelung in ihr Zimmer. „Darauf trinken wir schnell einen Ramazotti, bevor ich zum Kellnern muss", sagte sie. „So ein Glück, dass du da warst, Kurt."
„So ein Glück, dass du da warst, Kurt!", sagte Line mit hoher, verstellter Stimme. *„Ach ja, ganz reizend, Kurt!* Wie sie den anguckt!"
„Quatsch!", sagte Johannes.
„Danke, dass du mir geholfen hast, Kurt!", flötete Line. *„So ein wunderbarer starker Mann! Lass mich mal deine Muskeln fühlen, Kurt!"*
„Halt's Maul!", sagte Johannes wütend. Dann starrte er Line ungläubig an. Natürlich. Line war eifersüchtig.
„Kann dir doch außerdem sowieso egal sein!", sagte er. „In Thomas war sie sowieso nie verknallt, wenn du das geglaubt haben solltest. Wolltest du die beiden verkuppeln?"
Jetzt war es Line, die wütend wurde.
„Du tickst ja nicht mehr richtig!", schrie sie. „Ich find's einfach nur peinlich, wie sie sich benimmt!"
Johannes seufzte. „Lass sie doch auch mal Spaß haben", sagte er versöhnlich. „Also warum bist du hergekommen?"
„Denk nach!", sagte Line.

Johannes zuckte die Achseln. „Keine Ahnung", sagte er. „Echt jetzt nicht."
„Dann kann ich es ja auch behalten", sagte Line schnippisch. „Wenn du es noch nicht mal vermisst."
In diesem Moment fiel es Johannes ein. Wie hatte er das vergessen können! Nis hatte ihm davon erzählt, aber bisher hatte er einfach nicht genug Zeit gehabt, sich Sorgen zu machen.
„Mein Handy!", sagte Johannes. „Wow, Line, vielen Dank, du! Wo hast du das denn gefunden?"
„Wo ich das gefunden hab?", sagte Line kämpferisch. „Ja, dann rate mal!"
Johannes musste nicht raten, aber es war wichtig, dass Line das nicht merkte. „In der Schule?", fragte er zögernd. „Hab ich es unter meinem Tisch liegen lassen?"
Line knallte das Handy vor ihm auf den Küchentisch. „Thomas hat es an Deck gefunden", sagte sie. „Es kam plötzlich von oben runtergeflogen! Er dachte, es gehört einem Touristen." Sie starrte ihn an. „Aber es ist deins", sagte sie. „Ich kenn ja das Cover. Warum hast du heute Nachmittag dein Handy auf die ‚Cordelia' geschmissen? Wo warst du überhaupt? Lauerst du uns auf, oder was?"
Johannes schüttelte den Kopf. „Ich muss es liegen gelassen haben, als ich das letzte Mal bei euch war!", sagte er. „Ich vermiss das auch schon ewig! Das hat Thomas sich nur eingebildet, dass das gerade erst aufs Deck geflogen ist."
Line guckte ihn zweifelnd an. „Na gut, kann ja sein", sagte sie. „Wäre jedenfalls logisch."
„Danke, dass du es mir gebracht hast, Line!", sagte Johannes.
Britta steckte den Kopf durch die Küchentür. „Kurt ist gegangen",

sagte sie. „Und ich muss auch los. Wenn ihr mögt, könnt ihr morgen wieder zum Frühstück kommen, Thomas und du, Line! Würde mich freuen. Aber nicht so früh wie letzte Woche."
„Ich sag Thomas Bescheid", sagte Line und ging zur Wohnungstür. „Danke für die Einladung."
Nun kam Thomas also auch noch zum Frühstück. Man würde ihm niemals einreden können, dass das Handy schon ewig auf dem Deck gelegen hatte, er hatte schließlich gesehen, wie es angeflogen kam. Und jetzt hatte Line ihm sogar erzählt, wem es gehörte. Und morgen würde Britta ihm von dem Bambus erzählen.
Bisher hielt Thomas nur Antak und Vedur gefangen und wusste nichts von Nis, Thoril und Moa. Aber natürlich würde er zwei und zwei zusammenzählen können. Er war ja nicht dumm.
Es wurde höchste Zeit, dass etwas geschah.

40

Drei Tage hatte Munna gewartet, seit Nis verschwunden war, und mit jedem Tag war sie unruhiger geworden. Seit einem Tag fehlte nun auch Thoril, und im Dorf breitete sich lähmende Angst aus wie eine schleichende Krankheit.
„Erst Antak!", tuschelten die Leute. „Und dann Vedur! Sein Sohn und die kleine wilde L-Fee, die noch auf ihre Fibel wartet! Und jetzt auch Thoril, Antaks Sohn!"
„Erinnert ihr euch nicht?", sagten sie. „An den letzten Herbst, an Artabak, Retjak und Ailiss? Was geschieht hier mit uns? Was geschieht gerade im Land?"
Sie blieben in ihren Häusern und schlossen Türen und Fenster, bevor die Dämmerung hereinbrach; sie gingen auch den kürzesten Weg nicht mehr allein; und ihre Kinder durften nicht mehr vor den Häusern spielen.
Nur Munna stand Stunde um Stunde vor dem Haus und sah auf die verlassene Dorfstraße; und als der fünfte Abend seit Vedurs Abschied kam, ohne dass er zurückgekehrt wäre, er oder einer der anderen vier, machte sie sich ohne Furcht auf den Weg durch die Dunkelheit.

Es fiel Johannes schwer, wach zu bleiben, aber vor Mitternacht konnte er nicht aufbrechen. Während die drei zwischen den Freitagabendprogrammen in Brittas Fernseher herumzappten, döste Johannes ein. Im Halbschlaf stellte er sich vor, wie es wäre, einmal wieder eine ganze Nacht zu schlafen. Niemals hätte er geglaubt, dass ihm sein Bett so verlockend erscheinen könnte.

Kurz nach Mitternacht machte er sich auf den Weg zum Hafen. In der kalten Nachtluft verging seine Müdigkeit. An einem Freitagabend brummte die Gegend um die Reeperbahn vor Vergnügungswilligen, aber unten am Kajen war es ruhig. Ab und zu guckte Johannes sich um. Niemand war ihm gefolgt.

So leise er konnte, lief er über den Ponton. Die Schiffe dümpelten verlassen und still, nur ab und zu kamen über das Wasser Musik und Lachen von St. Pauli herübergeweht. Die Speicherstadt lag dunkel jenseits des Kanals.

Johannes kramte in seiner Hosentasche nach dem Schlüssel. Erst als er die „Cordelia Zwo" fast erreicht hatte, blickte er auf. Er brauchte nicht länger zu suchen.

„Verdammter Mist!", flüsterte Johannes in Panik. Die Niedergangstür der Barkasse war aufgeschoben, und von drinnen hörte er ein Geräusch, das ihm den Atem stocken ließ. So etwas hatte er bisher nur im Fernsehen gehört und da auch noch nicht oft. Schließlich hatte Britta nie gewollt, dass er Gewaltfilme guckte.

Auf der Barkasse stöhnte jemand.

Eine Sekunde lang wollte Johannes nur noch rennen. Es war nicht sein Kopf, der rennen wollte – es waren seine Beine, die schon umgedreht hatten, sein Oberkörper, der sich nach vorne beugte zum Sprint. Erst dann kam der erste Gedanke.

Auf der Barkasse stöhnte jemand. Aber mehr hörte man nicht. Keinen Kampf. Kein Geschrei. Nur dieses Stöhnen.

Nur *ein* Mensch.

Natürlich war alles möglich, das hatte er in den letzten Tagen ja gelernt. Natürlich konnte also der Jemand auf der „Cordelia" auch eine Pistole in der Hand halten und sie auf Johannes richten, sobald

sich sein Umriss vor dem Mondhimmel in der Tür abzeichnete. Aber das war doch eher unwahrscheinlich.

Das Stöhnen hörte nicht auf, und Johannes schlich wieder einen Schritt näher.

Ich verzeihe mir nie, wenn ich jetzt nicht nachsehe, dachte er. Das unheimliche Geräusch kann alles bedeuten, und wenn ich jetzt abhaue, erfahre ich niemals, was es wirklich war. Antak und Vedur vielleicht, und wie erkläre ich das dann Nis, Thoril und Moa? Wenn ich jetzt abhaue, kann ich ihnen überhaupt nicht erzählen, was ich erlebt habe. Ich müsste schweigen und lügen.

Und außerdem will ich es auch selber wissen.

Er sprang so leise an Deck, dass er seinen eigenen Schritt nicht hörte. Dann beugte er sich vorsichtig über den Niedergang.

In der Kajüte war es stockdunkel, aber das Stöhnen wurde lauter, sobald Johannes seinen Kopf durch die Öffnung gesteckt hatte.

Fast klang es, als versuchte jemand, nach ihm zu rufen, aber der Laut, der stattdessen zu hören war, klang dumpf und erstickt.

Vorsichtig fuhr Johannes mit der rechten Hand die Wand entlang, bis er den Lichtschalter gefunden hatte. Er kniff die Augen zusammen.

In der Kajüte sah es fürchterlich aus. Die Klappen zu den Schapps standen weit offen, und der Boden war übersät mit allem, was vorher darin verstaut gewesen war. Scherben von Tellern, Gläsern und Tassen mischten sich mit Teebeuteln, Wurstscheiben und Socken; Lines Schulhefte guckten mit einer Ecke unter dem heruntergerissenen Tischtuch hervor, auf dem noch drei Münzen lagen, eine aufgesprungene Geldbörse und Thomas' Rucksack.

„Meine Güte!", murmelte Johannes.

Mitten in diesem Durcheinander lag Thomas auf dem Boden, gekrümmt wie ein Bogen, und Hände und Füße hinter dem Rücken zusammengeschnürt. Das schreckliche Stöhnen kam aus seinem Mund, der mit einem breiten Streifen Paketband zugeklebt war.
„Meine Güte, Thomas!"
Also hatte der Matewka aus dem Teppichspeicher seine Drohung wahr gemacht. Dabei war die Woche noch lange nicht vorbei.
Das Stöhnen wurde lauter, fast klang es jetzt schon fordernd. Vielleicht hätte Johannes vorsichtiger sein müssen, das wusste er ja selber; schließlich war er fast sicher, dass Thomas Antak und Vedur entführt hatte. Aber Thomas war auch Lines Vater und der Mensch, von dem Johannes sich selber jahrelang gewünscht hatte, er könnte auch sein Vater sein.
„Warte, ich mach dir das ab!"
Thomas schrie auf, und Johannes versuchte, nicht daran zu denken, wie es sich anfühlte, wenn man ein großes Pflaster abriss.
„Au, verdammt!", brüllte Thomas. „Bist du wahnsinnig – oooh!"
Johannes sah sich um. „Gibt es hier eine Schere?", fragte er. Seine Knie zitterten.
Thomas stöhnte. „In der Tischschublade!", murmelte er. „Wenn du die irgendwo finden kannst."
Johannes konnte. Die Tischschublade war aus dem im Boden verankerten Tisch gerissen und mit Inhalt auf den Boden geschleudert worden. Dabei hatte sie eine tiefe Delle in der Verkleidung der Seitenwand hinterlassen. Die große Küchenschere lag gleich daneben.
„So!", flüsterte Johannes und beugte sich über Thomas. Erst jetzt sah er, dass aus einer Platzwunde an der Stirn Blut auf den Boden

getropft war. Die Beule, die darunter dunkelblau schimmerte, war die größte, die Johannes jemals gesehen hatte.

„Schnell!", sagte Thomas. „Was glaubst du, wie das einschnürt!" Johannes zerschnitt die Plastikwäscheleine, die Arme und Beine verband, und wieder schrie Thomas auf. In der folgenden Stille entfernte Johannes behutsam auch die Fesseln um Hand- und Fußgelenke.

„Bitte!", flüsterte er. „Alles wieder okay."
Eine Weile rührte Thomas sich nicht.
„Na, *alles okay* würde ich das hier vielleicht nicht direkt nennen", sagte er dann ächzend. „Da hätte ich schon höhere Ansprüche."

Der Wasserkocher hatte unter Thomas' Hemden gelegen, und Teebeutel hatten sie zwischen den Scherben auch noch gefunden. Jetzt saßen sie einander am Tisch gegenüber und bliesen in ihren heißen Tee.

„Als Erstes erzählst du mir mal, was du nachts hier wolltest!", sagte Thomas und prüfte, ob der Tee schon trinkbar war. „Normal ist das ja nicht."

Johannes hätte gerne gesagt, dass einiges andere im Moment noch sehr viel weniger normal war, aber er hütete sich. In seinem Kopf überschlugen sich die Gedanken. Was hier passiert war, konnte alles bedeuten. Er musste vorsichtig sein. Und er musste versuchen, so viel zu erfahren wie möglich.

„Ich wollte Line überraschen", sagte er und sah in seinen Becher. „Britta ist ja sowieso immer weg, und da war es mir langweilig."

„Und da gehst du nachts einfach so los?", sagte Thomas erschüttert. „Was glaubst du wohl, was deine Mutter dazu sagen würde?"

„Du verpetzt mich doch nicht?", sagte Johannes bittend. „Schließlich hab ich dich gerettet!"
Thomas winkte ab. „Line ist doch sowieso nicht hier!", sagte er. „Wusstest du das nicht? Wenn ich abends arbeite, ist sie immer bei Oma Ilse."
Johannes beschloss, die Frage nicht zu beantworten. „Bist du überfallen worden?", fragte er. „Sollen wir nicht die Polizei rufen?"
„Bist du verrückt!", sagte Thomas erschrocken. „Damit die rauskriegen, dass ich hier wohne? Nee, das geht nun überhaupt nicht."
„Ach so, ja, klar", murmelte Johannes. Natürlich konnte das wirklich der Grund sein. Es konnte. Vielleicht aber auch nicht. „Aber was war das denn für einer?"
Thomas nahm vorsichtig einen ersten Schluck. „Was weiß denn ich?", sagte er. „Der muss doch echt eine Schraube locker haben! Das sieht man doch auf den ersten Blick, dass hier nichts zu holen ist!"
„Nach Raubüberfall sieht es ja auch nicht aus", sagte Johannes. So viel wusste man schließlich aus Krimis. „Wo er nicht mal das Geld mitgenommen hat. Der hat doch hier was gesucht." Und er sah Thomas lauernd an.
„Logisch!", sagte Thomas. „Das ist mir doch auch völlig klar! Ich komm nach der Arbeit nach Hause, ich schließ die Niedergangstür auf, plötzlich hab ich ein Messer am Hals! ‚Her damit!', schreit ein Typ mit einer Strumpfmaske. ‚Los, her damit!' Ich denk, ich bin im Fernsehen."
„Echt jetzt?", sagte Johannes. Er wünschte, er könnte beurteilen, was er Thomas glauben konnte und was nicht. „Und was hat der gesucht?"

Thomas zuckte die Schultern. „Keine Ahnung!", sagte er und betastete vorsichtig seine Stirn. „Au, verdammt! Jedenfalls war er nicht zimperlich."

„Nee, das sieht man", sagte Johannes. „Glaubst du nicht, das muss genäht werden? Oder wenigstens geklammert?"

Thomas winkte ab. „Halb so schlimm", sagte er.

Johannes überlegte, ob er das verdächtig finden sollte. „Er muss dir doch gesagt haben, wonach er sucht!", sagte er. „Das wäre doch sonst idiotisch!"

„‚Gib sie raus!', hat er gebrüllt. Und er hat ja immer auf mich eingedroschen. Glaubst du, da hört man noch richtig zu? Wenn ich den erwische!"

„Vielleicht wollte er deine Papiere?", fragte Johannes. Er war stolz, dass ihm der Gedanke gekommen war. So konnte er ganz unauffällig nachsehen.

„Meine Papiere?", fragte Thomas verblüfft. „Wozu denn das?"

Johannes zuckte die Achseln. „Hast du schon nachgeguckt, ob sie noch da sind?", fragte er.

Thomas starrte ihn an, dann griff er in die Tasche seiner Jacke. „Bitte!", sagte er und knallte ein Plastiketui vor Johannes auf den Tisch.

„Perso noch drin?", fragte Johannes, und er spürte, wie er innerlich wieder zu zittern begann. Gleich würde er es sehen. Thomas Markus Kain Maggewie. Antak hatte gelacht.

„Klar ist der noch drin", sagte Thomas. Jetzt trank er schon größere Schlucke. „Was soll einer wohl mit meinem Perso."

„Gucken kann ich ja mal", sagte Johannes und schlug das Etui auf. Das schwarze Plastik war im Knick schon eingerissen. Drinnen

steckten ein dunkelroter Pass, ein lappiger Führerschein, eine Kundenkarte aus dem Kaufhaus, eine ec-Karte für den Bankautomaten und, hinter einer unordentlich gefalteten Liste mit Telefonnummern versteckt, der Personalausweis.
„Ist wohl alles noch da", sagte Johannes enttäuscht. Thomas Markus Maggewie. Er zog den Pass heraus und schlug ihn auf. Den Führerschein. Thomas Markus Maggewie, kein Grund zum Lachen.
„Was guckst du denn da?", fragte Thomas und nahm ihm das Etui aus der Hand. „Glaubst du, der hat die Buchstaben von den Papieren geleckt?"
Johannes schüttelte den Kopf.
Kein Kain weit und breit, und dabei hatte Antak es gesehen. Er hätte gerne gewusst, was das bedeuten sollte.
„Du gehst jetzt besser wieder nach Hause", sagte Thomas und hielt sich stöhnend seinen Kopf. „Vielen Dank für die Rettung, aber wenn du hier nachts noch mal auftauchst, sag ich Britta Bescheid. Um ein Uhr gehört man mit zwölf Jahren längst ins Bett."
Johannes runzelte die Stirn.
„Und über das hier", sagte Thomas, „bewahren wir Stillschweigen, okay? Ich räum gleich auf. Kein Wort zu niemandem."
„Wieso das denn nicht?", fragte Johannes. „Line merkt doch sowieso …"
„Ich will nicht, dass sie Angst kriegt", sagte Thomas unbehaglich. „Mir fällt schon was ein, was ich ihr erzählen kann."
„Ach so", murmelte Johannes.
„Britta braucht auch nichts zu wissen", sagte Thomas. „Schwörst du?"
Johannes nickte.

„Und übrigens", sagte Thomas, und jetzt sah er Johannes fest in die Augen. „Was war denn das heute hier mit deinem Handy?"
„Muss ich liegen gelassen haben!", sagte Johannes.
Thomas starrte ihn an. „Das kam geflogen", sagte er streng. „Erzähl du mir nichts. Langsam frage ich mich natürlich schon, warum du hier immer so rumlungerst, Johannes, mein Freund."
Aber Johannes war schon den Niedergang hochgestiegen und aufs Achterdeck geklettert.
„Tschüs, Thomas!", rief er. „Bis morgen zum Frühstück!"
Dann rannte er.

„Majestät!", rief Munna.
Sie war durch das knarrende Palasttor und den verlassenen Park gelaufen und hatte an das einzige erleuchtete Fenster des Palastes geklopft.
„Majestät, ich muss dich sprechen! Dringend!"
Der König steckte seinen Kopf durch das Fenster.
„Ich mach auf", sagte er.
In der Palastküche brannte ein Feuer im Ofen, und die Königin saß auf der Ofenbank und strickte ein kompliziertes vielfarbiges Muster.
„Munna!", sagte sie und sah einen Augenblick von ihrem Strickzeug auf.
„Du musst wahnsinnig sein vor Angst. Das ganze Dorf spielt verrückt, aber du hättest natürlich von allen den meisten Grund. Willst du einen Tee?"
Munna nickte und ließ sich auf einen Stuhl fallen. „Deshalb bin ich gekommen", sagte sie.
Der König seufzte. Vor ihm auf dem Küchentisch lag, noch sandig, das schwere metallene Blatt eines Spatens, und Munna begriff, dass sie ihn dabei gestört hatte, wie er mit einem Messer einen neuen hölzernen Stiel am unteren Ende so zuspitzte, dass er in die Halterung am Spatenblatt passte.

„Es tut mir Leid, dass ich störe, Majestät", sagte Munna. „Aber ich finde, die Zeit ist gekommen, etwas zu unternehmen."
Die Königin stellte eine Tasse vor sie hin. „Melisse und Kamille!", sagte sie. „Das beruhigt."
„Danke", sagte Munna und wärmte ihre Hände an der Tasse. „Majestät, du kannst nicht einfach nur zusehen!"
Der König legte das Messer auf den Tisch und rieb sich nervös mit der Hand über sein Gesicht. „Andererseits", sagte er und sah sie verlegen an, „andererseits: Was *könnte* ich tun?"
Munna nahm einen vorsichtigen Schluck. „Dass Antak gegangen ist", sagte sie, „musste uns nicht beunruhigen, auch nicht, dass er nicht wiederkam: Er hatte sich entschieden, er wusste, was er tat, und es war die Gier, die ihn trieb. Er hat, könnte man sagen, sein Schicksal, was immer es sein mag, selber verschuldet."
Der König gab einen kleinen Grunzlaut von sich, den Munna als Zustimmung verstand.
„Trotzdem ist Vedur ihm gefolgt", sagte sie. „Sei es, um ihn zu retten, sei es, um ihn zu hindern, schweren Schaden für die Medlevinger anzurichten. Auch Vedur blieb verschwunden."
Die Königin sah von ihrem Strickzeug auf. „Ich kann mir vorstellen, wie beängstigend das alles für dich sein muss, meine Liebe", sagte sie und wechselte das Knäuel. „Kompliziertes Muster! Ich verstehe, dass du etwas unternehmen möchtest. Hör ihr zu, König."
„Aber auch Vedur war ja erwachsen", sagte Munna, als hätte sie die Unterbrechung nicht bemerkt. „Auch Vedur wusste, was er tat, er hat es seit Jahren gewusst. Seit er zum Erfinder wurde, Majestät."
Der König nickte. „Natürlich bin ich ihm dankbar!", murmelte er. „Allerdings – die Spielregel war ..."

„Dann verschwand Nisse, mein Sohn", sagte Munna. „In der Nacht seines Großen Tages. Ich hatte es gefürchtet, Majestät, Nis ist nicht dumm. Als sein Vater nicht kam, um ihm sein Wort zu geben, wusste er, dass etwas geschehen sein musste, das Vedur daran hinderte. Dass Nis dann den Zugang gefunden hat ..."
„Ich weiß, es ist unverzeihlich", sagte der König hilflos und drehte das Spatenblatt in den Händen. Munna sah, dass es an der unteren Kante schon anfing zu rosten. „Ich hätte die Tür hinter Vedur sichern müssen. Aber wir glaubten doch, solange sie abgeschlossen war ..."
„Nis ist gerade dreizehn!", sagte Munna. „Wir können streiten, ob er noch ein Kind ist, Majestät, nachdem er seine Fibel erhalten hat. Aber er ist erst dreizehn."
Die Königin nickte. „Dreizehn, also das wäre für mich nicht erwachsen", sagte sie energisch. „Sag du, König. Ist dreizehn erwachsen? Sag du."
„Und Moa, die ja offensichtlich mit ihm gegangen ist", sagte Munna, „ist erst elf! Da ist man auch nach den Regeln der Medlevinger noch ein Kind."
„Aber was soll ich ...?", fragte der König unruhig. „Was würdest du denn ...?"
„Dann verschwand Thoril", sagte Munna. „Und auch er wird nicht zurückkommen, Majestät, genauso wenig wie die anderen alle. Und du willst nur zusehen? Du willst zusehen, wie deine Leute einer nach dem anderen oben von den Menschen festgehalten werden?"
„Psst!", rief die Königin erschrocken. „Du kannst doch nicht – Munna, sosehr ich deine Sorge verstehe, aber du kannst doch nicht ..."
Der König sah Munna an. „Wir haben keine Kämpfer", sagte er müde. „Wir Medlevinger haben keine Krieger."
„Wer sagt denn, dass wir Krieger brauchen!", rief Munna. „Gegen die Menschen mit ihrem Erfindungsgeist, ihrer Kraft und ihren Waffen würden wir sowieso unterliegen! Aber das heißt doch nicht, dass wir untätig sein müs-

sen! Majestät, schicke einige von uns nach oben! Wer weiß, ob nicht eine unserer geheimen Kräfte, von denen wir hier unten nicht einmal wissen, dass wir sie besitzen, genügt, um unsere Leute zu befreien!"
Der König pulte jetzt Splitter vom Spatenstiel. Er sah unglücklich aus. „Es gibt einen uralten Beschluss", sagte er, ohne Munna anzusehen. „Das weißt du, Munna, Vedurs Frau! Und ich wäre der erste König seit Jahrhunderten, der dagegen verstieße."
„Du hast längst dagegen verstoßen, Majestät", sagte Munna.

„Du hast nicht mal gesucht?", schrie Moa. „Du hast nicht mal nach ihnen gesucht?"
„Das hätte doch sowieso keinen Sinn gehabt!", sagte Johannes wütend. „Da geht irgendwas ab, das versteh ich noch nicht."
Thoril nickte. „Vielleicht hat der, der ihn überfallen hat, auch nach der Kiste gesucht", sagte er. „,Gib sie raus!', hat er gerufen. Sagt der Thomas."
„Er könnte natürlich auch lügen", sagte Nis. „Da kann sonst was passiert sein, das können wir doch nicht überprüfen. Vielleicht ging es auch um ganz etwas anderes."
„Um das Gold?", fragte Moa. „Vielleicht haben die auf der Barkasse nach dem Gold gesucht? Diese Männer aus dem Teppichlager?"
Johannes zuckte die Achseln.
„Und wenn er es nun gar nicht ist?", sagte er vorsichtig. „Wenn wir uns die ganze Zeit getäuscht haben? Er war so – ich kann einfach nicht glauben, dass er der Kain sein soll."
Moa schnaubte. „Alles passt!", rief sie. „Alles! Das hast du selber gesagt! Er hatte die Kiste! Er hatte die Fibel!"

„Vielleicht hat er den Überfall auch nur selber für dich arrangiert?", fragte Thoril. „Vielleicht hat er geahnt, dass du kommen würdest? Er hat dein Handy gefunden, wenn er nicht blöd ist, wusste er da doch, du beschattest ihn. Vielleicht hat er mit deinem Besuch gerechnet? Vielleicht wollte er auf diese Weise erreichen, dass du ihn nicht mehr verdächtigst?"

„Aber er hat sich dadurch doch eher noch verdächtiger gemacht!", sagte Johannes. „Und man kann sich nicht selber fesseln!"

Nis nickte. „Nein", sagte er nachdenklich.

„Und er heißt auch nicht Kain!", sagte Johannes. „Ich hab in seinem Personalausweis nachgeguckt. Und in seinem Pass. Und in seinem Führerschein. Da gab's für Antak nichts zu lachen."

Die drei waren still.

„Sind das die Papiere mit Bildern?", fragte Thoril dann. „Von denen Antak gesprochen hat?"

Johannes nickte. „Schließlich hat dein Vater gesagt, dass es im Perso stand", sagte er.

Thoril nickte. „Vielleicht hat er sich einen neuen machen lassen?", fragte er. „Geht das?"

Johannes dachte daran, was auf St. Pauli alles möglich war. „Klar", sagte er. „Aber das kostet. Und warum sollte er?"

„Damit du genau das denkst, was du jetzt denkst!", rief Moa. „Bist du dumm, oder was?"

„Aber er konnte doch nicht wissen …", sagte Johannes hilflos.

„Und er hatte die Fibel!", schrie Moa.

Sie waren still. Plötzlich sah Nis auf.

„Vielleicht hat jemand nach der Fibel gesucht", sagte er. „Auf der Barkasse. Heute Nacht. So wie ihr beiden in der letzten Nacht."

„Vielleicht", sagte Thoril nachdenklich. „Aber was bedeutet das dann?"

Johannes schüttelte den Kopf. „Ich bin viel zu müde zum Denken", sagte er. „Morgen wieder." Er gähnte.

„Aber wenn er es nicht ist", sagte Thoril leise, als Johannes schon in seinem Bett lag und die drei auf ihrer Decke daneben, „wenn er nicht der Kain ist: Dann sind wir wieder ganz am Anfang."

Johannes schloss die Augen. Morgen wieder, dachte er.

41

Wie tief er geschlafen hatte, merkte Johannes daran, dass er von einem wilden Hämmern gegen seine Zimmertür geweckt wurde. Sogar das Klingeln musste er also verschlafen haben.
„Johannes!", schrie Line. „Aufwachen, Johannes! Bist du tot, oder was?"
„Mmmh!", murmelte Johannes und drehte sich auf die Seite.
Dann kam Brittas Stimme. „Hat er schon wieder abgeschlossen?", rief sie und rüttelte an der Klinke. „Johannes, jetzt reicht es aber langsam mal! Mach sofort auf!"
„Komm ja schon", murmelte Johannes. „Keine Hektik."
Er atmete einmal tief durch.
„Geh schon vor in die Küche, Line!", sagte er. „Ich muss jetzt mal eben – also das wäre mir peinlich, wenn du mich so im Schlafanzug …"
„Seit wann das denn?", sagte Lines Stimme beleidigt vor der Tür. „Das ist ja ganz neu!"
Johannes kniete sich vor sein Bett. „Psssst!", flüsterte er und legte den Zeigefinger gegen die Lippen. „Ich lass keinen rein!"
Er kramte im Schrank nach seinem alten Bademantel, den er seit dem Schwimmkurs vor fünf Jahren nicht mehr getragen hatte. Er war kaum länger als die Schlafanzugjacke und zog Johannes auf dem Rücken die Arme zusammen. Davon, ihn vorne zu schließen,

brauchte er nicht einmal zu träumen. Trotzdem knotete er den Gürtel um den Bauch.

„Fertig?", flüsterte er und öffnete die Zimmertür einen Spalt. Er schlüpfte hindurch und schloss sie blitzschnell wieder hinter sich. Dann drehte er den Schlüssel.

In der Küche saßen Britta, Thomas und Line am Tisch. Es duftete nach frischen Brötchen und Kaffee.

„Morgen!", sagte Johannes und ließ sich auf den letzten freien Stuhl fallen. „Lange nicht gesehen, Thomas."

Britta starrte ihn an. „Na du siehst aus!", sagte sie. „Langsam fängt man als Mutter ja an, sich Sorgen zu machen!"

„Bin nur noch nicht wach", murmelte Johannes.

„Das sieht man", sagte Britta trocken. „Und jetzt noch mal im Beisein aller: Ich will nicht, dass du dich immer in deinem Zimmer einschließt! Ich hab keinen zweiten Schlüssel, und wenn was passiert …"

Thomas sah Johannes an. „Was soll denn passieren, Britta", sagte er und schüttelte den Kopf. „Johannes ist zwölf. Lass dem doch mal sein Privatleben."

„Genau", sagte Johannes und schnappte sich ein Franzbrötchen. Er überlegte, warum Thomas ihn unterstützte. Wenn er den Verdacht hatte, dass Johannes jemanden bei sich versteckte, wäre das natürlich kein Wunder.

„Und was hast du mit deinem Kopf gemacht?", fragte Britta und musterte Thomas' Gesicht. Auf der Stirn wölbte sich ein überdimensionales Pflaster über einer riesigen Beule. „Wenn ich fragen darf. Aber du zwingst mich ja. Wenn du von dir aus nichts sagst."

Thomas tupfte gegen seine Stirn und zuckte zusammen. „Also das

ist ein bisschen peinlich!", sagte er und warf Johannes einen blitzschnellen Blick zu. „Ich bin ausgerutscht, als ich nachts nach Hause gekommen bin, auf der Treppe runter zum Ponton. Und dann bin ich wirklich ganz blöde gefallen."
„Ach", sagte Britta.
„Und danach war ich so torkelig", sagte Thomas, und wieder suchten seine Augen Johannes, „dass ich auch auf dem Boot noch alles Mögliche runtergerissen habe. Völliger Mist, das."
„Sogar die Teekanne hat er zerdeppert!", sagte Line. „Und meine Hefte sind ganz zerfleddert! Echt jetzt, Thomas, ich begreif immer noch nicht, wie das passieren konnte."
„Ich kann mich doch nicht mehr erinnern!", sagte Thomas zerknirscht. „Es muss so eine Art – Schockzustand gewesen sein."
„Schockzustand, ja, ja!", sagte Line. „Du hattest neulich schon mal einen über den Durst getrunken!"
„Doch nicht Thomas!", sagte Britta ironisch. „Niemals!"
Johannes schlürfte seinen Kakao. Ist ihm doch egal, was ihr glaubt, dachte er. Schock oder Suff. Auch wenn er jetzt noch so sehr protestiert. Die Hauptsache ist, ihr kommt nicht hinter die Wahrheit. Aber in seinem Personalausweis steht nicht Kain.
„Und was macht die Fortbildung?", fragte Britta. „Wann geht es los?"
Johannes wollte sich gerade sein zweites Franzbrötchen nehmen, als ihn aufhorchen ließ, was Thomas sagte.
„Demnächst", sagte Thomas. „Und bis dahin jobbe ich einfach weiter, dieser Abendjob ist nicht das Schlechteste. Kann ich am Tag auch noch mal was machen." Er strich sich zwei Zentimeter dick Nutella aufs Brötchen, aber Britta tat, als sähe sie nichts.

„Gestern hab ich zum Beispiel für einen Nachbarn mit der ‚Cordelia' eine Ersatzmaschine geholt!", sagte er. „Drüben im Travehafen. Ist ja wichtig, dass ich ein gutes Verhältnis zu denen behalte. Damit sie der Wasserschutzpolizei nicht doch mal was stecken."
„Einen Motor?", fragte Johannes verblüfft. „Einen Schiffsmotor hast du geholt?"
„Was ist daran so komisch?", fragte Thomas.
Ein Motor war in der Kiste gewesen. Ein ganz normaler Motor. Nicht Antak und Vedur. Ein ganz normaler Schiffsmotor.
Behauptete Thomas.
Johannes biss in sein Franzbrötchen.
Natürlich behauptete Thomas auch, dass er gestern Nacht auf der Treppe gefallen war. Thomas konnte viel behaupten, solange es keine Möglichkeit gab, seine Aussagen zu überprüfen.
Aber sie haben ja tatsächlich an einem Motor rumgewerkelt, dachte Johannes. Diese unfreundlichen Männer am Anleger. Als ich mit Nis da war, gestern Nachmittag. Es kann also stimmen.
„Nicht so dick Nutella!", schrie Britta jetzt doch.
Andererseits hat Thomas das natürlich auch gewusst, dachte Johannes. Dass die am Motor gearbeitet haben, ungefähr um die Zeit, als mein Handy auf der „Cordelia" gelandet ist. Wenn er schlau ist, hat er es jetzt genau deshalb erzählt. Ich dreh noch durch. Man kann es einfach nicht rauskriegen.
„Und was war das mit dem Bambus gestern?", fragte Thomas jetzt und sah traurig auf sein Brötchen, durch dessen braune Schokoladenschicht weiß die Butter hindurchleuchtete. „Hat Line da gesponnen, oder wie?"
„Guck raus!", sagte Britta. „Der Stapel liegt ja noch da!"

Aber Thomas schüttelte müde den Kopf. „Dass die das mit der Umwelt nicht in den Griff kriegen!", sagte er. „Schon irgendwie düster."

Line stupste Johannes in die Seite. „Und was ist jetzt mit Kevin?", flüsterte sie. „Wie hast du das hingekriegt?"

So ein Mist, dass ich es ihr nicht erzählen kann!, dachte Johannes. Das würde ich jetzt richtig gerne tun, es war so witzig. Und sie ist meine allerbeste Freundin, schon jahrelang. Stattdessen eiere ich hier rum.

„Ich muss erst mal duschen!", sagte er und sprang auf.

„Also Johannes, echt jetzt!", schrie Britta.

Aber Johannes war schon im Bad verschwunden und hatte die Tür hinter sich zugezogen.

In Krimis ist es einfach, dachte Johannes und prüfte mit der Hand, ob das Wasser schon warm genug war. Da weiß man es immer, wenigstens als Leser. Also warum weiß ich es hier nicht? Irgendwie muss man doch rauskriegen können, ob Thomas der Kain ist oder nicht!

Das heiße Wasser lief ihm über das Gesicht und Johannes schloss die Augen. Line jedenfalls war nicht eingeweiht in die Verbrechen ihres Vaters, wenn er wirklich der Verbrecher war, und das beruhigte ihn ein bisschen. Es war schlimm genug, wenn er sich in Thomas getäuscht hatte. Aber Line wusste ganz offensichtlich nichts. Wie schade, dass er ihr nicht erzählen konnte, was mit Kevin passiert war. Johannes drehte das Gesicht in den Wasserstrahl. Und hinter seinen geschlossenen Lidern erschien wieder die Schrift.

Kevin. Kevin. Kevin.

Da wusste er es.

Thomas und Line waren gegangen, kurz nachdem Johannes aus der Dusche gekommen war. Line hatte ihn immerzu so komisch angesehen.

„Ich glaub, ich bin krank!", murmelte Johannes. „Ich fühl mich irgendwie so ... krank."

Britta legte ihm ihre Hand zuerst auf die Stirn und dann in den Nacken und schüttelte den Kopf. „Kein Fieber!", sagte sie. „Und zwei Brötchen gegessen hast du auch. Nee, krank bist du nicht."

„Vielleicht bin ich müde", sagte Johannes. „Ich hab schlecht geschlafen." Und damit wankte er zurück in sein Zimmer.

„Aber nicht wieder abschließen!", rief Britta ihm nach.

„Ich bin zwölf!", schrie Johannes zurück. „Ich brauch mein Privatleben!" Dann drehte er den Schlüssel um.

In der Küche fluchte Britta, aber Johannes hatte sich schon vor dem Bett auf den Boden gekniet.

„Nis! Moa! Thoril!", flüsterte er. „Ich glaub, ich weiß jetzt, wer ..."

„Er ist es *doch*, oder?", sagte Moa und robbte bedeckt von Staubflusen unter dem Bett hervor. „Thomas? Der Kain?"

„Er sagt, in der Kiste gestern war ein Bootsmotor", sagte Johannes. „Und wir haben auch gesehen, wie Männer an einem Motor herumgebaut haben, Nis und ich."

Nis nickte.

„Also du glaubst, er ist es wirklich nicht?", fragte Thoril.

Johannes zuckte die Achseln. Er hatte sein Matheheft vom Schreibtisch gezogen und schlug es jetzt von hinten auf. Auf der letzten Seite hatte er eine Liste mit Computerspielen aufgeschrieben, die er sich irgendwann einmal ausleihen wollte; darunter war eine etwas missglückte Zeichnung von Luke Skywalker.

„Jetzt passt mal gut auf", sagte Johannes.
Kevin, schrieb er direkt unter den missglückten Luke. *Kevin. Kevin.*
„Na?", sagte er aufgeregt.
„Was, na?", fragte Moa unfreundlich.
„Johannes?", rief Britta aus der Küche. „Redest du schon wieder mit dir selbst?"
„Ich lern für die Schule!", brüllte Johannes. „Kannst du mich nicht mal eine Sekunde in Ruhe lassen, Mensch?"
Dann tippte er auf das Wort. „Seht ihr es denn nicht!", flüsterte er. „*Darum* hat Antak gelacht!" Er strich das V durch.
„*Kein!*", hauchte Nis. „Wenn man es streicht, heißt es *Kein!*"
„Es ist nur versteckt!", flüsterte Johannes. „Der Name ist versteckt, versteht ihr? Und Kevin – dem würde ich es tausendmal eher zutrauen als Thomas!"
Thoril guckte skeptisch. „Es ist falsch geschrieben", sagte er.
Johannes winkte ab. „Vielleicht wussten seine Eltern nicht, wie man es schreibt?", sagte er. „Oder schon der erste Kain wusste es nicht? Vielleicht haben sie es schon jahrhundertelang falsch geschrieben?"
Thoril zog das Heft zu sich heran. „Ich weiß nicht", sagte er zweifelnd.
„Und es würde Antaks Lachen erklären!", sagte Johannes aufgeregt. „Als er den Perso gesehen hat! Weil das so genial ist! Den Namen *Kain* im Namen *Kevin* zu verstecken!"
„Könnte sein", murmelte Nis.
Aber Thoril schüttelte wieder den Kopf. „Ich glaub es nicht", sagte er. „Antak hat schließlich gesagt …"
„Vielleicht hat er ja auch genau *deshalb* gelacht!", sagte Johannes. „Weil es falsch geschrieben war! Könnte doch sein!"

Britta klopfte gegen die Tür. „Johannes?", sagte sie, und Johannes hörte an ihrer Stimme, dass sie sich jetzt wirklich Sorgen machte. „Johannes, komm mal raus! Da ist doch was komisch!"
„Ich lern nur was auswendig, Mama!", schrie Johannes. „Nun lass mich doch mal in Ruhe! Für Herrn Kraidling! Der ist immer so streng!" Ihm fiel ein, dass er tatsächlich noch Kraidlings Hausaufgaben machen musste, und er stöhnte. „Bitte, Mama!"
„Fehlt dir wirklich nichts?", fragte Britta, und Johannes hoffte, dass sie jetzt nicht durchs Schlüsselloch guckte. Mit einem Satz war er an der Tür und stellte sich davor.
„Nee, alles okay!", sagte er. „Ich komm gleich in die Küche!"
Britta seufzte. „Ich find's eben komisch", murmelte sie, und Johannes hörte, wie sie langsam zurück in die Küche ging. „Privatleben hin oder her! Ständig abgeschlossen! Ständig Selbstgespräche!"
Johannes lief zum Bett zurück und ließ sich auf den Boden fallen. „Ich glaub echt, der ist es!", flüsterte er. „Zu dem passt das doch haargenau! Fies, wie der ist! Und immer hinter Kohle her!"
„Aber warum sollte er dich denn dann wegen so ein paar Münzen erpressen, wenn er längst auf das große Gold gewartet hat?", fragte Thoril. „Das ist doch unlogisch."
„Weil er einfach gemein ist?", sagte Johannes. „Oder weil er schon den Verdacht hatte, dass ich was weiß, und er wollte dranbleiben an mir?"
Nis guckte auf das Heft. „Weißt du was, Johannes?", sagte er. „Wenn er der Kain ist und Bescheid weiß über die Medlevinger – warum hat er dann so einen Schrecken gekriegt, als ich gestern aufgetaucht bin?"

„Keine Ahnung!", sagte Johannes böse. „Weil du unsichtbar warst und er einem unsichtbaren Medlevinger noch nie begegnet ist. Weil er keine Ahnung hatte, dass außer Antak und Vedur noch welche von euch hier sind. Weil er Angst hatte, du bist ihm und seinen dunklen Geschäften auf der Spur. Weil er nicht wollte, dass seine beiden Kumpel was rauskriegen. Das kann doch tausend Gründe haben!"

Nis nickte. „Kann es", sagte er.

„Ja, aber weißt du was, Johannes?", sagte Moa, und Johannes hörte schon an ihrem Ton, dass sie sich nun auch noch auf die andere Seite schlagen würde. „Als Nis im Teppichspeicher war, in der Nacht: Da hat er den Kain ja gehört. Und da war es ein Mann."

Johannes sah sie an und er begriff, dass jetzt alles in sich zusammenstürzte, egal, welche Argumente ihm noch einfallen würden.

„Natürlich", sagte er enttäuscht. „Das stimmt, oder, Nis? Da war es ein Mann." Er seufzte.

„Ich geh und beruhige Britta", sagte er. „Ihr habt Recht. Der Kain war ein Mann. Und Kevin ist nur ein Junge."

Er stand auf und ging zur Tür. „Es hätte alles so gut gepasst", sagte er enttäuscht. „Aber na ja."

Thoril sah ihm nachdenklich nach.

„Trotzdem", murmelte er. „So dumm ist der Gedanke gar nicht."

In seinem ganzen Leben war Johannes nie so müde gewesen. Er verschlief den ganzen Samstag. Dass Britta sich besorgt über ihn beugte, bevor sie abends zum Kellnern ging, weil eine Kollegin krank geworden war, bemerkte er nicht. Und als sie gegangen war,

musste Moa auf seine Bettdecke fliegen und ihn wachrütteln, damit er ihnen endlich zu essen gab.
„Hättet ihr euch doch selber aus dem Kühlschrank holen können!", sagte Johannes unfreundlich.
„Wir haben den ganzen Tag verloren!", sagte Moa maulig. „Nichts haben wir heute rausgekriegt! Wenn du immer nur schläfst!"
„Was hätten wir denn rauskriegen sollen?", fragte Johannes und sah durchs Küchenfenster auf den Hof. Der zerkleinerte Bambus lag noch immer als riesiger Haufen in der Ecke. „Wo sollen wir denn jetzt noch suchen? Jetzt wissen wir doch gar nichts mehr!"
„Aber wenigstens bei den Teppichen?", sagte Nis bittend. „Egal, ob Thomas der Kain ist oder nicht, du könntest doch morgen bei den Teppichen …"
„Morgen ist Sonntag!", sagte Johannes. Während er Brot und Aufschnitt aus dem Kühlschrank nahm, merkte er zu seinem Erstaunen, wie hungrig er war. „Da ist der Speicher geschlossen. Und außerdem ist gleich daneben das Gewürzmuseum. Und das Afghanische Museum ist da auch. Da wimmelt es doch sonntags vor Touristen! Glaubst du, da kann man einfach mal so einbrechen, und alle gucken zu und klatschen Beifall?"
Er nahm sich eine Scheibe Mettwurst und wickelte sie um eine saure Gurke. „Wir wissen gar nichts mehr, so ist das nämlich", sagte Johannes grimmig. Er liebte saure Gurken und er liebte Mettwurst. „Wir haben die ganze Zeit geglaubt, dass wir eine Spur haben, und jetzt hat sie sich zerschlagen."
„Vielleicht", sagte Nis. „Sagst du. Vielleicht aber auch nicht."
Johannes wischte sich mit dem Handrücken über den Mund. Dann rollte er die zweite Gurke ein. „Also lasst mich doch einfach mal

schlafen!", sagte er böse. Natürlich war es aufregend, dass Nis, Moa und Thoril unter seinem Bett wohnten. Aber allmählich merkte er auch, wie anstrengend es war. „Die ganze letzte Woche hab ich euch geholfen, und jetzt ist alles nichts!" Und er biss wütend in seine Mettwurstroulade, sodass das Gurkenwasser ihm übers Kinn spritzte.

„Ja, schlaf ruhig noch", sagte Thoril. „Du hast Recht, wir wissen gar nichts mehr. Manchmal ist es dann sowieso besser, wenn man eine Pause macht und Abstand gewinnt."

„Genau", murmelte Johannes.

Wenn er Thoril angeguckt hätte dabei, hätte er sich vielleicht gewundert, wie nachdenklich er aussah.

4. Teil

Der Name Kain

42

Der Sonntag begann ruhig. Johannes wachte früh auf, besorgte aus der Küche das Frühstück für Nis, Thoril und Moa und setzte sich an seine Englischhausaufgaben. Es war einfach nur Glück gewesen, dass Herr Kraidling am Freitag krank gewesen war, noch einmal durfte er Johannes nicht ohne Aufgaben erwischen.
Als Britta aufwachte, frühstückten sie zusammen.
„Na, heute alles wieder normal?", fragte Britta aufmunternd.
„War es doch gestern auch schon!", sagte Johannes. „Ich war einfach nur müde! Nur Hausis heute."
Danach ging Britta in ihrem Zimmer an ihre Arbeit und anschließend vor dem Kellnern noch zu einer Freundin.
„Dann könnten wir ja genauso gut wieder zu Hause im Land sein!", murrte Moa. „Wozu müssen wir denn die ganze Zeit hier unter dem Bett liegen, wenn sowieso nichts passiert! So kriegen wir jedenfalls nichts mehr raus!"
„Hat der Mann im Hof den Bambus weggeräumt?", fragte Nis.
Aber Pokaschinski rührte sich am ganzen Wochenende nicht.
„Wahrscheinlich hat Moa Pokaschinski so erschreckt, dass er jetzt erst mal tagelang betrunken ist", sagte Johannes. „Unser Glück."
„Heißt er Pokaschinski?", fragte Thoril.
Am Nachmittag ging Johannes dann doch zum Teppichlager in die Speicherstadt, einfach, um die drei zu beruhigen. Die Sonne schien

strahlend und für April ungewöhnlich warm, und auf dem Frühjahrsdom drehte sich das Riesenrad zur Musik aus den Lautsprechern von hundert Fahrgeschäften. Vielleicht wäre es ein wenig übertrieben gewesen zu sagen, dass der Sandtorkai vor Touristen überquoll; aber einige waren auch dort schon unterwegs, standen auf Brücken und vor Dalben am Wasser, um sich fotografieren zu lassen, und stiegen die ausgetretene Treppe zum Gewürzspeicher hoch.

„Genau wie ich gesagt habe!", sagte Johannes, als er in die Wohnung zurückkam. „Keine Chance heute! Der Speicher ist abgeschlossen, Spaziergänger überall. Da komm ich nicht rein."

Nis kniff die Lippen zusammen. „Aber heute Nacht?", fragte er dann. „Sie sind schon so lange gefangen!"

Johannes stöhnte.

„Du hast doch jetzt genug geschlafen!", sagte Nis bittend. „Und irgendwo müssen wir doch weitersuchen!"

Johannes ließ sich auf seinen Schreibtischstuhl fallen. „Mal sehen!", sagte er unfreundlich. „Jetzt mach ich jedenfalls Englisch für Kraidling."

Thoril sah auf. „Heißt er Kraidling?", fragte er.

Johannes antwortete nicht. Natürlich hätte er es niemals zugegeben, aber allmählich machten ihm die Hausaufgaben Spaß. Irgendwie war Englisch gar nicht so schwierig, wenn man den Dreh erst mal raushatte. Hinten immer „-ed", außer wenn es unregelmäßig war. Das konnte eigentlich ein Kindergartenkind verstehen. Johannes war mit der letzten Übung fast fertig, als er bemerkte, dass Thoril ihn unablässig ansah.

„Ist irgendwas?", fragte er.

Thoril schüttelte den Kopf. „Wie heißt dein Lehrer?", fragte er.
Johannes hob fragend die Augenbrauen. „Kraidling", sagte er.
„Kraidling der Schreckliche. Er hat eine Dunkelkammer im Schulkeller. Und er hasst mich. Jedenfalls hasse ich ihn."
Thoril nickte. „Kraidling mit A", sagte er.
„Genau", sagte Johannes unsicher. „Was ist daran so komisch? Maggewie ist um einiges alberner."
„Lass mich mal hoch", sagte Thoril.
Er kletterte auf Johannes' Schreibtischstuhl und stellte sich vor die Schreibunterlage. Dann zog er das Englischheft zu sich heran.
„Hinten?", fragte er, und noch bevor Johannes ihn stoppen konnte, hatte er das Heft aufgeschlagen und einen Bleistiftstummel genommen.
„Kraidling", schrieb Thoril. Dann wartete er.
„Kraidling, klar", sagte Johannes. Dann zuckte er zusammen. „Ich glaub, ich werd verrückt!" Er strich die Buchstaben durch, einen nach dem anderen, das R, das D, das L, das G, ein I. „Ich muss blind gewesen sein!"
Kain. Kain.
„Du hast mich darauf gebracht, als du es mit *Kevin* gemacht hast", sagte Thoril. „Der Name kann versteckt sein in einem anderen Namen, ich fand, das war ein kluger Gedanke."
„Nis! Moa!", schrie Johannes. „Es ist Kraidling! Jetzt haben wir ihn!"
Thoril hielt den Stift noch immer in der Hand. „Aber sonst passt gar nichts", sagte er. „Er hatte die Fibel nicht. Und er ist nur dein Lehrer. Nicht dein Nachbar. Wie hätte er also den Ausgang entdecken sollen? Wo ist er Antak und Vedur begegnet?"

„Logisch ist er ein Nachbar!", schrie Moa aufgeregt. „Er ist nachts sogar im Hof rumgeschlichen, stimmt doch, Johannes? Da warst du nur noch nicht hier!"

„Er hat gesagt, er hätte Pollily eingefangen!", murmelte Johannes. „Wieso bin ich nicht früher auf ihn gekommen? Er ist grässlich, Thoril! Und ihm würde ich alles zutrauen! Kraidling ist euer Kain!"

„Ja!", schrie Moa und flog vor Begeisterung eine kleine Runde durchs Zimmer, ohne irgendwo anzustoßen. „Jetzt haben wir ihn!"

„Aber er hatte die Fibel nicht!", sagte Thoril. „Die Fibel hatte immer noch Thomas."

Einen Augenblick lang wurde Johannes wieder unsicher, dann winkte er ab. „Das klärt sich schon auch noch auf", sagte er zuversichtlich. „Jede Wette."

Thoril schüttelte den Kopf. „Man muss nachdenken, Johannes", sagte er. „Es ist nicht so einfach."

Johannes schlug sein Englischheft zu.

„Wenn Kraidling es ist, dann wissen wir auch, wo er eure Väter gefangen hält", sagte er triumphierend. „Vollkommen klar! In seiner Dunkelkammer. Und morgen geh ich hin und seh nach."

Einen Augenblick lang waren sie alle still, so schwer fiel es ihnen zu glauben, dass sie jetzt tatsächlich am Ziel sein sollten.

„Thoril?", sagte Nis dann. „Du bist klug. Du wirst mal ein guter Hüter der Geschichte."

„Ach", sagte Thoril verlegen.

„Auf den Schreck muss ich noch mal was essen!", sagte Moa und landete mit einem Plumps auf dem Boden. „Jetzt haben wir ihn."

43

Erst als es dämmerte, fiel Johannes ein, dass er Pollily schon seit Freitag nicht mehr gefüttert hatte.

„Ihr hättet mich ja auch erinnern können!", sagte er böse zu Nis, Thoril und Moa, während er eine Scheibe altes Brot von der Küchenheizung nahm, wo es zum Austrocknen gelegen hatte. Aus dem Kühlschrank holte er eine gekochte Kartoffel. „Wenn ich sie heute wieder vergessen hätte, wäre sie mir doch glatt verhungert!"

„Ich komm mit!", sagte Moa und flatterte aufgeregt vor der verschlossenen Hoftür hin und her. „Ich unterhalte mich ein bisschen mit ihr, soll ich?"

Johannes drückte sie in der Luft unfreundlich zur Seite. „Such du dir eine Fliege zum Reden!", sagte er. „Was glaubst du, was die Nachbarn sagen, wenn sie aus dem Fenster gucken und sehen dich durch den Hof flattern? Wir haben sowieso schon unglaublich viel Glück gehabt bisher."

Moa guckte maulig.

„Aber ich darf mit", sagte Nis, und Johannes hatte das Gefühl, dass er es zumindest ein bisschen auch deshalb sagte, weil er Moa ärgern wollte. „Ich bin schließlich unsichtbar."

Johannes zuckte die Achseln. Er öffnete die Hoftür und lief quer über den Hof zum Käfig, aus dem Pollily schon laut fiepte. Moa hätte jetzt bestimmt jedes Wort verstanden.

„Tut mir echt Leid, Pollily!", sagte Johannes und öffnete den Riegel an der Käfigtür. „Aber du ahnst ja nicht, wie stressig die letzten Tage waren! Da kann man sein Schwein schon mal vergessen."
Pollily stürzte sich auf die Kartoffel, aber Johannes hatte doch das Gefühl, dass sie ihm vorher einen vorwurfsvollen Blick zugeworfen hatte.
„Kommt nicht wieder vor", sagte er darum. „Versprochen."
Erst als er aufstand und sich zur anderen Hofseite hin umdrehte, sah er es. Aber da war es schon zu spät.
Auf dem riesigen Haufen zersägten Bambus hüpfte, deutlich sichtbar, Nis auf und ab wie auf einer federnden Matratze.
Kraidling hatte ihnen im Unterricht einmal vom Linksverkehr in England erzählt und davon, wie gefährlich es wäre, sich nicht voll darauf zu konzentrieren. In der Anfangszeit, hatte er gesagt, täte man das natürlich noch: Dass es in der ersten Woche zu Unfällen käme, wäre darum äußerst unwahrscheinlich, weil man sich ständig sagte: Ich muss links fahren! Ich muss links fahren! Aber so ungefähr nach einer Woche, wenn man sich gewöhnt hätte, dann ließe die Aufmerksamkeit nach. Dann führe man eben plötzlich wieder rechts, ohne nachzudenken, und schon wäre das Unglück da.
„Nis!", zischte Johannes voller Panik. Er hatte Moa gleich am Anfang fragen wollen, ob die L-Feen denn niemals durcheinander kamen: eine Hand an die Fibel legen, beide Hände an die Fibel legen, Hände weg – er jedenfalls hätte da vielleicht schon mal was verwechselt. Und genauso war es jetzt offenbar Nis gegangen.
„Nisse! Unsichtbar!", zischte Johannes verzweifelt. Wahrscheinlich hatte Nis irgendwann beim wilden Hüpfen ganz in Gedanken

die Daumen in den Gürtel gesteckt. Und jetzt sauste er in der Dämmerung auf dem Bambus auf und ab, für jeden sichtbar.
Vor allem für einen.
Auch Johannes hatte nicht gehört, wie die Kellertür geöffnet wurde.
„Hab ich dich endlich – geschnappt!", brüllte Pokaschinski, und daran, wie er die Grenzen der Wörter verwischte, hörte Johannes, dass er wieder getrunken hatte. Aber trotzdem war er blitzschnell. „Das – machst du nicht noch mal!" Und dabei riss er Nis schon die Arme auf den Rücken. Dann packte er ihn und schleppte den strampelnden Kleinen die Kellertreppe nach unten.
„Nein!", flüsterte Johannes. Er hörte, wie die Kellertür hinter den beiden zugeschlossen wurde, und rannte in die Küche, um Brittas Kellerschlüssel zu holen. Solange Pokaschinski Nis die Arme auf den Rücken bog, hatte der keine Chance, unsichtbar zu werden. Johannes musste ihnen nach.
Er riss gerade das Schlüsselbund vom Haken, als es an der Wohnungstür klingelte.
„Hallo, Johannes!", sagte Herr Idelung. „Ich wollte eigentlich deine Mutter …"
„Pokaschinski!", schrie Johannes und stürmte an ihm vorbei ins Treppenhaus. „Pokaschinski hat …" Dann fiel ihm ein, dass er nicht einmal erklären durfte, was passiert war.
Aber Herr Idelung fragte auch nicht. Mit großen Sätzen war er bei Johannes und rannte hinter ihm her in den Keller. „Was ist denn los, Johannes?", rief er dabei. „Ist mit dir alles …"
Vor dem verschlossenen Kohlenkeller stand Pokaschinski und starrte auf die Schlüssel in seiner Hand. Sein Oberkörper schwankte bedenklich vor und zurück.

„Das macht das kleine Aas nicht noch mal!", sagte er erstaunlich deutlich und starrte Idelung und Johannes aus trüben Augen an.
„Nachbar Pokaschinski!", sagte Herr Idelung. „Ich wundere mich ein bisschen. Was macht wer nicht noch mal? Sie sind ja ganz aufgelöst!"
„Ich hab das kleine Luder eingefangen!", schnaufte Pokaschinski. „Jetzt hab ich ihn! Mir einfach auf den Rücken fliegen, gibt's das? Gibt's das?"
Idelung hob die Brauen. „Wenn sie mich so direkt fragen, eher nein", sagte er. „Aber vielleicht verstehe ich auch nicht richtig, was Sie meinen."
Johannes spürte, wie sein Herzschlag ruhiger wurde. Idelung würde ihm helfen. Mit einem Erwachsenen konnte Pokaschinski nicht einfach umgehen wie mit ihm.
„Vor – zwei Tagen", sagte Pokaschinski, und sein Rücken rutschte langsam die Kellerwand herunter, während seine Füße immer noch fest auf dem Boden stehen blieben, „hat das kleine Aas mich einfach von hinten angefallen! Einfach angeflogen, bss!, bss! Gibt's das? Das tut man doch nicht!" Dann rutschten die Füße ein wenig nach vorne und mit einem Plumps saß er auf dem Boden.
Idelung drehte sich zu Johannes um und tippte sich gegen die Stirn.
„Das ist ja eine überraschende Geschichte, Herr Pokaschinski!", sagte er freundlich und beugte sich über den Nachbarn, dem der Kopf gerade langsam auf die Schulter sackte. „Nicht einschlafen! He! Wer hat sie angefallen?"
„Ist – angeschwirrt gekommen", murmelte Pokaschinski mit geschlossenen Augen. „Geflogen! Gibt's doch nicht."
„Da sagen sie was Wahres", sagte Idelung und packte ihn an den

Schultern. „Und was haben Sie nun mit dem Fliegtierchen gemacht?" Und er rüttelte Pokaschinski, bis der seine Augen wieder öffnete.

„Eingesperrt!", sagte Pokaschinski und rasselte mit dem Schlüsselbund. „Hihi! Im Kohlenkeller! Da kann der jetzt fliegen und fliegen und fliegen…", und sein Kopf sackte ihm schon wieder auf die Brust.

„Tatsächlich", sagte Idelung. „Na, da wollen wir mal gucken", und er nahm dem schlafenden Pokaschinski das Schlüsselbund aus der Hand und suchte den passenden Schlüssel. Pokaschinski schnaufte.

Die Tür zum Kohlenkeller öffnete sich lautlos, und Johannes sah die Stapel von Platten, die der Pritschenwagen angeliefert hatte.

„Siehst du hier jemanden fliegen?", fragte Idelung und ging in den Raum. Dann bückte er sich, um genauer zwischen den Stapeln nachsehen zu können. „Warum guck ich hier überhaupt nach? Erzähl das bloß nicht Britta! Das klingt ja glatt, als ob ich dem Saufkopf geglaubt hätte!" Und er zog die Tür wieder zu und schloss ab. Dann legte er dem schnarchenden Pokaschinski die Schlüssel auf den Schoß.

„Good night", sagte er. „Und süße Träume. No drinks before sunset. Vielleicht würde ihm das helfen."

„Was?", fragte Johannes. Er hoffte, dass die Tür lange genug geöffnet gewesen war, damit Nis herausschlüpfen konnte.

„Haben sie früher in den Kolonien gesagt", sagte Idelung. „Kein Alkohol vor Sonnenuntergang. Vielleicht könnte Pokaschinski ja erst mal so anfangen. Dann hätte er vielleicht auch Ruhe vor fliegenden Gestalten, die ihn von hinten überfallen."

Johannes versuchte zu lachen. „Ja, der war völlig blau", sagte er. „Der hat schon Sachen gesehen, die gar nicht da sind."
Sie waren vor der Wohnungstür angekommen, und jemand zupfte unsichtbar an Johannes' Hosenbein.
„Aber was hat dich denn so erschreckt?", fragte Idelung und runzelte die Stirn. „Nur der besoffene Pokaschinski? Du warst ja völlig durcheinander, als ich bei euch geklingelt hab!"
„Ja, weil ich dachte", sagte Johannes und betete, dass ihm jetzt schnell genug etwas einfallen würde, „dass er mein Meerschwein…"
„Das kann doch nicht fliegen!", sagte Idelung lachend. „Das kann er doch nicht gemeint haben. Na, egal. Ich war eigentlich nur gekommen, um Britta an die Einladung zu erinnern. Für morgen. Bootsfahrt mit meiner kleinen ‚Luzifer'! Die Saison fängt wieder an."
Er legte Johannes seine Hand auf die Schulter. „Du könntest ein bisschen Ausspannen vielleicht auch ganz gut gebrauchen", sagte er. „So panisch, wie du eben auf den Saufkopf reagiert hast."
Johannes nickte. „Motorboot?", fragte er.
„Aber kein tolles", sagte Idelung. „Verdränger. Nur fünf Knoten."
„Ich sag ihr Bescheid", sagte Johannes.
„Trink ein Glas Milch auf den Schreck", sagte Idelung und war schon halb im ersten Stock.
Johannes zog die Wohnungstür zu.

In seinem Zimmer ließ Johannes sich auf das Bett fallen.
„Nisse!", brüllte er. „Mach dich sichtbar! Du bist wohl verrückt!"
Vor ihm auf dem Teppich tauchte Nis auf, die Hände an der Gürtelschnalle. „Ich hab einfach nicht aufgepasst!", murmelte er. „Eine

Sekunde genügt ja schon! Ich hab eine Sekunde nicht aufgepasst, und da …"

„Das geht nicht!", schrie Johannes. „So was geht nicht, hörst du, Nis! So entdecken die euch doch!"

„Genau!", schrie Moa begeistert. Sie sprang vom Teppich auf, von wo aus sie wieder den Fernseher in Brittas Zimmer angestarrt hatte, und flog zu Johannes auf das Kopfkissen. „Genau, genau, Nisse! Das geht doch nicht! Und nur, weil du so unvorsichtig bist!"

„Vor allem geht es nicht, dass ihr hier so rumbrüllt", sagte Thoril ruhig. „Wer hat Nis gesehen? Pokaschinski?"

Johannes nickte. „Er hat ihn im Kohlenkeller eingeschlossen", sagte er.

„Im Kohlenkeller", sagte Thoril. „Und sonst war da nichts, Nisse? Sonst hast du da niemanden gesehen? Im Keller?"

Nis starrte ihn an. „Wen sollte ich da denn wohl sehen!", sagte er.

Thoril kletterte wieder auf den Schreibtischstuhl und winkte Johannes zu sich heran.

Pokaschinski, schrieb er hinten ins Englischheft. Dann begann er zu streichen.

Er hätte nach dem P nicht einmal mehr das O auszukreuzen brauchen, Johannes sah es auch so.

„Pokaschinski auch!", flüsterte er.

Thoril nickte.

„Darum habe ich vorhin gesagt, dass es nicht so einfach ist!", sagte er. „Es kann in vielen Namen versteckt sein."

„Aber nicht in Thomas!", sagte Johannes schnell. „Thomas Markus Maggewie."

Thoril schüttelte den Kopf. „Nicht mal, wenn man die Buchstaben

durcheinander wirbelt", sagte er. „Ich hab's ausprobiert."
Er sprang vom Schreibtischstuhl.
„Der Lehrer kann es sein", sagte er. „Und der betrunkene Pokaschinski. Aber was ist mit den anderen Nachbarn? Vielleicht erleben wir da noch eine Überraschung."
„Wir müssen alle Klingelschilder überprüfen", sagte Johannes. „Ich muss das tun."
Es wäre schön gewesen, wenn er Line hätte mitnehmen können.

Antak lag auf dem Boden des Verlieses, den Kopf zur Wand gedreht.
„Jetzt kann ich dir nicht einmal mehr raten, dass du gehen und nie mehr wiederkommen sollst", sagte Vedur leise. „Wenn er das Land in die Luft sprengt, ist alles zu Ende."
„Ich kann ihm Thoril nicht ausliefern!", flüsterte Antak. „Meinen eigenen Sohn! Aber ich kann auch nicht zulassen, dass er unser Volk vernichtet! Vedur! Was soll ich tun?"
Vedur saß auf dem Boden und hatte die Arme um seine Knie geschlungen.
„Du kannst nichts tun, Antak", sagte er. „Auch wenn du ihm Thoril auslieferst, wird er uns vernichten. Warum sollte er die Medlevinger am Leben lassen, wenn er seinen Goldler gefunden hat? Er wird uns alle vernichten. Dein Sohn allerdings könnte der einzige Überlebende sein, wenn du ihn dem Kain bringst. Ihn braucht der Kain."
Antak schluchzte.
„Noch hat er den Sprengstoff nicht", flüsterte Vedur. Seine Stimme klang, als glaubte er sich selber nicht.

44

Sie hatten sich darauf geeinigt, dass Nis am Montag mit in die Schule kommen sollte.
„Ich geh jede Wette ein, er hält sie in der Dunkelkammer gefangen!", sagte Johannes am Sonntagabend, als er schon im Bett lag.
„Wenn er es ist. Von den Nachbarn kommt ja außer Pokaschinski sonst keiner in Frage. Außer, der Name steht nicht auf dem Klingelschild."
„Pokaschinski ist immer betrunken", sagte Nis. „Der kann es eigentlich nicht sein. Für eine Entführung braucht man einen klaren Kopf."
„War er der Mann aus dem Teppichspeicher?", fragte Thoril. „Könnte das sein?"
Nis schüttelte hilflos den Kopf. „Keine Ahnung", sagte er.
„Und ich schwör euch, es ist Kraidling", sagte Johannes. „Der hat doch das genialste Versteck! Der hält sie in der Dunkelkammer gefangen, noch logischer kann gar nichts sein! Aber wie soll ich da wohl lange genug reinkommen, um sie zu durchsuchen?"
„Genau!", sagte Moa und sah Nis bedeutungsvoll an. „Du bist schließlich nicht unsichtbar."
„Genau!", sagte Johannes. „Nis macht es."
„Und wie soll *Nis* da denn reinkommen?", fragte Thoril.
„Er macht sich unsichtbar, und wenn ich Kraidling zur Tür gelockt

habe, schlüpft er durch den Spalt", sagte Johannes. „Und guckt sich um. Antak und Vedur können ja wohl kaum so winzig sein, dass man stundenlang nach ihnen suchen muss. Und wenn Nis sie entdeckt hat, dann quetscht er sich mit Kraidling zusammen wieder durch die Tür nach draußen."
Nis blieb eine Weile stumm. „Mit dem Kain?", sagte er dann zaghaft. „Ich soll mich mit dem Kain zusammen einschließen lassen?"
„Wir haben bei dir noch was gut!", sagte Moa streng. „Du hast es vorhin vermasselt!"
Darum hatte Nis schließlich doch zugestimmt.

Seit zwei Tagen hatte Munna nicht mehr gegessen und kaum geschlafen. Sie kannte den Zugang hinten in der Werkstatt, sie hätte auch alleine gehen können.
Aber was wäre damit gewonnen?, dachte sie. Was wäre damit gewonnen, wenn ich nun auch noch ginge?
Vedur hatte ihr längst nicht alles erzählt, und selbst er hatte ja nicht gewusst, wohin Antak unterwegs war.
Wenn ich alleine gehe, dachte Munna, ohne überhaupt nur zu wissen, wohin, was soll das wohl nützen? Vedur hat es versucht, Nis, Moa und Thoril. Sie alle sind nicht zurückgekehrt. Kann ich nicht nützlicher sein, wenn ich im Land bleibe und versuche, den König zu bewegen, seine Männer zu schicken?
Es klopfte an der Tür, und noch bevor Munna aufgestanden war, um sie zu öffnen, war der König schon ins Haus getreten. In der Türöffnung hinter ihm stand groß und fahl der Mond.
„Ich habe zwei Nächte nicht geschlafen!", sagte der König und setzte sich ächzend auf einen Stuhl, ohne dass Munna ihn aufgefordert hatte.

„Ich habe sehr lange gegrübelt, Munna, was richtig ist."
„Tee, Majestät?", fragte Munna müde und ohne sich zu rühren. „Möchtest du einen Tee?"
Der König winkte ab. „Du hast Recht", sagte er. „Wir können das nicht – wir müssen – also, wir können nicht einfach nur zusehen, da hast du Recht."
Munna richtete sich in ihrem Stuhl auf.
„Aber siehst du, Munna", sagte der König, und jetzt bemerkte Munna die schwarzen Schatten unter seinen Augen, „wenn ich unsere Männer schicke, wird es danach im Land nie mehr sein, wie es war. Vieles in der Menschenwelt wird ihnen gefallen. Und sie werden es haben wollen."
Munna sah ihn ungläubig an. „Wir Medlevinger", sagte sie eindringlich, „sind zufrieden mit dem, was wir haben, das ist doch bekannt!"
Der König lächelte. „So lernt es jedes Kind in der Schule. Weißt du, ob es wahr ist? Darum werde ich selber gehen! Und wenn ich in Augenschein genommen habe, was oben geschieht, dann sehen wir weiter."
„Ich weiß nicht, ob das richtig ist, Majestät", sagte Munna und meinte es so. „Weißt du denn überhaupt, ob du etwas ausrichten könntest? Weißt du wenigstens, worin deine geheime Kraft besteht?"
Der König griff an seine Fibel und sah sie an. „Das genau möchte ich ja herausfinden, Munna!", sagte er, und auf einmal sah er so glücklich aus wie sonst nur in seinem Garten. „Ich habe einen Verdacht, ich habe einen Verdacht! Und denk nur, bald werde ich es wissen."

45

Am nächsten Morgen stand Johannes fast eine Stunde früher auf als sonst. Nis brauchte immer so viel länger als er für jeden Weg, und zu spät zur Schule kommen wollte er deswegen nicht.

„Nanu?", sagte Britta, deren Wecker gerade erst geklingelt hatte, als Johannes sich seinen Rucksack überwarf. „Wieso denn so früh?"

Johannes hoffte, dass sie nicht zufällig gegen Nis stoßen würde, wenn sie ins Bad ging.

„Ich lern noch mit Line", sagte er und machte die Wohnungstür auf. „Direkt vor der Stunde, dann vergess ich das nicht alles wieder, hat sie vorgeschlagen. Ist doch gut, oder?"

„Ach, ich bin so froh, dass du so tüchtig bist!", sagte Britta und gähnte. „Und schon gestern so fleißig! Na dann viel Spaß, mein kluges Kind!"

„Tschaui!", sagte Johannes.

Es war anstrengend, so langsam zu gehen, dass Nis ihn nicht verlor, vor allem, weil er ihn nicht sehen konnte. Ab und zu kam von hinten ein kurzer Pfiff, dann blieb Johannes stehen und zupfte an seinem Schnürsenkel herum, bis Nis neben ihm „Okay!" flüsterte. Am Anfang waren die Straßen noch deutlich menschenleerer als an anderen Morgen, aber je näher sie der Schule kamen, desto mehr bevölkerten sich die Gehwege mit Kindern.

„Verdammt!", brüllte ein Junge, den Johannes nur vom Sehen

kannte. Auf alle Fälle war er mindestens zwei Klassen über ihm.
„Glaubst du, du kannst mir ein Bein stellen, Alter, oder was?"
„Ich hab nicht – das war aus Versehen!", sagte Johannes schnell. „Entschuldige!"
„Nis!", flüsterte er, als der Junge vorbei war. „Du musst ihnen ausweichen! Sie sehen dich doch nicht!"
In dem Gedrängel am Eingang stießen sie auf Line.
„Na, Schiss vor Kraidling?", fragte sie.
Johannes tippte sich an die Stirn. „Ich doch nicht!", sagte er. „Alles gelernt!" Und er wünschte, er könnte mit Line endlich wieder sprechen wie mit seiner allerbesten Freundin.
„Da wird er ja staunen!", sagte Line und ließ sich auf ihren Stuhl fallen. „Vielleicht kriegt er dann vor lauter Begeisterung endlich mal gute Laune."
Aber so wichtig waren Herrn Kraidling Johannes' Hausaufgaben offenbar gar nicht. Johannes musste sich sogar mit lautem Schnipsen melden, damit Kraidling ihn auch nur ein einziges Mal aufrief. Überhaupt wirkte er heute ungewöhnlich grau und müde.
Wer weiß, wo er heute Nacht wieder war, dachte Johannes. Und außerdem kriegt er wahrscheinlich langsam die totale Panik wegen dieser Teppichspeicherleute. Eine Woche hatte er Zeit, da muss er denen das Gold ja langsam mal geben. Ich an seiner Stelle würde auch anfangen zu überlegen, ob ich nicht besser auswandern sollte.
„Who visited his girl-friend at the weekend?", sagte Johannes. „Ron visited his girl-friend at the weekend."
Herr Kraidling nickte und rief ohne Kommentar den Nächsten auf.
„Der war Freitag echt krank", flüsterte Line. „Der ist doch immer noch völlig neben der Spur!"

Johannes wünschte, er hätte ihr alles erzählen können.

„Ich glaub, der war nur nachts wieder auf der Piste!", flüsterte er. So viel konnte er schließlich sagen, ohne irgendetwas zu verraten. Er hoffte nur, dass Herr Kraidling nicht auch zu müde und zu deprimiert war, um in der Pause in seine Dunkelkammer zu gehen. Andererseits hatte er vermutlich das ganze Wochenende nicht mit seinen Gefangenen sprechen können. Wahrscheinlich hatte er darum gar keine andere Wahl. Er musste in den Keller.

In der ersten Hofpause versuchte Johannes, aus der Klasse zu schlüpfen, ohne dass Line mitkam. Vor allem nach dem Wochenende unterhielt sie sich in den Pausen oft stundenlang mit Senem, Andrea und Olga über Fernsehsendungen und Popstars und DVDs, aber ausgerechnet heute war es ihr offenbar wichtiger, noch ein paar Fragen mit Johannes zu klären.

„Wieso bist du denn Samstagmorgen eigentlich so plötzlich im Bad verschwunden?", fragte Line und lief hinter ihm her über den langen Gang und zur Treppe. „Soll ich dir mal sagen, was ich glaube?"

Johannes blieb stehen. Entkommen konnte er ihr hier sowieso nicht. Und außerdem musste er aufpassen, dass Nis ihn in dem Gedränge auf den Fluren nicht verlor.

„*Was* glaubst du?", fragte er unfreundlich. Er spürte, wie jemand an seinem Hosenbein zupfte, und sah nach unten. Also war Nis immer noch da. „Darf ich nicht duschen?" Und er ging langsam die Treppe nach unten. Treppen waren schwierig für Nis, das wusste er ja.

„Du wolltest nur nicht mit mir über Kevin reden!", rief Line triumphierend. „Du weichst mir aus!"

„Quatsch!", sagte Johannes. Sie hatten das Erdgeschoss erreicht,

und Nis zupfte wieder an seiner Jeans. Rechts lag die Treppe zum Keller, und Johannes überlegte, ob er Line nicht einfach mit nach unten nehmen sollte. Wenn sie nicht von selber verschwand, blieb ihm keine andere Wahl.

Aber dann hält sie mich endgültig für verrückt, dachte Johannes. Freiwillig in der Pause zu Kraidling, da glaubt sie doch, ich gehör auf die Couch.

Dann sah er die Tür mit dem J. Hier lag seine Rettung. „Ich muss mal aufs Klo!", rief er erleichtert und bog ab in den Flur.

In diesem Augenblick kamen Kevin und sein Tross um die Ecke.
Am Freitag hatte es Johannes gegraust bei dem Gedanken, Kevin könnte sich in der Schule vor ihm verneigen, wie der Große Geist es verlangt hatte. Er hatte Angst davor gehabt, was die anderen sagen würden, aber jetzt wusste er auf einmal, dass er Lines Fragen auf diese Weise ein für alle Mal loswerden konnte.

„Hi, Kevin!", sagte Johannes und stellte sich den dreien in den Weg. Sein Herz schlug keinen Schlag schneller.

„Bist du bescheuert, oder was?", flüsterte Line. „Provozier ihn doch nicht!"

Aber Kevin zuckte schon zusammen und trat einen Schritt zurück; und Patrick schlug auch noch die Hände vor sein Gesicht.

„Schon vergessen, was der Große Geist euch befohlen hat?", fragte Johannes. „Los, los jetzt! Verneigen!"

Aus allen Klassenräumen waren die Schüler auf dem Weg zum Hof. Sobald sie Kevin und seine Freunde sahen, liefen sie schneller und pressten sich gegen die Wände, aber was sie dann erlebten, wurde an der Schule in allen Klassen weitererzählt. Noch viele Jahre lang hörte jeder davon.

„Verneigen!", sagte Johannes drohend. „Beeilung, ich hab auch nicht ewig Zeit!"
Der Schülerstrom war zum Erliegen gekommen, und alle starrten sie auf Johannes, der offensichtlich wahnsinnig geworden war.
„Wird's bald!", sagte er.
Und während alle ängstlich darauf warteten, wer zuerst zuschlagen würde, Kevin, Sascha oder Patrick, gehorchte Kevin schon dem Befehl. Mit einem erschrockenen Blick zur Seite, wo sich die Jungen und Mädchen auf ihrem Weg zum Hof versammelt hatten, verbeugte er sich tief vor Johannes, und Sascha und Patrick machten es nach.
Wie schon am Freitag spürte Johannes wieder, wie ihn dieses Glücksgefühl durchflutete, über das er lieber nicht genauer nachdenken wollte. Sie verdienen es ja!, dachte er. Und außerdem nützt es allen.
„Ich weiß nicht, ob das tief genug war!", sagte er darum nachdenklich. „Nee, keine Ahnung. Kann sein, das reicht mir noch nicht."
Schon bevor er überhaupt ausgeredet hatte, hatten die drei sich verneigt, so tief diesmal, dass Johannes Angst bekam, sie könnten das Gleichgewicht verlieren.
„Na bitte, geht doch", sagte er. „Und jetzt ab und brav auf den Hof! Das habt ihr fein gemacht!"
Und während Kevin und seine beiden Freunde in einen schnellen Trab fielen und, ohne irgendjemanden anzusehen, durch die Hoftür verschwanden, guckte Johannes sich um. „Vor dem braucht ihr keinen Schiss mehr zu haben", sagte er verlegen. „Alle nicht. Der ist jetzt ganz zahm."
„Gibt es hier irgendwas gratis?", fragte in diesem Augenblick der

Mathelehrer, der sich unbemerkt durch das Gedränge bis zu Johannes vorgearbeitet hatte. „Jetzt ist Hofpause, Herrschaften! Raus jetzt, aber fix!"
„Wie hast du das gemacht?", flüsterte Line und starrte Johannes erschüttert an. „Das war ja unheimlich!"
Johannes spürte einen kleinen Zupfer an seinem Hosenbein.
„Kleinigkeit!", sagte er gelangweilt. „Nur ein bisschen Magie."
Dann öffnete er die Tür zur Jungentoilette. „Und jetzt muss ich endlich aufs Klo."

Nis zitterte. Es hatte Spaß gemacht zu sehen, wie die drei schrecklichen Jungen sich vor Johannes verneigt hatten, aber sonst war er schon den ganzen Morgen in Schweiß gebadet.
Natürlich hatte Johannes ihm gesagt, er wollte ihn mit zur Schule nehmen, und natürlich hätte er sich denken können, dass eine Schule in der Menschenwelt etwas anderes war als die kleine Dorfschule im Land, in der die junge Alla aufgeregt zwischen den Schülern herumflatterte. Aber dass sie so riesig war und dass er immerzu aufpassen musste, niemandem zwischen die Füße zu geraten, machte ihm Angst.
Er war mit Johannes die Treppe zum Keller hinuntergestiegen, nachdem das Mädchen ihnen endlich nicht mehr gefolgt war; und er hatte mit ihm vor der Tür gewartet, über der im Dunklen ein rotes Licht geleuchtet hatte.
Johannes hatte geklopft.
„Schon wieder du!", hatte der Mann mit dem grauen Gesicht geschrien, der schließlich geöffnet hatte. „Und was willst du heute?"
Jetzt also war der Augenblick gekommen, um in den Raum zu

schlüpfen. Womit er nicht gerechnet hatte, war, dass fast im selben Moment die Tür hinter ihm zugezogen wurde. Die Pausenglocke läutete, und von außen wurde abgeschlossen.

Nun bin ich schon wieder gefangen, dachte Nis. Wenn er nicht so große Angst gehabt hätte, hätte er es komisch gefunden. Zuerst im Teppichlager, dann im Kohlenkeller. Und jetzt hier. Es war nicht weniger gefährlich, wenn man unsichtbar war. Es war gefährlicher. Er sah sich um. Der Raum lag in einem rötlichen Dämmerlicht, das ihn an die Geschichten erinnerte, die im Land über die Hölle erzählt wurden, einen Ort, den Menschen und Medlevinger gemeinsam hatten. Nur ein kleiner roter Tagmacher glomm über einem Tisch. In dem schwachen Licht sah Nis ein Waschbecken, sonderbare Geräte auf den Tischen und Schränke überall. Sonst war der Raum leer.

„Antak?", flüsterte Nis und, ein wenig lauter: „Vedur?"

Im Raum blieb es still. Ein leises Brummen hing in der Luft, aber Nis wusste nicht, woher es kam. „Vedur? Antak? Seid ihr hier?"

Nichts rührte sich, und Nis begann, an den Griffen der unteren Schränke zu ziehen. Manche ließen sich öffnen und gaben den Blick frei auf flache Kästen und Schachteln. Andere blieben verschlossen, und Nis hielt sein Ohr gegen das Holz. Von drinnen kamen keine Geräusche.

Ich würde es fühlen, dachte Nis. Ich würde es doch fühlen, wenn sie hier wären. Und sie sind nicht hier. Natürlich kann ich nicht sicher sein, was sich in den Schränken verbirgt, deren Türen verschlossen sind: Aber ich würde es doch spüren, wenn sie hier wären. Ist der Mann mit dem grauen Gesicht es also nicht? Aber auch bei Thomas haben wir sie nicht gefunden.

Noch einmal legte er sein Ohr an alle verschlossenen Türen. Da hörte er Schritte auf dem Flur.

„Jetzt habe ich den Sprengstoff!", schrie der Kain. „So viel ich nur brauchen kann! Heute um Mitternacht ist es so weit! Es sei denn, du entscheidest dich doch noch, mir den Goldler zu bringen?"
Antak regte sich nicht.
„Antak?", flüsterte Vedur.
„Du bist schuld, dass dein Volk sterben muss", sagte der Kain kalt und stieß mit dem Fuß gegen den wie leblos daliegenden Antak. „Aber deinen Sohn werde ich trotzdem bekommen. Die Menschen werden mir helfen, auch wenn sie nicht wollen! Und zwei aus deinem Volk! Heute Nachmittag wird es geschehen."
Noch einmal traf seine Schuhspitze Antaks Rücken. „Also brauche ich dich nicht mehr, Hüter der Geschichte. Es tut mir Leid für euch. Die Zeit kann einem sehr lang werden im Dunkeln ohne Essen und Trinken, wenn man nur noch darauf wartet, dass es zu Ende geht. Ich komme nicht wieder."
Die Tür wurde abgeschlossen.
„Wen meint er?", flüsterte Vedur. „Wie sollten Menschen ihm helfen können, Thoril zu finden?" Er sah zu Antak hinüber. Er wusste nicht, ob Antak überhaupt wahrnahm, was er sagte. „Und zwei aus unserem Volk. Wer könnte das sein, Antak?"
Dann schrak er zusammen. „Nis!", flüsterte Vedur.
Nicht nur Antak hatte seinen Sohn ins Verderben gestürzt.

46

Ein Wind kam auf, als Johannes und Nis eilig nach Hause liefen, und erste kleine Wölkchen zeigten sich wie aufgespießt hinter dem Turm der Petrikirche.

„Du hättest versuchen müssen, die Türen aufzukriegen!", sagte Johannes ärgerlich und warf sich in seinem Zimmer auf das Bett. Aus seinem CD-Spieler dröhnte laute Musik und im Badezimmer pfiff Britta vor dem Spiegel. „Du hattest eine ganze Schulstunde Zeit! Alleine!"

Nis stemmte die Hände in die Seiten. „Es war dunkel!", flüsterte er. „Nur so ein grässliches rotes Licht! Und die Türen waren abgeschlossen!" Er zögerte einen Augenblick, als ob er sich nicht sicher wäre, ob er sagen sollte, was er sagen wollte. „Und außerdem hatte ich Angst", sagte er leise. „Ob der Mann auch bestimmt heute noch wiederkommen und aufschließen würde. Und was sonst mit mir passieren würde. Ich war schon so oft eingesperrt in der letzten Woche! Ich hatte auch Angst, Johannes."

„Das kann ich verstehen", sagte Thoril. Moa schnaubte.

„Und außerdem", sagte Nis unsicher, „hatte ich einfach das Gefühl, dass sie nicht da waren, verstehst du? Man fühlt doch, ob man alleine ist oder ob es im Raum noch jemand anderen gibt. Und ich war alleine."

„Das kannst du nicht wissen", sagte Johannes. „Wenn sie nun hin-

ter den Türen nur geschlafen haben? Oder wenn der Kain sie geknebelt hat? Dass sie nicht rufen konnten? Und gefesselt? Dass sie sich nicht rühren konnten?"

„Wir Medlevinger spüren so etwas trotzdem", sagte Thoril und nickte Nis zu. „Doch, da bin ich mir sicher. Wir wissen ja auch, wie viel Zeit vergangen ist. Wir spüren vieles, was ihr nicht spürt."

In diesem Moment trommelte Britta von außen gegen die Tür. „Was sind denn das für neue Moden?", rief sie. „Nicht mehr nur einschließen, jetzt sagst du schon nicht mal mehr ‚Guten Tag', wenn du nach Hause kommst?"

„Oh, hallo, Britta, bist du schon da?", rief Johannes zurück und starrte die drei beschwörend an. „Bist du doch sonst auch nie!"

„Hast du vergessen, dass wir heute eine kleine Spritztour machen wollen?", rief Britta. „Schließ doch endlich auf, Johannes!"

Nis, Thoril und Moa waren längst unter dem Bett verschwunden.

„Komm ja schon!", sagte Johannes. Dann quetschte er sich durch einen schmalen Türspalt zu Britta auf den Flur.

Britta guckte misstrauisch. „Warum tust du denn so geheimnisvoll?", fragte sie. „Nicht mal reingucken darf man mehr?"

Johannes sah auf den Boden. „Nee", murmelte er. „Ich bin schließlich zwölf Jahre alt, sagt Thomas doch auch."

Britta legte ihren Zeigefinger unter sein Kinn und hob es an. „Sieh mir in die Augen!", sagte sie streng. „Da gibt es doch …" Dann ließ sie ihre Hand plötzlich fallen. „Ich Idiotin!", schrie sie. „Entschuldige bitte, Johannes, wie kann man als Mutter so blöde sein! Entschuldige!"

Johannes starrte sie erschrocken an.

„Es hat mit meinem Geburtstag nächste Woche zu tun, oder?", rief

Britta. „Wie konnte ich so blöde sein! Du hast was versteckt für mich! Und ich mach dich auch noch ständig an!" Und sie umarmte Johannes so ungestüm, dass sie beide ins Taumeln kamen. „Entschuldige, Johannes, entschuldige tausendmal!"

Johannes machte sich steif. „Ach, kein Problem", sagte er. „Kann ja mal vorkommen."

Britta gab ihm einen wilden Kuss auf die Wange. „Danke, dass du so nachsichtig mit mir bist!", sagte sie. „Ich versprech auch, ich geh nicht in dein Zimmer. Kommst du jetzt mit Boot fahren heute Nachmittag? Kurt hätte dich gerne dabei!"

Johannes grinste. „Das glaub ich eher nicht!", sagte er. „So wie der rangeht!"

„Was meinst du damit?", fragte Britta empört, aber Johannes hörte die Verlegenheit in ihrer Stimme.

„Der baggert dich doch schon seit seinem ersten Tag hier an", sagte er. „Ich glaub nicht, dass der mich dabeihaben will bei eurem kleinen Rendezvous auf dem Wasser heute Nachmittag."

„Du spinnst doch!", sagte Britta. „Er hat mich noch extra gefragt. Er hat gesagt, er freut sich, wenn du mitkommst."

„Fängst du was mit ihm an?", fragte Johannes.

Britta starrte ihn an. „Ich fahr Boot mit ihm!", sagte sie. „Mehr ist da nicht! Ich bin nicht verliebt, wenn du das meinen solltest."

„Nee?", fragte Johannes. „Was nicht ist, kann noch werden."

Britta boxte ihn in die Seite. „Ich verlieb mich doch nicht, nur weil einer ein Motorboot und einen belgischen Schrank hat!", sagte sie. „Außerdem hat er einen anderen Musikgeschmack."

„Da bin ich ja beruhigt", sagte Johannes.

Aber das war nicht die ganze Wahrheit. Aus dem Badezimmer hörte

er Britta „Eine Seefahrt, die ist lustig" pfeifen, und er versuchte sich zu erinnern, wann sie zuletzt so vergnügt gewesen war. Er brauchte nicht unbedingt einen Stiefvater, und wenn, dann noch am liebsten Thomas. Immer vorausgesetzt, er war nicht der Gesuchte.
Als Britta am späten Nachmittag ging, war der Himmel grau. „Jetzt ist sie weg!", sagte Johannes erleichtert. „Ich weiß nicht, ob man sich wirklich darauf verlassen kann! Dass ihr spürt, ob einer da ist! Auf der ‚Cordelia Zwo' hat Nis doch neulich auch geglaubt, Antak und Vedur wären in der Kiste, und nachher war es nur ein Schiffsmotor."
„Behauptet Thomas", sagte Thoril mit Betonung.
„Genau!", sagte Moa aufgeregt. „Vielleicht waren die beiden doch dadrin! Dann ist es kein Wunder, dass Nis sie nicht in der Dunkelkammer gefunden hat!"
„Aber Thomas ist es nicht!", rief Johannes. „Er heißt nicht Kain!"
„Thomas hatte die Fibel und auch sonst alle Möglichkeiten", sagte Thoril. „Aber er heißt nicht Kain. Bei Kraidling und Pokaschinski stimmt der Name, sie hätten auch jeder ein Versteck, aber in dem Versteck haben wir nichts gefunden. Aus dem Rennen ist noch keiner. Jeder von den dreien kann es sein."
„Thoril hat Recht!", sagte Nis. „Sei nicht so voreilig, Johannes! Ich glaube, wir sollten zuerst mal …"
„Ich glaube, wir sollten zuerst mal Pollily füttern!", sagte Johannes wütend und stand auf. Thomas sollte es nicht sein. Nicht Thomas. „Sonst vergess ich das noch wieder, und von euch erinnert mich ja keiner!"
Er holte eine Karotte und Körner aus der Küche und ging in den Hof.

Pollily war aufgeregt. Auch an anderen Tagen fiepte sie schon, wenn sie Johannes' Schritte auf der Metalltreppe hörte, aber heute machte sie sogar dann noch weiter, als er ihr die Körner in den Napf getan und die Karotte auf den Käfigboden gelegt hatte. Wie wild sauste sie im Käfig hin und her und stieß fiepende Meerschweinchenlaute aus, und als Johannes die Käfigtür zuziehen wollte, sprang sie fast nach draußen.

„Was ist denn los, Schwein?", fragte Johannes ungeduldig, nachdem er sie zurückgeschubst hatte. „Reicht es dir immer noch nicht? Brauchst du einen Luxusfraß? Heute hab ich wirklich Wichtigeres zu tun!"

Pollily quiekte wie verrückt und zog sich dabei mit den Vorderfüßen am Maschennetz der Käfigtür hoch.

„Du bist doch völlig durchgeknallt!", schrie Johannes. Dann schlug er sich mit der Hand gegen die Stirn. Wie hatte er so dumm sein können! „Pollily! Du willst was erzählen, oder? Ich bin ja vielleicht begriffsstutzig! Willst du mal kurz mit Moa reden?" Und mit Pollily auf dem Arm stürmte er zurück in sein Zimmer.

„Ich glaub, sie weiß was!", schrie Johannes und setzte Pollily vor seinem Bett auf den Boden. „Moa, frag sie mal! Sie benimmt sich völlig meschugge!"

Moa drehte sich unwillig vom Fernseher weg. „Immer wenn es spannend wird!", sagte sie maulig.

Was sie dann zu Pollily sagte, konnte Johannes nicht verstehen, und er fand auch nicht wirklich, dass es wie Meerschweinchenlaute klang. Trotzdem schien Pollily Moa zu verstehen. Sie fing sofort wieder an, laut zu fiepen.

„Sie sagt, da ist ein böser Mann!", sagte Moa. „Na, das kann jetzt

alles heißen, sie ist ja ziemlich dumm. Er ist nachts immer im Hof und sie hat Angst."
„Kraidling!", sagte Johannes. „Der war nachts an ihrem Käfig."
„Sei doch mal still!", rief Moa ärgerlich. „So gut versteh ich sie nun auch nicht!" Dann beugte sie sich wieder zu Pollily.
Erst als das Meerschwein still war, sah Moa wieder auf. „Wir hätten sie schon viel früher fragen sollen!", flüsterte sie. „Wie konnten wir nur so dumm sein!" Sie schüttelte wütend den Kopf. „Sie sieht doch den ganzen Hof!", sagte Moa. „Tag und Nacht! Sie sieht doch alles, was da passiert! Da war es doch klar, dass sie auch gesehen hat, wie Vedur angekommen ist und wer ihn abgefangen hat!"
Johannes starrte sie ungläubig an. „Natürlich!", murmelte er.

47

„Aber sie kennt die Namen nicht!", sagte Moa. „Sie sagt, ein kleiner Mensch ist aus der Höhle gekommen, einen Tag bevor Nis und ich dann plötzlich in ihren Käfig gekrochen sind. Er war so klein wie wir, also meint sie bestimmt einen Medlevinger. Vedur meint sie. Und kaum war er im Hof und hat sich umgesehen, da hat der Mann plötzlich ein Netz über ihn geworfen."

„Pokaschinski?", fragte Johannes.

„Sie kennt die Namen doch nicht!", rief Moa. „Nur weil sie was beobachtet hat, muss sie ja nicht auch gleich schlau sein!"

Thoril beugte sich zu Pollily und streichelte ihr vorsichtig den Rücken. „Frag sie, ob sie den Mann meint, der immer im Hof gräbt", sagte er.

Pollily schnurrte unter seiner Hand, aber als Moa sie fragte, quiekte sie wieder aufgeregt.

„Der ist es nicht", sagte Moa. „Sie sagt immer nur: Mann! Mann!"

„Dann frag sie, ob es der ist, der am Abend nach eurer Ankunft bei ihr am Käfig war", sagte Johannes. „Frag sie!"

Pollily rannte vor Moa hin und her.

„Ich glaub, sie weiß nicht so richtig, *wann* du meinst. Und *wen* du meinst", sagte Moa. „Aber jedenfalls sagt sie nein. Es ist der andere."

„Der andere?", fragte Johannes und hatte ein Gefühl, als ob sich

eine eisige Hand über sein Herz legte. „Glaubst du, sie meint Thomas?"

Moa zuckte die Achseln. Dann redete sie wieder auf Pollily ein. So dumm war sie vielleicht doch gar nicht.

„Der immer bei deiner Mutter ist", sagte Moa niedergeschlagen. „Sie sagt, er war ein paarmal bei deiner Mutter."

„Dann also doch Thomas", flüsterte Johannes. „Das Samstagsfrühstück."

Er hatte es nicht glauben wollen, und dabei war doch alles so offensichtlich gewesen. Die Fibel. Dass Thomas Geld brauchte. Die Verdunkelungsvorhänge auf der „Cordelia", das Versteckspiel vor der Polizei. Sogar der Überfall.

„Ich glaube nicht", sagte Moa unsicher. „Sie sagt immer: ‚Balkon! Balkon!'"

„Balkon?", fragte Thoril. „Was soll das denn bedeuten?"

„Vielleicht kennt sie das Wort nur nicht", sagte Nis. „Sie meint was anderes."

Aber Johannes spürte plötzlich, wie eine Gänsehaut seine Arme hinaufkroch. „Idelung?", flüsterte er. „Kann sie Idelung meinen?"

„Idelung?", fragte Thoril. „Der Nette, der dir gestern gegen Pokaschinski geholfen hat?"

Johannes nickte unsicher. „Er ist wirklich nett!", sagte er. „Aber das ist Thomas ja auch. Und aus seinem Namen kann man natürlich noch viel weniger ein Kain basteln als aus Thomas Markus Maggewie."

„Frag das Schwein, Moa", sagte Thoril.

Moa redete auf Pollily ein und zeigte immer wieder nach oben. „Sie weiß nicht, wie er heißt", sagte sie. „Aber es ist der dritte Balkon von oben, zweiter von rechts. Krieg du das mal von einem

Meerschweinchen raus, das nicht zählen kann!"
„Das ist er!", flüsterte Johannes. „Das ist Idelung! Drägers alter Balkon!"
„Sie kann was verwechselt haben", sagte Nis unsicher. „Wenn doch überhaupt gar nichts stimmt."
„Sie ist sich ziemlich sicher, glaub ich", sagte Moa. „Sie sagt, seit er hier wohnt, schleicht er immerzu im Hof herum. Und sonst beobachtet er alles von oben."
Johannes dachte an den Tag, als Idelung eingezogen war. „Das wäre aber doch ein komischer Zufall!", sagte er nachdenklich. „Dass der Kain ausgerechnet bei uns einzieht, wo in unserem Hof der Eingang zum Land ist! Und ausgerechnet ein paar Tage, bevor Vedur gekommen ist."
Thoril schüttelte den Kopf. „Wenn es kein Zufall ist?", fragte er. „Wenn er die Wohnung nun absichtlich gemietet hat? Genau deshalb? Weil er Bescheid wusste?"
„Aber wie soll das denn funktionieren!", sagte Johannes. „Man kann doch nicht einfach sagen: ‚Ich will, dass hier eine Wohnung frei wird!' Und schon wird sie frei." Dann starrte er Thoril an. „Natürlich!", flüsterte er. „Er hat Drägers rausgegrault, um an die Wohnung zu kommen! Plötzlich haben sie immer Geräusche gehört, die ganze Nacht! Und sie hatten Angst, dass jemand durch ihre Tür kommt! Britta hat gesagt, das sind nur die alten Rohre und die alten Holzböden, das rauscht und heult und quietscht. Aber Frau Dräger hat gesagt, sie wohnt nun schon fast ihr ganzes Leben in diesem Haus, und wie sich Fußbodendielen anhören und gurgelnde Abflussrohre, das weiß sie. ‚Es ist etwas anderes!', hat sie immer gesagt. ‚Irgendetwas Sonderbares! Fast könnte man an Geister glauben.' "

„Und deswegen sind sie ausgezogen?", fragte Thoril.

„Ins Altersheim", sagte Johannes. „Britta konnte sie nicht überzeugen. Sie sind immer ängstlicher geworden. Nachher sind sie auch am Tag nur noch zusammen weggegangen, weil keiner alleine in der Wohnung bleiben wollte."

„So hat er es gemacht", sagte Thoril und nickte. „So könnte er es gemacht haben."

„Aber der Name?", fragte Nis. „Wo ist das *Kain?*"

Thoril starrte auf den Boden. „Idelung", murmelte er. „Da ist nichts. Das ist nun wirklich gar nichts."

„Wie heißt er denn mit Vornamen?", fragte Moa. „Ist da vielleicht was?"

Johannes schüttelte den Kopf. „Kurt", sagte er. „Das bringt auch nichts."

Aber Thoril sah mit einem Ruck hoch. „Da haben wir das K!", sagte er aufgeregt. „Und das I und das N haben wir sowieso! Nun fehlt uns nur noch das A. Gibt's da nicht vielleicht noch …"

Und plötzlich wusste Johannes die Lösung. Er sah Britta vor sich, am Tag nachdem sie bei Idelung eingeladen gewesen war, um den belgischen Schrank zu bewundern. Kurt Alexander, hatte sie gesagt, manche Eltern sind brutal. Aber Idelungs Eltern waren nicht brutal gewesen. Sie hatten ihr Kind nur Kain nennen wollen. „Er heißt Kurt Alexander!"

„Kurt Alexander Idelung!", sagte Thoril. „Kein Wunder, dass Antak lachen musste, als er es ihm gezeigt hat."

„Aber es ist trotzdem kein Beweis!", sagte Johannes. „Nicht mehr als bei Kraidling und Pokaschinski! Selbst wenn Pollily ihn gesehen hat. Solange wir nicht wissen, ob er Antak und Vedur versteckt …"

„Ich flieg nachsehen!", sagte Moa entschlossen und sah hoch zum Balkon. „Die Balkontür ist offen, mit L-Feen hat er nicht gerechnet."

„Das ist Einbruch!", sagte Johannes, aber es klang nicht sehr ernst gemeint.

„Von drinnen mach ich euch dann die Wohnungstür auf!", schrie Moa, als sie ungefähr auf der Höhe des ersten Stocks war. „Rennt schon mal hoch!"

Johannes wartete nicht auf Thoril und Nis. Hinter ihm fiepte Pollily. Er hoffte nur, dass keiner der Nachbarn gerade jetzt aus dem Fenster sah.

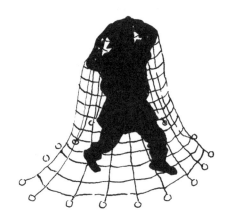

48

Die Wohnungstür stand schon offen, als Johannes den zweiten Stock erreichte. In Idelungs Flur, dessen Möbel aussahen wie aus der Werbung, flatterte Moa aufgeregt hin und her.
„Es ist so still hier!", flüsterte sie. „Ich hab nach ihnen gerufen! Aber niemand antwortet!"
Einen Augenblick später standen Nis und Thoril in der Tür. Johannes winkte sie in den Flur und zog die Wohnungstür hinter ihnen zu. Dann schaltete er die Flurlampe an. „Na?", fragte er ängstlich.
Nis sah Thoril an, und Thoril nickte.
„Ja, das glaube ich auch!", sagte Nis. „Wir glauben beide, dass sie hier sind, Johannes! In dieser Wohnung. *Wir spüren es!*"
„Und wo?", fragte Johannes, während Moa kreuz und quer durch alle Räume schwebte. „Wo spürt ihr sie? So viele Verstecke kann es in dieser Wohnung ja schließlich nicht geben!"
Nis schmiss sich auf den Boden und robbte zwischen Sesseln und Sofa herum. Johannes ließ seinen Blick wandern.
„Der Schrank!", sagte er plötzlich. „Der belgische Schrank!" Mit einem Satz war er an der Wand neben dem Fenster und rüttelte an einer der unteren Schranktüren. „Natürlich! Mit dem hat er sich beim Umzug so angestellt!"
Er zerrte an der Tür und versuchte sie zu öffnen, aber sie war verschlossen. Nis presste seinen Kopf gegen das Holz, um zu lauschen.

„Da sind sie drin!", schrie Nis. „Ich weiß es!"
Er sah Thoril an.
„Ich hör nichts", sagte Johannes unsicher, während er sich nach dem Schlüssel umsah. In seinem Kopf lief ein Film ab: Idelung, wie er geradezu panisch die Möbelpacker anflehte, vorsichtig mit dem Schrank umzugehen. Wie er sich geweigert hatte, ihn auseinander nehmen zu lassen, damit er durch die Tür passte. Wie er nicht darauf reagiert hatte, als die Packer ihn darauf hinwiesen, dass Geräusche aus dem Schrank kämen. Wie er seine Musik bei Brittas Besuch so laut gestellt hatte, dass Britta sogar davon erzählt hatte.
„Ich hab ihn!", schrie Moa triumphierend. Sie war bis unter die Zimmerdecke geflogen, und jetzt warf sie ihnen einen kleinen Messingschlüssel zu, der oben auf dem Schrank gelegen hatte. „Da mussten L-Feen ran! Und zwei Fibeln auch noch! Da findet die keiner, der nicht fliegen kann!"
„Klar, du bist wieder mal die Größte", sagte Nis, aber dann sah er atemlos zu, wie Johannes mit zitternden Fingern den Schlüssel im Schrankschloss drehte.
„Vedur!", schrie Nis.
„Antak!", flüsterte Thoril.
„Na bitte, ich hab's doch gesagt!", sagte Moa zufrieden und fiel bei der Landung fast um.
Antak und Vedur lagen zusammengekrümmt auf der Seite in dem großen Fach, das sich über die ganze Breite des Schrankes erstreckte. Sie sahen grau und verzweifelt aus.
„Oh, Vedur!", flüsterte Nis. „Es tut mir so Leid, dass wir nicht schneller waren!"

Aber Moa drängte ihn schon zur Seite. „Weg da!", sagte sie energisch. „Nicht immer bloß reden!", und sie streckte Vedur ihre Hände entgegen und half ihm aus dem Schrank.
„Meine Güte!", stöhnte er und ließ sich gleich wieder auf den Teppich sinken. „Träume ich das jetzt oder ist es wahr?"
Nis umarmte ihn so heftig, dass sie beide fast umfielen. „Vedur!", schrie er. „Klar ist es wahr! Wir haben euch befreit! Wir sind richtig gut!"
Thoril blieb ein paar Schritte vor der geöffneten Schranktür stehen. Antak regte sich nicht.
„Los!", flüsterte Moa. „Du musst ihm helfen! Er ist schließlich dein Vater!"
Da hob Antak den Kopf. „Ich wage nicht einmal, mich bei euch zu bedanken", flüsterte er. „Für das, was ich getan habe, gibt es keine Entschuldigung. Und wie sollte ich jemals ins Land zu unseren Leuten zurückkehren können? Wie soll mir jemals verziehen werden?" Er schlug seine Hände vors Gesicht.
„Ach, darüber reden wir später!", sagte Moa ungeduldig. „Erst mal will ich raus hier. Könnt ihr zwei schon wieder laufen?"
Auf der Treppe fiel Thoril weit zurück. Wie er sich jetzt für seinen Vater schämen muss, dachte Johannes. Und niemand kann ihm helfen.
„Thoril?", sagte er. „Kommst du?"
Thoril nickte.

In der Wohnung schaltete Moa als Erstes den Fernseher ein. „So!", sagte sie vergnügt und warf sich auf den Boden. „Jetzt kriegt ihr gleich was Gutes zu sehen!"

Aber Johannes nahm ihr die Fernbedienung aus der Hand. „Als Erstes möchten Sie sicher etwas essen, oder?", fragte er unsicher. Antak und Vedur waren so klein; aber trotzdem waren sie doch ganz eindeutig erwachsen. „Möchten Sie – haben Sie Hunger? Oder Durst?"
Vedur nickte. „Etwas zu trinken wäre jetzt genau das Richtige, mein Junge!", sagte er. Er schien es überhaupt nicht sonderbar zu finden, dass ein Kind so viel größer war als er. „Vielen Dank! Und dann müssen wir dringend überlegen – um Mitternacht will der Kain …"
In diesem Moment klingelte es an der Wohnungstür.
„Augenblick!", rief Johannes. „Trinken kommt gleich! Ich mach erst mal auf!"
Vor der Tür stand Line und drängte sich sofort an ihm vorbei in den Flur. „So!", sagte sie böse. „Und jetzt erzählst du mir gefälligst mal, was das heute in der Pause sein sollte! *Kleines bisschen Magie*, glaubst du, ich bin blöde? Was hast du mit Kevin und seinen Kumpeln gemacht, dass die so eine Panik vor dir haben?"
Und plötzlich spürte Johannes eine unglaubliche Erleichterung. Am liebsten hätte er Line umarmt. Endlich konnte er ganz sicher sein, dass sie einfach nur Line war und nicht die Tochter eines Verbrechers. Selbst wenn sie eine alte Klatschbase war. „Komm rein, ich zeig's dir!", sagte er und winkte sie in sein Zimmer. „Aber du musst heilig schwören, dass du niemandem etwas davon erzählst!"
Line zeigte ihm einen Vogel, aber dann blieb sie wie angewurzelt stehen. „Hilfe!", murmelte sie und hielt sich am Türrahmen fest. „Johannes, ich glaub, ich werd ohnmächtig!"
Moa kicherte. „Ach was!", schrie sie und flatterte Line um den Kopf. „Wir sind nicht gefährlich! Johannes, sind wir gefährlich?"

Line stieß einen hohen Schrei aus und wurde blass.
Johannes schüttelte den Kopf. „Erst mal hol ich für alle eine Cola", sagte er.

Antak saß ein wenig abseits von den anderen, als Johannes Line von der letzten Woche erzählte. Vedur rutschte unruhig hin und her.
„Ihr könnt doch nicht im Ernst geglaubt haben, dass es Thomas ist!", schrie Line empört. An die Besucher hatte sie sich offenbar schnell gewöhnt. „Du kennst ihn doch schon ewig!"
Johannes zuckte verlegen die Achseln. „Er hatte die Fibel!", murmelte er.
„Das komische Teil?", fragte Line und zeigte auf Moas Gürtel. „Das hatte er doch bei euch im Treppenhaus gefunden! Hättest du mich einfach mal gefragt!"
„Also hat Idelung sie verloren!", sagte Johannes. „Vor unserer Wohnungstür! Klar, der war an dem Nachmittag ja auch bei uns. Und bevor Thomas gekommen ist." Er starrte Line an. „Dann war der das auch, der Thomas Freitagnacht überfallen hat!", rief er. „Der wollte die Fibel wiederhaben!"
Aber Line hörte nicht zu. „Wie kann man jemanden verdächtigen, den man sein ganzes Leben lang kennt!", schrie sie. „Wenn ich das Thomas erzähle!"
„Ach, komm, Line, das war doch alles so verrückt!", sagte Johannes. „Die drei hier und dann all die Geschichten, die sie erzählt haben! Ich hab doch immer halb geglaubt, dass ich träume! Wenn so was passieren konnte, dann konnte alles passieren, verstehst du? Dann konnte Thomas auch ein Gangster sein!"

„Du hast sie ja nicht mehr alle!", schnaubte Line. „Geh mal ans Telefon! Hörst du euer eigenes Telefon nicht mehr?"

„Ach, das ist bestimmt bloß Britta!", sagte Johannes. Dann starrte er Line an. „Die ist doch mit dem unterwegs!", flüsterte er, und plötzlich wurde ihm klar, dass es noch lange nicht zu Ende war. „Mit Idelung! Der ist in sie verliebt!"

Moa tippte sich gegen die Stirn. „Du bist ja genauso leichtgläubig wie diese alten Drägers!", sagte sie. „Der wollte nur den schnellen Zugang zum Hof, darum ist er immer um sie rumscharwenzelt! Geh ran!"

Johannes hob den Hörer ab und schaltete den Lautsprecher ein.

„Na, Johannes, mein kleiner Freund?", sagte Idelungs Stimme laut durch die ganze Wohnung. Warum hatte Johannes vorher nie bemerkt, wie finster sie klang? „Geht's dir gut?"

Johnnes zögerte. Er hat Britta, dachte er. Ich darf ihm um Himmels willen nicht zeigen, was ich weiß. „Ja, danke!", sagte er. Seine Stimme klang plötzlich belegt, und er räusperte sich. „Hoffentlich habt ihr schönes Wetter."

Idelung am anderen Ende lachte auf. „Hör zu, mein Herz", sagte er. „Jetzt ist es vorbei mit schönem Wetter! Jetzt gibt's Gewitter für dich!"

„Was?", flüsterte Johannes. Im Hintergrund hörte er, wie der Bootsmotor angelassen wurde. Offensichtlich stand Idelung am Steuer.

„Was?", äffte Idelung ihn nach. Der Motor wurde lauter. „Für wie dumm hältst du mich, Junge? Glaubst du, ich weiß nicht längst, wen du bei dir beherbergst? Glaubst du, ich hab nicht begriffen, wieso der Bambus so hoch gewachsen ist? Und wer dem armen Pokaschinski auf den Rücken geflogen ist? Glaubst du, ein Nachfahre

Kains wüsste nicht sofort, wenn in seiner Umgebung Medlevinger verborgen sind?"

„Sie Schwein!", flüsterte Johannes.

Idelung lachte. „Ein Nachfahre Kains!", schrie er. „Ich, ich, ein Nachfahre Kains! Der Einzige, der die Geschichte kennt! Der von dem Gold weiß! Aber ihr seid mir nicht dahinter gekommen. Wie dumm ihr alle wart! Nur ich …"

„Sie widerlicher, alter …", flüsterte Johannes.

Aber jetzt hatte Idelung genug. „Nimm dich zusammen!", brüllte er. „Glaubst du, ich lass mich beleidigen? Ich versuche schon eine Ewigkeit, die beiden lächerlichen Zwerge, die ich gefangen genommen habe, zu zwingen, mir endlich diesen Goldler zu bringen. Thoril! Den Sohn Antaks!" Er lachte. „Sein eigener Sohn, der Sohn des Verräters! Wenn das nicht lustig ist!" Er machte eine Pause. „Warum lachst du nicht?"

Johannes antwortete nicht. Er starrte auf die Gruppe, die im Zimmer mit schreckgeweiteten Augen auf dem Boden saß und lauschte, Antak ein paar Schritte entfernt von den anderen. Sogar Moa hatte aufgehört, durch die Gegend zu flattern.

„Ich hab deine Mutter, Johannes", sagte Idelung schneidend. „Aber ich brauch sie nicht, darum kannst du sie wiederhaben, wenn du willst. Allerdings nur, wenn ich dafür den Goldler bekomme. Deine Zwerge sollen ihn mir besorgen! Bis Mitternacht haben sie Zeit. Wenn ich ihn dann nicht habe, dann …" Er machte eine Pause.

Thoril presste seinen Finger gegen die Lippen. Johannes verstand.

„Und übrigens!", rief Idelung. „Dann geht nicht nur deine Mami hops, falls du das glauben solltest! Dann bleibt auch von all den

Zwergen da unten in ihrem Land nichts mehr übrig, das versprech ich. Sag das denen, die bei dir sind! Die lass ich alle in die Luft gehen! Peng!"

„Wo sind Sie?", flüsterte Johannes. Das Motorengeräusch war jetzt gleichmäßig und ruhig geworden.

„Ich musste deine Mami doch an einen sicheren Ort bringen!", sagte Idelung. „Oder, mein Herz? Und du kleiner Dreckskerl brauchst gar nicht zu versuchen herauszubekommen, wohin!"

Johannes presste den Hörer so fest gegen sein Ohr, dass es wehtat. „Wo ist sie?", schrie er. „Wo haben Sie sie hingebracht?"

Idelung lachte, und eine Gänsehaut lief Johannes den Rücken hinunter. „Ohne Boot kommst du hier sowieso nicht hin!", schrie Idelung über dem Motorenlärm. „Und ich komm jetzt zurück, um diesen Thoril in Empfang zu nehmen, damit deine Mami hier nicht verhungern muss! Und damit ich nicht dazu gezwungen bin, das ganze Land in die Luft zu jagen! Also besorg ihn mir schnell, diesen Goldler! Alles klar? Also bis Mitternacht!"

Und die Verbindung wurde unterbrochen.

Line sprang auf. „Aber wir *haben* doch ein Boot!", rief sie.

49

„Das Schwein!", flüsterte Johannes. Seine Finger zitterten, als er den Hörer zurücklegte. „Was sollen wir denn jetzt tun?"
„Wie schnell fährt sein Boot?", fragte Line.
„Fünf Knoten!", sagte Johannes. „Warum soll das wichtig sein?"
„Wir haben doch auch ein Boot!", rief Line wieder. „Die ‚Cordelia Zwo'! Und die macht sieben! Wir fahren los und holen Britta!"
„Und wo holen wir sie, bitte schön?", sagte Johannes böse. Er kauerte sich auf seinem Bett zusammen. Du musst es tun, Thoril!, hätte er gerne gesagt. Schließlich ist dein Vater schuld, dass all dies passiert ist! Geh zu Idelung, wenn er zurückkommt, dann lässt er Britta frei und das Land in Frieden! Aber gleichzeitig schämte er sich. Was konnte Thoril für das Verhalten seines Vaters? Es musste eine andere Lösung geben.
„Genau!", schrie Moa und schwirrte schon wieder in bedenklichem Tempo zwischen allen Köpfen herum. „Genau so macht ihr das! Ihr fahrt los mit dem Schiff und befreit seine Mutter, und wir warten hier auf den Kain! Und wenn er kommt, um Thoril zu holen, dann schnappen wir ihn uns! Und weil ihr ja die Geisel gefunden habt, kann er uns nicht mehr mit ihr erpressen und Happy End!" Sie trommelte sich im Flug vor Begeisterung mit den Fäusten so heftig gegen die Brust, dass sie fast abgestürzt wäre.
„Du hast ein Boot?", fragte Vedur. „Das fahren kann? Ohne Segel?"

Line nickte.

„Wir wissen nicht, ob er deine Mutter wirklich freilassen würde, wenn Thoril sich ihm stellt, Johannes!", sagte Vedur. „Und ob er das Land anschließend nicht sowieso zerstören würde. Denn was sollte es ihm noch nützen, wenn er Thoril erst einmal in seiner Gewalt hat? Es gäbe dann keinen Grund mehr für ihn, uns Medlevinger zu verschonen. Darum fahrt los, ihr beiden, findet die Geisel und bringt sie zurück."

„Aber wenn ihr sie nicht findet", sagte Thoril leise, „dann liefere ich mich ihm aus. Nur aus diesem Grund bin ich ja überhaupt nach oben gekommen, wisst ihr nicht mehr? Weil ich mich ihm ausliefern wollte im Tausch gegen Antak, Vedur, Nis und Moa. Wenn wir deine Mutter anders nicht befreien und das Land nicht anders retten können, gehe ich zu ihm."

Antak stöhnte auf, aber Thoril sah ihn nicht an.

„Aber wir wissen doch gar nicht, wo er Britta versteckt hat!", schrie Johannes. „Wir können doch nicht einfach losfahren, ohne zu wissen, wo wir suchen sollen!"

„Blödmann!", sagte Line und zerrte ihn schon zur Wohnungstür. „Beeil dich!"

„Wo verdammt willst du denn …?", fragte Johannes.

„Erklär ich dir später!", rief Line.

Sie waren schon fast im Treppenhaus, als Moa ihnen in den Weg flog. „Nehmt das Hin-und-her-Sprechgerät mit!", sagte sie und hielt Johannes das Handy hin. „Hier, bitte! Und gebt uns Bescheid."

So schnell war Johannes noch nie von zu Hause zur „Cordelia" gekommen. Er stürzte hinter Line her den Niedergang nach unten,

nachdem sie die Achterleine gelöst hatten, und noch bevor er bei ihr im Steuerstand angekommen war, hatte sie schon den Schlüssel ins Zündschloss gesteckt.

„Line!", sagte Johannes erschrocken. „Hast du das überhaupt schon mal gemacht?"

Der Motor sprang an und Line drückte langsam den Gashebel nach vorne.

„Klappt schon!", sagte sie mit zusammengebissenen Zähnen. „Sei du mal eine Sekunde still!"

Die „Cordelia" löste sich Zentimeter für Zentimeter vom Anleger, und Line starrte angestrengt durch die Bugscheibe, während sich ihre linke Hand ums Steuer klammerte und die rechte mit dem Gashebel spielte. Vorsichtig manövrierte sie die Barkasse aus der schmalen Lücke. Als sie auf dem Zollkanal angekommen waren, atmete sie auf.

„Puuh!", sagte Line. „Da bin ich vorher noch nie alleine rausgefahren! Sauschwieriges Manöver! Was jetzt kommt, ist im Vergleich eierleicht!" Sie schob den Gashebel vor, und das Motorengeräusch wurde lauter.

„Ja, aber wohin?", fragte Johannes und stellte sich neben sie. Die „Cordelia" pflügte schwerfällig durch das Wasser. An der Einmündung des Zollkanals in die Elbe verlangsamte sie ihre Fahrt und drehte dann nach rechts auf den Strom.

„Viele Möglichkeiten gibt es nicht, oder?", fragte Line, während sie konzentriert über das Wasser sah. Der Verkehr war nicht dicht, nicht wie auf der Straße, aber trotzdem waren um diese Zeit viele Schiffe unterwegs. „Ich darf keinen Fehler machen. Wenn ich auffalle, schnappt uns noch die Wasserschutzpolizei!"

Johannes sah ihr bewundernd zu. „Ich wusste gar nicht, dass du dich so auskennst, Line!", sagte er.

„Tja!", murmelte Line und steuerte die Barkasse an der Überseebrücke vorbei auf die Landungsbrücken zu. „Darf bloß keiner merken, wer hier steuert! Dann ist es aus. Gib mir mal die Mütze."

Johannes griff hinter sich, wo neben dem Wasserkocher eine alte Schiffermütze lag. Er hatte Thomas noch nie mit ihr gesehen. „Cool siehst du aus!", sagte er und kicherte.

„So erkennt mich keiner", sagte Line und zog sich den Schirm so tief ins Gesicht, dass sie gerade noch darunter hervorgucken konnte. „Jetzt können die Wasserbullen kommen."

Johannes starrte sie an. „Vielleicht wäre es gar nicht so schlecht, wenn uns die Wasserschutzpolizei erwischt!", sagte er aufgeregt. „Ich meine, vielleicht wäre es überhaupt gar nicht so schlecht, wenn wir mit der Polizei reden würden!" Und er zog schon sein Handy aus der Tasche. „*Die* können doch nach Britta suchen! Und dann buchten sie Idelung ein …"

„Du hast sie ja nicht mehr alle!", sagte Line und lenkte die „Cordelia" auf Höhe der Landungsbrücken ein wenig mehr nach Backbord. „Und was erzählst du denen?"

„Dass Idelung Britta entführt hat!", rief Johannes. „Dann suchen sie nach ihr."

„Und du denkst, die glauben dir das?", fragte Line. Noch immer starrte sie wie gebannt voraus und sah ihn nicht an. „Dein Wort gegen seins! Warum sollte er so was machen? Das werden die dich fragen! Was sollte er denn wohl von ihr erpressen wollen? Britta ist doch nicht reich! Willst du der Polizei von den Medlevingern erzählen? Und du denkst, die glauben dir das?"

„Wir könnten sie ihnen zeigen!", sagte Johannes unglücklich.
„Ach ja?", sagte Line und wich einem Lotsenboot aus. „Und was meinst du, was dann mit denen passiert? Meinst du, die werden jemals wieder ihr ruhiges Leben da unten führen können? Die werden doch *die* Sensation! Fernsehteams aus der ganzen Welt werden kommen, man wird den Zugang verbreitern und einen Vergnügungspark daraus machen! Sei doch nicht so ein Idiot!"
Johannes sackte zusammen. „Du hast Recht, klar, stimmt", murmelte er. „Aber Britta …"
„Britta holen *wir* beiden jetzt!", sagte Line und beschleunigte. Die Barkasse machte zügige Fahrt. „So, hier wird es ruhiger. Jetzt darf bloß kein so riesiger Pott kommen und uns ins Trudeln bringen." Zum ersten Mal drehte sie sich zu ihm hin. Die „Cordelia Zwo" blieb auf ihrem Kurs. „Ich sag dir, wo sie ist. Da gibt es nicht so ganz viele Möglichkeiten, weißt du."
„Wieso nicht?", sagte Johannes aufsässig. „Guck doch all die Einmündungen an! Und wie lang das Ufer ist! Und die tausend kleinen Hafenbecken."
„Bravo!", sagte Line. An Steuerbord passierten sie die alte Fischauktionshalle. „Und bringt er sie dahin? Denk doch mal wie ein Verbrecher!"
Johannes starrte sie an.
„Bringt er sie dahin, wo viele Menschen sind?", fragte Line. „Womöglich gefesselt, jedenfalls gegen ihren Willen? Was erzählt er denen denn, wenn er sie von Bord schleppt und sie schreit und um sich schlägt?" Sie schüttelte den Kopf. „Der Hafen ist es schon mal nicht", sagte sie. „Nirgends, nicht am Tag. Nachts, gut, da könnte er ruhige Ecken finden, aber am Tag – zu riskant."

Johannes nickte überrascht. „Ja, stimmt", sagte er.
„Setzt er sie irgendwo hier entlang der Elbe ab?", fragte Line und zeigte nach Steuerbord zum Ufer. „Wo immer Leute joggen oder Fahrrad fahren oder ihre Hunde spazieren führen? Da müsste er schon ziemlich blöde sein."
„Du musst später mal zur Polizei", sagte Johannes bewundernd. „Du denkst wie ein Kommissar."
Line winkte ab, dann griff sie wieder nach dem Steuerrad. „Es muss ruhig sein, wo er sie hingebracht hat", sagte sie. „Weiter Richtung Nordsee, an der Unterelbe, da könnte er am Ufer vielleicht ein ruhiges Plätzchen finden, natürlich nicht hundertprozentig. Aber so, dass es das Risiko lohnt." Sie drehte den Bug der „Cordelia" ein wenig in die Heckwelle eines vorbeifahrenden Containerschiffs. „Aber jetzt kommt die Zeit ins Spiel. Bis wohin kann er gekommen sein? Als er dich angerufen hat, war er offensichtlich gerade auf dem Rückweg. Schnallst du, was ich meine? Bei fünf Knoten kann er bis dahin höchstens bis Schulau gekommen sein. Höchstens! Und da ist am Ufer überall noch gut Betrieb."
„Du meinst, er hat sie ins Wasser geschmissen?", schrie Johannes. „Er hat gelogen? In Wirklichkeit hat er sie …"
„Mit dir ist es wirklich schwierig, Johannes!", sagte Line. „Nee, hat er nicht. Wenn er höchstens bis Schulau gekommen sein kann und ein ruhiges Plätzchen gesucht hat – ein sehr ruhiges Plätzchen! –, *das man ohne Boot nicht erreicht,* dann bleibt nur Schweinesand."
„Die Insel?", fragte Johannes verblüfft.
Line nickte. „Warst du schon mal da?", fragte sie. „Die ist ziemlich riesig! Naturschutzgebiet und in der Mitte der reinste Urwald, völlig einsam. Weil ja kein Dampfer anlegt, nur am Wochenende mal

ein paar Paddler. Ich wette mit dir um eine Million, dass er sie dahin gebracht hat."

„Eine Million hab ich nicht", sagte Johannes.

„Na gut, dann wetten wir nicht", sagte Line. „Wenn du willst, kannst du sie jetzt auch mal steuern. Ich bleib dabei und pass auf."

Das Steuer lag fest in seinen Händen und Johannes spürte unter seinen Fingern die Kraft der Barkasse, wenn sie unendlich langsam und wie gegen ihren Willen auf das Ruder reagierte. Steuermann, dachte er glücklich und vergaß fast, warum sie unterwegs waren, ich werd später mal Steuermann. Auf einem riesigen Pott.

Dann fiel ihm Britta wieder ein.

Als die Tür hinter Line und Johannes ins Schloss gefallen war, sah Antak auf. „Thoril!", flüsterte er. „Ich weiß nicht, was ich – ich würde so gerne …"

Thoril wandte sich ab.

„Ich konnte doch nicht wissen, dass du der gesuchte Goldler bist!", sagte Antak flehend. „Und ich habe doch in den letzten Monaten versucht, alles wieder gutzumachen! Thoril! Sieh mich an!"

„Und wenn es ein anderer gewesen wäre, was wäre dann besser gewesen?", fragte Thoril und er zitterte vor Zorn. „Ihn hättest du dem Kain ausgeliefert, gnadenlos, nur um für dich all das zu bekommen, was die Menschen besitzen!"

„Komm, komm, Thoril!", sagte Vedur besänftigend. „Du weißt selber, wie es einem geht, wenn man zum ersten Mal ihre Welt betritt: Dieser Reichtum! Diese Bequemlichkeit! All die vielen Dinge, von denen wir uns nie hätten träumen lassen! Sag nicht, dass du dir

nicht auch im Stillen wünschst, wenigstens das eine oder andere mit zurück ins Land nehmen zu können!"
„Den Sehkasten!", sagte Moa begeistert. „Wenn du den anwerfen kannst mit deiner Strömekraftmaschine, wenn wir zurück im Land sind, Vedur, dann werden dich alle lieben."
Vedur wiegte nachdenklich den Kopf.
„Also wegen dem Sehkasten könnte ich Antak vielleicht ein klein wenig verstehen", sagte Moa zögernd. „Nein, doch nicht. Oder doch, vielleicht."
„Ich versteh mich doch selber nicht!", schrie Antak. „Nach allem, was wir erlebt haben, und nach allem, was ich jetzt weiß, versteh ich mich doch selber nicht mehr! Ich hab ja nie zu Ende gedacht, was sein würde! Ich habe mir eingeredet, der Kain würde gut mit dem Goldler umgehen! Ich habe mir gesagt, es wäre nützlich für das Land, wenn wir die Erfindungen der Menschen besäßen!" Er schwieg einen Augenblick. „Ich schäme mich so unendlich", sagte er dann leise. „Und ich weiß nicht, wie ich weiterleben soll, wenn wir den Kain nicht in unsere Gewalt bringen, wenn er weiterhin das Land bedroht, wenn er mir Thoril nimmt, wenn er die Mutter des Jungen nicht freilässt ..." Antak schluchzte auf.
„Na, na, na!", sagte Vedur und räusperte sich verlegen. „Jetzt hoffen wir erst mal, dass alles gut wird. Lasst uns überlegen, wie wir den Kain abfangen können, wenn er kommt. Immerhin sind wir zu fünft, selbst wenn er größer ist."

„Duck dich!", schrie Line, als sie auf der Höhe des Süllbergs das Steuer scharf nach Backbord drehte. Sie zog selber auch den Kopf ein. „Ich glaub, da kommt er!"

Johannes hörte das Motorengeräusch eines Bootes, das sie zügig an Steuerbord passierte. „Ich frag mich, warum wir ihn hier erst treffen, wenn du Recht hast und er Britta nach Schweinesand gebracht hat!", sagte er und lugte vorsichtig durch die Bugscheibe. „Da müsste er doch längst fast wieder zu Hause sein." Achteraus verschwand das Motorboot mit einer Schleppe aus Gischt schon elbaufwärts.

„Keine Ahnung!", sagte Line. „Aber je später, desto besser, oder? Wir gehen an der Südseite an Land, da ist es einsamer. Allerdings können wir nirgends anlegen, Johannes, und auf Grund möchte ich die ‚Cordelia' nicht setzen. Deshalb ankern wir."

Line zog den Gashebel zurück in den Rückwärtsgang, um abzustoppen. „Du kannst doch schwimmen?", fragte sie.

„Im April?", schrie Johannes.

Line machte eine wegwerfende Bewegung. „Sind doch höchstens fünfzig Meter", sagte sie. „Also kannst du?"

„Wir haben zusammen unseren Jugendschwimmer gemacht, du Blödi!", sagte Johannes. „Und ich konnte besser tauchen als du!"

Line tat, als hätte sie ihn nicht gehört. „Nimm du das Steuer", sagte sie. „Ich werf den Anker aus."

Danach zogen sie sich ihre Kleider aus. Die Sonne stand schon tief irgendwo über der Nordsee, und Johannes fröstelte, als er an Deck kam. „Mach schnell!", sagte er.

„Na, du bist gut!", sagte Line. „Für einen Jungen ist das ja ganz okay, nur so in Unterhose, aber für mich …" Sie seufzte. „Behalt ich das Unterhemd eben an!", sagte sie. „Und nicht luschern."

Johannes tippte sich an die Stirn. „Als ob ich jetzt nicht wirklich was anderes im Kopf hätte!", sagte er und kletterte vorsichtig an

der Strickleiter ins Wasser, die Line über die Reling gelassen hatte, damit sie hinterher auch wieder zurück auf die Barkasse konnten.
„Gggrrrr!, ist das eisig!"
Line kam ihm nach, ohne ein Wort zu sagen. Sie mussten nicht weit schwimmen, da hatten sie schon Grund unter den Füßen. „Hoffen wir, dass in Cranz niemand durch sein Fernglas guckt!", sagte Line.
„Oder drüben in der Jugendstrafanstalt."
„Gruselig!", sagte Johannes und watete über das Watt an Land.
Der Boden war schlickig, und an manchen Stellen musste er das Schilf auseinander biegen, um sich einen Weg zu bahnen. Wassertropfen liefen Johannes am Körper herunter und seine Zähne schlugen aufeinander, als er mit schnellen Schritten auf den Auwald zulief, der nur wenige Meter vom Ufer entfernt wucherte, so wild und einsam, als läge nicht ein paar Bootsminuten entfernt schon die Großstadt mit all ihren Menschen.
„Mama!", schrie er, „Mama, bist du hier irgendwo?"
Aus dem Dickicht hörte er ein Stöhnen.

50

In der Dunkelheit begleitete die Königin mit einem Korb am Arm ihren Mann bis zu Vedurs Werkstatt.
„Alles, alles Gute für dich, mein Lieber!", sagte sie. „Und pass auf dich auf!"
Der König nickte und zog sein Wolfsfell fester um die Schultern. „Das bin ich meinem Volk schuldig!", sagte er.
Die Königin reichte ihm den Korb. „Falls du Hunger bekommst!", sagte sie. „Wer weiß, was es bei diesen Menschen zu essen gibt? Ich hab dir Fleischküchlein eingepackt, hart gekochte Eier und ein paar belegte Brote mit kaltem Braten. Und eine süße kleine Überraschung! Vergiss nicht, das Salz für die Eier ist in der kleinen Dose."
„Das hast du mir schon tausendmal gesagt", sagte der König ungeduldig, und daran konnte man merken, wie unruhig er war. „Ich sollte jetzt wirklich."
„Du bist ein tapferer Held, König!", sagte die Königin. „Ich bin stolz auf dich, und ich bin sicher, das ganze Volk wäre stolz auf dich, wenn es wüsste, was du jetzt tust! Aber du tust es, ohne seine Bewunderung zu erwarten, und darum bin ich noch stolzer."
Der König sah verwirrt aus.
„Zeig mir einen König!", rief die Königin. „Zeig mir einen einzigen König auf der ganzen Welt, der für sein Volk täte, was du jetzt gerade tun willst! Andere Könige schicken ihre Heere und ihre Soldaten..."
Der König unterbrach sie ungeduldig. „Ich muss jetzt wirklich los, meine

Liebe", sagte er und zog den Schrank von der Wand. Dahinter kam die Tür zum Vorschein.
„Das Salz ist in der kleinen Dose!", rief die Königin ihm nach. „Ach ihr heiligen Geister, bestimmt vergisst er es wieder und isst die Eier ohne. Wenn ihm nur nichts passiert!" Und langsam schob sie den Schrank an seinen Platz zurück.

„Dieser Scheißkerl!", sagte Britta, als Johannes ihr das Paketklebeband mit einem Ruck vom Mund gezogen und die Fesseln durchgeschnitten hatte. Sie rieb sich abwechselnd das Gesicht und die Handgelenke. „Und ständig ist er noch mal zurückgekommen und hat meine Fesseln und den Knebel kontrolliert! Der ist doch völlig irre!"
Im Unterholz war es dämmerig. Vögel, die Johannes noch nie gesehen hatte, stießen warnende Rufe aus.
„Kannst du laufen?", fragte er ängstlich. „Bitte, Mama, es eilt, weil Idelung ..."
„Dieser Drecksack!", sagte Britta, und Johannes dachte, dass er es ihr heute durchgehen lassen konnte. Es gab Situationen, fand er, in denen auch Schimpfwörter erlaubt sein mussten. „Der ist absolut durchgeknallt, wusstest du das? Behauptet die ganze Zeit, er wäre Kain! Kain, weißt du, wer das war? Das sind doch so Geschichten aus der Bibel! Der hat sie doch nicht alle!"
„Komm, Mama, beeil dich!", sagte Johannes und trat von einem Fuß auf den anderen. „Wenn wir nicht rechtzeitig zurück sind ..."
Britta stand vorsichtig auf und stöhnte. „Das konnte ich doch nicht ahnen!", sagte sie. „Dass der einen an der Waffel hat! Weißt du, was der mir weismachen wollte? Er sucht einen, der Gold machen

kann, so einen Zwerg, und die wohnen unter unserem Hof tief unter der Erde! Irre! Total irre!"

Johannes lief hinter Line her zum Ufer. Jetzt blieb keine Zeit, Britta alles zu erklären. Die Hauptsache war, dass sie jetzt schnell mit auf die „Cordelia" kam.

„Und wie seid ihr überhaupt hergekommen? Wie habt ihr rausgekriegt, wo ich bin?", fragte Britta im Laufen. Dann sah sie die Barkasse, die draußen auf dem Fluss ruhig an ihrer Ankerkette dümpelte. „Nein! Jetzt sagt bloß nicht, dass ich heute auch noch schwimmen soll!" Aber sie zog sich doch schon mit schnellen Bewegungen ihren Pullover aus.

„Wir erklären dir alles auf der Rückfahrt!", sagte Johannes. Vor ihnen zog sich Line an der Strickleiter hoch an Deck der „Cordelia".
„Komm schon, Mama!"

Dann warf er sich ins Wasser und schwamm mit kräftigen Zügen auf die Barkasse zu.

Vor den Fenstern wurde es allmählich dunkel, als endlich das Telefon läutete.

Thoril hatte die ganze Zeit neben dem Apparat gesessen und gewartet. Jetzt hob er blitzschnell mit beiden Händen den Hörer ab.
„Ja?", rief er in die Sprechmuschel. „Hallo?"
„Thoril, bist du das?", rief auf der anderen Seite Johannes. Thoril hörte das gleichmäßige Brummen des Motors. „Wir haben Britta gefunden und sie ist bei uns auf der ‚Cordelia Zwo'! Du brauchst keine Angst mehr zu haben, du musst dich Idelung nicht ausliefern!"

Thoril atmete auf.

„Aber das war ja nicht die ganze Drohung", sagte er in den Hörer. „Dass er die Geisel verhungern lassen würde. Was ist mit unserem Volk?"

Johannes schrie gegen den Motorenlärm an. „Das hat er Britta auch erzählt!", rief er. „Dass er das Land und alle Medlevinger mit ihm um Mitternacht in die Luft jagen wird, wenn er dich nicht bekommt! Britta hat natürlich gedacht, er spinnt!" Johannes machte eine Pause. „Und jetzt glaubt sie, Line und ich spinnen!", flüsterte er so leise, dass Thoril ihn kaum verstehen konnte. „Weil wir versucht haben, ihr alles zu erklären. Sie macht sich ziemliche Sorgen, ob wir was Falsches gegessen haben, glaub ich."

„Das ist doch jetzt egal!", rief Thoril ungeduldig. „Den Kain habt ihr also nicht gefangen genommen? Der Kain kommt her?"

„Ja, aber ihr könnt ihn euch einfach schnappen und fesseln!", schrie Johannes. „Verstehst du? Er hat doch kein Druckmittel mehr! Ihr braucht ihn nur noch zu stoppen, wenn er in den Hof kommt, um das Land in die Luft zu jagen!"

„Und wie?", brüllte Thoril verzweifelt. „Wie sollen wir das tun?"

Aber die Verbindung war schon abgerissen.

„Warum sind wir so klein?", schrie Thoril und knallte den Hörer auf die Gabel. „Warum müssen wir den Menschen immer unterlegen sein, immer, seit Jahrtausenden schon? Warum nützen uns all unsere geheimen Kräfte nichts, wenn einer von ihnen einfach nur bereit ist, Gewalt anzuwenden?"

Der König spürte, dass der Weg durch die Dunkelheit aufwärts führte. Der Korb hing unbequem an seinem linken Arm und störte ihn, wenn er sich rechts und links die erdigen Wände entlangtastete, aber er wagte nicht, ihn

zurückzulassen. Die Königin konnte sehr energisch sein, und wenn er ins Land zurückkehrte, würde sie bestimmt wissen wollen, wie ihm ihr Reiseproviant geschmeckt hatte; wenn er ihr dann keine Auskunft geben konnte, war es möglich, dass sie äußerst ungemütlich wurde.

„Man ist einfach zu alt für solche Abenteuer!", murmelte der König und wechselte den Korb vom linken zum rechten Arm. „Um diese Zeit sollte ich längst im Bett liegen und …"

Mit dem Fuß stieß er gegen etwas Hartes. „Nanu?", sagte er überrascht und bückte sich. Bisher war überall nur Erde gewesen, wohin er auch fühlte: unter seinen Füßen, rechts und links, über seinem Kopf. Aber jetzt lag da auf dem Boden vor ihm etwas, das hart und unregelmäßig war und sich unter seiner Sandale keineswegs anfühlte wie ein Stein. „Was ist denn das?"

Der König setzte den Korb ab und tastete mit beiden Händen nach dem Ding auf dem Boden. Mehrere armlange Stangen waren mit einer Schnur fest zu einem Bündel zusammengeschnürt. „Spargel?", sagte der König aufgeregt. „Natürlich, dafür wird es jetzt langsam Zeit!", und er hob das schwere Bündel mühsam auf und hielt es sich unter die Nase.

Fast hätte er es enttäuscht wieder fallen lassen. „Kein Spargel!", sagte er ärgerlich. „Riecht eher nach Marzipan! Aber was kann es denn dann sein?" Er tastete das Bündel mit beiden Händen ab.

In der vollkommenen Dunkelheit des Tunnels fühlte er, dass eine zweite Schnur daran geknüpft war, die den Gang aufwärts führte.

„Wir werden sehen!", sagte der König kurz entschlossen und nahm die hart gekochten Eier aus dem Korb. An ihrer Stelle legte er die Stangen hinein, und während er weiterging, wickelte er sich die Schnur um die Finger.

„Wieder eins!", schrie der König aufgeregt. Schon nach wenigen Schritten war er auf das nächste Stangenbündel gestoßen. Er überlegte, was er dies-

mal aus dem Korb nehmen konnte. „Ihre Fleischküchlein schmecken auch immer gleich!", murmelte er und nahm sie heraus, um für das Bündel Platz zu schaffen. „Bin ja gespannt, wie viele noch auftauchen!"
Und während er die Schnur weiter um seine Hand wickelte, dachte er, dass er wenigstens herausfinden musste, was die süße Überraschung war, bevor er auch an ihrer Stelle so ein mysteriöses Bündel in den Korb legte. Die Königin würde sehr böse werden, wenn er ihr bei seiner Heimkehr nicht erzählen konnte, womit sie ihn überrascht und wie es ihm geschmeckt hatte.

Sie hatten sich in der Küche an der Tür zum Hof versammelt und starrten hinaus in die Dunkelheit.
„Wie lange noch?", fragte Thoril.
Vedur horchte in sich hinein. „Nicht mehr lange", sagte er. „Bis zum Höhepunkt der Nacht."
„Wenn wenigstens Johannes, seine Mutter und das Mädchen zurück wären!", sagte Nis. „Damit wir es nicht alleine machen müssen. *Drei* Menschen können *einen* Menschen doch bestimmt überwältigen, auch wenn er stärker ist als jeder von ihnen!"
„Wir haben es doch längst besprochen!", sagte Moa. „Ich flieg ihm auf den Rücken und …"
„Sei ruhig, Moa!", rief Thoril unfreundlich. „Das ist kein Spiel aus dem Sehkasten!"
Moa war still.
„Wenn er kommt", sagte Thoril, „wenn er zum Ausgang des Tunnels geht, um seine Drohung wahr zu machen: Dann gehe ich zu ihm nach draußen und stelle mich. Bevor er das ganze Land vernichtet, will ich lieber sein Gefangener sein und Gold für ihn machen."

„Er wird niemals zufrieden sein!", sagte Vedur. „Thoril, bleib hier! Er wird immer wieder damit drohen, er ist unersättlich, denk an den ersten Kain! Er wird immer mehr von dir verlangen, und wenn du es ihm nicht gibst, wird er wieder und wieder drohen, das Land zu vernichten! Wenn du dich ihm stellst, ist uns nicht geholfen. Moa hat Recht. Wir müssen versuchen, ihn aufzuhalten."

Thoril kniff die Lippen zusammen. „Und wenn es uns nicht gelingt? Sollen wir zusehen, wie er alles zerstört?", fragte er. „Und was wird aus uns, wenn es das Land nicht mehr gibt?"

„Wir werden es schaffen, Junge", sagte Vedur ruhig. „Wir werden ihn überwältigen. Wir haben unsere Kräfte. Und wir sind nicht feige."

In diesem Moment sahen sie, wie eine kleine Gestalt die Hände auf den Rand des Tunneleingangs stützte und sich nach oben zog, genau dort, wo bis vor drei Tagen Brittas Rosen gestanden hatten. Einen Augenblick sah die Gestalt sich sichernd um, dann hob sie aus den Tiefen des Tunnels einen Korb und stellte ihn auf den Rand.

„Wer ist das?", flüsterte Vedur verwirrt. „Kann ihn einer von euch erkennen?"

Die kleine Gestalt klopfte sich die Erde von den Knien und richtete sich auf, als aus der Kellertür zum Hof ein Mensch trat und sich umsah.

„Der Kain kommt!", flüsterte Nis erschrocken.

„Jetzt also", sagte Thoril und hielt den Atem an.

Idelung stand einen Augenblick, ohne sich zu rühren, als müssten seine Augen sich erst an die Dunkelheit gewöhnen; aber dann war er mit einem Satz bei der kleinen Gestalt, die ihm erwartungsvoll entgegensah. Ein Wolfsfell rutschte ihr langsam von einer Schulter.

„Wer bist du?", schrie Idelung, als ob es ihm gleichgültig wäre, dass

man ihn so überall hören konnte. „Bist du der, der mir Gold machen wird?"
Und mit einer Hand packte er den völlig überrumpelten Neuankömmling am Kragen und hob ihn hoch, während er ihm mit der anderen den Korb entriss. Das Fell fiel zu Boden.
„Junger Mann!", rief der Kleine, während er in der Luft hilflos mit den Beinen strampelte. Seine Stimme klang eher empört als erschrocken. „Geht man so mit einem König um?"
„Es ist Seine Majestät!", flüsterte Nis. „Es ist unser König!"
Mit einer wütenden Geste ließ Idelung den Kleinen zu Boden fallen. „Du willst mir einreden, dass du der Goldler bist?", rief er. „Habe ich nicht gehört, dass es Antaks Sohn sein soll? Du könntest höchstens Antaks Vater sein!"
Der König schnaufte. „Na, na, na!", sagte er und bückte sich nach seinem Fell. „Manieren habt ihr Menschen in den letzten fünfhundert Jahren aber nicht dazugelernt!"
„Er macht ihn nur noch wütender!", flüsterte Thoril. „Alle heiligen Geister, hoffentlich ist er gleich still!"
„Und was hast du hier in deinem Korb?", rief der Kain. „Hast du etwa …" Er schrie auf. „Mein Sprengstoff!", brüllte er. „Du hast den ganzen Sprengstoff aus dem Tunnel geholt!"
„Ach, Sprengstoff ist das", sagte der König unsicher. „Nun, siehst du, ich dachte zuerst, es wäre Spargel, aber dann …"
„Aber wenn ihr glaubt, dass ihr mich so stoppen könnt!", schrie der Kain. Noch immer wurde in den Häusern kein Fenster geöffnet. „Wenn ihr glaubt, ein Nachfahre Kains lässt sich von euch daran hindern zu tun, was er tun will!"
Und er kniete sich vor den Tunnel und stopfte die Bündel mit

fahrigen Bewegungen wieder hinein. Dann zog er eine kleine Schachtel aus der Tasche.

„Bald Mitternacht!", rief der Kain und drehte sich mit ausgebreiteten Armen um sich selbst, als wollte er es in alle Himmelsrichtungen schreien. „Bald Mitternacht, und der Goldler ist nicht hier! Ich habe euch gesagt, was geschieht! Ich habe euch gewarnt!"

Und mit einem Griff zog er ein hölzernes Stäbchen aus der Schachtel und riss es an. Eine winzige Flamme tanzte in der Dunkelheit.

Der Kain bückte sich und griff nach dem Ende der Schnur, die im Tunneleingang verschwand.

„Dies ist eure letzte Chance!", rief er. „Medlevinger! Gebt mir den Goldler heraus oder ich setze die Zündschnur in Brand!"

„Ich geh jetzt zu ihm!", sagte Thoril schrill und stieß die Tür zum Hof auf. „Jetzt muss ich zu ihm gehen!"

Vedur griff nach seiner Schulter.

„Was ist eine Zündschnur?", flüsterte Moa.

Thoril wand sich aus Vedurs Griff.

„Nun gut, noch ein zweites Zündholz, damit ihr seht, ich mache keine Scherze!", rief der Kain. Thoril war jetzt schon auf der obersten Stufe der Treppe. „Und wenn die Flamme den Sprengstoff erreicht, wird nichts mehr übrig bleiben von eurem Land!"

„Thoril, bleib hier!", schrie Antak.

Mit aufreizender Langsamkeit näherte sich das brennende Zündholz der Schnur.

„Thoril, nicht!", schrie Antak. „Ressaw!"

Ein Blitz spaltete den Himmel über dem Hof, als wollte er die Wolken zerteilen, und im selben Moment donnerte es so gewaltig, dass

Vedur erschrocken einen Satz zurück in die Küche machte. Dann öffneten sich die Schleusen des Himmels und es setzte ein Wolkenbruch ein, der die Regentropfen auf dem Boden des Hofes tanzen ließ.

„Die Flamme ist aus!", schrie Nis. „Antak hat es regnen lassen! Los, Moa, komm mit! Jetzt tun wir es!"

Und bevor Moa losfliegen konnte, hörte man schon den unsichtbaren Nis im strömenden Regen die metallene Treppe nach unten springen.

„Angriff! Attacke!", schrie Moa und sauste dem pitschnassen Idelung um den Kopf. Ein paar Tropfen hatten sie noch getroffen, dann hörte der Regen so plötzlich auf, wie er begonnen hatte.

Idelung richtete sich auf und schlug nach ihr, aber Moa wich ihm aus und flog ihn von neuem an. „Dein letztes Stündlein hat geschlagen!", brüllte sie und versuchte, ihn im Sturzflug an den Haaren zu packen, als er plötzlich ganz ohne Grund stolperte und zu Boden stürzte. Die kleine Schachtel mit den Feuerhölzchen fiel ihm aus der Hand. „Nis, warst du das? Jetzt haben wir ihn!"

„Ich hab ihm ein Bein gestellt!", schrie Nis. „Auf ihn, Moa, wir kriegen ihn!"

Aber jetzt hatte Idelung begriffen, was vor sich ging.

„Ihr kleinen Ratten!", schrie er, während Moa weiter wild um seinen Kopf kreiste und Nis unsichtbar versuchte, ihn am Hosenbein zu Boden zu ziehen. „Ihr dreckigen kleinen unterirdischen Ratten!"

Und mit einem Griff hatte er Nis gepackt, der vor Schreck an seine Fibel griff. Thoril, Antak und Vedur oben auf der Treppe sahen ihn einen Augenblick an Idelungs Arm zappeln, dann schleuderte der Kain ihn weit von sich.

„Au!", schrie Nis, als er irgendwo im Hof auf dem harten Boden landete.

„Und jetzt du!", brüllte der Kain. Gerade hatte Moa von oben zu einer neuen Attacke angesetzt, als er mit beiden Händen zupackte.

„So! Da!" Und auch Moa wurde zu Boden geschleudert. „Wenn ihr glaubt, ihr könnt mir meine Zündhölzer löschen, gut! Dann versucht es mit dem Sturmfeuerzeug!" Und mit einem wilden Lachen zog er ein kleines Gerät aus der Tasche, dessen Flamme hoch in den Himmel züngelte.

„Ressaw!", schrie Antak, und das Wasser stürzte aus dem Himmel. Die Flamme löschte es nicht.

„Er tut es doch!", flüsterte Vedur in das Prasseln des Regens hinein. „Er zündet den Sprengstoff an! Es war alles umsonst!"

„Kain!", schrie Thoril und trat nach vorne, bis er im Lichtschein, der aus der Küche nach draußen fiel, deutlich zu erkennen war. „Kain, ich bin es, Thoril der Goldler! Lass mein Volk in Ruhe! Ich mache dir Gold, so viel du willst!"

Er legte eine Hand an seine Fibel. „Liroth!", sagte er und plötzlich funkelte die Zündschnur in der Dunkelheit. „Hier ist der Beweis!"

„Natürlich!", rief Vedur. „Warum bin ich darauf nicht gekommen, das ist die Lösung! Du brauchst doch den Sprengstoff einfach nur in Gold zu verwandeln! Thoril, du brauchst nur …"

In diesem Augenblick trat der König energisch vor den Kain. Die ganze Zeit hatte er mit zunehmender Verblüffung dem Schauspiel zugesehen, das sich ihm hier gleich in seinen ersten Minuten bei den Menschen bot. Und es übertraf alles, was er erwartet hatte.

„Nein, jetzt reicht es wirklich!", sagte der König und sah streng zu dem Kain auf. „Wenn die anderen alles mit sich machen lassen, gut

– aber du bist selber schuld, also hinterher keine Vorwürfe! Medlev!", rief er. „Wir können uns doch von so einem ungezogenen Menschen wirklich nicht alles gefallen lassen!"
Thoril, Vedur und Antak hielten den Atem an. Als der König sich vor ihm aufgebaut hatte, hatte der Kain sich blitzschnell nach unten gebeugt, um auch ihn zu packen, aber dann ging ein Ruck durch seinen Körper und er erstarrte mitten in der Bewegung, als wäre er plötzlich aus Stein.
„Wunderbar!", rief der König und rieb sich vor Begeisterung die Hände. „Wie ich gehofft hatte! Die alte Kraft der Könige, zu bannen und zu lösen!" Und er wanderte langsam und würdevoll um den Kain herum, der jetzt in seiner halb gebückten Haltung dastand wie eine missglückte Statue. Nur seine Augen blitzten wütend in dem versteinerten Gesicht.
„Es hat funktioniert!", rief der König glücklich zu den anderen nach oben. „Antak, du bist der Hüter der Geschichte, du kennst dich aus! Wie lange muss er nun so ausharren?"
„Bis du ihn wieder erlöst, Majestät!", sagte Antak, und seine Stimme vibrierte vor Erleichterung. „So war es jedenfalls in den Alten Zeiten!"
„Na, da kann er erst mal warten!", sagte der König und kramte in seinem Korb. „Möchte jemand die kleine süße Überraschung der Königin probieren?"
„Majestät!", flüsterte Thoril, als der König mit dem Korb als Erstes zu ihm kam. „Majestät, weißt du eigentlich, dass du gerade den Kain besiegt hast?"
„Ach, dafür ist man ja König", sagte der König bescheiden und wickelte behutsam aus einem Tuch, was die Königin ihm einge-

packt hatte. „Nusskuchen! Sie ist wirklich die wunderbarste Frau! Wer möchte?" Er zeigte den Kuchen in die Runde. „Ihr habt natürlich auch alle mitgeholfen, meine Lieben!", sagte er dann. „Was wäre ein König ohne sein Volk."

51

Sie saßen zusammen oben auf der Treppe und aßen Nusskuchen, während unten im Hof der Kain in sonderbarer Verrenkung erstarrt war.

„Ich guck den gerne an!", sagte Moa und brach sich noch ein Stück Kuchen ab. „Richtig gerne."

„Allerdings ist die Umgebung für eine Statue, wenn ich das sagen darf, nicht sehr schön", sagte der König. „Soll das ein Garten sein? Ich muss sagen, da könnten die Menschen von uns lernen. Gerade habe ich meine Fliederbüsche…"

„Wisst ihr, was ich komisch finde?", fragte Nis mit vollem Mund, als hätte nicht gerade sein König etwas erzählt. „Dass keiner ans Fenster gekommen ist, als hier so ein Lärm war. Bei uns im Land hätte das doch längst einen Auflauf gegeben! Man könnte glauben, bei den Menschen kümmert sich keiner um den andern. Alle bleiben für sich."

„Johannes kümmert sich!", sagte Moa.

„Ja, Johannes kümmert sich", sagte Nis. „Und was wird jetzt mit dem Kain?"

Einen Augenblick waren alle still.

„So kann er jedenfalls nicht ewig hier stehen bleiben", sagte Thoril. „Wenn es hell wird und die Menschen ihre Fenster öffnen…"

„Wir fragen Johannes!", sagte Moa und zeigte hinter sich. „Er kommt grade!"

„Sie ist in Ohnmacht gefallen!", sagte Moa und flatterte aufgeregt um Britta herum, die sich in der Küche gerade noch rechtzeitig auf den Boden gesetzt hatte, bevor sie bewusstlos geworden war. „Ich muss dir mal sagen, Johannes, ihr Menschen seid schreckhaft!"
„Na, das war für sie heute aber auch ein heftiger Tag!", sagte Line und kniete sich neben Britta hin. „Und dann musste uns auf der Rückfahrt auch noch der Diesel ausgehen, darum sind wir so spät! Ewig hab ich an dem Ding rumgepfriemelt. Britta, hallo, Britta, aufwachen!"
„Dabei hatten wir sie vorbereitet!", sagte Johannes düster. „Die ganze Zeit auf der ‚Cordelia' haben wir versucht ihr klar zu machen, dass Idelung nur gemein ist, aber nicht verrückt. Und dass es euch wirklich gibt."
„Hat sie nicht geglaubt?", fragte Moa und zupfte Britta im Vorbeifliegen an der Nase. „Hallo, Johannesmutter! Aufwachen! Wir sind nicht gefährlich!"
„Jetzt lass sie doch mal in Ruhe!", sagte Line ärgerlich. „Ich wäre vorhin fast auch umgekippt, als ich euch gesehen habe. Und für Erwachsene ist der Schock jede Wette noch größer."
Britta begann sich zu rühren.
„Und was ist mit Idelung?", fragte Johannes plötzlich erschrocken. „Ist der schon aufgetaucht?"
Thoril zeigte auf die Tür zum Hof.
„Da hast du ihn", sagte er.
Johannes stieß einen gedämpften Schrei aus, und Brittas Augenlider begannen zu flattern.
„Geh mal weg da, Moa!", sagte Line. „Da fällt sie doch gleich in

die nächste Ohnmacht, wenn das Erste, was sie beim Aufwachen sieht, eine fliegende L-Fee ist!"

„Wie habt ihr das gemacht?", fragte Johannes und starrte aus der Tür nach draußen auf den versteinerten Idelung. „Was ist los mit ihm?"

„Sie wacht auf!", schrie Line.

Johannes sprang in die Küche zurück und hockte sich neben Britta auf den Boden.

„Hallo, Mama!", sagte er. „Alles okay?"

Britta sah ihm verwirrt ins Gesicht. „Ich bin umgekippt!", murmelte sie. „Ich hab so einen Schrecken gekriegt, Johannes! Diese blöde Entführung hat mich doch mehr mitgenommen, als ich gedacht hatte. Ich hab glatt geglaubt, ich seh lauter kleine Männer durch die Gegend fliegen!"

„Fliegen kann nur eine!", sagte Johannes vorsichtig. „Mama, ich hatte dir doch erklärt …"

Britta schrie auf. „Sie sind noch da!", flüsterte sie. „Oh mein Gott, Johannes, ich seh sie immer noch!"

„Ja, aber ich bin die Einzige, die fliegen kann!", sagte Moa und landete genau neben Brittas Kopf auf den Küchenfliesen. „Die anderen können dafür andere Sachen."

„Nein!", murmelte Britta und machte die Augen wieder zu.

„Mama, es ist alles kein Problem!", sagte Johannes bittend. „Ich kann dir das erklären!"

Jemand schob ihn sanft, aber energisch zur Seite.

„Guten Abend, meine Liebe!", sagte der König und beugte sich über Brittas Gesicht. „Ich bin der König der Medlevinger, und ich glaube, sie brauchen jetzt erst mal eine kleine Stärkung."

Dann nahm er ein Stück Nusskuchen aus dem Tuch.

„Und du willst mir erzählen, dass du diese Leute fast eine Woche lang in unserer Wohnung versteckt hattest?", fragte Britta erschüttert. Inzwischen hatte sie sich aufgesetzt, aber das Stück Kuchen hielt sie mit spitzen Fingern weit von sich weg. „Ohne dass ich was bemerkt habe?"

„Nicht alle!", sagte Johannes besänftigend. „Nicht alle, Mama! Zuerst nur zwei, und als Thoril dann da war, waren es drei. Antak und Vedur sind erst heute Nachmittag dazugekommen. Und der König erst gerade eben."

„Nur zwei und dann drei!", sagte Britta und drehte den Kuchen skeptisch in der Hand. „Sieht haargenau aus wie ein ganz normaler Nusskuchen. Bloß etwas winzig."

„Es ist sogar ein außergewöhnlich guter Nusskuchen, meine Liebe!", sagte der König. „Versuchen Sie ihn doch! Nichts hilft so gut gegen einen großen Schreck wie eine kleine Ruhepause und ein Stück Kuchen."

Britta starrte ihn an, dann sah sie in die Runde. „Und ihr behauptet alle, dass es euch gibt", sagte sie.

Vedur verbeugte sich. „Unbedingt, gnädige Frau, unbedingt!", sagte er. „Und warum auch nicht?"

„Ja, warum eigentlich auch nicht?", murmelte Britta. „Sehen tu ich euch ja jedenfalls."

Sie seufzte und stand auf. „Dann kann ich das ja zur Probe auch mal glauben. Okay, okay, und weiter?"

„Das haben wir dir doch auf dem Schiff schon alles erzählt, Britta!", sagte Line. „Sei doch nicht so begriffsstutzig!"

„Aber da hab ich doch geglaubt, ihr wollt mich veräppeln!", sagte Britta, und Johannes war froh, dass sie sich das Wort, das sie ei-

gentlich hatte sagen wollen, noch gerade verkniffen hatte. Er war sich nicht sicher, was die Medlevinger dazu gesagt hätten, vor allem, wo jetzt sogar ihr König in der Küche stand. „Oder ihr seid alle genauso durchgeknallt wie Idelung! Solche Geschichten glaubt doch kein Mensch!" Sie stand auf und atmete tief ein. „Was ist aus dem eigentlich geworden? Aus diesem widerlichen Kidnapper?"

„Ich habe ihn gebannt, meine Liebe", sagte der König würdevoll. „Mit der alten Kraft aller Könige unseres Volkes: zu bannen und zu lösen."

„Guck ihn dir an!", sagte Johannes und zog Britta zum Fenster.

Britta zuckte zusammen. „Ist noch Geisterstunde?", fragte sie. „Langsam glaub ich an alles."

„Nee, der steht wirklich so da, Britta!", sagte Line. „Der rührt sich nicht mehr! Die Frage ist nur, was machen wir mit ihm?"

„Wir schmeißen ihn in den Fluss", sagte Britta grimmig. „Da hätte er schon längst hingehört."

„Mama!", sagte Johannes.

Britta seufzte. „Nee, nee, war nicht ernst gemeint!", sagte sie. „Ihn verschwinden lassen ist nicht drin. Aber wo sollen wir hin mit ihm? Er ist so sperrig!"

„Man kann ihn auch nicht immer so lassen, finde ich", sagte Line. „Auf ewig versteinert. Das fände ich gemein."

„Nun, ich könnte den Bann natürlich jederzeit lösen", sagte der König unsicher. „Aber dann ..."

„Genau, was wird dann?", fragte Nis. „Dann geht alles wieder von vorne los!"

„Polizei?", fragte Britta. „Nee, aber für welches Verbrechen sollten die ihn verhaften? Und ihr wollt euch denen ja wahrscheinlich

nicht zeigen." Sie griff sich an den Kopf. "Vorausgesetzt, ich bilde mir euch nicht bloß ein."
Der König schüttelte erschrocken den Kopf. "Nein, nein, meine Liebe!", rief er. "Auf keinen Fall dürfen die Menschen erfahren, dass es uns gibt! Wenn dies alles hier ausgestanden ist, werden wir wieder zurückgehen ins Land und leben wie seit vielen hundert Jahren."
"Aber mit Sehkasten?", fragte Moa bittend.
"Wie seit vielen hundert Jahren", sagte der König entschieden. "Und bei uns wie bei euch werden die Geschichten von der Welt des anderen Volkes wieder im Bereich der Märchen und Sagen versinken." Er drehte sich zu Moa um. "Und ohne Sehkasten!", sagte er streng. "Ohne alles, meine kleine L-Fee."
Moa schnaubte beleidigt.
"Also keine Polizei", sagte Britta nachdenklich. "Nee, nee, versteh ich schon. Aber was dann?"
Antak hatte sich die ganze Zeit im Hintergrund gehalten. Jetzt trat er vor und verbeugte sich vor Britta.
"Ich bin Antak, der Hüter der Geschichte", sagte er. "Und nur durch mich hat alles Unglück angefangen. Ich weiß nicht, ob ihr anhören wollt, was ich zu sagen habe."
"Klar!", sagte Line. "Immer los!"
Antak sah Britta an, die nickte, und dann den König. Auch er gab ihm das Zeichen zu sprechen.
"In den alten Berichten von Kain und Abel", sagte Antak, "heißt es, dass der Mensch Kain seinen Bruder erschlug, den Medlevinger Abel, und ihm die Fibel abnahm: Seit Jahrhunderten war diese Fibel nun in Menschenbesitz."

„Darum war sie ja auch so dreckig", sagte Moa und sah auf ihren Gürtel, an dem die Fibel jetzt silbern glänzte wie bei allen anderen auch. Brittas Putzmittel hatte gewirkt.

„Natürlich verlieh sie den Nachfahren Kains keine geheime Kraft", sagte Antak. „Schließlich waren sie Menschen. Aber dennoch gaben sie sich, vom Vater zum Sohn, die Fibel weiter und dazu ein Wort; genauso, wie es bei den Medlevingern immer schon Brauch war."

„Nachgemacht!", sagte Moa. „Und völlig überflüssig, oder?"

Antak ließ sich nicht stören. „Nun heißt es in den alten Geschichten", sagte er, „dass der Fluch nur aufgehoben werden kann, wenn die Fibel Kains zurückkehrt in den Besitz Abels; und wenn der Nachfahre Abels dem Kain dann sein Wort entreißt, wird dieser alles vergessen. Er wird nichts mehr wissen von den Medlevingern oder von der Geschichte seiner Familie; sein Gedächtnis wird ausgelöscht sein."

„Sodass von einem Kain niemals mehr eine Gefahr für uns ausgehen kann?", fragte Nis aufgeregt. „In alle Ewigkeit nicht?"

Antak nickte.

„Gut!", sagte Line. „Aber wo kriegen wir so schnell einen Abel her?"

Antak schwieg und sah Moa eindringlich an.

„Quatsch!", sagte Moa unsicher und flatterte einmal kurz auf. „Ich bin eine L-Fee! Ein Abel bin ich bestimmt nicht!"

Thoril sah von Moa zu Antak und wieder zurück. Dann schlug er sich gegen die Stirn. „Aber sie hat dir doch deine Kraft gegeben, Moa!", rief er. „Die Fibel des Kain ist *deine* Fibel! Du *musst* eine Nachfahrin Abels sein!"

Einen Augenblick war es still.

„*Moa-Belle*", flüsterte Nis dann. „Der versteckte Name! Schon wieder der versteckte Name."

Moa sackte in sich zusammen. „Moa-Belle!", murmelte sie. „Warum bin ich da nicht früher drauf gekommen?"

„Das könnten wir uns genauso fragen!", sagte Nis.

„Und was heißt, sie muss ihm das Wort entreißen?", fragte Britta und sah nach draußen in den Hof, wo Idelung noch immer starr und grotesk verrenkt stand wie eine Statue des Unglücks. „Ihr versteht sicher, ich habe ein ziemliches Interesse daran, dass er möglichst schnell hier verschwindet. Wenn morgen früh die Nachbarn aufwachen …"

„Klar!", sagte Thoril. „Bis dahin muss er weg sein."

„Und in die Wohnung kommt er mir nicht!", sagte Britta voller Abscheu. „Mal ganz abgesehen davon, dass er viel zu viel Platz einnehmen würde, will ich ihn hier einfach nicht haben."

„Das ist verständlich, meine Liebe", sagte der König. „Nach allem, was Sie erlebt haben! Also bleibt uns nichts anderes, als zu versuchen, sein Wort herauszufinden."

„Und dann?", fragte Moa.

„Dann musst du es sagen, während du mit einer Hand den Kain und mit der anderen gleichzeitig deine Fibel berührst", sagte Antak. „Danach wird er sich an nichts mehr erinnern. Die Geschichte von Kain und Abel wird für immer ausgelöscht sein."

„Wie im Fantasyfilm!", sagte Line.

Moa seufzte. „Und wie krieg ich sein Wort raus?", fragte sie. „Na?"

Britta ging zum Kühlschrank. „Als Erstes mach ich für uns alle jetzt mal eine kleine Mitternachtsmahlzeit!", sagte sie. „Ich sterbe gleich vor Hunger, ihr nicht?"

„Das ist eine ganz wunderbare Idee, meine Liebe!", sagte der König. „Hungrig kann man nicht denken, egal ob Mensch oder Medlevinger."

Britta hatte alles auf den Tisch gestellt, was es an Essbarem in der Wohnung noch gab: gekochte kalte Kartoffeln, Karotten, Brot, Käse und Wurst, eine Dose Bohnensuppe. Dazu hatte sie Eier gekocht. Während sie aßen, sprach niemand ein Wort. Es war erstaunlich, wie viel Hunger sie alle zu dieser späten Nachtzeit hatten.
„Es war voreilig von mir, meinen Reiseproviant im Tunnel zurückzulassen!", sagte der König, als sie zu neunt auch den letzten Krümel weggeputzt hatten. „Die Fleischküchlein wenigstens hätte ich mitbringen sollen. Und wunderbaren kalten Braten macht die Königin auch."
Thoril seufzte. „Es hat ja keinen Sinn, dem Essen nachzutrauern!", sagte er. „Bald kommt schon das Morgengrauen. Wir sollten lieber überlegen, wie das Wort des Kain lauten könnte."
„Es lautet ganz einfach *Kain*", sagte Britta. „Das würde mir zuerst einfallen."
Vedur schüttelte den Kopf. „Zu einfach", sagte er. „Darauf kommt man zu schnell. Ich glaube nicht, dass es das ist. Aber natürlich kann Moa es ausprobieren."
„Muss ich ihn dazu wirklich berühren?", fragte Moa mit geblähten Nasenflügeln.
„Hilft ja nichts!", sagte Johannes entschieden und öffnete die Tür zum Hof. „Ist doch nur eine Statue."
„Oder *Abel*?", rief Nis Moa nach, die schon im Hof neben Idelung gelandet war. „Das wäre trickreich!"

Der König wiegte den Kopf zweifelnd hin und her. „Ich weiß nicht", murmelte er. „Zu trickreich vielleicht."
„Achtung!", rief Moa. „Ich tu's!"
Sie legte ihre rechte Hand an die Fibel und streckte die Linke zögernd nach Idelungs Schulter aus.
„*Kain!*", sagte sie mit von Ekel verzerrtem Gesicht.
Idelung funkelte sie aus hasserfüllten Augen an.
„Woran merken wir, ob es geklappt hat?", fragte Britta. „Nachher glauben wir, er hat alles vergessen und der König löst den Bann, und dann war es das falsche Wort und der Widerling erinnert sich doch noch an alles und macht wieder Ärger!"
„Das merken wir!", sagte der König. „*Kain* war es jedenfalls nicht."
„*Abel!*", sagte Moa. Idelung sah sie aus seinem steinernen Gesicht an, als wollte er sie töten. „Nee, noch oft mach ich das aber nicht! Der ist ja so unheimlich!"
Und sie kam zurück in die Küche geflogen.
Johannes drehte sich zu Line um. „Wenn es jemand rauskriegen kann, dann Line!", sagte er hoffnungsvoll. „Sie kann genau wie ein Verbrecher denken! Sie hat ja auch haargenau gewusst, wohin Idelung Britta gebracht hatte, und nur durch logisches Denken!"
„Ich fürchte, in diesem Fall hilft uns Logik nicht weiter", sagte Antak. „Du verstehst: Das Wort wurde weitergegeben vom Vater auf den Sohn über Jahrhunderte! Und wie willst du herausfinden, welches Wort der Kain *damals* gewählt hat?"
Line nickte langsam. „Das vielleicht nicht", murmelte sie, und Johannes sah, dass es in ihrem Kopf schon angefangen hatte zu arbeiten. „Das wahrscheinlich nicht."
In der Küche wurde es still, nur das Ticken der Küchenuhr klang

unerträglich laut. Nis waren die Augen zugefallen, und auch Johannes kämpfte mit dem Schlaf. Moa hatte ihren Kopf auf den Küchentisch gelegt und versuchte verzweifelt, sich wach zu halten.
„Es dämmert schon!", sagte Britta mutlos. „Ich glaube, wir finden es nicht mehr heraus. Wir können doch nicht jedes einzelne Wort auf der Welt ausprobieren! Das sind Millionen! Das dauert Jahrtausende!"
Da richtete Line sich mit einem Ruck auf.
„Probier *Luzifer*!", sagte sie und boxte Moa sacht gegen den Arm. „Los, schnell, probier *Luzifer*!"
„Warum?", murmelte Moa schon fast im Halbschlaf. „Warum ausgerechnet *Luzifer*?"
„So heißt sein Boot!", sagte Johannes. „Aber diesmal irrst du dich, Line! Er kann sein Wort ja nicht nach dem Boot ausgesucht haben! Wenn das Wort doch seit Generationen vom Vater an den Sohn gegeben wird!"
„Probier *Luzifer*!", sagte Line wieder, und jetzt sprang sie auf und zupfte Moa am Ärmel. „Denkt doch mal nach! Wenn Menschen einen Namen für ihr Boot suchen, ist es wie mit dem Passwort für den Computer: Die meisten nehmen einen Namen oder ein Wort, das ihnen besonders wichtig ist! Den Namen der Geliebten oder ..."
„Und du meinst, Idelung hat seinem Boot als Namen sein Wort gegeben?", fragte Thoril.
„Probier *Luzifer*!", sagte Line wieder. „Bitte, Moa!"
Moa räkelte sich. „Meinetwegen!", sagte sie. „Obwohl ich mich vor ihm grusele! Wie der einen anstarrt!"
Vor Müdigkeit torkelte sie im Flug, aber dann landete sie im Hof doch genau neben dem versteinerten Idelung.

Widerwillig legt sie ihm ihre Hand auf die Schulter.
„*Luzifer*", sagte Moa müde. „*Luzifer*, du grässlicher Kain."
Und alle sahen, dass mit Idelung eine Veränderung vor sich ging. Es war, als würden die Züge des Steingesichts weicher und der Blick freundlicher. Dann suchten seine Augen erstaunt den Hof ab.
„Komm zurück, Moa!", rief der König aufgeregt. „Ich glaube, du hast es geschafft! Ich löse den Bann, und er muss dich ja nicht unbedingt sehen, wenn er zu sich kommt!"
Moa flog in die Küche zurück. „Na, herzlichen Dank!", sagte sie. „Noch mal möchte ich das wirklich nicht machen!"
Aber der König hatte schon beide Hände an seine Fibel gelegt.
„Medlev!", sagte er gebieterisch.
Unten im Hof begann Idelung sich zu rühren.
„Zurück in die Küche!", flüsterte der König. „Er darf uns nicht sehen! Denkt dran, er hat alles vergessen! Für ihn gibt es uns nicht mehr!"
Britta, Johannes und Line blieben an der Hoftür stehen und sahen aufgeregt zu, wie Idelung sich schüttelte. Dann machte er verwirrt ein paar vorsichtige Schritte.
Britta riss die Tür auf. „Jetzt reicht es aber, Herr Idelung!", rief sie.
„Glauben Sie, Sie können das ganze Haus aufwecken?"
Idelung starrte sie aus weit aufgerissenen Augen an. „Wieso?", flüsterte er verwirrt. „Warum bin ich denn … Es ist ja fast noch mitten in der Nacht!"
„Eben!", sagte Britta und stemmte beide Hände in die Hüften.
„Und Sie toben und torkeln durch den Hof und grölen, dass kein Mensch mehr schlafen kann!"
„Ich habe – daran kann ich mich überhaupt nicht erinnern, Britta!",

sagte Idelung verwirrt. „Was mach ich denn hier überhaupt? Wieso bin ich nachts auf dem Hof?"
„Das fragen Sie mich?", rief Britta empört. „Das frage ich Sie, Herr Idelung! Und könnten Sie bitte aufhören, mich so einfach zu duzen? Ritter ist mein Name, ich sage ja auch nicht einfach Kurt zu Ihnen!"
„Nein?", fragte Idelung verstört und kratzte sich am Kopf. „Hatten wir uns nicht …"
„Nein!", brüllte Britta. „Wir hatten nicht!" Und mit lautem Krachen zog sie die Hoftür zu.
„Er hat wirklich alles vergessen!", rief Nis und hüpfte begeistert durch die Küche. „Alles, alles, alles!"
„Richtig Leid tun konnte er einem!", sagte Line.
Moa flatterte um die Lampe. „Ich hab den Fluch aufgehoben!", rief sie von oben. „Nie mehr wird ein Kain die Medlevinger bedrohen! Ich bin ein Abel und eine L-Fee und …"
„Und jetzt gehen wir nach Hause!", sagte der König und hielt sich die Hand vor den Mund, um sein Gähnen zu verbergen. „Wenn wir Glück haben, kriegen wir da noch eine Mütze voll Schlaf."
„Jetzt?", fragte Moa ungläubig. „Jetzt sofort?"
Der König nickte.
„Und wir nehmen nichts mit?", fragte Moa empört. „Keinen Sehkasten und keinen Tagmacher und gar nichts?"
„Man kann nicht von beiden Welten das Beste haben wollen", sagte der König, und Johannes sah, wie er sehnsüchtig zum hellen Licht der Lampe blinzelte. „Wenn wir anfangen, besitzen zu wollen, was sie besitzen, werden wir auch leben müssen, wie sie leben."
„Und warum nicht?", fragte Moa trotzig, aber Thoril griff schon nach ihrer Hand.

„Komm mit, Moa", sagte er. „Egal, ob der König Recht hat oder nicht: Wir sind bei ihnen nicht sicher. Die Menschen würden uns niemals mehr in Ruhe lassen, wenn sie erst einmal wüssten, dass es uns gibt." Er lächelte Johannes zu. „Diesen dreien vertraue ich", sagte er. „Aber du hast die Menschen nun doch selber erlebt."
„Ihr könnt euch noch verabschieden, Nis, Thoril und Moa", sagte der König und räusperte sich. „Von euren Menschenfreunden. Und ihnen danken für alles, was sie für uns getan haben."
Johannes sah verlegen zu Boden.
„Glaubst du wirklich, wir könnten nicht wieder zusammenleben?", fragte er Thoril leise. „So, wie es früher möglich war?"
Thoril wiegte zögernd den Kopf. „Wir sind nicht so anders als ihr, Johannes", flüsterte er. Ein paar Schritte entfernt verabschiedeten sich Antak, Vedur und der König von Britta. „Sie lehren es uns in der Schule und wir glauben es ihnen. Aber sieh dir Moa an! Oder Antak!" Er seufzte. „Bevor wir friedlich zusammenleben könnten, müsste noch viel geschehen", sagte er. „Bei uns. Und bei euch."
„Aber später vielleicht, Thoril!", sagte Johannes bittend. „Wenn wir erwachsen sind! Wenn du der Hüter der Geschichte bist und ich ... Dann finden wir vielleicht eine Möglichkeit, wie wir wieder gemeinsam leben können? Wir beiden? Und Nisse? Und Line? Und Moa?"
„Alles ist immer anders, wenn man erwachsen ist", sagte Thoril nachdenklich. „Man wünscht sich dann plötzlich ganz andere Dinge, Johannes, und was einem früher wichtig war, bedeutet gar nichts mehr. Aber wir kennen ja den Ort, wo der Tunnel endet."
Johannes nickte. „Auf Wiedersehen, Thoril", sagte er. „Auf Wiedersehen, Nisse, auf Wiedersehen, Moa!" Er drehte sich blitz-

schnell zu den Erwachsenen um, die noch immer zusammenstanden und redeten. „Ich mach die Platte locker!", flüsterte er. „Wenn Pokaschinski jetzt den Hof pflastert! An der Stelle, wo der Ausgang ist, wird die Platte immer nur locker aufliegen. Ihr müsst sie dann nur noch hochstemmen. Schafft ihr das?"

„Fertig?", unterbrach ihn der König. „Nur nicht zu feierlich, nur keine Tränen! Ihr habt ein Abenteuer erlebt, aber jetzt geht es zurück nach Hause in den Alltag!" Und einer nach dem anderen kletterten die Medlevinger die Hoftreppe hinunter, während Moa über ihren Köpfen kreiste.

„Majestät!", schrie Johannes. „Dein Wolfsfell!"

Dann verschwanden sie im Tunnel. Thoril und Nis blieben als Letzte.

„Vielleicht sieht man sich ja doch mal wieder!", rief Thoril flüsternd und winkte Johannes oben auf der Treppe zu.

Nis kniff ein Auge zu. „Nicht vergessen!", flüsterte er.

„Was sollst du nicht vergessen?", fragte Britta und gähnte. „Na, von jetzt an wird deine Tür dann wohl nicht mehr ständig abgeschlossen sein, was? Ab ins Bett, Johannes, ich stell den Wecker auf zehn. Ich schreib uns morgen für die Schule beiden eine Entschuldigung, dass der Wecker nicht geklingelt hat."

Johannes schlüpfte unter seine Bettdecke, ohne sich auszuziehen. Ich vergess es bestimmt nicht, dachte er, schon fast im Schlaf. Die Platte wird immer locker sein. Versprochen.

52

Im grauen Dunst eines Hamburger Herbstnachmittags bog der Möbelwagen vorsichtig in die schmale Einbahnstraße ein und streifte fast einen Golf, den seine Besitzerin unvorsichtig nah an der Ecke geparkt hatte.
„Mist, verdammter", murmelte der Fahrer. „Und dann auch noch Kopfsteinpflaster! In der Großstadt! Warum kriegen immer wir solche Fuhren?" Er sah nach rechts, wo am Straßenrand dicht an dicht Autos parkten, und fuhr mit dem schweren Wagen so langsam, wie es gerade noch möglich war. Hinter ihm wurde gehupt.
„Der hat keine Lücke für uns freigehalten, was ist das eigentlich für ein Idiot?"
„Musst du eben in der zweiten Reihe halten", sagte der Beifahrer.
„Na, das wird heute wieder mal einer von den ganz lustigen Tagen."
„Du sagst es", sagte der Fahrer.
Die Haustür öffnete sich und ein Mann in Jeans kam an den Wagen.
„Na, da sind Sie dann ja", sagte er freundlich.

„Mama!", rief Johannes nach hinten in die Wohnung. Er stand an seinem Zimmerfenster und sah verblüfft nach draußen. „Ich glaube, er zieht aus!"
„Wer zieht aus?", fragte Britta und kam mit einem Handtuch um den Kopf aus der Dusche. „Idelung? Ich glaub's ja nicht!"

„Guck selber!", sagte Johannes und machte ihr Platz am Fenster.
„Und wieder mein Auto zugeparkt!", schrie Britta. „Gibt's das?" Sie rannte zur Wohnungstür und wartete, bis Idelung die Treppe herunterkam. Er balancierte einen großen Pappkarton vor dem Bauch.
„Ich möchte ja nicht stören, wo Sie grade so beschäftigt sind", sagte Britta und sah ihn feindselig an. „Aber wäre es denkbar, dass Sie Ihren Möbelwagen ein kleines Stück zur Seite bewegen, Herr Idelung? Ich weiß, es war dumm von mir, aber ich hab mein Auto dahinter geparkt, und nun komme ich nicht raus."
„Mama!", flüsterte Johannes und zupfte sie am Ärmel.
„Sie wissen ja, Frauen und Einparken!", sagte Britta und eine Sekunde lang lächelte sie charmant. „Da ist mir leider dieser kleine Fehler unterlaufen", und jetzt starrte sie Idelung, der verwirrt auf dem Absatz vor ihrer Tür stehen geblieben war, direkt in die Augen.
„Nein, da müssen Sie doch nicht", murmelte er. „Nein, das ist natürlich eigentlich unsere Schuld! Entschuldigen Sie sich nicht! Ich war ja selber verärgert, dass die Packer den Wagen in der zweiten Reihe abgestellt haben."
„Ach", sagte Britta.
„Aber ich sorge dafür, dass sie sofort Platz machen!", sagte Idelung, während er gleichzeitig versuchte, den Karton in seinen Armen im Gleichgewicht zu halten. „Wissen Sie, ich hätte mich eigentlich verabschieden sollen! Aber ich ziehe einigermaßen überstürzt aus, verstehen Sie. Irgendwie bin ich hier nie so richtig warm geworden. Und immerzu ist mir, als müsste ich mich an etwas erinnern, aber es fällt mir nicht ein."
„Tatsächlich?", sagte Britta und hob eine Braue. „Sie denken an meinen Wagen?"

Dann hatte sie die Tür schon zugezogen.

„Der kann einem echt Leid tun", sagte sie. „Verwirrter Kerl." Sie rubbelte sich die feuchten Haare. „Aber weißt du was, Johannes? Mir geht es fast so ähnlich wie ihm. Ich hab so eine vage Erinnerung, das mag ich fast gar nicht erzählen! Nicht als ob ich das geträumt hätte, verstehst du? Als ob es wirklich passiert wäre!"

„Was?", fragte Johannes verblüfft.

„Ich erinnere mich an so kleine Leute!", flüsterte Britta, als ob sie Angst hätte, dass sie jemand hören könnte. „In unserer Wohnung! Höchstens so hoch wie ein Hocker!" Sie seufzte. „Und eine von denen ist geflogen. Es fühlt sich an wie eine richtige Erinnerung. Aber es war Nacht, also ist es wohl doch ein Traum gewesen. Zum Glück."

Johannes starrte sie ungläubig an. „Ja, zum Glück!", sagte er. „Ich muss Englisch machen. Für Kraidling."

Er war schon fast in seinem Zimmer, als es ihm einfiel. „Wieso gehst du denn heute kellnern?", fragte er. „Ist doch Montag?"

Britta sah verlegen aus. Man könnte glatt glauben, sie wird rot, dachte Johannes. Aber doch nicht Britta, niemals.

„Nee, nee, ich treff mich nur mit Thomas", sagte sie. „Bisschen feiern und so. Dass es mit seiner Fortbildung so gut läuft, und überhaupt."

„Und überhaupt?", fragte Johannes. Vorsichtig tastete er in seiner Hosentasche nach der goldenen Münze.

Wenn Britta gegangen war, würde er im Hof wieder nach der Platte sehen. Sie lag ganz locker.

Nachbemerkung

Bei archäologischen Grabungen wurden Anfang der neunziger Jahre auf dem Gebiet der Freien und Hansestadt Hamburg mehrere silberne Schnallen gefunden, so genannte „Fibeln", mit denen die Menschen vor etwa 2000 Jahren, als es weder Knöpfe, Reißverschlüsse noch Klettband gab, ihre Kleidung zusammenhielten: so viel zur Wahrheit dieser Geschichte.

Ein befreundeter Sprachwissenschaftler fand es zwar nicht verwunderlich, dass Menschen und Medlevinger sich noch heute verständigen könnten, nachdem sie früher einmal über Jahrtausende zusammengelebt hätten – immer vorausgesetzt, man wäre überhaupt bereit, dies zu glauben. Er hielt es jedoch für fast undenkbar, dass sich ihre vor fünfhundert Jahren noch gemeinsame Sprache in der folgenden Zeit der Trennung so vollkommen und bis in Details der Ausdrucksweise hinein gleich entwickelt haben sollte, wie diese Geschichte es behauptet. Ein Gleiches gelte für bestimmte Gesten.

Ich kann dazu nur sagen, ich war ähnlich verwundert wie er. Auch ich hätte weitaus größere Unterschiede erwartet, vor allem, was einzelne Ausdrücke und Redewendungen betrifft. Aber mein Erstaunen konnte mich doch nicht daran hindern, diese Geschichte genau so aufzuzeichnen, wie sie sich zugetragen hat, und mich auch bei der Wiedergabe der Gespräche an die Wahrheit zu halten. Manchmal geschehen Dinge, die die Wissenschaft nur schwer fassen kann. Aufgabe des Chronisten ist es, die Wirklichkeit wiederzugeben, wie er sie erfahren hat.